F
G
H
I
J
1
2
3
4
5
6
7
8
9
10
Dzilam de Bravo
El Cuyo
Tizimin
ÉRIDA
Izamal
Piste
Sotuta
Chichén Itzá
Valladolid
Ticul
Tulum
MER DES CARAÏBES
Felipe Carrillo Puerto
Yucatán
Sergio Butron
Chetumal
Hondo
Orange Walk
San Pedro
BELIZE
Belize City
Belize
BELMOPÁN
San Ignacio
Dangriga
Montañas Mayas
Roatán
Punta Gorda
Puerto Cortes
Tela
La Ceiba
Livingston
Puerto Barrios
San Felipe
Estor
Laguna de Izabal
San Pedro Sula
El Progresso
Ulúa
HONDURAS
Lago de Yójoa
L. de Yójoa
Copán
Santa Rosa
Esquipulas
Gracias
Nueva Ocotepeque
Comayagua
Metapán
La Esperanza
TEGUCIGALPA
Chalatenango
Santa Ana
EL SALVADOR
SAN SALVADOR
Goascarán
San Miguel
Nacaome
La Libertad
San Lorenzo
Usulután
La Union
Choluteca

GUIDES GALLIMARD
5, RUE SÉBASTIEN-BOTTIN
75007 PARIS

Retrouvez le chapitre qui vous intéresse grâce au symbole situé en haut de chaque page.

CARTE DU MONDE MAYA
Les chiffres en italique renvoient aux pages du guideet les coordonnées à la carte de la page précédente.

Quirigua, dans la vallée du Motagua, au Guatemala : les archéologues ont dégagé une stèle géante ▲ *306*.

Années 1920, déjeuner dominical dans le nord de la péninsule du Yucatán, au Mexique : des métis posent pour le photographe en présence de quelques serveurs mayas.

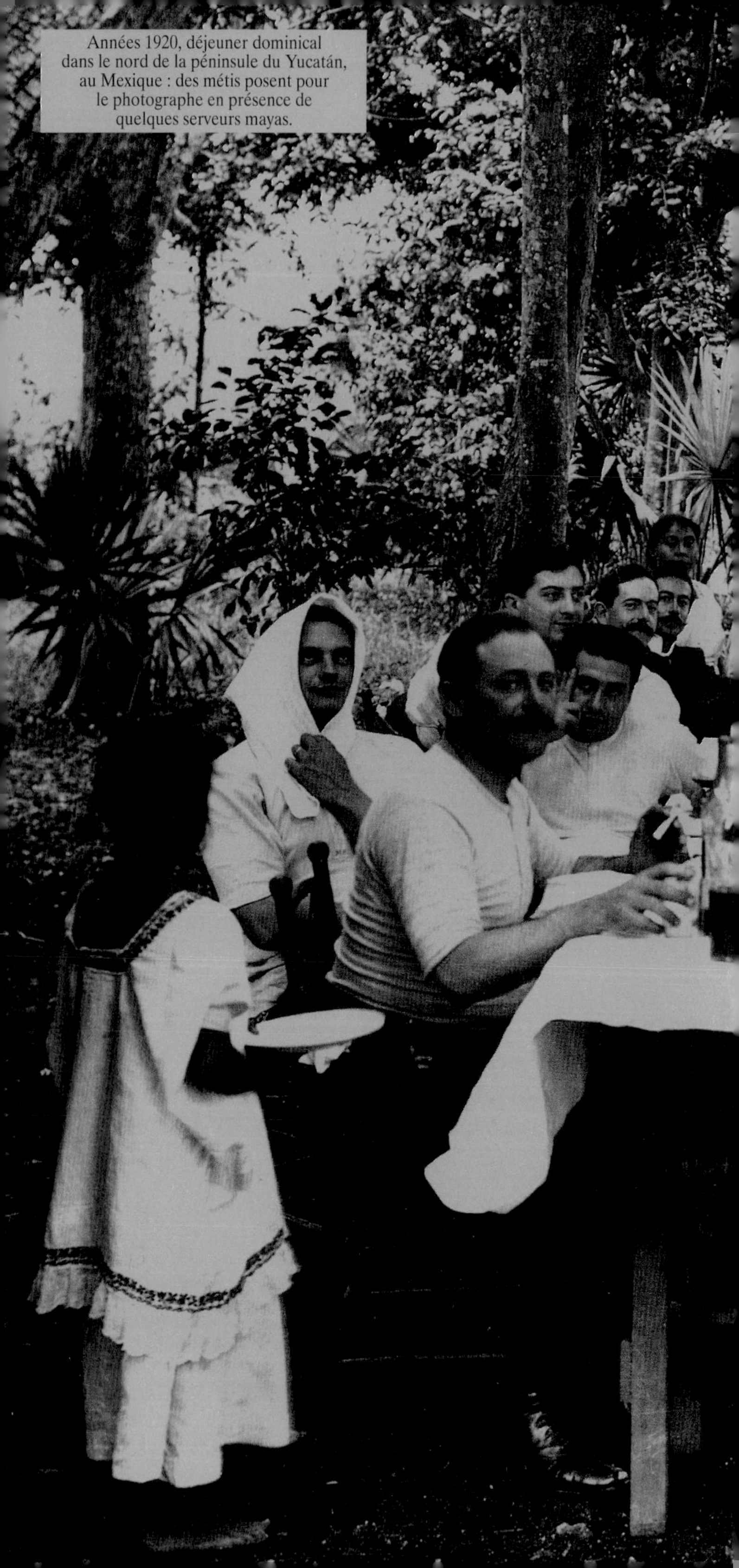

Fin du XIXᵉ siècle : l'archéologue Maudslay
est perché sur la tour du «Palacio»
de Palenque, au Chiapas ▲ *246*.

DE NOMBREUSES PERSONNALITÉS
UNIVERSITAIRES OU LOCALES ONT COLLABORÉ À CE GUIDE.
TOUTES LES INFORMATIONS CONTENUES DANS CET OUVRAGE
ONT ÉTÉ SOUMISES À LEUR APPROBATION.
NOUS REMERCIONS PLUS PARTICULIÈREMENT MICHEL ANTOCHIW, ANDRÉ AUBRY, CLAUDE-FRANÇOIS BAUDEZ, JEAN-LUC BRACONNIER, ALAIN BRETON.

GUIDES GALLIMARD
DIRECTION :
Pierre Marchand
Assisté de :
Hedwige Pasquet

RÉDACTION EN CHEF :
Nicole Jusserand
COORDINATION :
GRAPHISME : Élisabeth Cohat
ARCHITECTURE : Bruno Lenormand
CARTOGRAPHIE : Vincent Brunot
NATURE : Philippe J. Dubois, Frédéric Bony
PHOTOGRAPHIE : Éric Guillemot, Patrick Léger
RÉACTUALISATION : Anne-Josyane Magniant
FABRICATION :
Catherine Bourrabier
PARTENARIATS :
Philippe Rossat
COMMERCIAL :
Jean-Paul Lacombe
PRESSE ET PROMOTION :
Manuèle Destors

MONDE MAYA
ÉDITION : Pierre-Yves Mercier
Assisté de Isabelle de Coulibœuf, Marie-Hélène Carpentier, Clarisse Deniau (architecture), Odile Simon (nature), Grégory Leroy (carnet de voyage)
MAQUETTE : Isabelle Roller, Nathalie Victor-Pujebet, Michèle Bisgambiglia (nature)
ICONOGRAPHIE : Natalie Saint-Martin
RÉACTUALISATION INFORMATIONS PRATIQUES : Nicolas Christitch, Thierry Théault

DES CLEFS POUR COMPRENDRE :
NATURE : Noëlle Demyk, Michel Antochiw, Michel Boccara, Gérard Rocamora, Philippe J. Dubois
HISTOIRE : Claude-François Baudez, Michel Antochiw
MAYAS AUJOURD'HUI : Alain Breton, Michel Boccara
TEXTILES MAYAS : Danièlle Cavaleri
ARCHITECTURE : Claude-François Baudez, Michel Antochiw, André Aubry, Alain Breton
LE MONDE MAYA VU PAR LES PEINTRES : Nicole Dagnino, Luisa Galeotti de González, Zipacná de León
LE MONDE MAYA À TRAVERS LA LITTÉRATURE : Michel Boccara, Alain Breton, Perla Petrich

ITINÉRAIRES DANS LE MONDE MAYA :
YUCATÁN ORIENTAL : Michel Antochiw, Claude-François Baudez
YUCATÁN OCCIDENTAL : Michel Antochiw, Claude-François Baudez
CHIAPAS : André Aubry, Claude-François Baudez, Alain Breton
HAUTES TERRES DU GUATEMALA : Jean-Luc Braconnier, Claude-François Baudez
SUD-EST MAYA : Jean-Luc Braconnier, Claude-François Baudez
PETÉN : Jean-Luc Braconnier, Claude-François Baudez
BELIZE : Michel Antochiw, Claude-François Baudez

CARNET DE VOYAGE :
Seymourina Cruse, Grégory Leroy

ILLUSTRATIONS :
NATURE : Anne Bodin, Jean Chevallier, Gismonde Curiace, François Desbordes, Claire Felloni, Gilbert Houbre, Bernard Hugueville, François Place, Pascal Robin, Franck Stefan
ARCHITECTURE : Jean-Marie Guillou, Claude Quiec, Jean-Benoît Héron, Pierre Hugo, Christian Rivière, Jean-Sylvain Roveri, Amato Soro, Olivier Verdy
MAYAS AUJOURD'HUI : Philippe Munch, Anne Bodin
LITTÉRATURE : Flo Villacèque
ITINÉRAIRES : Philippe Munch, Anne Bodin, François Desbordes, Jean-Marie Guillou, Claude Quiec
CARNET DE VOYAGE : Maurice Pommier
CARTOGRAPHIE : Stéphane Girel, Isabelle-Anne Chatellard (mise en couleur)
INFOGRAPHIE : Paul Coulbois, Kristof Chemineau, Latitude (cartographie du carnet de voyage et des pages de garde), Patrick Mérienne (nature)

PHOTOGRAPHES : Jean-Pierre Courau, Mireille Vautier, Seymourina Cruse, Emmanuel Chaspoul

Nous remercions pour leur aide précieuse : Danièlle Cavaleri (Ethnic Consultants), Françoise de Tailly (Inguat Paris), Marco Tulio Ordóñez (Inguat Guatemala-Ciudad)

1er dépôt légal : janvier 1995. Dépôt légal : mars 1998. Numéro d'édition : 85841. ISBN 2-7424-0229-2
Photogravure : France Nova Gravure (Paris). Imprimé en Italie par la Editoriale Libraria sur papier 100% biologique
Mars 1998

MONDE MAYA

GUIDES GALLIMARD

Sommaire
Des clefs pour comprendre

Sommaire
Monde maya

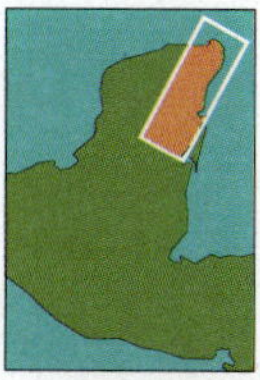

Yucatán oriental

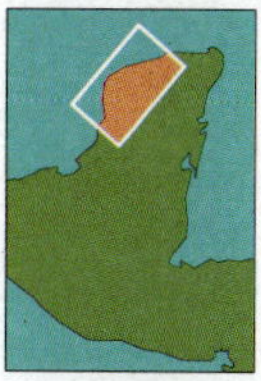

Yucatán occidental

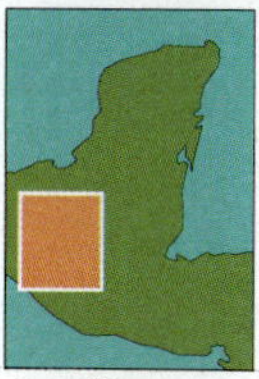

Chiapas

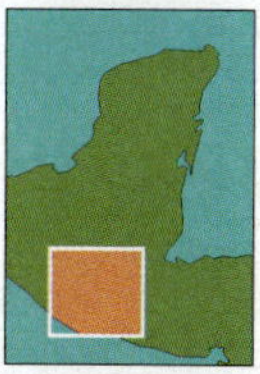

Hautes Terres du Guatemala

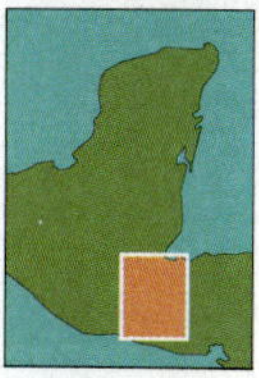

Sud-Est maya

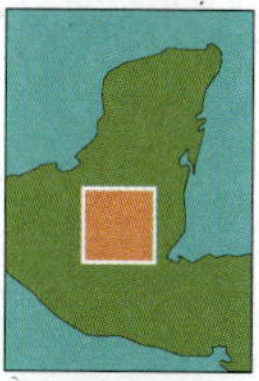

Petén

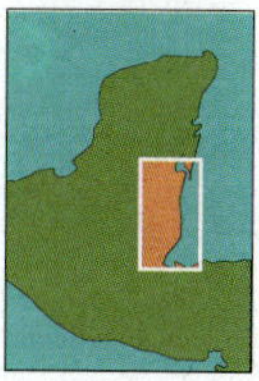

Belize

▲ Monde Maya

1. Cancún 2. Tulum 3. Chichén Itzá 4. Mérida 5. Uxmal 6. Campeche 7. Belize City 8. Barrière de corail 9. Belmopan 10. Melchor de Mencos 11. Tikal 12. Flores

Tulum
▲ *177*

Chichén Itzá
▲ *205*

Uxmal
▲ *219*

Golfe du Mexique

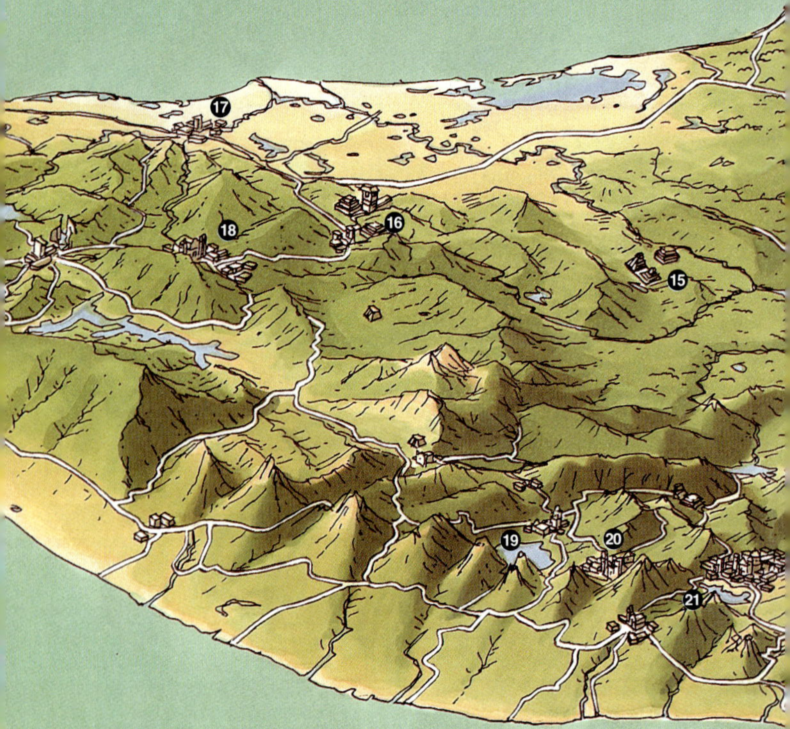

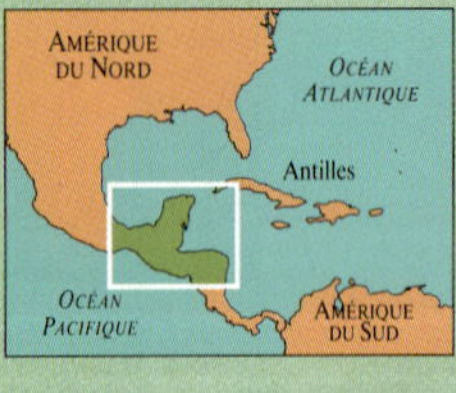

13. La Libertad
14. Altar de Sacrificios
15. Bonampak
16. Palenque
17. Villahermosa
18. San Cristóbal de Las Casas
19. Lac Atitlán
20. Antigua Guatemala
21. Guatemala-Ciudad
22. Lac Izabal
23. Puerto Barrios
24. Vallée du Motagua
25. Copán
26. Chalchuapa
27. San Salvador

Palenque
▲ *243*

Copán
▲ *299*

Tikal
▲ *320*

COMMENT UTILISER UN GUIDE GALLIMARD

(Page extraite du guide «Venise»)

En haut de page, les symboles annoncent les différentes parties du guide.

■ NATURE

● DES CLEFS POUR COMPRENDRE

▲ ITINÉRAIRES

◆ INFORMATIONS PRATIQUES

La carte itinéraire présente les principaux points d'intérêt du parcours et permet de se reporter à un plan.

La minicarte situe l'itinéraire à l'intérieur de la zone couverte par le guide.

●▲■◆ Les symboles, en titre ou à l'intérieur du texte, renvoient à un lieu ou à un thème traité ailleurs dans le guide.

♥ Le coup de cœur de l'éditeur pour un site dont la beauté, l'atmosphère ou l'intérêt culturel séduiront particulièrement le visiteur.

Au début de chaque itinéraire, les modes de déplacement possible et la durée sont signalés sous les cartes :

- En voiture
- A pied
- En bateau
- A bicyclette
- Durée

L'ARRIVÉE À VENISE ♥

■ *281*

PONT DE LA LIBERTÀ. Construit par les Autrichiens, cinquante ans après le traité de Campoformio (1797) ● *34*, pour relier Venise à Milan, ce pont mit fin à un isolement millénaire. Il bouleversa par la même occasion l'économie de la ville, qui, en pleine révolution industrielle, vit grandir

1/2 journée

LES PONTS DE VENISE

NATURE

BIOGÉOGRAPHIE

Les maisons en *adobe* (brique crue séchée au soleil ● *126*) d'un haut bassin des Hautes Terres vers 2 000 m se dispersent au milieu des *milpas* ● *22*.

Le pays maya occupe la partie occidentale de l'isthme centre-américain, partagé entre Hautes et Basses Terres. L'existence de deux façades maritimes rapprochées, les contrastes de pluviosité du climat tropical et la variété du relief expliquent la mosaïque des milieux bioclimatiques qui se succèdent sur de courtes distances. Dans les Hautes Terres, encadrées par la cordillère volcanique (Sierra Madre) bordant le Pacifique et par le massif calcaire des Cuchumatanes au nord, s'ordonnent en altitude les terres chaudes, tempérées et froides aux aptitudes écologiques variées. Alors que l'étroite plaine littorale Pacifique connaît une sécheresse hivernale prolongée, les versants et les piémonts caraïbes exposés au flux régulier de l'alizé d'est sont très arrosés.

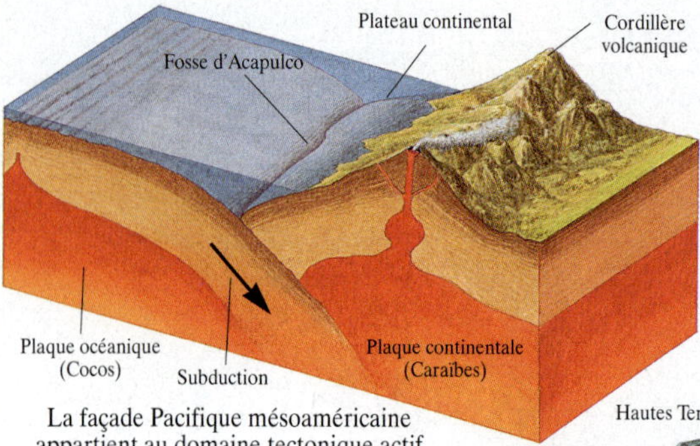

SUBDUCTION
Lorsque deux plaques, l'une océanique et l'autre continentale, se heurtent, ce phénomène tectonique provoque l'enfoncement de la première sous la seconde.

La façade Pacifique mésoaméricaine appartient au domaine tectonique actif du continent qui met en jeu la convergence de plaques océaniques et continentales. L'enfoncement, ou subduction, de la plaque des Cocos sous celle des Caraïbes est à l'origine du volcanisme et de la sismicité qui affectent la région.

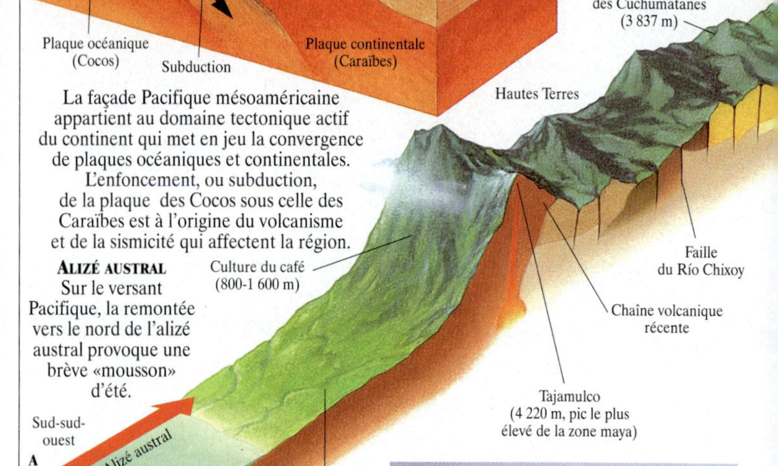

ALIZÉ AUSTRAL
Sur le versant Pacifique, la remontée vers le nord de l'alizé austral provoque une brève «mousson» d'été.

RELIEF DU MONDE MAYA
Les montagnes et plateaux de cette zone géographique résultent d'une tectonique complexe, combinant au centre des massifs anciens plissés et fracturés, au nord, un avant-pays calcaire et, au sud, la chaîne des volcans récents.

Au pied des volcans, le lac Atitlán ▲ *278* est cerné de *milpas* cultivées par des communautés indiennes qui vivent également de la pêche et de l'artisanat.

Sur le bas-plateau calcaire du Yucatán, la végétation tropicale humide cède la place à une forêt claire aux caractères xérophiles de plus en plus marqués vers le nord.

La surface karstifiée et sèche de la table calcaire du Yucatán est trouée par les *cenotes* ● *114*, avens à ciel ouvert au fond desquels affleure la nappe souterraine.

Sur les grands versants du massif calcaire des Cuchumatanes, en pays Ixil ▲ *289*, au nord du Guatemala, les parcelles défrichées gagnent sur la forêt d'altitude.

Alizé d'est

Le régime des pluies est lié sur le versant caraïbe à la permanence des flux d'est (alizés et courants marins) ainsi qu'à la présence de la «Méditerranée» américaine (Golfe du Mexique et mer des Caraïbes).

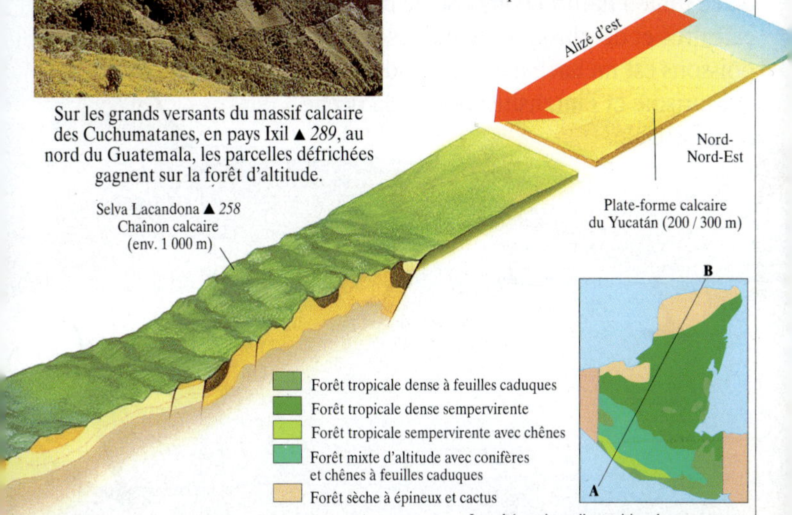

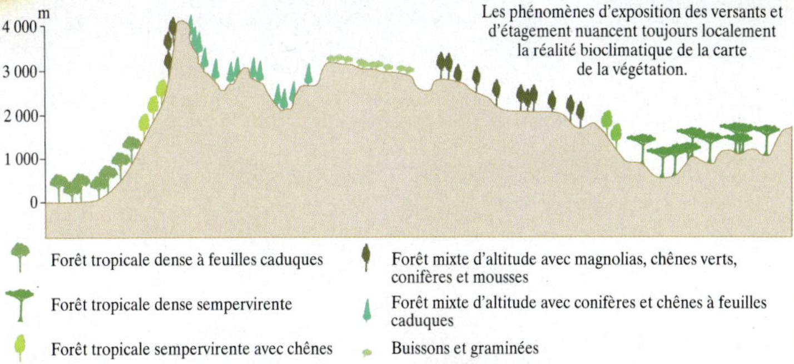

Les phénomènes d'exposition des versants et d'étagement nuancent toujours localement la réalité bioclimatique de la carte de la végétation.

Dans les paysages montagneux du centre du Guatemala, la forêt de conifères de l'étage tempéré a été largement défrichée par les paysans.

Vers 2 000 m, sur ce versant nord du Chiapas, la forte condensation et l'humidité constante entretiennent les fougères arborescentes et les plantes épiphytes de la «forêt-brouillard».

RÉCIF CORALLIEN

CERNIER FAUVE
S'il est menacé, il peut devenir bicolore : le bas de son corps est alors blanc et la partie supérieure presque noire.

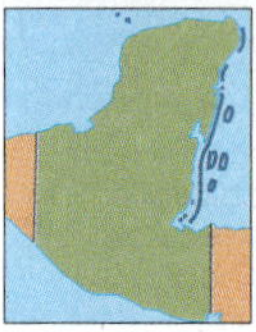

Les récifs coralliens des Caraïbes n'ont guère plus de vingt mille ans et se développent sur les restes fossiles de coraux plus anciens, détruits lors des dernières glaciations. Le niveau de la mer s'est élevé depuis lors, façonnant ainsi de nombreux lagons. Les coraux continuent leur lente consolidation dans les eaux chaudes et claires formant ainsi une barrière qui abrite une «oasis» marine singulièrement riche. Cependant, le fragile équilibre écologique de ce milieu naturel composé de coraux, d'éponges, d'algues calcaires et de plusieurs centaines d'espèces de poissons est menacé par la dégradation que causent le tourisme et l'intensification de la pêche commerciale.

REQUIN GRIS À POINTE NOIRE
Côtier, il vit en groupe de 6 à 8 individus. Il est réputé pour son agilité et les sauts qu'il effectue hors de l'eau.

POISSON-ANGE ROYAL
L'un des poissons coralliens les plus colorés. Il porte en diadème une tache bleue au front.

«PRIACANTHUS ARENATUS»
Il préfère les eaux profondes, mais on peut l'observer sur des fonds marins élevés à certaines époques de l'année.

POISSON-ANGE NOIR
Il peut atteindre environ 30 cm et peser jusqu'à 2,5 kg.

POISSON-ÉCUREUIL D'ASCENSION
Ce petit prédateur aux mœurs nocturnes se nourrit de crabes et de crevettes.

POISSON-LIME À POINTS BLANCS
Il change parfois de couleur passant d'une robe unie à une livrée ponctuée de blanc.

POISSON-COFFRE TRIQUETER
Il se nourrit de micro-organismes enfouis, qu'il déloge en soufflant sur le sable.

NAISSANCE D'UN PALÉTUVIER
Les feuilles et les fleurs des palétuviers sont disposées en bout de branche (**1**). Parvenu à maturité, le fruit germe sur l'arbre (**2**).

Les côtes de la péninsule du Yucatán et le littoral Pacifique du Guatemala présentent des cordons de zones marécageuses d'une richesse biologique exceptionnelle. Entre la jungle tropicale et la mer des Caraïbes, des formations végétales impénétrables, les mangroves, envahissent les dépôts vaseux, dans lesquelles la vie aquatique foisonne. L'enchevêtrement des longues racines submergées des palétuviers abrite poissons et crustacés, et les nombreux îlots sont investis par les oiseaux qui y nichent en colonies.

BOA CONSTRICTOR
C'est le plus gros serpent d'Amérique centrale. Inoffensif pour l'homme, ce redoutable chasseur d'oiseaux, de mammifères ou de reptiles tue ses proies par étouffement.

TORTUE CAOUANNE
Habitant des eaux peu profondes, elle se nourrit de poissons, méduses, crustacés, mollusques et algues. De mai à septembre, elle vient pondre sur les plages.

PÉLICAN BRUN
Cet oiseau, à l'apparence gauche dès qu'il se pose, est un excellent voilier. Remarquable pêcheur, il se sert de son bec comme d'une épuisette pour capturer les poissons.

3

4

Le fruit donne naissance à une plantule en fléchette de 30 cm de longeur (**3**) qui se détache de la branche, tombe dans la vase et prend racine (**4**).

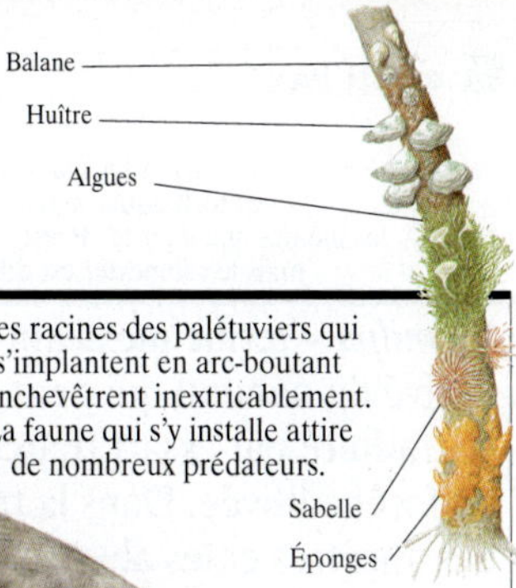

Les racines des palétuviers qui s'implantent en arc-boutant s'enchevêtrent inextricablement. La faune qui s'y installe attire de nombreux prédateurs.

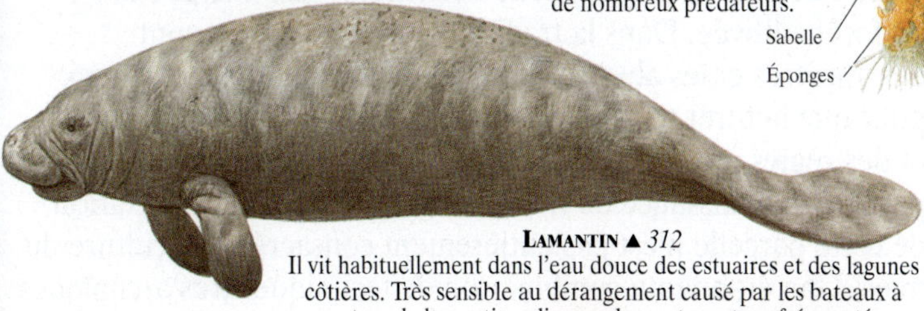

LAMANTIN ▲ *312*

Il vit habituellement dans l'eau douce des estuaires et des lagunes côtières. Très sensible au dérangement causé par les bateaux à moteur, le lamantin a disparu des secteurs trop fréquentés.

IBIS ROUGE

Il niche dans les parties les plus inaccessibles de la mangrove. Chassé à outrance pour ses superbes plumes rouges, cette espèce est aujourd'hui menacée d'extinction.

FRÉGATE SUPERBE

Ce voilier hors pair peut effectuer des piqués vertigineux pour capturer un poisson qui affleure en surface ou dérober sa proie à un autre oiseau.

AIGRETTE ROUSSÂTRE

Cet échassier niche sur les îlots de mangrove en compagnie d'autres espèces de hérons.

CORMORAN OLIVÂTRE

Commun, il ne s'éloigne guère du littoral ; il est également fréquent sur les lacs intérieurs.

«MILPA»

Dans les Hautes Terres
les techniques agricoles sont
les mêmes que dans les Basses Terres,
mais le calendrier est différent.

La *milpa* – terme mexicain dérivé du nahuatl qui peut se traduire par essart (parcelle défrichée) – est une portion de forêt cultivée. Dans la tradition maya, les arbres sont des ancêtres et les abattre c'est commettre un meurtre. Ainsi, pour que la forêt se renouvelle, le défrichage obéit à des rites et des règles précises que le paysan maya observe grâce à sa parfaite connaissance du milieu et des essences. L'exploitation de cette parcelle n'est pas entièrement consacrée à la culture du maïs. Une étonnante combinaison de techniques très archaïques et de formes très élaborées – utilisant, suivant les régions, l'irrigation, le drainage, la réalisation de terrasses ainsi qu'une classification très complète des sols – permet la polyculture.

ESSARTAGE
Pratiquée à l'aide de deux outils, la hache (*bat*) et la coa (*lotche*), cette opération commence en général en août lorsque les bois sont les plus tendres. Un bon paysan déboise 2 à 3 *mécates* par jour (800 à 1 200 m^2).

BRÛLIS. Le Maya fait le tour de son jardin en allumant à intervalles réguliers un feu avec sa torche et appelle en sifflant les vents bienfaiteurs. Cette étape est essentielle pour la réussite de la récolte.

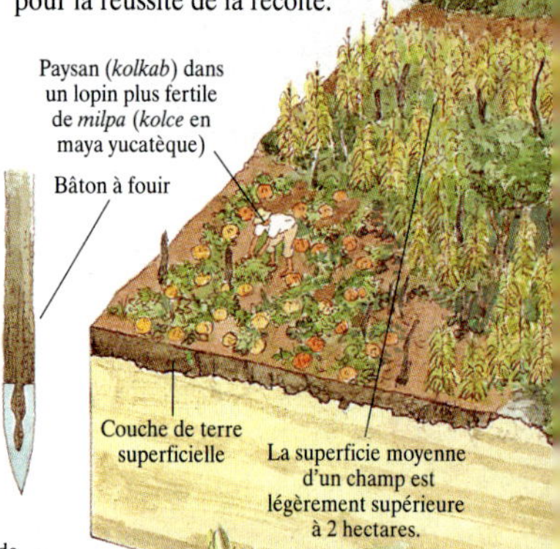

SEMAILLES. On sème le maïs «entre les pierres» avec le bâton à fouir (*choul*), outil ancestral qui a subi une seule évolution depuis les temps préhispaniques : la pointe durcie au feu a été remplacée par un embout en fer.

DÉSHERBAGE. Depuis les années 1970, l'herbicide a remplacé progressivement le désherbage à la *coa*. Mais aujourd'hui, les paysans prennent conscience de ses méfaits et adoptent des techniques plus douces.

RÉCOLTE. Femmes et enfants y participent. Parfois des paysans sont engagés, ceux-ci recrutant à leur tour, au moment de la récolte de leur parcelle. Le rendement moyen est de l'ordre de 600 kg de maïs par hectare.

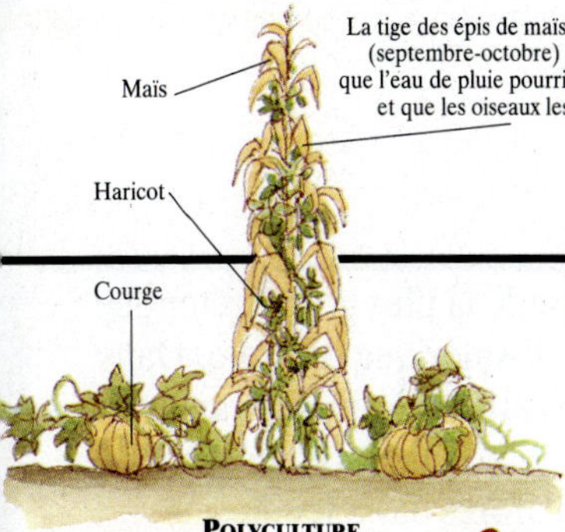

POLYCULTURE

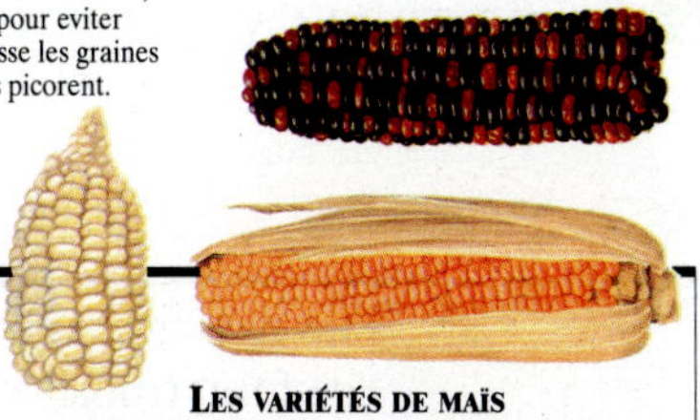

LES VARIÉTÉS DE MAÏS
Cette céréale riche en amidon présente plusieurs formes classées suivant leur couleur mais surtout leur durée de maturation (2 à 5 mois). Elle est presque toujours cultivée en association avec le haricot et la courge dont les graines sont semées dans le même trou que celles du maïs.

Haricots rouges et noirs

Courge

Calebasse

Patate-douce

Tomates

Bananes

Chile

Sur les terres les plus riches, situées en général dans de petites dépressions humides appelées *k'op*, le paysan plante différentes espèces vivrières : légumes secs, tubercules, fruits et légumes, sans oublier l'inévitable piment ou chile ● *86*.

MEULAGE. Après la récolte commence la transformation des grains en farine. Aujourd'hui, le meulage sur pierre a été remplacé par le meulage au moulin à main ou à moteur.

FABRICATION DES «TORTILLAS». Lorsque l'on pénètre, en fin de matinée, dans un village maya, on entend un rythme léger : ce sont les femmes qui frappent sur les galettes de maïs pour leur donner leur forme.

Le pays maya possède la plus grande étendue de forêt tropicale d'Amérique centrale. Dans les zones les moins arrosées du Yucatán, les Basses Terres, il s'agit d'une formation végétale sèche composée d'arbres bas à feuilles caduques, mais, au fur et à mesure que l'on gagne le sud et que la pluviométrie s'accroît, la forêt devient plus haute et plus luxuriante comme au Petén ou au Chiapas. Cette jungle humide, dite ombrophile, se rencontre jusqu'à près de 2 000 m d'altitude, où elle cède la place aux conifères. Le développement anarchique de l'agriculture et de l'élevage ainsi que l'exploitation du bois durant les dernières décennies ont détruit une grande partie de cet écosystème, malgré la création de réserves naturelles.

F. Desbordes

La forêt tropicale constitue le plus riche des écosystèmes. Près de la moitié des espèces animales et végétales terrestres s'y rencontrent. La diversité spécifique s'accompagne souvent d'une faible densité d'individus à l'hectare, avec des effectifs modestes et vulnérables. Cette biodiversité favorise des chaînes alimentaires complexes et une répartition appropriée des espèces dans le milieu, chacune ocupant une niche écologique stricte.

COTINGA BLEU ▶
Son chant évoque le tintement d'un objet sur du verre.

AMAZONE À DIADÈME ▶
Les amazones volent en petites bandes rapides et bruyantes dans les forêts.

▲ **GRAND HOCCO**
Cet oiseau terrestre est aujourd'hui très menacé par la destruction de la forêt et la chasse.

VAUTOUR PAPE ▶
Grâce à son odorat, ce rapace repère en vol les charognes d'animaux.

▲ **TATOU À NEUF BANDES**
Appelé localement *armadillo*, cet animal très populaire est chassé pour sa chair et sa carapace.

▲ **DINDON OCELLÉ**
Vivant en lisière des forêts, il a disparu de nombreuses régions d'Amérique centrale, victime de la chasse.

▲ **TAPIR D'AMÉRIQUE**
C'est le plus gros mammifère terrestre d'Amérique centrale, son poids peut atteindre 200 kg.

▲ **PÉCARI TAYASSU**
Sorte de petit sanglier, c'est un gibier très chassé par les Indiens.

▲ **AGOUTI**
Ce rongeur s'observe assez facilement dans les sous-bois, à proximité des lieux humides.

◄ **Quetzal resplendissant**
On le rencontre surtout dans les forêts de montagne du Chiapas et de la Verapaz ▲ *293*.

Ara rouge ou macao ▼
Son bec puissant lui permet de briser les coques des fruits les plus durs.

Toucan à bec caréné ▲
Il affectionne la cime des grands arbres, où il se nourrit de fruits.

Harpie féroce ▼
Cet aigle forestier, très rare, chasse les mammifères, les reptiles et les oiseaux.

Singe hurleur ▲
Jadis animal sacré des Mayas, le singe hurleur est aujourd'hui menacé par la disparition de la forêt tropicale.

Opossum ► **de Virginie**
Ce petit animal omnivore et nocturne appartient à la famille des marsupiaux.

◄ **Atèle ou singe araignée**
Avec sa queue préhensible et ses membres allongés, l'atèle se déplace d'arbre en arbre avec une agilité extraordinaire.

Ocelot ▼
Confiné à l'Amérique tropicale, ce félin est omniprésent dans la culture maya.

▼ **Puma**
Sa grande capacité d'adaptation lui a permis d'être présent sur l'ensemble du continent américain.

▲ **Coati roux**
Essentiellement diurne, il utilise sa queue comme balancier pour grimper aux arbres.

▲**Tayra**
Active la nuit et le matin, elle se nourrit principalement de rongeurs. Victime de la déforestation, elle semble s'être raréfiée.

▲ **Jaguar**
Cette panthère, redoutable chasseur, dont le mâle dépasse 80 kg, fut l'incarnation du soleil nocturne pour les Mayas.

ÉTAGEMENT DE LA FORÊT TROPICALE

CACAO
Les Mayas préparaient déjà le «nectar des dieux» avec les fèves de cet arbre qui peut atteindre 15 m de hauteur.

La richesse de la forêt tropicale d'Amérique centrale est telle qu'en certains endroits on trouve plus de cent espèces d'arbres à l'hectare. Sa stratification, avec une diversité animale et végétale importante à tous les étages, présente une structure complexe, caractérisée notamment par une profusion de lianes et d'épiphytes divers (orchidées, broméliacées), tandis que les arbres possèdent en général de grandes feuilles rigides et des contreforts à leur base, parfois énormes, comme ceux du fromager.

LA VIE À TOUS LES ÉTAGES
Les émergeants abritent des insectes, des chauves-souris et des rapaces. Tandis que la canopée est le domaine des singes et des papillons multicolores, la strate intermédiaire accueille serpents et grenouilles arboricoles. Les grands mammifères se dissimulent dans la strate arbustive.

SAPOTILLIER
Cet arbre lactifère produit le chiclé, latex utilisé dans la fabrication du chewing-gum ▲ *330*.

«STANTOPEA OCULATA»
Cette orchidée épiphyte, au parfum entêtant, pousse la «tête en bas» sur les branches des grands arbres.

«LYCASTE SKINERI»
Emblème national du Guatemala, cette orchidée rose ou blanche se rencontre surtout dans les forêts humides de montagne.

Histoire

- 7000 Les céréales commencent à être cultivées dans la vallée de Tehuacan, au Mexique

Vers -1700 Premiers édifices cérémoniels dans les villages d'agriculteurs de la vallée de Mexico

-12000 | -8000 | -4000 | -2000 | -1500

-13000 -9000 Peintures et gravures de Lascaux (France) et d'Altamira (Espagne)

-3250 -3100 Invention de l'écriture au Proche-Orient (bulles et tablettes d'argile portent des signes pictographiques). Puis l'écriture cunéiforme se développe en Mésopotamie

-2600 -2100 Ancien Empire d'Égypte

Vers -1500 Les Aryens conquièrent l'Inde

LES ORIGINES

Jusque vers 6000 ans avant notre ère, le continent est peuplé de petites bandes de chasseurs-cueilleurs dont les activités économiques se spécialisent de plus en plus.

L'homme serait arrivé sur le continent américain il y a au moins 20 000 ans, grâce à l'assèchement du détroit de Béring, lors d'une glaciation qui rendait ainsi possible le passage à pied de Sibérie en Alaska. Relativement à celle du Vieux Continent, l'histoire américaine est récente et ses cultures se sont développées en vase clos. Le rôle réduit ou inexistant de l'élevage dans la plupart des sociétés américaines (à part l'utilisation des camélidés dans les cultures andines), nous permet de comprendre des formes originales de nomadisme (qui n'ont rien à voir avec celui des troupeaux), une mobilité moindre et une plus grande lenteur des déplacements de populations et d'individus, en l'absence de chevaux, et des limitations techniques comme le non-usage de la roue. Mais, s'il est vrai que les contacts transocéaniques n'ont pas été déterminants, comment expliquer autrement que par la diffusion les similitudes, parfois troublantes, entre, par exemple, l'art maya et celui de civilisations du Sud-Est asiatique ? Ces convergences sont-elles dues à des environnements analogues, à des histoires parallèles, ou simplement aux limites de l'esprit humain dans les domaines du symbolisme et de l'expression plastique ?

2000 AVANT J.-C.

L'AIRE MAYA ET SES SUBDIVISIONS

Pour rendre compte des variations culturelles, il faut distinguer au moins trois grandes zones, chacune caractérisée par des formes spécifiques et une trajectoire historique particulière :
1. Côte Pacifique et Hautes Terres du Guatemala et du Salvador.
2. Basses Terres centrales et méridionales.
3. Basses Terres du Nord.
L'histoire de la civilisation maya a été divisée en grandes périodes appelées «Préclassique», «Classique» et «Postclassique», chacune d'elles divisée en «Ancien», «Moyen» et «Récent» avec parfois des subdivisions supplémentaires comme «Protoclassique», «Classique Terminal» ou «Protohistorique».

LA MÉSOAMÉRIQUE

À partir de 2000 avant notre ère, la Mésoamérique dans son ensemble est sédentaire, condition essentielle pour l'apparition de sociétés suffisamment complexes pour être appelées civilisations. Et c'est d'abord une aire de civilisation que désigne le terme «mésoamérique», qui comprend le centre et le sud du Mexique, le Guatemala, le Belize, El Salvador, et des parties du Honduras, du Nicaragua et du Costa Rica. À l'intérieur de ce vaste territoire dont les frontières ont changé au cours du temps, l'homogénéité mésoaméricaine a elle aussi varié. Malgré leurs différences, toutes les civilisations mésoaméricaines ont des traits communs qui donnent à l'aire son unité, tant dans le domaine économique (importance de la triade maïs-courges-haricots, techniques agricoles, réseaux commerciaux et marchés) que dans les sphères artistique, religieuse et intellectuelle. On ne peut comprendre la civilisation maya en dehors de son contexte mésoaméricain. Ci-dessous, Stèle 10 de Kaminaljuyú, du Préclassique Récent.

-1200 Édification des premiers centres olmèques au Mexique		**Vers -600** Début de la civilisation maya préclassique	**-500 +900** Monte Albán zapotèque		**Vers 0** Début de Teotihuacán

-1000 **-800** **-400** **-200** **-100**

-1200 Guerre de Troie. Écroulement de l'empire hittite	**-800** Début de la civilisation étrusque	**-753** Fondation de Rome	**-336-323** Empire d'Alexandre le Grand	**-146** Carthage détruite par les Romains	

PRÉCLASSIQUE ET PROTOCLASSIQUE (2000 AV. J.-C. - 250 AP. J.-C.)

CALENDRIER

Les Mayas sont célèbres pour avoir possédé l'écriture la plus élaborée de toute l'Amérique ● *42* et pour avoir été les seuls à mesurer le passage du temps en «compte long» (soit à partir d'un point de départ imaginaire correspondant à 3114 av. J.-C.) ● *44*. Paradoxalement, ils ne semblent avoir inventé ni l'une ni l'autre, mais ont hérité de systèmes déjà complexes construits par les successeurs des Olmèques sur la côte du golfe du Mexique et en Oaxaca. Là, on a identifié, datés de 600 à 450 av. J.-C., des glyphes calendériques et autres, ainsi que des chiffres rendus par des barres et des points. Sur la côte du golfe, la Stèle C de Tres Zapotes présente une date qui utilise les mêmes chiffres mais sans glyphes de périodes, et qui correspond à 31 av. J.-C. Sur le littoral Pacifique, les sites de El Baúl (détail de stèle, datant du Classique Récent, à gauche) et Abaj Takalik ont donné des dates des Ier et IIe siècles de notre ère.

L'HÉRITAGE OLMÈQUE

Au Préclassique Récent, la côte Pacifique (site de Izapa) et les Hautes Terres (site de Kaminaljuyú) font preuve de précocité dans le domaine du calendrier et de l'écriture en développant l'héritage olmèque. Si les styles de sculpture Izapa et Kaminaljuyú font la transition entre l'art olmèque et l'art maya du Classique Ancien, on suppose que des contacts plus directs entre Olmèques et Mayas ont existé dans d'autres domaines. Ainsi, c'est, curieusement, au début de leur histoire que les Mayas ont donné dans le gigantisme : par exemple, les édifices de La Danta à El Mirador atteignent-ils 70 m de haut ! Malgré des conditions défavorables à l'agriculture, des centres importants se sont développés au Préclassique Moyen et Récent dans les Basses Terres du Nord, sans doute grâce au commerce. Komchén semble avoir été, avec Cerros (site côtier du Belize), un relais dans le commerce maritime yucatèque.

LES OLMÈQUES

Sur la côte du golfe du Mexique, le site de San Lorenzo est olmèque dès 1250, La Venta (sculpture ci-dessous) l'est vers 1100 avant notre ère. Dans ces centres très planifiés, la sculpture monumentale joue un grand rôle (ci-dessus). La société y est très hiérarchisée, son artisanat développé, et son commerce étendu. Les œuvres artistiques olmèques ont été largement distribuées dans la Mésoamérique du premier millénaire avant notre ère.

Vers 250 Début de la civilisation maya classique

250-650 Apogée de Teotihuacán

100 — 200 — 300 — 400 — 500

Vers 200 Fin de la dynastie des Han (Chine)

Vers 400-vers 1450 Empire byzantin

476 Chute du dernier empereur romain d'Occident

CLASSIQUE (250-900)

UNE PÉRIODE DE PROGRÈS

La période Classique maya introduit l'établissement de règles de succession dynastique et la manifestation du pouvoir royal dans l'art.

Ces conditions sont notamment réunies dans les Basses Terres centrales à la fin du IIIe siècle. La civilisation Classique est l'aboutissement d'une longue évolution commencée depuis au moins le VIe ou le Ve siècle avant notre ère. Les sociétés complexes qui ont construit des sites comme Nakbé et El Mirador ont fini par adopter puis développer le calendrier et l'écriture qui leur sont venus de l'Ouest et du Sud ; quant à la voûte, il s'agit d'une invention locale, puisque les Hautes Terres ne l'ont jamais utilisée. Les premières stèles de Tikal ▲ *320* et de Uaxactún ▲ *328* qui montrent l'image du roi accompagnée d'un texte donnant, entre autres, son nom, sa date d'accession au pouvoir et le nom de sa ville, témoignent de l'émergence de l'État comme système d'organisation sociale et politique, et de la naissance d'États rivaux qui vont se partager le pays maya. À gauche, panneau sculpté de Palenque ▲ *243*.

UNE SOCIÉTÉ DE CLASSES

La société maya est divisée en classes, et en professions comme les artisans et les marchands. Elle est soumise à l'autorité d'un gouvernement centralisé qui règne sur un territoire aux limites définies. L'autorité politique, avec à sa tête la personne du roi, représentant de sa communauté, dispose d'une armée et d'une administration. Les glyphes-emblèmes désignent, semble-t-il, l'État plutôt que la Ville, ce qui expliquerait pourquoi plusieurs villes peuvent utiliser le même emblème. La carte politique du pays maya à la période Classique est une mosaïque perpétuellement changeante : les États acquièrent puis perdent le contrôle de centres secondaires qui passent dans d'autres mains. La civilisation maya Classique est urbaine : sans avoir l'aspect de nos villes, les centres mayas en ont alors les fonctions et sont responsables des grandes réalisations artistiques et intellectuelles.

DÉFINITION
Le mot «classique» désigne ici un stade de développement caractérisé par l'apparition simultanée de la voûte maya en architecture, de stèles, de l'écriture hiéroglyphique ● *42* (ci-dessous) et du comput du temps en «compte long» ● *44*.

Vers 600
Apogée de la civilisation zapotèque

Vers 800
Début du déclin de la civilisation maya

Vers 900
Fin de la civilisation zapotèque à Monte Albán

Vers 950
Arrivée des Toltèques à Tula.

600 — **700** — **800** — **900** — **1000**

Vers 610
Naissance de l'Islam

685
Le bouddhisme devient religion d'État au Japon

800
Charlemagne sacré empereur à Rome

900-1000
Expéditions des Vikings en Amérique

Classique Ancien (250-600)

Cette sous-période n'est bien illustrée que dans les Basses Terres centrales. Au sud, en effet, les Hautes Terres, en passant sous la domination de Teotihuacán, prennent une voie originale caractérisée par un syncrétisme d'éléments mayas locaux et de traits du Mexique central. Quand la grande cité mexicaine s'effondre sous les coups des barbares du nord, ses comptoirs et ses colonies éprouveront quelque difficulté à se redresser : Kaminaljuyú et sa région vont connaître une période de déclin malgré des contacts commerciaux ininterrompus avec les Basses Terres. Le Classique Ancien reste très mal connu dans les Basses Terres du Nord. Tikal est l'une des cités les plus importantes de la période. La Stèle 29 porte la plus ancienne date connue sur un monument maya (correspondant à 292 de notre ère). La présence et l'autorité de Teotihuacán se fait sentir sur la Stèle 4 du même site. L'érection de stèles aux fins de période est attestée pour la première fois à Tikal (Temple 1, ci-contre), avec la célébration de la fin du dix-huitième *katun* du huitième *baktun* (c'est-à-dire le 6 juillet 396) ● *44*. La fin du Classique Ancien est marquée par une période de déclin qui se manifeste dans l'ensemble des sites par un appauvrissement du mobilier funéraire et par un arrêt de la coutume d'ériger périodiquement des stèles. Cette période, que l'on appelle le «hiatus», s'étend de 534 à 593, et à Tikal se prolonge jusqu'en 692. Faute de meilleures explications, on suppose que l'effondrement de Teotihuacán et de son empire a provoqué une crise grave dans les dynasties mayas. Le retour à la normale avec la reprise de l'érection des stèles marque le début du Classique Récent.

Classique Récent (600-800)

C'est de cette période que datent les plus imposants ensembles architecturaux de Tikal ▲ *320*, la grand-place avec les Temples 1 et 2, les Temples 3 à 5, les ensembles à pyramides jumelles, les grandes chaussées, etc. C'est également l'apogée de Palenque ▲ *243*, qui n'acquiert son importance qu'au VIIe siècle, et décline dès 800. La grandeur de Yaxchilán ▲ *248* commence vers 630 avec Oiseau-Jaguar II. Copán ▲ *299*, dont la vallée est occupée sans interruption depuis le Préclassique Moyen, est la cité la plus importante de la frontière orientale du pays maya depuis la fondation de la dynastie de Yax Kuk Mo au Ve siècle. Quirigua ▲ *306*, fondée peu après, est dominée par sa grande voisine et rivale jusqu'en 737, date à laquelle elle capture et met à mort 18-Lapin, le puissant roi de Copán. C'est aussi l'apogée des cités du Yucatán central ▲ *190*, comme Becán, Xpuhil (vue en bas à droite) ou Chicanná. Ci-dessous, figurine de Jaina ▲ *230*.

Classique Terminal (800-1000)

La fin du dix-huitième *katun* du neuvième *baktun* (soit 790 ap. J.-C.) a été célébrée par le plus grand nombre de stèles connues. À cette date, la densité démographique maximale est atteinte dans les Basses Terres centrales. Celles du Nord vont bientôt faire parler d'elles ; sauf exception comme Dzibilchaltún ▲ *217*, le nord du Yucatán reste peu peuplé et sans villes importantes. La situation va changer au cours du IXe siècle avec la naissance et le développement des cités Puuc ▲ *220*, comme Uxmal, Labná, Sayil, Kabáh, etc. sous l'action conjuguée de groupes étrangers Putún ou Chontal de la côte du Tabasco, et des centres Chenes et Río Bec, leurs voisins méridionaux.

Vers 1220-1400
Chute de Chichén Itzá et hégémonie de Mayapán, au Yucatán

1100	1150	1200	1250	1300

1099
Première croisade et prise de Jérusalem

Vers 1200
Apogée de l'empire mongol (conquête de la Chine du Nord)

1206
Traité de Guadalajara entre la Castille, l'Aragon et la Navarre

Vers 1240
Grands chantiers de construction de cathédrales dans toute l'Europe

Le début du déclin

Au IXe siècle, les Basses Terres centrales vont connaître leur déclin marqué par la fin des stèles et de l'activité architecturale, ce qui signifie la désorganisation du pouvoir politique et religieux traditionnel. La population n'a pas pour autant disparu mais s'est considérablement réduite à la période suivante. Des centres comme Copán et Palenque ne fonctionnent plus comme tels après 800. À Tikal, après 830, seul le dixième de la ville est occupé. C'est à Toniná ▲ *242* que l'on a trouvé la stèle la plus récente des Basses Terres centrales (909). Ceibal ▲ *331*, dans cette débâcle, fait exception en vivant ses heures de gloire entre 830 et 930. Le style de ses stèles, d'origine étrangère, est sans doute dû aux Putúns, un groupe mexicanisé qui, depuis la côte du Tabasco ou le nord du Yucatán, aurait pénétré jusqu'au río de la Pasión en remontant l'Usumacinta. Le nord du Belize ▲ *340* échappe à la décadence générale et entreprend d'importantes constructions.

Chichén Itzá ▲ *205*
La cité yucatèque connaît son apogée au Postclassique. Ci-dessus, le Caracol. Ci-dessous, un détail de fresque, et un Chacmool. À droite, colonnes du Temple des Guerriers.

Les causes du déclin

En dépit de nombreuses supputations, on sait maintenant qu'il s'agit plus d'un déclin culturel étalé sur un siècle, que d'un effondrement ou d'une disparition brutale. Une pluralité de facteurs doit être invoquée, comme la fragilité des sols tropicaux, le risque de graves famines après une succession de «mauvaises années» ; comme le morcellement politique en cités-États qui constitue une source de conflits et une incitation à rivaliser en somptuosité avec ses voisins : les dépenses ruinent la cité. L'échec final de la civilisation maya montre à quel point ses bases étaient fragiles et ses facultés d'adaptation limitées. Les premiers désastres ont entraîné des réactions en chaîne : interruption de réseaux commerciaux, révoltes, guerres et invasions, accélérant le processus de décomposition.

Postclassique (1000-1500)

Le Postclassique Ancien (1000-1250)

Chichén Itzá ▲ *205* devient à partir de l'an 1000 un site majeur qui va occuper le devant de la scène des Basses Terres. La cité de cette période est caractérisée par le développement d'un ensemble de traits nouveaux (urbanistiques, architecturaux, iconographiques), d'origine mexicaine. Certains de ces éléments, comme le *tzompantli* (plate-forme sculptée de crânes), avaient déjà fait leur apparition en pays Puuc ▲ *218* par le canal des Putún-Chontal. D'autres semblent provenir directement de Tula, la capitale toltèque du Postclassique ancien du bassin de Mexico. Chichén Itzá postclassique est ainsi qualifié de maya-toltèque (fresque du Temple des Jaguars, à gauche). Le mystère demeure sur la relation entre Tula et Chichén Itzá. Ce dernier est non seulement le seul site maya-toltèque des Basses Terres, mais, en outre, on ne connaît pas de site-relais entre Chichén Itzá et Tula, distants de quelque 1 400 km...

Vers 1325 Fondation par les Aztèques de la cité de Tenochtitlán (future Mexico)

1337 Début de la guerre de Cent Ans

1350

1368 Avènement de la dynastie chinoise des Ming

1400

1438 Début de l'expansionisme inca

1440 Gutenberg invente l'imprimerie

1450

1453 Prise de Constantinople par les Turcs

1492 Colomb découvre l'Amérique, où vivent environ cent millions d'hommes

1494 Traité de Tordesillas : Portugal et Espagne se partagent le Nouveau Monde

1500

1508-1515 Conquête espagnole de Cuba et de Porto-Rico

1519-1521 Hernán Cortès conquiert l'empire aztèque et fonde Mexico

1550

SITES CÔTIERS ET MONTAGNEUX

Au nord, à l'exception de Chichén, les sites importants sont très rares au Postclassique Ancien. Dans la zone centrale du pays maya, certaines cités classiques sont habitées par des groupes d'occupants qui vivent dans les ruines sans rien

construire d'important. Il n'en va pas de même cependant dans le nord du Belize ▲ *340*, où des sites comme Lamanai (vestige ci-dessus), Nohmul, Cerros ou Altún Ha connaissent une véritable activité dans le domaine architectural. Quelques sites côtiers constituent d'autres exceptions et suggèrent l'existence d'un commerce maritime le long du littoral yucatèque. Les changements perçus dans les Hautes Terres à la fin du Classique commencent : les sites de plaine sont abandonnés au profit de lieux faciles à défendre comme des collines ou le sommet des plateaux. Cette évolution est attribuée à de nouvelles influences extérieures qui, empruntant les voies de l'Usumacinta et du Motagua, correspondent à la domination du Yucatán par Chichén Itzá.

POSTCLASSIQUE RÉCENT (1250-1525)

Mayapán ▲ *212* prend la place prédominante de Chichén Itzá, après la chute de celle-ci. Cette fois encore l'objet d'influence mexicaine, cette nouvelle capitale diffère considérablement de la précédente comme de toutes les cités classiques de l'aire maya. Les quelque 10 000 habitants de cette ville, entourée d'une muraille, se pressent autour d'un centre politique et cérémoniel. Un appareil grossier de pierres sèches remplace la belle maçonnerie des sites Puuc et de Chichén, et les plans des maisons ont changé. Le culte, lui aussi, n'est plus le même : on construit des oratoires domestiques et des sanctuaires, on modèle en terre cuite de grands encensoirs qui représentent des dieux (à droite, encensoir du Postclassique) ● *48*. Mayapán sera à la tête d'une alliance qui dominera le Yucatán jusqu'à la moitié du XVe siècle. Le peuplement semble avoir été plus important alors qu'au Postclassique Ancien : la côte orientale de la péninsule notamment, avec les sites de Xel-Há, Cozumel, Tulum ▲ *177*, Santa Rita, est le lieu d'échanges maritimes. On

connaît aussi des sites tardifs dans la région du lac Petén Itzá (Topoxté). Après la chute de Mayapán, le nord du Yucatán connaît à nouveau le morcellement politique en une série de petits «royaumes combattants». Les Hautes Terres voient le développement de petits centres en puissantes capitales régionales rivales. À l'époque de la conquête espagnole, Mixco Viejo ▲ *268* est la capitale des Pokomams, Zaculeu ▲ *284* des Mams, Iximché des Cakchiquels et Utatlán des Quichés. Ces derniers ont étendu leur territoire au détriment de leurs voisins jusque vers la fin du XVe siècle, quand leur roi est vaincu par les Cakchiquels.

1562 Diego de Landa fait brûler de nombreux manuscrits mayas

1560 — 1562 — 1564 — 1566 — 1568

1556 Abdication de Charles Quint. Philippe II monte sur le trône d'Espagne

1561 Madrid devient la capitale de l'Espagne

1562 Début des guerres de Religion

1563 Clôture du Concile de Trente

1565 Les Espagnols conquièrent les Philippines

1565 Fondation de la colonie portugaise de Rio de Janeiro

La Conquête (XVIe-XVIIe siècles)

De Cordoba à Cortés

La conquête espagnole de l'Amérique commence par la colonisation de Cuba et d'Hispaniola (aujourd'hui les États de Haïti et de Saint-Domingue) et se poursuit par des expéditions lancées à partir de ces îles. En 1517, Hernández de Córdoba (ci-contre) part à la recherche d'esclaves, d'or et de nouvelles terres. Il découvre l'île Mujeres ▲ *174*, près de Cozumel, puis longe la péninsule du Yucatán jusqu'à Champotón ▲ *230*, où les Mayas infligent de lourdes pertes aux navigateurs. L'expédition suivante, de Juan de Grijalva, fait en cinq mois le tour de la péninsule et poursuit jusqu'au río Panuco.

Hernán Cortés (ci-dessous), enfin, appareille le 18 février 1519 avec 11 vaisseaux. Cortés longe la péninsule, double le golfe du Mexique et débarque à Veracruz où il brûle ses vaisseaux (au centre, la flotte échouée) et conquiert l'empire aztèque en un an. Mais il faudra deux décennies pour conquérir le Yucatán.

Vers les Hautes Terres

En 1523, Cortés délègue son lieutenant Pedro de Alvarado (ci-dessus, à droite) pour explorer le territoire correspondant au Guatemala. L'efficace mais sanguinaire Alvarado occupe la province du Soconusco sur la côte Pacifique et fait face aux Quichés qu'il met en déroute après avoir tué leur chef Tecún Umán (à droite). À Utatlán ▲ *288*, capitale des Quichés, il massacre la famille royale et attaque avec succès Iximché ▲ *276*, la capitale des Cakchiquels. Son frère, Gonzalo, occupe Zaculeu ▲ *284*, la capitale des Mams. Les Tzutuhils sont défaits à Atitlán et les Pipils à Escuintla. Terrifiés, les Mayas des Hautes Terres du Guatemala se soumettent en masse et Alvarado fonde la capitale à Santiago de los Caballeros, située à Ciudad Vieja ▲ *275*. Au Chiapas, la résistance continue. Luis Marín attaque mais n'obtient qu'une victoire partielle contre les Tzotzils et les Tzeltals en 1524. Huit ans plus tard, Mazariegos les surprend ; plutôt que de se rendre, les Indiens préfèrent se jeter dans le cañon du Sumidero ▲ *260*. Mazariegos fonde en 1528 Villa Real, aujourd'hui San Cristóbal de Las Casas ▲ *233*. Alvarado avait fondé Comitán et les deux chefs, devenus adversaires, partagent terres et populations entre leurs soldats.

La colonisation

Avec Montejo au Yucatán et Alvarado au Guatemala, le régime colonial est fermement établi. Quelques soubresauts secouent momentanément le joug mais la main ferme des Espagnols anéantit tout désir d'autonomie. La région située au sud-ouest de l'actuel Belize et au centre du Guatemala, occupée par des groupes chols, reste impénétrable et toutes les

1571
Installation du tribunal inquisitorial de Mexico

1572
Les Jésuites arrivent au Mexique

1570 — 1572 — 1574 — 1576 — 1578

1568
Les Espagnols explorent l'Océanie

1570
Le Conseil des Indes promulgue une loi interdisant aux métis les charges de notaire ou de cacique

1572
En Espagne, sœur Thérèse d'Avila écrit le *Livre des fondations*. Elle sera canonisée en 1622

1576
Une épidémie entraîne la mort de 40 % des Indiens de la Nouvelle-Espagne

Résistances

Parti pour étouffer au Honduras les velléités d'indépendance d'un de ses lieutenants, Cortés traverse la jungle pour la première fois en 1525. Il fait étape à Tayasal ▲ *321*, la capitale des Itzás. Des missionnaires venus du Yucatán visitent la ville une seconde fois près d'un siècle plus tard sans rien obtenir de Canek, son roi. Une nouvelle expédition échoue en 1622. Il faudra attendre 1697 pour que la ville succombe sous les coups des troupes menées par Martín de Ursua, le gouverneur du Yucatán. Une autre expédition, partie du Guatemala, allant elle aussi à Tayasal où elle doit rejoindre les troupes venues du Yucatán, occupe Dolores, le centre des Lacandons insoumis. La conquête du pays maya est achevée plus de deux siècles après la découverte du continent par Colomb.

tentatives militaires échouent. Soumise pacifiquement par le père Bartolomé de Las Casas et ses dominicains qui y établissent leur mission, elle prend ensuite le nom de Verapaz. Le vaste espace couvert de jungles, situé entre les montagnes du Guatemala et le nord du Yucatán, reste cependant insoumis. Ci-contre, guerrier maya représenté sur un vase du Classique.

Guatemala et Nouvelle-Espagne

La capitainerie générale du Guatemala est créée en 1542, puis incorporée à l'audience des Confins qui englobe toute l'Amérique centrale jusqu'au Costa Rica, Yucatán inclus. En 1565, l'audience est déplacée à Panamá, tandis que le Guatemala et le Yucatán, sont intégrés à la Nouvelle-Espagne (Mexique). Cinq ans plus tard est créée l'audience du Guatemala dont dépendent Chiapas, Honduras, El Salvador, Nicaragua et Costa Rica. Le Yucatán reste attaché au Mexique.

Audience des Confins
Cette institution, à la fois législative et judiciaire, créée en 1543, contrebalançait les pouvoirs du capitaine général établi au Guatemala.

1588
Philippe II autorise les métis à devenir prêtres à condition qu'ils soient de naissance légitime

1601
Au Mexique, les caciques indiens se révoltent contre les Espagnols

1585 — **1610** — **1635** — **1660** — **1685**

1584
Colonisation anglaise de la Virginie

1588
Défaite de l'Invincible Armada

1600
Création de la Cie anglaise des Indes orientales

1626
Fondation de la Nouvelle-Amsterdam

1668
L'Espagne reconnaît l'indépendance du Portugal

1685
Une colonie française s'installe au Texas

Le régime colonial

Les Indiens, sujets du roi

L'Amérique espagnole forme une vaste unité d'environ seize millions de km^2, soumise à un même régime légal et administrée par des fonctionnaires royaux. Les lois espagnoles, qui considèrent les Indiens sujets de la couronne, interdisent l'esclavage aux dépens des premiers conquistadors auxquels s'opposent juristes, théologues et religieux, dont Vitoria, Montesinos, et surtout Las Casas ▲ *234*, témoin des abus lors de la conquête de Cuba. Évêque du Chiapas, il continuera son œuvre humanitaire (ci-dessous, livre de Las Casas). Les codes espagnols et surtout la *Recopilación de las Leyes de Indias*, promulguée en 1681 par Charles II (ci-dessus), confèrent à l'empire une solide unité juridique. Cependant, les particularités régionales sont prises en considération par la couronne et le Conseil des Indes. Aux lois générales s'ajoutent les cédules royales pour donner une solution aux problèmes locaux.

Autodafés
Malgré la christianisation, les croyances indiennes persistent. À Maní, au Yucatán, Landa ● *42* ordonne un autodafé, au cours duquel des Indiens sont torturés, puis exécutés, et des centaines d'idoles et plus de vingt codex mayas brûlés (ci-contre, autodafé de Solotepec).

Les Indiens menacés

Exterminés par la Conquête, les autochtones sont aussi victimes du choc viral qui décime la population. Les survivants sont concentrés dans les villages (ou, réductions) et soumis à la noblesse indigène chargée de lever les tributs au nom des autorités espagnoles. Il est interdit aux Espagnols de vivre dans les villages indiens et seuls les moines sont en contact avec les indigènes. Pour faciliter leur mission, ils disposent dans chaque village d'un *maestro cantor* ou *fiscal* qui enseigne le catéchisme et fait réciter les prières. Peu à peu, l'emprise des *maestros* augmente, en même temps que les croyances anciennes remontent à la surface, ce qui provoque des autodafés. La vie coloniale s'installe, et des soulèvements ont lieu : les plus importants seront ceux de Canek (Yucatán) en 1761 et du Chiapas en 1692 puis en 1712, le soulèvement de Tzeltals à Cancuc, durement réprimé en 1713 par Cosio.

Rivalités avec l'Angleterre

Le Guatemala et le Chiapas, situés loin des côtes menacées par les pirates, dépourvus de ressources minières altérant l'ordre agricole établi, vivent paisiblement durant la colonie. Le Yucatán, amplement exposé aux déprédations des pirates et trop peu peuplé pour une défense efficace, est victime de nombreuses attaques qui causent le dépeuplement de l'actuelle côte du Quintana Roo. Les Anglais, établis autour de la Laguna de Términos, au sud de Campeche, occupent un vaste territoire où ils exploitent les bois de teinture et menacent la navigation dans le golfe du Mexique. Expulsés par les Espagnols en 1716, ils s'installent définitivement sur les côtes de l'actuel Belize, protégés par la flotte ancrée à la Jamaïque : ci-dessous, combat naval entre Anglais et Espagnols en 1747. En 1763,

1700	1720	1740	1760	1780
1713 Le Traité d'Utrecht affirme la suprématie maritime des Anglais	**1731** Les Indiens Natchez de Louisiane, révoltés depuis 1729 contre la présence française, sont écrasés.	**1763** Les Français cèdent leurs terres d'Amérique du Nord aux Anglais	**1776-1783** Guerre d'indépendance américaine conclue par le Traité de Paris	**1789** Ratification de la constitution américaine. Georges Washington devient président.

l'Espagne donne le territoire du Honduras britannique en concession aux Anglais. Cet acte est confirmé par le traité de Versailles de 1783, mais la possession ne sera définitive qu'après la victoire anglaise de St. George's Caye en septembre 1798. La pauvreté du sol péninsulaire et l'absence de ressources naturelles ne permettent pas un enrichissement de la province yucatèque. Les Indiens, soumis à l'*encomienda* (supprimée en Amérique en 1716, souvent remplacée par le *repartimiento,* mais maintenue au Yucatán jusqu'en 1789), apportent régulièrement leur tribut aux Espagnols. Coton, miel, cuirs, viande salée et bois de teinture sont les produits commerciaux qui permettent des échanges avec l'extérieur.

Depuis l'indépendance

Mexique et Fédération des Provinces-Unies

Le cri d'Indépendance prononcé à Dolores par le curé Miguel Hidalgo et la Constitution libérale de Cadix proclamée en Espagne en 1812 (ci-dessous) consolident l'esprit indépendant des créoles. La lutte menée dans le centre du Mexique trouve un écho au Yucatán. Le Mexique proclame son indépendance en 1821, suivi immédiatement par le Yucatán, le Chiapas et le Guatemala. Les représentants du Chiapas réclament leur rattachement au Mexique, accepté en 1822. À la chute de l'empereur mexicain Iturbide en 1823, l'Amérique centrale se sépare du Mexique et le Chiapas proclame son indépendance. En 1824, un plébiscite décide l'incorporation du Chiapas au sein de la Confédération mexicaine. La Fédération des Provinces-Unies de l'Amérique centrale, séparée du Mexique, se maintient jusqu'en 1839, mais ne résiste pas aux nationalismes exacerbés : les anciennes colonies deviennent alors des pays indépendants.

CONSTITUCION
politica de la
MONARQUIA ESPAÑOLA,
PROMULGADA EN CÁDIZ

1800	1820	1840	1860	1880	1900

1835 Début des hostilités entre Texans et Mexicains

1864-1867 Maximilien d'Autriche est empereur du Mexique

1810 Soulèvement des colonies espagnoles en lutte pour leur indépendance

1819 Les États-Unis achètent la Floride à l'Espagne

1848 Annexion de territoires mexicains par les États-Unis

1861-1865 Guerre de Sécession aux États-Unis

1898 Guerre hispano-américain à Cuba et aux Philippines. Annexion de Hawaï

Le Yucatán

Après l'indépendance mexicaine, une longue

lutte oppose les fédéralistes et les centralistes, animée par le gouvernement de Mexico, sous la dictature de Santa Anna. Le Yucatán proclame son indépendance du Mexique en 1841, comme l'a fait le Texas en 1836, et résiste aux Mexicains. La guerre des Castes ▲ *186* menace les Blancs du Yucatán mais le Mexique, après l'invasion américaine, appuie le gouvernement local contre les insurgés. Le Yucatán se rattache au Mexique en 1848, suivi par le Campeche ▲ *228* en 1857.

Le Honduras et El Salvador

Ces deux pays se caractérisent par une grande instabilité politique au cours du XXe siècle et par des relations difficiles. Ainsi, en 1969, la «guerre du Football» sera interrompue par une intervention de l'Organisation des États américains. Au Salvador ▲ *314*, la guérilla se développe, encouragée par la victoire de la révolution sandiniste au Nicaragua en 1979. Dans les années quatre-vingt, les États-Unis sont de plus en plus présents militairement au Honduras pour aider la *contra* antisandiniste établie dans ce pays. Avec la fin de la révolution au Nicaragua (1990), le Honduras et El Salvador connaissent une relative accalmie politique et un retour à la paix.

Accords de paix
Costa Rica, Guatemala, Nicaragua, El Salvador et Honduras signent en 1987-1989 une série d'accords. La guerre civile salvadorienne prend fin.

Les difficultés du Chiapas

Comme la plupart des pays d'Amérique latine, le Chiapas vit les premières années de l'indépendance partagé entre deux options : celle des conservateurs (les grands propriétaires terriens, l'armée et le haut clergé) choisit un pays réuni autour d'un pouvoir central fort ; celle de la réforme (dont les partisans sont des libéraux républicains) préfère une fédération dont les États sont libres et souverains. Les conflits entre les deux partis, souvent armés, ne seront résolus qu'après le triomphe de la réforme en 1864. Mais aussitôt naissent de nouveaux combats (envenimés en 1869 par le massacre de Chamula) pour éviter la réélection. Le vainqueur, Miguel Utrilla, ne pourra instaurer la paix qu'en 1879. Par précaution, les libéraux transfèrent la capitale de San Cristóbal à Tuxtla Gutiérrez en 1892. La révolution (ci-dessus) rallumera le vieux conflit entre les conservateurs et les libéraux, qui finiront par faire alliance pour protéger leurs intérêts agraires, au détriment des conquêtes sociales. L'industrie pétrolière représente actuellement un pourcentage élevé de la production nationale mexicaine. Les conflits pour la possession de la terre entre éleveurs et Indiens, la complicité entre l'oligarchie et les autorités locales qui est à l'origine d'une absence réelle de garanties individuelles et sociales, la terreur semée par les gardes privées, l'impunité, la corruption et la pauvreté provoquent la rébellion de 1994.

1910
Au Mexique, les révolutionnaires F. Madero et P. Villa s'emparent du pouvoir

1969-1980
Guerre entre El Salvador et le Honduras

1987-1989
Accords de paix en Amérique centrale (Costa Rica, Guatemala, Nicaragua, El Salvador, Honduras)

1915 — **1930** — **1945** — **1960** — **1975** — **1990**

1914-1918
Première Guerre mondiale

1917
Révolution russe

1939-1945
Seconde Guerre mondiale

1957
Création de la C.E.E.

1993
Signature de l'ALENA (accord de libre échange entre États-Unis, Canada et Mexique)

Le Mexique

Le pays adopte le système impérial en 1863, gouverné par Maximilien de Habsbourg (ci-dessus, recevant la couronne du Mexique), mais les libéraux expulsent l'intrus, un temps soutenu par des troupes françaises envoyées par Napoléon III, et Juárez rétablit la république en 1867.

Un vaste plan de réformes est adopté dans tout le pays avec la construction des chemins de fer, l'industrialisation, etc. La dictature de Díaz (en médaillon à gauche) appuie la formation des grands domaines et la modernisation du pays, mais les paysans réduits au servage et l'absence de démocratie provoquent la révolution de 1910 (ci-contre), dominée par les figures de Pancho Villa et Emiliano Zapata.
La période suivante sera agitée jusqu'à une stabilisation politique dans les années trente, sous les auspices du PRI (parti révolutionnaire institutionnel), toujours au pouvoir de nos jours.

Guérilla
Au Chiapas, le 1er janvier 1994, des Indiens armés se soulèvent (ci-dessous). Le gouvernement décide de négocier.

Le Guatemala

Constitué en nation en 1839, le Guatemala adopte un gouvernement libéral, renversé par le conservateur Rafael Carrera qui gouverne de 1844 à 1865. Une révolution libérale conduit au pouvoir Justo Rufino Barrios qui mène des réformes. Au début du XXe siècle, les capitaux américains finissent par contrôler presque toute l'économie nationale. Les désordres politiques conduisent au pouvoir le général Ubico qui gouverne jusqu'en 1944. Après Arévalo, le colonel Jacobo Árbenz décrète une vaste réforme agraire en 1954, déclenchant le coup d'État du colonel Castillo Armas (ci-dessous, rebelle anti-Árbenz) qui restitue les terres aux compagnies. Les mesures répressives des gouvernements militaires successifs provoquent la naissance de la guérilla à partir de 1963, consolidée par l'organisation des Forces Armées Révolutionnaires (FAR). La violence, les assassinats, le terrorisme s'emparent du pays, suivis de répressions par l'armée et les groupes paramilitaires. L'insécurité se prolonge et des milliers d'Indiens se réfugient au Mexique dans les années quatre-vingt.
Le retour des gouvernements constitutionnels, à partir de 1985, permet, après de longues négociations, la signature d'un accord de paix entre l'État et la guérilla le 29 décembre 1996.

Le Belize

L'annexion, en 1859, par l'Angleterre d'une partie de la Verapaz (Guatemala) provoque alors un état de guerre latent entre les deux nations. Les cartes du Guatemala montrent toujours le Belize comme faisant partie de ce pays.
Les accords récents adoptent un *statu quo* qui, tôt ou tard, sera accepté par les deux pays. La colonie du Honduras britannique subit, après la Seconde Guerre mondiale, une forte crise économique qui favorise la naissance des syndicats et des partis politiques.
L'indépendance du Belize est finalement proclamée le 21 septembre 1981, et George Price est élu Premier ministre.
Le pays, pauvre dans son ensemble, vit de son agriculture et du tourisme, attiré par les plages et les zones archéologiques.
Mais l'absence de routes est un obstacle au développement ▲ *335*.

On a recensé environ 800 signes différents dans les textes mayas. Ce nombre est trop élevé pour une écriture alphabétique ou syllabique mais insuffisant pour une écriture purement logographique. Ci-contre, les relevés quelque peu fantaisistes de Waldeck ● *56.*

Les Mayas sont le seul peuple du continent américain à avoir développé une écriture dans laquelle toute pensée, tout discours peuvent être exprimés au moyen d'une combinaison de signes. Dès le Classique, les Mayas avaient des livres, les codex, longues bandes de papier d'écorce, pliées en accordéon et recouvertes d'une fine couche de chaux sur laquelle le scribe pouvait peindre textes et images. On trouve aussi des inscriptions sculptées ou peintes. Le déchiffrement a considérablement progressé ces dernières années grâce à une meilleure compréhension de la véritable nature de cette écriture dont certains signes expriment des concepts et d'autres traduisent des syllabes.

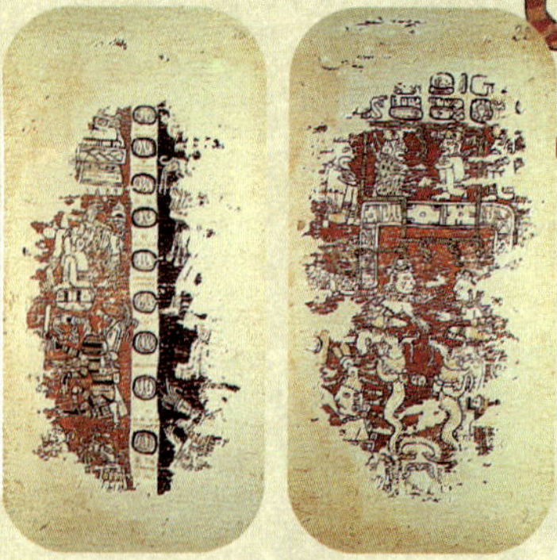

CODEX
Seuls quatre manuscrits mayas, que l'on appelle conventionnellement codex, sont parvenus jusqu'à nous. Ci-dessus, deux pages du codex Peresianus, long de 145 cm.

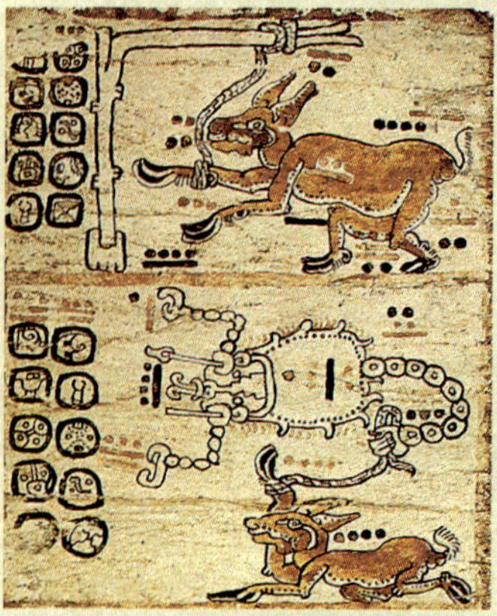

Le codex de Dresde (au centre) est un traité de divination et d'astronomie, alors que le codex de Madrid (ci-dessus) est composé d'horoscopes et d'almanachs pour assister les prêtres dans leurs prédictions et cérémonies.

ORDRE DE LECTURE
L'écriture maya se présente sous la forme de blocs glyphiques disposés en rangs ou en colonnes ; on lit généralement de gauche à droite et de haut en bas, par paires de colonnes. Les blocs glyphiques sont composés de divers signes ou glyphes : un signe principal et des affixes.

Verbe-Objet-Sujet
Dans cet exemple tiré du codex de Dresde, chaque personnage est accompagné par un texte de 4 blocs glyphiques. Le premier, le verbe, désigne la même action : présenter une offrande. Le deuxième, l'objet, est l'offrande même (le même glyphe dans la main). Le troisième nomme le personnage et le dernier est le pronostic de la période concernée ici : bonne ou mauvaise selon la divinité.

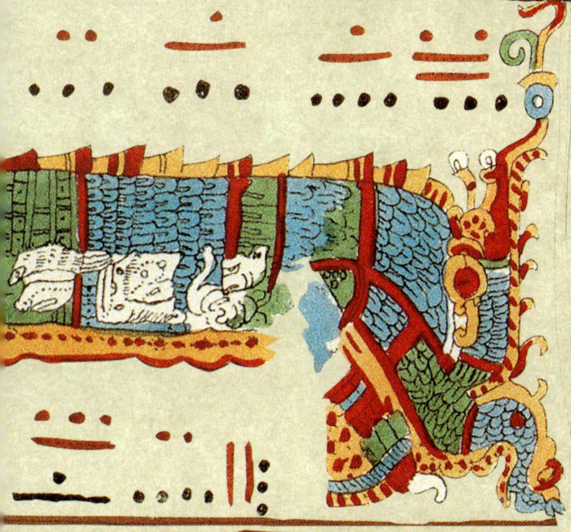

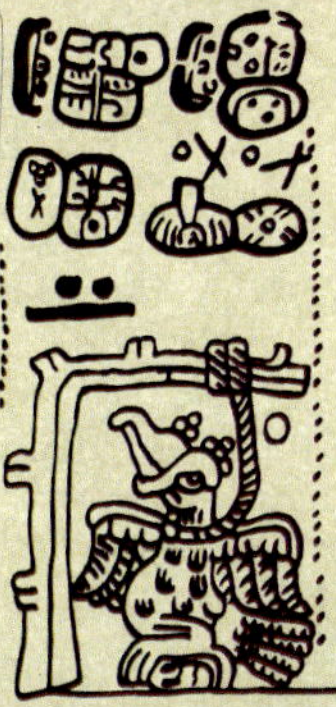

Construction *Cutz(u)* : le troisième bloc désigne le dindon (*cutz*). Il est composé du signe *cu* et du signe que l'on lit *tzu*.

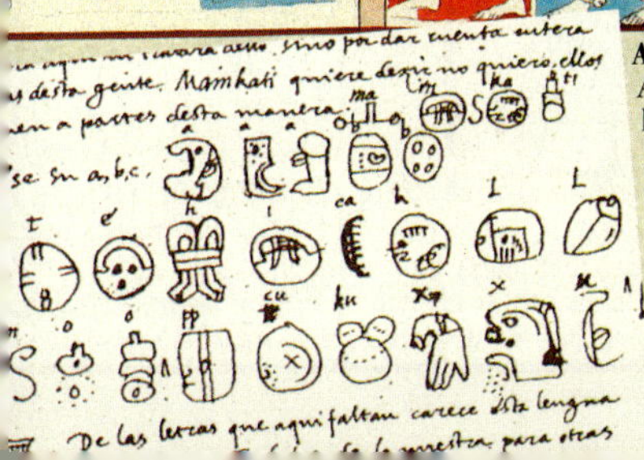

Alphabet de Landa
Au XVIe siècle, l'évêque du Yucatán fit transcrire en caractères mayas notre alphabet. Tâche impossible puisque l'écriture maya est syllabique.

Construction *Tzul(u)* : au-dessus du chien (*tzul*), le troisième bloc est composé du glyphe *tzu* et du glyphe *lu*.

«COMPTE LONG»
On indiquait les années écoulées à partir de la date initiale (qui correspond dans notre calendrier à 3114 av. J.-C.) ; les unités étaient le jour (*kin*), le mois de 20 jours (*uinal*), l'année de 360 jours (*tun*), la période de 20 *tuns* (*katun*) et la période de 20 *katuns* (*baktun*).

Les Mayas ont perfectionné les découvertes de leurs prédécesseurs post-Olmèques en matière d'arithmétique de position, et de calendrier, qui utilisait des cycles indépendants ; les principaux étaient le cycle divinatoire ou *tzolkin* (260 jours), l'année solaire ou *haab* (365 jours), et le grand cycle de 5 200 *tun* (5 200 x 360 jours) ou Compte Long. Leur maîtrise du comput du temps leur permettait non seulement d'écrire l'histoire, mais surtout de prédire l'avenir, grâce à une conception cyclique des unités chronologiques. Leurs inscriptions en rendent compte.

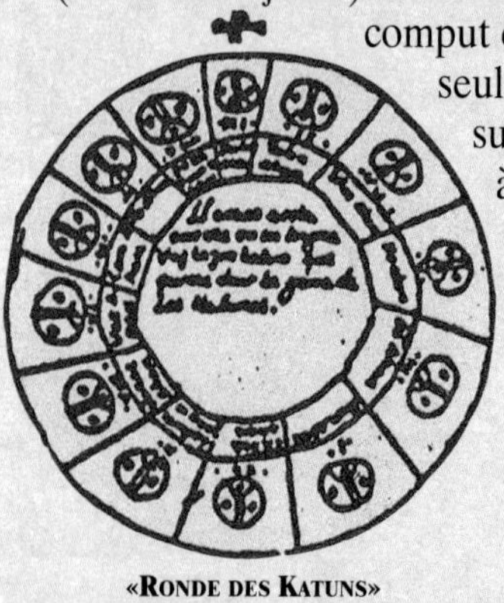

«RONDE DES KATUNS»
Landa ● *53* reproduit sur cette roue le cycle des *katuns*, ici au nombre de 13. Le «Compte court» date un événement par rapport à la fin d'un *katun* (période de 20 ans). Entre deux *katuns* déterminés, s'écoulaient 260 *tuns* (260 x 360 jours).

STÈLE E DE QUIRIGUA
1. Série initiale
2. 9 *baktuns* et 17 *katuns*
3. 0 *tun* et 0 *uinal*
4. 0 *kin* et 13 *Ahau* (calendrier de 260 jours)
5. Neuvième Seigneur du monde inférieur et glyphe F (non déchiffré)
6 à 8. Série supplémentaire

1
2
3
4
5
6
7
8

CYCLE DE 52 ANS. On peut abréger le Compte Long en indiquant la date de *tzolkin* (260 jours) et la date de *haab* (365 jours). La combinaison de deux positions de ces deux cycles ne peut se répéter que tous les 52 ans. On est donc précis dans un cycle de cette durée.

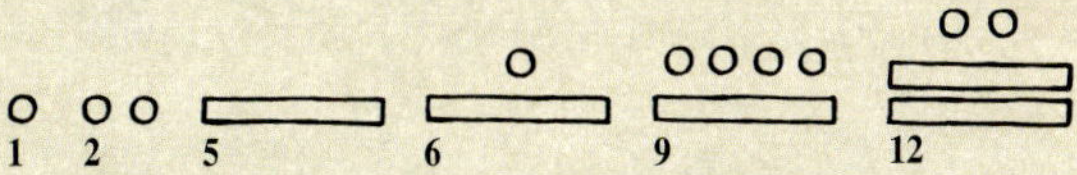

Pour leurs notations numériques, les Mayas utilisaient un système de barres et de points : la barre vaut 5 et le point 1.

Calculs
Pour écrire 1995 (à droite), 3 barres représentent le niveau des unités (15 x 1 = 15) ; 3 barres (en bas) et 4 points celui des vingtaines (19 x 20 = 380), et 4 points celui des quatre centaines (4 x 400 = 1 600). Aussi : 1 600 + 380 +15 = 1995.

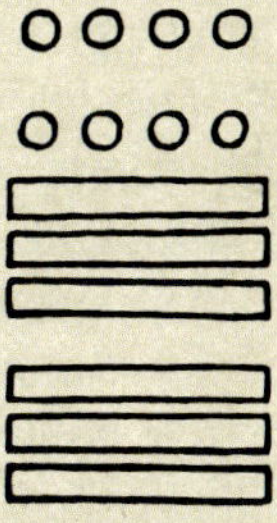

Histoire et astronomie
Si de nombreux faits historiques particuliers à chaque cité sont consignés dans les inscriptions du Classique, les observations astronomiques n'y figurent pas toujours, telles les éclipses solaires que le codex de Dresde ● *42* (fragment ci-dessus), qui date du XIIIe siècle, décrit pourtant.

Les nombres
Contrairement à notre système décimal, dont la valeur des nombres augmente de la gauche vers la droite, le système maya, en base vingt, utilise deux symboles (le point et la barre, ci-dessus) qui se lisent verticalement (du bas vers le haut). Le niveau inférieur, celui des unités, est de 0 à 19, le suivant celui des 20, un autre pour les 400, les 160 000, etc.

Calligraphie et série initiale
Il existe un autre système de calcul, celui des glyphes ● *42*, en forme de figure entière, qui symbolisent principalement les chiffres et les périodes dans certaines séries initiales (qui figurent au début de nombreuses inscriptions et indiquent le temps écoulé depuis la date initiale du calendrier maya). Sur la Stèle E de Quirigua ▲ *306* (détail et vue d'ensemble, à gauche), les chiffres sont indiqués par des barres et des points et les périodes par une tête de profil. Sur le panneau du Palais de Palenque (à droite), chiffres et périodes sont en figure entière ; sur le panneau de Yaxchilán (page de gauche), les chiffres sont indiqués en têtes et les périodes en figures entières.

Sacrifices humains et autosacrifices

Ce jaguar (ci-dessous) dévore un cœur humain après son arrachement. Bas-relief de Chichén Itzá ▲ *205*. Les guerres entre Cités-États (à droite) procuraient des prisonniers, parfois sacrifiés.

On a longtemps opposé les Mayas aux sanguinaires Aztèques, en les présentant comme un peuple d'intellectuels non violents et peu enclins aux sacrifices sanglants. Les dernières découvertes ont toutefois démontré que même si le nombre des victimes était bien inférieur à celui de leurs voisins, le sacrifice humain était un rite majeur de la religion maya, dès ses origines. L'iconographie et les textes de l'époque Classique révèlent également que le sacrifice d'autrui comme le sacrifice de soi avait même valeur, celui d'un paiement aux puissances naturelles et surnaturelles, qu'il était indispensable d'effectuer si l'on espérait d'elles quoi que ce soit : la pluie, de bonnes récoltes, la victoire, ou la bonne marche de l'univers.

Autosacrifice

L'autosacrifice, rite caractéristique de la Mésoamérique, était au moins aussi important chez les Mayas que le sacrifice d'autrui. Il consistait en une offrande de son propre sang, lequel était obtenu au terme d'une souffrance plus ou moins grande. Aiguillon de raie, couteau et autres instruments étaient utilisés. Ci-dessous, une corde à épines passe à travers la langue de la sacrifiée (détail d'un bas-relief de Yaxchilán ▲ *248*).

«Tzompantli»

À partir de l'an mille, les crânes des victimes sont enfilés sur des perches et exposés sur plusieurs rangées, à la manière du *tzompantli* (ratelier à crânes) des Aztèques. Chichén Itzá (ci-dessus) ▲ *205* en possède une représentation sculptée.

Arrachement du cœur

Les scènes de sacrifice humain par arrachement du cœur sont très nombreuses, surtout à partir du XIe siècle. C'est notamment le cas à Chichén Itzá ▲ *205*, où elles sont figurées sur des disques-pectoraux en or repoussé (ci-contre, à droite) ou peintes sur des édifices.

«Un voile d'agonie s'étend sur les paupières vierges, et le sang qui éclabousse le couteau [...] du sacrifice, nimbe la tête des dieux, indifférents et sacrés.»

Miguel Angel Asturias

Dans le sang et la douleur
Il est probable que tout le monde devait donner son sang à l'occasion de certaines fêtes. Les autorités religieuses et politiques, et donc le roi, avaient l'obligation de le faire plus souvent. Ce sacrifice avait d'autant plus de valeur que le saignement était accompagné de douleur. Certaines techniques nous paraissent aujourd'hui intolérables.

Soleil et terre
Les scènes sacrificielles sont rarement représentées sur les monuments. Les instruments, associés à des images du soleil nocturne ou du jaguar, son animal emblèmatique, sont en revanche fréquents. Les destinataires du sacrifice étaient donc, sans doute, le soleil, à qui l'on conférait la force de renaître le jour suivant, et la terre, que l'on fécondait. Outre l'arrachement du cœur, on pratiquait la décapitation ainsi que le sacrifice par flèches. Les Mayas avaient le choix, selon des critères que nous ignorons, entre l'une ou l'autre forme de sacrifice, mais pouvaient aussi pratiquer la double immolation, à savoir l'extraction du cœur destiné au soleil, et la décapitation, dont le flot de sang permettait d'étancher la soif de la terre.

Trouvé à Tikal, cet encensoir en deux parties (à gauche) figure un «vieux dieu» présentant une tête coupée. Il date du Classique Ancien (vers 450 ap. J.-C.)

Au Préclassique Moyen, les Mayas fabriquaient des figurines en céramique, le plus souvent pleines, à l'exception de sifflets et hochets creux, représentant des animaux et des humains, de facture assez fruste. Après une disparition de près de six siècles, les figurines firent à nouveau partie de l'inventaire archéologique du Classique Récent. De caractères et de formes très nouvelles, elles servaient d'acteurs pour des rituels de communication avec l'au-delà. Elles disparaîtront au Postclassique pour laisser la place à des statuettes qui simplifiaient à l'extrême le corps humain.

FIGURINES-SIFFLETS
Au Classique, les figurines creuses sont souvent des sifflets. Les représentations féminines sont assez rares. Ici, cependant, femme avec lapin du Campeche (Mexique).

MOUVEMENT
Les figurines les plus élaborées sont dynamiques et présentent des personnages en mouvement tels que danseurs, guerriers ou joueurs de balle.

ENCENSOIRS ET DÉCOR FOISONNANT
Il semble qu'en Mésoamérique, les encensoirs soient nés en même temps que les plus anciennes céramiques. On brûlait le copal dans ces objets dont les formes varièrent selon les périodes et les sujets. Cet encensoir de Teapa, ci-dessus, possède un décor foisonnant sur ses ailes, qui entoure le sujet central (Classique Récent).

La fumée de l'encens permettait de s'adresser aux grands ancêtres, au soleil nocturne, à la terre et aux autres forces naturelles.

Ci-dessous, encensoir cylindrique à ailes, provenant de Palenque (fin du VIIe siècle), mesurant 1,08 m de haut.

CADRE COSMIQUE
Encensoir en deux parties trouvé à Tikal, datant de 800 ap. J.-C. Un homme est assis sur le corps-récipient (monstre terrestre) et porte un heaume-oiseau.

TYPES D'ENCENSOIRS
Les plus simples sont des bols ornés de pointes sur les parois. Ceux de forme cylindriques à ailes latérales sont décorés, le plus souvent, d'une image solaire.

FIGURES EN DEUX PARTIES
Le décor incisé de cet encensoir trouvé à Uaxactún (Classique Ancien), reproduit vêtements et peintures corporelles.

NOUVEAUX ENCENSOIRS
Ils apparaissent à Mayapán vers 1250. Le récipient est un vase cylindrique monté sur un pied tronconique, contre lequel est adossé un personnage en pied, peint de plusieurs couleurs, représentant souvent un dieu. En même temps, les encensoirs acquièrent une importance considérable dans la production de céramique.

Cosmogonie du Classique et panthéon du Postclassique

L'évolution de la religion maya au cours des siècles a surtout concerné le monde des puissances auxquelles on rendait un culte. Pendant les périodes Préclassique et Classique, on se représentait les forces naturelles (terre, ciel, mort, maïs, foudre, etc.) sous la forme d'êtres hybrides ou de symboles dont les images changeaient au gré de ce que l'on voulait réellement qu'elles expriment. Au Postclassique, ces images se sont figées, les créatures ont acquis une personnalité et sont devenues des divinités immuables, membres d'un panthéon hiérarchisé.

Dieu K
La créature du Classique Récent conventionnellement appelé dieu K, est caractérisée par une hache fumante enfoncée dans le front, et symbolise la foudre. On la voit ici (ci-dessus) sous sa forme imagée et sous sa forme glyphique.

Architecture
L'architecture des Cités-États du Classique reproduit volontiers toute ou partie de l'univers, créant des «scènes» pour des rituels liés au pouvoir et à sa légitimité (rites d'accession, funérailles, culte des ancêtres dynastiques), mais aussi pour ceux ayant pour but l'ordre et l'harmonie de l'univers (régularisation des calendriers au moyen de déambulations, rites pour nourrir la terre et le soleil, faire tomber la pluie, etc.).

Les héros de mythes, les démons des enfers, de nombreux esprits et peut-être quelques dieux, foisonnent sur les scènes peintes ou gravées sur les vases-céramiques, à destination essentiellement funéraire, qui échappent quelque peu à l'art officiel. Ci-dessus, cette représentation cosmogonique sur un vase de Uaxactún date du Classique Récent.

Monstre cosmique
Créature du Classique, il est à la fois céleste et souterrain. Le monde des puissances naturelles et surnaturelles s'organise autour de la bipolarité fondamentale vie mort, illustrée par les deux têtes du monstre terrestre : la terre, vivante, et le soleil nocturne, décharné.

Nombreuses créatures
À côté des monstres cosmiques s'épanouit une population de créatures associées à l'humidité, à la fertilité, à la terre généreuse, dont les traits accusent des origines reptiliennes ou batraciennes ; une autre classe de «grotesques», aux traits plutôt félins, apparaissent comme des êtres solaires, esprits du sacrifice, de la guerre et de la mort.
On passe ainsi d'un pôle à l'autre, comme la vie conduit à la mort et celle-ci à la renaissance.

Le roi prime
Dans l'art monumental officiel des Cités-États, la personne du roi constitue le centre de l'univers autour duquel s'organisent les puissances cosmiques présentées sous forme de monstres ou de sujets grotesques, plus «esprits» que «dieux».
Ci-dessus, une stèle et un autel de Copán, dont l'aspect monstrueux a été accentué par Catherwood.

Sculpture
Associée à l'architecture, ou sous forme de stèles, la sculpture monumentale du Classique présente fréquemment le roi dans un environnement cosmique, avec une image de la terre et du monde souterrain sous ses pieds, et une image du ciel au-dessus de sa tête. Ci-contre, détail de dossier de trône royal, du VIIIe siècle.

Cosmogonie du Classique et panthéon du Postclassique

Changements
Les changements dans les croyances et les rituels au cours du Postclassique sont dues à la fois à des influences mexicaines et à l'affaiblissement des structures politiques. Au début du Postclassique Ancien, l'art monumental ne célèbre plus le pouvoir royal mais deux ordres de guerriers rivaux. Les stèles disparaissent et le culte insiste sur la guerre et le sacrifice humain. Les dieux, surtout d'origine mexicaine, commencent à se manifester. On a trop facilement baptisé de noms de divinités bien établies seulement au Postclassique Récent, des images du Classique qui sont plus probablement des représentations de forces naturelles. Ainsi, par exemple, à cause de leur long nez, les masques des façades des sites yucatèques sont désignés comme ceux du dieu de la pluie Chac, alors qu'il s'agit sans doute de masques du monstre cosmique, et le plus souvent terrestre.

Trouvée à Jonuta (Mexique), cette pierre sculptée présente un prêtre agenouillé lors d'une scène d'offrande.

Le panthéon
Avec l'avènement de Mayapán vers 1250, conjonction d'une vague de pénétration mexicaine et d'un affaiblissement du pouvoir royal, éclot un véritable panthéon de dieux doués d'une personnalité physique. Les lieux de culte sont beaucoup plus nombreux : outre des temples, on distingue des oratoires et des sanctuaires. Ci-contre, stèle de Yaxchilán représentant le roi qui brandit le «dieu K», dont une des jambes est un serpent.

À LA DÉCOUVERTE DU MONDE MAYA

CLAUDE-FRANÇOIS BAUDEZ

Après la Conquête de l'Amérique centrale par les Espagnols, la civilisation maya, déjà déclinante, a suscité de nombreuses interrogations, surtout à partir des XVIIIe et XIXe siècles, lorsque furent redécouvertes les cités enfouies dans la forêt. À l'exception de quelques personnalités comme Diego de Landa, les conquérants se sont peu intéressés au passé de la région, et l'étude de la civilisation maya (ou mayanisme) se développera grâce aux efforts d'Européens et d'Américains, voyageurs aventuriers d'abord, puis archéologues professionnels, qui parviendront peu à peu à percer les mystères du monde maya.

PREMIERS CONQUÉRANTS
Le premier contact entre Européens et Mayas a lieu dans l'île de Guanaja, en 1502, lors d'un voyage de Colomb, et se limite à un échange d'objets. En 1517, Hernandez de Córdoba découvre les Mayas à l'île Mujeres ▲ *174* et poursuit son voyage jusqu'à Champotón ▲ *230*, où il essuie un revers. C'est Juan de Grijalva qui, le premier, entend parler de l'Empire aztèque. Le 18 février 1519, Cortés appareille avec onze vaisseaux. Après une halte dans l'île de Cozumel, il débarque à Veracruz. S'il met moins de deux ans pour conquérir Mexico il faudra vingt ans aux Espagnols pour soumettre le Yucatán.

RUINES IGNORÉES
Après des siècles de silence et d'oubli, des fonctionnaires de l'administration coloniale ou des missionnaires découvrent les ruines de cités anciennes, mais leurs rapports, officiels comme privés, restent souvent lettre morte.

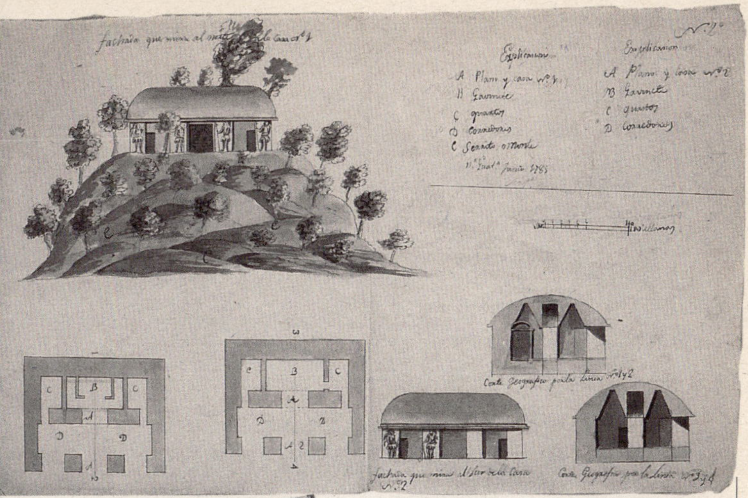

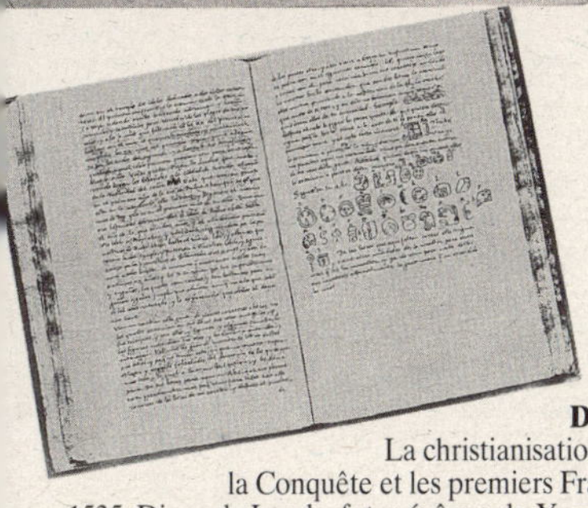

PALENQUE ▲ *243* En 1746, le curé du village voisin s'étonne de trouver des «maisons de pierre» dans la forêt. Il faudra quarante-deux ans pour que le gouverneur de la province y dépêche un fonctionnaire, qui demandera un complément d'enquête. En 1785, Bernasconi dessine un plan du site. En 1786, après un séjour à Palenque, le capitaine Antonio del Río conclut que ces ruines, comme celles du Yucatán, sont antérieures à la conquête espagnole, et qu'elles sont l'œuvre d'une même «nation».

DIEGO DE LANDA ● *43*
La christianisation des Indiens légitime la Conquête et les premiers Franciscains débarquent en 1535. Diego de Landa, futur évêque du Yucatán, persécute les Mayas au nom de la vraie foi, tout en s'intéressant vivement à leur histoire et à leurs coutumes. Dans sa *Relation des choses du Yucatán* (ci-dessus), découverte en 1864, il décrit également des cités en ruines.

JUAN GALINDO
Ce fils de comédiens, (ci-dessus) quitte son Irlande natale pour l'Amérique à l'âge de seize ans. En 1827, il est au Guatemala. Nommé gouverneur militaire du Péten, il entreprend un grand nombre de voyages de reconnaissance. C'est ainsi qu'il découvrira Copán ▲ *299*, en 1834, où il séjournera un mois durant. Il en décrit les monuments, dont il fait des croquis, dresse un plan du site et de la région et entreprend quelques fouilles.

«LES FENÊTRES» DE COPÁN
Après l'abandon du site au IXe siècle, le fleuve envahit le cœur de la cité, provoquant une coupe de plus de 30 m de haut, sur laquelle on peut voir des pans de murs, des sols stuqués et des tunnels. Galindo baptise à tort le site *Las ventanas,* se croyant en présence d'un mur percé de fenêtres.

Jean-Frédéric Waldeck (1766-1875)
En 1832, à l'âge de 66 ans, ce peintre et aventurier se rend à Palenque pour décrire et dessiner les ruines ● *130*, en vue d'un ouvrage sur les civilisations du Mexique. Il y reste treize mois, puis visite le Yucatán. Son œuvre graphique sur Palenque, servira à illustrer l'ouvrage de Brasseur de Bourbourg ▲ *292*.

Deux approches différentes

Waldeck, homme du siècle des Lumières, partage les idéaux des Encyclopédistes (libéralisme, appétit de savoir universel) et croit en la supériorité de la civilisation sur la sauvagerie. Il pense ainsi que le Vieux Continent est intervenu dans le développement des cultures du Nouveau Monde. Stephens, libéral et démocrate, annonce le discours scientifique par la prudence et la sobriété de ses interprétations.

John Lloyd Stephens (1805-1853)

Loin d'être le premier à se rendre sur les sites mayas, Stephens fut toutefois le premier à en ouvrir l'accès au grand public par ses ouvrages. Rompant avec la forte tradition diffusioniste, il se déclare partisan du développement indépendant des civilisations amérindiennes et de la civilisation maya en particulier. Avec lui s'achève l'ère des élucubrations romantiques.
Né dans une famille aisée de Nouvelle-Angleterre, il fait des études de droit avant d'entreprendre une série de voyages, dont il publie les récits. En 1836, il rencontre Frederick Catherwood, jeune architecte anglais, qui lui montre le rapport de Del Río illustré par Waldeck. Séduit par la beauté des ruines, les deux hommes décident de s'y rendre. Mais la guerre en Amérique centrale les en empêche. Ils peuvent enfin visiter la région à la fin des années 1830, et s'attardent à Copán, Quirigua, Toniná, Palenque.

Teobert Maler
L'archéologue allemand Teobert Maler (à droite), complète l'œuvre de Maudslay (ci-dessus) en réalisant des photographies qui font encore référence de nos jours.

Désiré Charnay
Il est le premier, en 1859, à photographier les sites mayas (à droite), dont les clichés illustreront *Les Anciennes Villes du Nouveau Monde*, publié en 1863.

Alfred Maudslay
Maudslay obtient de bons résultats photographiques grâce à des améliorations techniques (comme le négatif à gélatine sèche inventé en 1882), mais aussi grâce à son attitude systématique de privilégier la collecte de documents sur l'interprétation. La publication des quatre volumes consacrés à l'archéologie des sites mayas dans la collection *Biologia Centrali-Americana* (1889-1902) est un modèle du genre.

Ci-dessus, dessin d'un temple de Palenque réalisé par Waldeck en 1832. Ci-dessous, photo de Maler à Uxmal.

Waldeck oublié
La postérité a jugé sévèrement Waldeck, victime du succès obtenu par les livres de Stephens parus en 1841-1843. Si huit ans seulement séparent leur séjour à Palenque, les deux hommes appartiennent à des générations de culture et de pensée différentes.

FREDERICK CATHERWOOD ● *130*
L'apparition de nouvelles techniques, telles que le moulage ou la photographie, permet la réalisation de dessins beaucoup plus objectifs. Après l'échec de l'appareil à daguerréotypes, Frederick Catherwood décide d'utiliser la chambre claire qui lui permettra d'exécuter ces dessins d'une grande précision : à droite, vue de Sayil (1843) ▲ *221*, ci-dessous à gauche, en bas à droite, vues des ruines de Palenque (1841).

PREMIÈRES FOUILLES PROFESSIONNELLES

Les premières fouilles professionnelles en pays maya furent entreprises à Copán ▲ *299*, de 1891 à 1895, par le Peabody Museum de Harvard. De 1914 à 1958, la Carnegie Institution de Washington occupe le devant de la scène de l'archéologie maya en s'attaquant aux plus grands sites : Chichén Itzá, Copán, Kaminaljuyú ainsi que Uaxactún. C'est dans ce dernier site que sont établies les grandes lignes de l'histoire maya divisée en trois périodes : Préclassique (2000 av. J.-C. à 250 ap. J.-C.), Classique (250-900) et Postclassique (900-1500). Le projet Tikal de l'université de Pennsylvanie en 1956-1970 fut l'un des plus ambitieux par le nombre de participants, la durée et surtout la diversité des aspects étudiés.

Les études mayanistes prennent un nouveau départ au début des années soixante, à la suite d'une série de découvertes. Ainsi, les peintures de Bonampak ▲ *249*, et un bon nombre de sculptures provenant d'autres sites, démontrent l'importance de la guerre, de la torture, des sacrifices humains et de l'autosacrifice chez les Mayas ● *46*.

En 1958, Heinrich Berlin dénote la présence, dans les inscriptions de quelques grands sites, d'un type de glyphes dont le signe principal est pratiquement exclusif de chacun de ces hauts lieux. Ces «glyphes-emblèmes» suggèrent que les textes mayas pouvaient avoir un contenu non calendérique, mais historique et local ● *42*.

DERNIÈRES DÉCOUVERTES

Il est probable que les recherches en cours permettront de mieux connaître les origines de la civilisation maya. En effet, de grandes cités comme El Mirador ou Nakbé, dotées de grands ensembles pyramidaux, ont été construites par les ancêtres directs des Mayas du Classique, qui descendent fort probablement en droite ligne des Olmèques ● *31*.

La vie des rois
Dans les années 1960, Tatiana Proskouriakoff, remarquant que le laps de temps couvert par chaque groupe de stèles à Piedras Negras ne dépassait jamais soixante ans, suppose que chacun d'eux se rapportent à la vie d'un souverain et que, dans cette hypothèse, la date initiale du groupe se réfère à la naissance du roi et la seconde à l'accession au trône. Elle vérifie son hypothèse à Piedras Negras ▲ *332* et à Yaxchilán ▲ *248*, en montrant que les glyphes associés à ces diverses dates signifient la naissance, l'accession, la mort du souverain, dont le nom et les titres suivaient. Ainsi les inscriptions n'évoquaient-elles pas seulement des mesures du temps ou la religion.

Progrès dans l'étude de l'écriture ● *42*
La fin du XIXe siècle voit les débuts de la collecte de documents permettant l'étude de l'écriture maya. Le déchiffrement est rendu possible par la découverte, en 1864, de l'abbé Brasseur ● *292* de *La Relation des choses du Yucatán*, texte écrit par Landa au XVIe siècle, dans lequel il décrit le calendrier et donne le nom des jours et des mois avec leurs glyphes respectifs, produisant ce qu'il

croit être un alphabet et n'est qu'un syllabaire.
En 1866, Brasseur remarque que ces signes se retrouvent sur le codex de Madrid et sur les monuments sculptés du Yucatán, du Petén et du Chiapas. Malgré des variations locales, il s'agit d'une même écriture, différente des signes observés sur les manuscrits du Mexique central, notamment aztèques. Le concept d'une civilisation maya autonome naît alors.

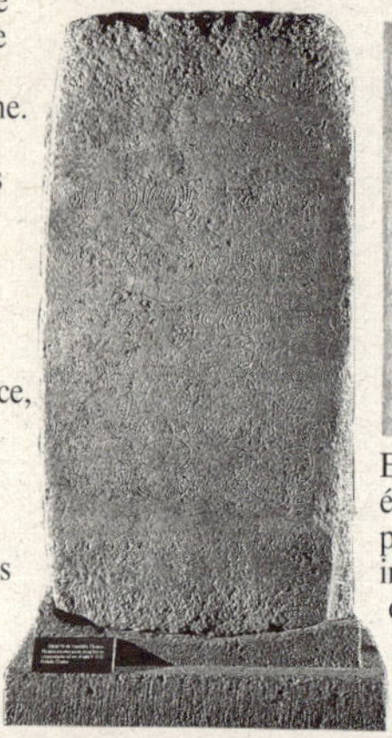

En 1950, les Mayas étaient encore perçus, à travers leurs inscriptions, comme des gens pacifiques et religieux, soucieux de la marche du temps, d'astrologie et de prophéties. On pensait que leur écriture était logographique, c'est-à-dire que les unités du texte figuraient des morphèmes ou des mots.

LES MAYAS AUJOURD'HUI

ALAIN BRETON

L'aire maya couvre la partie orientale de la Mésoamérique, à savoir le sud-est du Mexique (péninsule du Yucatán et État du Chiapas), le Belize, le Guatemala, ainsi que l'ouest d'El Salvador et du Honduras. Ce territoire d'environ 324 000 km^2 (soit 60 % de la superficie de la France), qui s'étage entre Hautes Terres et Basses Terres, correspond à la distribution des peuples mayas au temps de la Conquête espagnole. Plus de trois millions de personnes parlent aujourd'hui l'une des vingt-huit langues mayas réparties au sein de neuf grandes familles, parmi lesquelles les Quichés et les Yucatèques sont les plus nombreux.

Les Mayas sont dans leur grande majorité des paysans vivant dans des communautés villageoises et des hameaux ruraux, même si un nombre croissant d'entre eux va grossir les populations urbaines ou péri-urbaines. Ci-dessus, Indiens du Chiapas et Lacandons ▲ *258* au début du siècle.

Les Indiens s'expatrient aussi en quête de travail ou pour fuir les répressions. Des dizaines de milliers de réfugiés guatémaltèques sont installés en Floride et en Californie, contribuant ainsi à une diffusion de leurs langues au-delà de leurs foyers traditionnels.

Contraints, depuis la conquête et la colonie, à partager leur destin avec les métis et d'autres populations, les groupes mayas ont connu, après la terrible dépression démographique des XVIe et XVIIe siècles, une lente récupération de leurs effectifs.

Tensions et conflits

La croissance récente des ethnies mayas amène de grandes disparités dans leur développement (400 Lacandons, 800 000 Mayas yucatèques, quand les Quichés-Cakchiquels-Tzutujils dépassent le million) et dans l'occupation des territoires agricoles, et suscite de vives tensions et des conflits lorsque les administrations locales et les États refusent d'en prendre la mesure. Ci-contre, indiens lacandons. Ci-dessous, répartition des groupes mayas.

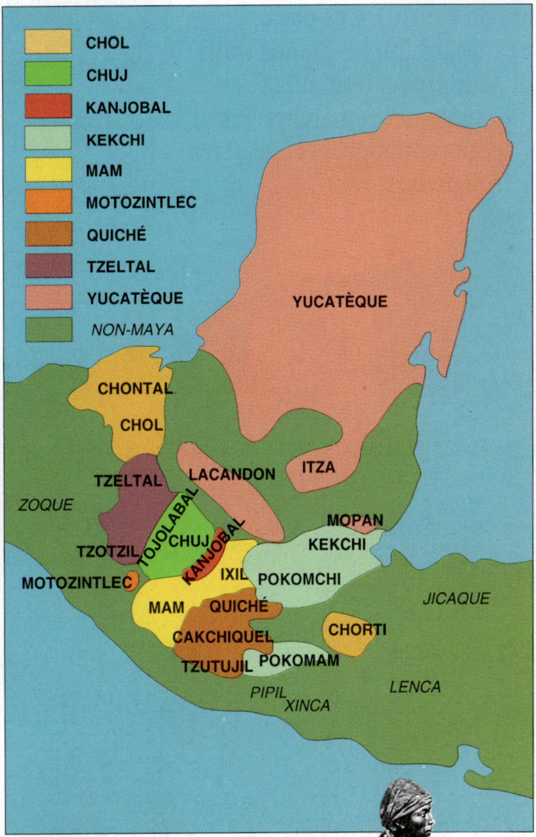

Face à l'exploitation, à la ségrégation et à la violence des politiques coloniales et nationales, les Mayas ont développé des stratégies quotidiennes de résistance passive et mené, lorsque celles-ci n'y suffisaient plus, des rébellions ouvertes.

Depuis plusieurs décennies, la population maya a numériquement progressé et compte aujourd'hui plus de six millions de personnes.

Les communautés indiennes sont organisées autour de centres villageois dont l'origine remonte, pour la plupart, aux lendemains de la conquête espagnole. Elles sont le résultat de la politique de «réduction» menée par les autorités civiles et surtout religieuses qui imposent à l'ordonnancement de ces nouveaux villages leur propre *imago mundi* (où se projette notamment l'organisation de l'espace sacré du cloître). Ces places gardent aujourd'hui les grands traits de leur aspect originel et accueillent les marchés, les petits commerces et les fêtes religieuses.

ARBRE COSMIQUE
Le «nombril de la terre, nombril du ciel» (souvent un ceiba, kapokier ou fromager) couvre la place (1) (ci-dessus, Palín ▲ *269*).

Composition
Les places des villages et des villes sont ponctuées de chapelles votives (2), liées aux quartiers, qui servent d'étapes aux processions. Chaque village est placé sous l'autorité d'un saint patron et d'autres saints tutélaires. On trouve souvent une fontaine (3), un lavoir (4) (ci-contre, *Le lavoir*, de Samuel Sotz), et un autel dédié aux ancêtres (5).

De la Conquête espagnole à nos jours

Après la Conquête, les unités villagoises où sont regroupées les populations indigènes servent d'instruments de contrôle (évangélisation, perception des tributs, réserve de main-d'œuvre) et sont conçues sur le modèle néoclassique de la Renaissance : les rues perpendiculaires partent d'une place centrale autour de laquelle l'église (6), le presbytère (7) et la mairie (8) représentent les lieux du pouvoir ● *122*.

Les Indiens vivent dans des terroirs, plus ou moins contraints selon les lieux et les époques, constitués autour de l'*ejido* (lieue carrée concédée aux établissements villageois) et des terres communales. Les efforts des administrateurs coloniaux en vue de réduire leur univers symbolique à la portion congrue ne furent guère (sauf exception) suivis d'effets. Très tôt, les Indiens désertent les villages et se dispersent, pour fuir les abus de l'administration, mais aussi pour réoccuper autant que faire se peut leurs anciens lieux d'habitat et de culte. En réponse, l'Église catholique ne cessera d'édifier des chapelles rurales et d'ériger des croix aux endroits sensibles du paysage (chemins, sommets, cols, sources).

UN MONDE EN MINIATURE
Chaque territoire est à lui seul le «monde» en miniature, un microcosme de l'univers : la Terre est un quadrilatère plan entouré de quatre mers et orienté en fonction du parcours solaire (ses pieds, ou le bas, sont à l'Est, sa tête/le haut à l'Ouest ; le Nord et le Sud représentent sa gauche et sa droite). Les montagnes (1), tout comme les anciennes pyramides (2) et l'église (3), sont des marches permettant d'accéder au ciel, les grottes, gouffres et sépultures des voies d'accès à l'inframonde.

SITES ARCHÉOLOGIQUES
Lieux de mémoire qui abondent sur l'ensemble de l'aire maya, ils sont les témoins de l'ère obscure d'avant la création des villages où résident les rois et guerriers de jadis (en littérature : le *Rabinal Achi* ● *148*), autorités auxquelles sont venus se substituer les saints à l'arrivée du christianisme (au XVIe siècle). Si des chapelles (4) ont été édifiées sur les pyramides (2), ces sites sont toujours respectés et craints et reçoivent la visite de groupes de prières en de nombreuses occasions : demandes de pluies, offres propitiatoires avant certaines fêtes ou avant certaines représentations de danses.

CHEMINS ET COLS
L'espace est parcouru d'un vaste réseau de sentes, sentiers et chemins plus importants (5) (*caminos reales*).

Les hauts sommets
Barrière du monde, les sommets (6) marquent la frontière avec les communautés voisines. Les mythologies locales en font souvent les étapes successives du parcours d'un héros fondateur qui aurait posé les bornes de son territoire et légitimé ainsi ses possessions.

Lieux sacrés
Dans la représentation indienne du monde, tous les lieux du terroir, dont la toponymie locale restitue les caractéristiques, sont hautement sacralisés et vénérés.

Les quatre «coins du monde»
Autour des villages où se perpétuent les pratiques calendaires anciennes ● *70,* au Guatemala surtout, sont matérialisés quatre lieux remarquables symbolisant les «coins du monde» et entre lesquels circulent, d'une année sur l'autre, les «porteurs d'année» (ou *alcaldes del mundo*), nommés par les communautés ● *68.*

Autel de «costumbre»
Un arrangement de pierres plates, noircies de suie et maculées de cire, une aire parsemée de tessons, de pétales fanés, d'aiguilles de pin et de quelques plumes, signalent un lieu de prières, d'offrandes et de sacrifices ● *70.* Certains de ces autels (7) possèdent des croix en pierre, voire des idoles anthropomorphes et beaucoup correspondent à des centres cérémoniels préhispaniques.

Rivière
On y fait la lessive et on y pratique la pêche à la nasse, au poison, ou à la dynamite (8).

Chapelle rurale
Lieux de culte pour les habitants des hameaux (*aldeas, caseríos, rancherías*), les chapelles (9) abritent des cérémonies importantes lors de la Sainte Croix (3 mai), fête des sources et des points d'eau, qui marque le début attendu de la saison des pluies et du cycle agricole ■ *22.*

«Calvario»
Faisant pendant à l'église, «demeure des saints», le *Calvario* est la «maison des ancêtres». Situé à l'ouest du village, souvent à la périphérie, il domine le cimetière.

Cimetière
Les tombes indigènes faites d'un simple tertre marqué d'une croix ou d'une plante alternent avec les caveaux en ciment des métis. Les sépultures sont repeintes à la Toussaint.

La famille est l'unité fondamentale de l'organisation sociale. C'est en son sein que se déroule l'essentiel des activités productives et domestiques. Dans certaines régions, elle s'inscrit à l'intérieur de groupes plus larges : le lignage, qui correspond souvent au groupe de voisinage que constitue le hameau, et dont les membres partagent un même patronyme indigène ; ainsi le *calpul*, appelé aussi *chinamit* ou *molab,* résidu des anciennes *parcialidades*, groupes autochtones regroupés de force au sein des communautés lors de leur création, ou encore le *barrio*, ou quartier, création de l'administration coloniale.

Municipalité

Chaque communauté a en général le statut de municipalité (*municipio*) et possède un corps d'édiles placé sous l'autorité d'un maire (*alcalde*). Les fonctions municipales ne sont pas électives et sont attribuées par nominations ou cooptations.

Indiens, Métis et Blancs

Selon les pays du monde maya, la cohabitation des pouvoirs est plus ou moins réglementée. Au Guatemala, depuis le XIXe siècle, la professionnalisation des charges municipales a marginalisé les autorités indigènes. Ces deux pôles de pouvoir sont donc souvent en conflit.

Travaux collectifs

Les responsables de la communauté ont le droit de mobiliser une main-d'œuvre bénévole pour mener à bien des travaux d'intérêt collectif (réfection d'un lieu public, édification d'un pont). Il arrive que ce système de recrutement soit abusivement mis à profit pour servir des intérêts privés ou extérieurs à la ville (construction de routes et chemins de fer, levée d'escouades de travailleurs saisonniers pour les plantations), réminiscence d'un temps où les charges civiles constituaient un maillon essentiel du système colonial et servaient de relais dans le contrôle et l'exploitation des populations locales.

INSIGNES
Parmi les symboles de pouvoir local, le plus constant est sans doute le bâton (*vara*) que portent les détenteurs de hautes charges civiques. Ce peut être une canne à pommeau d'argent ornée de rubans.

CONSEIL MUNICIPAL
Il assume au quotidien sa tâche d'entretien, de police, de gestion administrative et fiscale. Il siège souvent au complet, les jours de fête ou de marché, sous le corridor de la mairie. C'est là qu'il consulte publiquement, reçoit plaintes et requêtes, enregistre et éventuellement juge les différends, et assure l'ordre public.

DIVISION DU POUVOIR
Comme dans toute société paysanne où le politique n'est guère séparé du religieux, et où le destin de l'homme ne saurait être indépendant des forces surnaturelles qui commandent toute entreprise individuelle et sociale, la municipalité n'a pas l'exclusivité du pouvoir local. Les charges religieuses (prêtrise, confrérie) ont aussi d'importantes prérogatives, notamment d'ordre rituel.

Parmi les grands complexes cérémoniels autour desquels s'organise la vie religieuse des Mayas, les pratiques de divination et de guérison occupent une place singulière. Ambivalents et ambigus, les pouvoirs des prêtres traditionnels reposent essentiellement sur des aptitudes personnelles, révélées par le rêve puis développées au cours de longues années d'apprentissage auprès d'aînés. Mais on considère parfois ces prêtres comme des «sorciers» (*aj itz*) capables de se transformer en animaux puissants et dévoreurs (*nahual*). Comptables des jours, ils dominent l'usage des calendriers divinatoire (260 jours) et solaire (365 jours).

DISCOURS RITUELS
La maîtrise des paroles rituelles est l'apanage des guérisseurs. Les discours sont au centre du processus thérapeutique et tirent une partie de leur efficacité de la capacité du praticien à convoquer les puissances surnaturelles pour qu'elles interviennent avec lui sur le malade.

OUTILS ET TRAVAUX DU DEVIN
Les devins utilisent une panoplie d'objets et d'accessoires qui leur permettent de «voir» : pierres translucides, cristaux de quartz, graines de *tz'ite* garnissent en permanence leur petit sac, qu'ils portent à l'épaule ou à la ceinture.

Encensoirs d'Amatenango et de Chamula (Chiapas).

Maîtrise du temps
Les devins matérialisent le passage du temps sous forme d'un parcours dans l'espace. À chaque jour du calendrier divinatoire de 260 jours correspond un lieu sacré.

Plaquette de Chamula ▲ *238*
En 1969, on y trouva une plaquette de bois, encore en usage, sur laquelle était marquée au charbon de bois une série de bâtonnets figurant les 18 mois de 20 jours et les 5 jours transitoires.

Lors des séances de divination, ils répondent aux questions des consultants en observant les arrangements formés par les cristaux et les graines jetés sur une serviette posée au sol : chacun correspond à un jour du calendrier divinatoire et à une combinaison spécifique de nombre et de signe dont la connotation faste ou néfaste augure de l'opportunité ou du succès de tel ou tel dessein (mariage, dates des semailles, construction d'une maison, etc.).

Médecins du monde
Les guérisseurs maîtrisent des techniques thérapeutiques liées à un savoir empirique des choses de la nature : réduire mécaniquement une fracture, extraire du venin, utiliser des plantes médicinales, etc. Ils ont surtout une connaissance intime des grands équilibres tels qu'ils sont postulés par le système des croyances : réparer la perte d'une partie de l'âme, rétablir la circulation des fluides vitaux à l'intérieur du corps, identifier, repérer et chasser des agents pathogènes «envoyés» par un sorcier, convoquer les puissances surnaturelles, maîtriser les discours rituels, etc. Toute affection, toute maladie étant interprétée comme le résultat d'une disjonction des composantes de la personne, la guérison consiste à mener les rituels nécessaires, en vue de reconstituer l'unité fondamentale unissant l'individu et la société, le corps et le cosmos, le temps et l'espace.

FÊTES DE CONFRÉRIES

CONFRÉRIE DE MAXIMÓN
À Santiago Atitlán, la confrérie de Santa Cruz abrite un saint peu orthodoxe, Maximón. Ce mannequin de bois, maître és-sortilèges, est le protecteur des sorciers ▲ *281*.

Imposer aux Mayas le culte des saints et mettre en place dans les communautés des confréries destinées à le servir et à l'entretenir, fut l'un des premiers soucis des évangélisateurs espagnols. Ces confréries (*cofradías*) ont joué un rôle capital sur le plan religieux et social : dotées de terres et de bétail, elles ont longtemps contribué à couvrir une partie des tributs réclamés aux communautés. Dès le XIXe siècle, profitant de l'expulsion des ordres missionnaires dépossédés de leurs biens et de leurs prérogatives par les régimes libéraux, les confréries ont acquis une vigueur nouvelle et servi de creuset au syncrétisme religieux né de la fusion des liturgies catholique et traditionnelles, en réintégrant notamment nombre de pratiques maintenues jusque-là dans la semi-clandestinité.

Chaque saint possède une confrérie votive, c'est-à-dire un autel-sanctuaire abritant son effigie et ses effets, sur lesquels veillent des responsables. La maison-sanctuaire, qui abrite l'autel, sert de cadre aux rituels privés et aux préparatifs des cérémonies.

Ci-contre, confrérie de Chamula, Chiapas, en grande tenue d'apparat ▲ *238*.

«L'ENFANT DANS LE DOS S'ÉMERVEILLE DES CHANTS ET DES LUMIÈRES, ET TOUTES ELLES SUIVENT DE LEURS SOURIRES NON SEULEMENT LES IMAGES DES SAINTS, MAIS LEURS HOMMES QUI LES PORTENT [...] IVRES DE LEURS EFFORTS ET DE LEUR OFFRANDE.»

MICHEL BUTOR

FÊTE DU SAINT PATRON
Les responsables de la confrérie se retrouvent lors de la fête du saint pour une série de rituels qui marquent la réunion des vivants et des morts et commémore le passage mythique de l'obscurité primordiale à la lumière du jour. Ils accueillent les acteurs de la fête : membres des autres confréries et des groupes qui leur sont liés (musiciens, danseurs, plumassiers et artificiers), mais aussi parents, amis… Le saint est ensuite exposé à la dévotion publique sous un dais de feuilles dans la cour du sanctuaire, puis dans l'église, et enfin lors de la procession solennelle, le «grand jour». Huit jours après, le saint est porté dans un autre sanctuaire aménagé par les nouveaux responsables de sa confrérie.
À gauche, *La Remise de la confrérie* par le peintre Chavajay.

PROCESSION
La finalité de la célébration d'un saint consiste à le lever, l'animer et le porter, comme le firent les ancêtres pour inaugurer la course vitale du soleil. Le portage de ces lourds catafalques des saints en majesté (ci-contre, fête de Cubulco et de San Andres Sajcabajá) illustre le sacrifice permanent des hommes au service des puissances universelles et le contrat qui les lie en vue de la bonne marche du monde.

L'omniprésence de l'odeur de l'encens et des nombreuses fleurs présentes sur les autels et lors des actes rituels, témoigne du souci de satisfaire les ancêtres, supposés les apprécier. Ces effluves sont en effet sensées unir les âmes des défunts et des vivants, dans une même nuée odorante, ainsi que le rappellent les discours rituels. Les détonations des pétards et des *bombas* que tirent les artificiers, marquent les différentes phases du déroulement des rituels. Ci-contre, on aperçoit la fumée des pétards sur l'escalier de l'église de «Chichi». Les plumassiers, eux, sont chargés de décorer les portes des églises et les niches qui abritent les saints en procession avec une abondance de plumes, de tissus et de guirlandes.

Procession à Santiago Atitlán ▲ *281* : peinture de Martín Ratzan (1982).

Plus ou moins valorisées selon les communautés et l'influence de l'Église catholique, les grandes fêtes de la liturgie chrétienne forment le troisième volet des célébrations religieuses. Le culte marial et les fêtes marquant les principales étapes de la vie du Christ sont souvent affaires du clergé officiel et des *Ladinos*. Outre les pèlerinages rendus à des vierges ou des christs particuliers, l'année liturgique se partage en trois grands moments : le cycle de Noël (Nativité, Épiphanie, Chandeleur), celui de Pâques (carnaval, Semaine Sainte, Ascension, Pentecôte, Fête-Dieu), ainsi que la Toussaint et la fête des Morts.

SEMAINE SAINTE
Bien que les confréries participent à la célébration de la Semaine Sainte, c'est un comité des fêtes, placé sous l'autorité du prêtre catholique, qui en assure l'organisation. Chaque jour commémore un épisode de la Passion et donne lieu à une procession. À Antigua, le jour de Pâques, on tapisse les rues de pétales de fleurs et de sciure colorée.

FÊTE DES MORTS
Célébrée dans le plus modeste hameau, tant par les Indiens que par les *Ladinos*, la fête des Morts est d'abord une fête domestique. Des autels chargés de nourriture et de présents garnissent les maisons dans l'attente du retour des âmes défuntes. Dans la nuit du 1er au 2 novembre, les vivants vont au cimetière pour honorer leurs morts, partager avec eux nourriture, alcool, offrandes diverses, musique et danses.

DRAPEAUX
Des Indiens Tzeltals lors du carnaval de Tenejapa (Chiapas).

«Tout comme prévu : costumes, nuages d'encens. Les processions ont déjà commencé ; ville vibrante d'expectative [...] images de Christ, de Vierge à l'enfant sur des espèces de chars en bois.» Deborah Eisenberg

Carnaval
On connaît mal les modalités historiques de l'introduction du Carnaval en milieu indien, mais cette fête est emblématique du double héritage de la tradition religieuse maya : elle cumule certaines caractéristiques des carnavals européens (inversion des hiérarchies, indistinction des sexes, rébellion ritualisée) et des éléments provenant de la mythologie et de l'histoire locales.

C'est au Chiapas que les carnavals sont les plus spectaculaires et intéressants : des «singes» à Chamula ▲ *238*, ou des «sauvages» à Bachajón investissent le village, le plongeant ainsi dans un temps révolu (celui d'une précédente création) ou installant le chaos originel… à charge pour les autorités civiles et religieuses de rétablir l'ordre culturel rituellement. Équivalent moderne des rites dits *uayeb* des anciens Mayas et des cérémonies qui accompagnaient les cinq jours de transition (*ch'ay k'in*) entre deux années solaires, le Carnaval marque donc l'avènement d'une nouvelle année.

Cycle de Noël
Peu célébrée dans les villages, la Nativité est surtout une fête urbaine et métisse. Le 16 décembre au soir débute la neuvaine de Noël, ponctuée par des *posadas* (haltes de la Vierge). Portés en procession, Marie et Joseph parcourent les rues en quête de la maison d'accueil, qui est connue d'avance. C'est un honneur d'accueillir le couple, qui est fêté par la récitation de chants et l'égrenage de rosaires. La scène se reproduit chaque soir jusqu'au 24 décembre, date à laquelle la Sainte Famille arrive à Bethléem, ici l'église, et rejoint la crèche dressée pour l'occasion.

La danse était un moyen d'expression fortement codifié à l'époque préhispanique (*palo volador*, danses guerrières, drames dynastiques). Les Espagnols comprirent très tôt le profit qu'ils pouvaient tirer de cette forme de représentation rituelle pour «coloniser l'imaginaire» indien et faire passer auprès des populations vaincues le message idéologique de la conquête militaire et évangélique. Les danses espagnoles mettaient alors en scène les récentes victoires des Chrétiens sur les Arabes, un contenu qu'il suffisait d'adapter à la réalité nouvelle. Ainsi naquirent les ballets de la Conquête.

BALLETS DE LA CONQUÊTE Cette série de danses comporte diverses variantes selon que sont privilégiés les thèmes hispaniques (*baile de Moros y Cristianos, Rey Moro, Tamorlan*) ou locaux. C'est ainsi que le *baile de Cortés* oppose le conquérant du Mexique (souvent à cheval) à l'empereur aztèque Moctezuma.

PATZKA Ces danseurs en haillons (ci-dessous), armés de bâtons taillés de motifs animaliers (serpents, cervidés), portant des masques de goitreux, personnifient les ancêtres de la communauté de Rabinal ▲ *292*, ceux qui, lors de leur danse originelle, ont porté le saint tutélaire sur le maître-autel, provoquant ainsi la mise en rotation du soleil et les premières chutes de pluie.

DANSE DE SAN JORGE Cette danse, inspirée de l'épisode biblique où Saint Georges affronte le Dragon, illustre la lutte entre les forces du Bien et du Mal. L'animal mythique est constitué d'éléments de tissu et de carton.

MASQUES ● *85* Le plus souvent taillés dans un bois léger et peints de couleurs vives, les masques incarnent les créatures des mythes (jaguar, singe, cerf, diables, ancêtres) et les acteurs de l'histoire (Espagnols, chefs indiens, mais aussi rois, princes et princesses d'antan). Comme toute effigie, les masques sont considérés comme des êtres vivants : on les veille et on les alimente. Dans les danses à texte, la voix des masques restitue une parole sacrée.

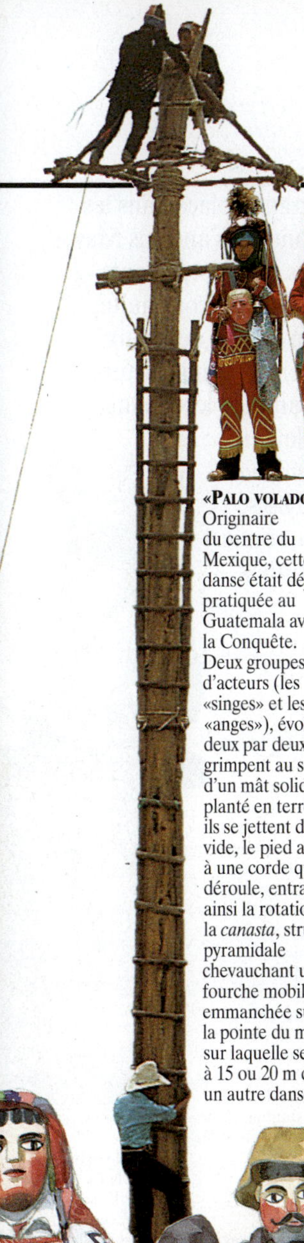

«PALO VOLADOR»
Originaire du centre du Mexique, cette danse était déjà pratiquée au Guatemala avant la Conquête. Deux groupes d'acteurs (les «singes» et les «anges»), évoluant deux par deux, grimpent au sommet d'un mât solidement planté en terre. Puis ils se jettent dans le vide, le pied attaché à une corde qui se déroule, entraînant ainsi la rotation de la *canasta*, structure pyramidale chevauchant une fourche mobile emmanchée sur la pointe du mât, et sur laquelle se tient, à 15 ou 20 m du sol, un autre danseur.

COSTUMES ET ACCESSOIRES
Les danses historiques, spectaculaires, sont l'occasion d'exhiber de luxueux costumes colorés : jaquettes et pantalons de velours, foulards de soie, chapeaux à franges… Ces *bailes de seda* contrastent vivement avec les danses des «ancêtres» (*Patzka*, *Pascares*, *Viejitos*), campés par des danseurs en haillons, souffreteux, dont les accessoires varient selon les thèmes.

«RABINAL ACHI»
Peu spectaculaire, une représentation du *Rabinal Achi* est néanmoins un événement exceptionnel. Cette danse préhispanique, dont le texte (rédigé en quiché ancien) a été entièrement préservé ● *148*, met en scène le procès d'un guerrier quiché, accusé d'ingérence sur les terres de Rabinal, et restitue tout le rituel judiciaire menant à son sacrifice ▲ *292*.

DANSES AUTOCHTONES
D'aucunes sont muettes, d'autres suivent un texte de tradition orale, certaines possèdent de longs récitatifs dialogués consignés dans le *Rabinal Achi*, ou le *Balam Kej*.

La musique et les chants tiennent une grande place dans les rituels et les réjouissances. Aux aérophones des anciens Mayas se sont substituées toutes sortes de flûtes. Les instruments frappés ont en revanche connu une plus grande continuité, qu'ils soient en bois à lames vibrantes ou tendus de peaux. À l'instar des musiques populaires, où se côtoient structures archaïques et vieux airs du folklore hispanique, les louanges et les cantiques chrétiens n'ont pas totalement étouffé les mélopées indiennes : le *bolonchon* des Tzotzils, les chants mortuaires des Chols, les incantations chamaniques des *h'men*, sorciers du Yucatán, font partie intégrante des rituels traditionnels.

FLÛTES ET TAMBOURS
Association la plus courante au sein des formations musicales indigènes, la flûte et le grand tambour cylindrique à membranes de peau accompagnent les processions et tous

les déplacements des acteurs rituels, dont ils ponctuent les longs discours aux portes des sanctuaires des confréries. Durant les messes, les joueurs se tiennent sous le porche.

VIOLON ET «ADUFE»
Ce couple d'instruments (ci-dessous à droite), joués spécialement pour honorer les morts chez les Quichés, illustre le métissage et l'inventivité des traditions indiennes. Le violon, de facture rustique, est en bois de cyprès ; une queue de serpent à sonnette figure l'âme ; l'archet taillé dans la masse, porte une mèche en crin de cheval graissée. Le tambour carré est constitué de deux peaux tendues sur un cadre en bois ; son nom local, *tupe*, vient de l'espagnol *adufe*, lui-même dérivé de l'arabe *duff*, instrument comparable qui est son lointain ancêtre.

MARIMBA
Très populaire dans toute la région, instrument national au Guatemala, la marimba (à droite) est un xylophone dérivé du balafon africain, lui-même introduit au XVIe siècle sur le continent par les esclaves noirs. Elle est constituée d'une série de lames en bois de rose ou en palissandre reliées à un ensemble de résonateurs obturés par un morceau de baudruche ou par une membrane de boyau de porc qui fait office de languette vibrante.

«MATRACA»
Planchette de bois à laquelle sont fixées des pièces de métal mobiles que l'on agite par des rotations rapides du poignet, et qui émet un bruit de crécelle. Elle n'est jouée qu'à Pâques, à la place des cloches de l'église, muettes en cette période de deuil.

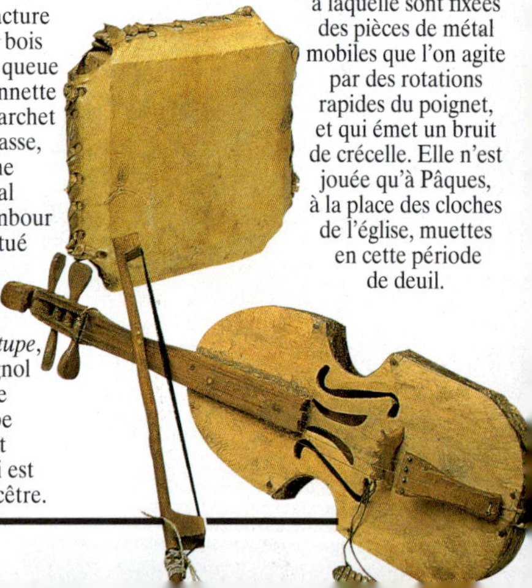

La marimba est jouée simultanément par au moins trois personnes qui frappent à l'aide de baguettes en bois munies d'une boule en caoutchouc dur.

Violon, harpe et guitare
Bien que dérivés des instruments introduits par les Espagnols, ils se démarquent de leur modèle d'origine par leur rusticité. Si violons et guitare sont très répandus, l'usage de la harpe est limité aux Tzotzils et aux Kekchis.

Conques et carapaces de tortue
Les conques (buccins) jadis utilisées pour appeler ou alerter, sont associées aux carapaces de tortues que l'on frappe avec des rafles de maïs lors du carnaval de Bachajón.

Tambours de bois
Héritier du tambour préhispanique connu chez les Aztèques comme le *teponaztli*, le *tun* résonne encore dans les Hautes Terres du Guatemala. Son fût, de taille variable, possède deux languettes incisées.

Maison yucatèque ● *126*.

Le mobilier des maisons indigènes se compose le plus souvent de quelques éléments rudimentaires : un ou plusieurs lits, selon la taille de la famille, faits d'un bâti de bois recouvert de planches ou de lattes sur lesquelles on dort, isolé par une natte et enveloppé de couvertures ; des coffres, quelques étagères et des cordes tendues servent au rangement ; une échelle taillée dans un tronc permet d'accéder aux combles où sont remisés outils, corbeilles, matériaux divers (cordes, planches, etc.). L'apparition de tables, de chaises, d'armoires, voire de sommiers et de matelas, ne date que de quelques années. La pièce la plus fréquentée de la maison reste la cuisine, centre de l'activité domestique qui s'organise essentiellement autour des femmes et du foyer.

FOYER
Au sol ou surélevées, les trois pierres du foyer servent de support aux récipients : marmite où cuisent les grains de maïs dans l'eau chaulée (*nixtamal*), disque de terre (*comal*) sur lequel grillent les *tortillas*, pots en terre ou en fer où mijotent les haricots noirs. La pierre à moudre (*metate*), les jarres, la vaisselle émaillée complètent le mobilier.

Cuillères en callebasse ● *85.*

AUTEL DOMESTIQUE

Chaque maison possède, dressé dans un recoin, un petit autel domestique (ci-dessous) ou *mesa* (table), sur lequel sont disposés images pieuses, bougies, encens et tabac, agrémentés de fleurs, de fruits et de petits pains spéciaux lors des veillées de prières à la fête des Morts ou pour la commémoration d'un décès (septième jour, quarantième jour, à l'année, puis tous les sept ans). Chaque jour, de courtes prières sont adressées aux âmes des défunts, êtres chers récemment disparus ou ancêtres.

LE HAMAC

Vraisemblablement d'importation caribéenne – les liens du Yucatán avec les Caraïbes sont importants et par trop oubliés – , le hamac est la base de «la chambre à coucher» en pays yucatèque comme dans les Basses Terres. Traditionnellement tissé à mailles lâches et fabriqué en fibres d'agave (autrefois objet d'une véritable industrie au Yucatán), il est de plus en plus souvent réalisé avec des fils de coton ou de nylon, achetés au bourg le plus proche. À partir d'une chaîne ourdie, le tisserand réalise divers motifs (*jaspeado*, *franjas*, *perritos*...).

Au Yucatán comme au Chiapas, les marchés sont citadins et seules quelques grandes villes se réservent le monopole du commerce ; au Guatemala, en revanche, c'est une institution très répandue à travers laquelle se tissent de vastes réseaux d'échange. Omniprésents et fréquents (une à deux fois la semaine sur chaque place), les marchés voient se côtoyer grossistes, marchands professionnels, commerçants d'un jour venus négocier un maigre surplus ou quelque produit artisanal, et toutes sortes de vendeurs ambulants (camelots, cireurs de souliers, marchands de glaces), sans oublier les évangélistes.

ACTIVITÉS D'APPOINT
La plus importante est le portage des marchandises. Le marché offre aussi l'occasion de «se vendre». Parmi les grossistes, certains font office de prêteurs sur gage, mais aussi de recruteurs et de transporteurs de main-d'œuvre pour le compte des *fincas*. Ce n'est que par ce contrat de travail avec une plantation de la côte Pacifique ▲ *290* que l'emprunteur indien pourra rembourser sa dette.

PHOTO SOUVENIR
Les photographes de rue dressent parfois leurs décors naïfs, au sein desquels les clients prennent place et posent, figés.

GRANDS ET PETITS MARCHÉS
Le volume des transactions varie en fonction des lieux, des saisons et des événements locaux. Le contraste est grand si l'on compare les modestes marchés d'altitude, où s'échangent quelques mesures (*almud*, *quintal*) de maïs et quelques bêtes (vaches, mules, cochons, dindons, poules), aux foires qui se greffent sur les grandes fêtes patronales ou aux marchés des lieux touristiques (Antigua, Chichicastenango).

«Minifundio»
Divisée en parcelles minuscules intensément cultivées, la terre est un enjeu vital.

Organisation
Chaque produit occupe une portion précise du marché : ici, les pains de chaux, de sel ou de sucre (*panela*), là, les fleurs, l'encens et les épices (canelle, roucou, piments frais et séchés), puis les fruits (anone, melon, sapote, papaye, banane, mangue, orange...) et les légumes (maïs, choux, haricot, carotte, ail, oignon, tomate...) ◆ *374*.

Dans un autre secteur, les étals de pains et de confiseries (*dulces*) faits maison alternent avec les étals de *tortillas* et d'*atole* (galettes et bouillie de maïs). Certaines allées abritent tissus, vêtements et produits d'artisanat (chapeaux, poteries, meubles, nattes, sellerie, laines), ainsi que produits manufacturés (cigarettes, transistors, machettes).
Le marché aux bestiaux se tient à l'écart.

Métiers divers
Les marchands de fruits et légumes, chapeaux et autres, voisinent avec remouleurs, cireurs de chaussures...

Une des caractéristiques des marchés indiens est l'impression de silence qui s'en dégage. L'essentiel des transactions, pour serrées qu'elles soient, à l'image des budgets familiaux, se fait le plus souvent à voix basse, excluant toute agressivité ou harangue publicitaire (à l'inverse des bonimenteurs de tous poils qui, par ailleurs, y sévissent). Elles n'engagent généralement que de faibles sommes.

L'économie traditionnelle indigène repose avant tout sur l'agriculture – un lien quasi-génétique et sacré unit le paysan maya («l'homme de maïs») à la terre qui est l'objet de toutes les attentions. La *milpa* et le jardin accueillent les cultures vivrières (maïs, haricot, courge, produits potagers), quand d'autres parcelles fournissent les produits destinés à la transformation (canne à sucre, roseau) et à la vente (oignons, aulx, café). Mais ces productions souffrent chroniquement des limitations inhérentes au système du *minifundio* : quand elles ne s'avèrent pas insuffisantes, elles n'autorisent que de maigres surplus… et le recours au travail temporaire dans les plantations (sur la côte ou en forêt) s'impose souvent comme une nécessité. Si l'artisanat couvre en partie les besoins domestiques, il représente par ailleurs une source non négligeable de revenus complémentaires.

Bus en terre cuite, cheval en bois et poterie de Rabinal.

Poteries Les potiers mayas produisent une multitude de pièces, de tailles, de formes et d'usages différents : vaisselle utilitaire très variée, qu'elle soit naturelle, cuite à l'air libre, ou vernissée au four, tuilerie, et production d'animaux, de personnages et de crèches.

Travail de la palme Différentes qualités de palme sauvage sont utilisées pour tresser nattes et chapeaux. Ces derniers sont fabriqués dans des manufactures, à partir des bandes travaillées à la main qui sont alors cousues, l'objet étant finalement mis en forme sous presse.

MASQUES
Généralement en bois, parfois en cuir, les masques sont l'un des éléments majeurs des danses mayas des Hautes Terres ● *76*. Leur production s'est élargie avec le tourisme et on les trouve facilement sur les étals des marchés.

TRAVAIL DU CUIR
Plutôt l'apanage des *Ladinos*, cette activité est dérivée des pratiques d'élevage que ceux-ci maîtrisent davantage que les indigènes. Sacs et sacoches, ceintures, gaines de machette, équipements de sellerie et bourrellerie, sont vendus sur les marchés villageois ou dans les ateliers-boutiques des gros bourgs et des villes. Certaines communautés indiennes pratiquent aussi le travail du roseau (nattes et éventails).

Au XIXe siècle, la culture du sisal apporta la prospérité au Yucatán ▲ *196*.

CALEBASSES GRAVÉES ET PEINTES
Spécialité d'un quartier de Rabinal ▲ *292*, les calebasses sont coupées, évidées et séchées, puis décorées, soit par incision, soit à la peinture. La couleur jaune du fond était jadis obtenue par un processus complexe visant à extraire le colorant d'un ver (le *nij*). Les pigments rouges et noirs des motifs animaliers et floraux provenaient quant à eux , de décoctions de roucou (*achiote*) et de charbon de bois.

Préparation de tortillas
Ces galettes de farine de maïs accompagnent toujours la cuisine maya.

Recette yucatèque traditionnelle, le farci au noir est cuisiné en plein air. L'essentiel de ce plat tient dans la préparation de la sauce au piment. Les Indiens grillent ces piments rouges et longs sur un *comal* (en général, un couvercle de bidon). Il faut les cuire assez longtemps pour que leur couleur vire du rouge au noir, mais attention ! sans les brûler. Trop cuits, ils seront fades, mais pas assez «noircis», ils seront trop forts au goût. Et sachez qu'on vous dira jalouse si vous toussez pendant qu'ils cuisent !

Sauce au piment
Ingrédients : 60 piments rouges, 6 tomates, 4 oignons, une pointe de roucou (colorant alimentaire rouge),

1 kg de farine de maïs nixtamalisée (c'est-à-dire contenant de la chaux), 1 coq (ou 1 dindon) de 3 kg, sel, poivre.

1. Faire cuire les piments sur une grille, au four entrouvert, à thermostat 2 pendant 3 h 30 environ (dans une pièce ventilée).

2. Broyer les piments «noircis» (les écraser dans la main pour obtenir une fine semoule). Couper en petits morceaux tomates et oignons.

3. Mélanger la purée de piments avec la pâte (farine de maïs mélangée à de l'eau) afin d'obtenir un *kol*, c'est-à-dire une bouillie.

4. Ajouter les tomates, les oignons, le roucou, le poivre et le sel. Les Yucatèques préfèrent cette sauce quand elle est très liquide.

5. La sauce doit être assez liquide et volumineuse pour recouvrir la viande pendant la cuisson. Il est possible d'acheter cette sauce toute prête (en espagnol, *recado de chilmole*).

6. Garder un quart de sauce pour le farci et mettre le reste à cuire avec le coq, dans une marmite, pendant environ 3 h.

PRÉPARATION DU FARCI

INGRÉDIENTS : 15 blancs d'œufs durs, 6 à 8 tomates, feuilles d'apazote (*chenopodium ambrosiodes*) ou, à défaut, origan ou marjolaine, 500 g de viande de porc hachée, saindoux.

7. Faire une farce avec tomates, feuilles d'apazote, blancs d'œufs coupés en fines lamelles, viande de porc hachée.

8. Mélanger la farce au reste de sauce (qu'il faudra peut-être épaissir un peu). Faire revenir le tout dans un peu de saindoux.

9. Les Indiens mangent généralement la farce séparée de la viande et préparent une saucisse qu'ils enroulent, pour la cuisson, dans une feuille de bananier. Épaissir la farce et faire une saucisse. L'envelopper dans une feuille d'aluminium, fermée hermétiquement, et la mettre à bouillir 1 h dans de l'eau salée.

10. En fin de cuisson, le coq est servi nappé de sauce au piment «noir», soit farci, soit accompagné d'une saucisse.

Jeunes Garinagus

Enfant *ladino* de San Salvador

Au cours de son histoire, le monde maya a été plusieurs fois bouleversé par l'arrivée de nouveaux habitants qui ont laissé une trace plus ou moins durable. Les grands changements ont eu lieu avec la colonisation européenne à partir du XVIe siècle. Le métissage s'est rapidement développé entre Espagnols et Indiens, créant le groupe des Ladinos, majoritaire aujourd'hui. D'autres populations non indiennes vivent également au contact des Mayas : c'est le cas notamment des Garinagus au Belize et des Allemands au Guatemala.

Deutsche Schule in Quezaltenango

«Ladinos»
Majoritaires dans tous les pays de la région (sauf, notamment, au Guatemala) les *Ladinos*, issus du métissage entre Blancs et Indiens, dominent la vie politique et économique. Qu'ils vivent en milieu urbain ou rural, ils ont adopté un mode de vie occidentalisé. Au centre, enfants de la bourgeoisie de Mérida, à la fin du XIXe siècle.

Allemands
Établis au cours du XIXe siècle au Guatemala, surtout en Verapaz ▲ *294*, les Allemands (ci-dessus) se sont intégrés tout en conservant leur particularisme. Mennonites au Belize et Hindous vivent aussi dans le monde maya.

Femme métisse du Yucatán, dans les premières années du XXe siècle. Ci-contre, *Ladino* du Chiapas.

Garinagus ▲ *343*
Lointains descendants d'esclaves, fortement marqués par le contact prolongé avec les cultures arawaks lors de leur séjour dans l'île antillaise de Saint-Vincent, les Garinagus ont développé un complexe culturel riche et original où coexistent traditions africaines et caraïbes (ci-dessous à droite).

Textiles mayas

Danielle Cavaleri

Dans les pages textiles mayas, les lettres M et G sont les abréviations de Mexique et Guatemala.

Héritage d'une tradition plus que millénaire, le costume témoigne du tenace attachement des Mayas à leur culture. Lien entre le passé précolombien et l'époque contemporaine, les textiles véhiculent l'histoire, les légendes et les mythes. Depuis 2 000 ans l'évolution technologique est infime. De la qualité du tissage – plus ou moins sophistiqué – et de l'utilisation future du vêtement dépend la complexité des techniques. Les hommes se sont appropriés les technologies apportées par les Espagnols au XVIe siècle telles que le métier droit à pédales, le tricot ou le crochet, alors que le tissage sur le traditionnel métier de ceinture demeure une activité féminine.

LE MÉTIER DE CEINTURE OU «TELAR DE CINTURA»

Il est constitué de sept bâtons en bois. Les fils verticaux de la chaîne ourdie sont maintenus tendus entre deux ensouples : celle du haut, attachée aux extrémités par une corde formant un Y renversé, est fixée à un arbre tandis que celle du bas est reliée à une ceinture que la femme, agenouillée sur le sol, passe derrière ses reins, pour contrôler la tension. Une ou plusieurs barres d'écartement séparent les deux nappes de fils : la baguette de lisse qui contrôle les fils pairs et impairs ; le sabre qui permet de tasser la trame, la navette, fin bâton avec lequel sont passés les fils dans l'écartement et le «templet à épingle», fin bâton en roseau, qui assure la constance de la largeur du lé.

Le métier droit ou «telar de pie»
Il est utilisé pour tisser les jupes et les longs métrages ainsi que les couvertures de laine ou de coton. Cette forme de tissage mobilise essentiellement la main-d'œuvre masculine, regroupée en coopératives dans certains villages.

Techniques de tissage
Parmi les onze techniques répertoriées, les plus courantes sont l'armure-toile simple, l'armure croisée (ou sergé), la gaze, le jaspe (ou ikat) et la «trame supplémentaire». Cette dernière crée des effets de brochage simples ou à double face (tissu réversible).

Métiers à tisser
Deux types de métiers d'origine précolombienne sont utilisés : le *telar de cintura* (ou *de palitos*) et, plus rarement, le *telar de estacas*. Intimement lié à l'univers féminin, le métier à tisser ainsi que ses plus beaux *huipiles* accompagnent la femme jusque dans sa sépulture.

Carmen Pettersen
Ce peintre a réalisé de nombreuses illustrations sur les textiles mayas. Beaucoup sont exposées au musée Ixchel de Guatemala-Ciudad ▲ *267*.

«Ikat»
Le procédé consiste à tendre les fils par paquets et à les nouer en différents endroits avant de les plonger dans un bain de couleur où seules les parties laissées libres seront teintes. L'opération est répétée autant de fois qu'il y a de couleurs. Les diverses plages colorées sont ensuite réparties sur la chaîne en fonction des motifs souhaités. Ici, préparation des fils d'*ikat* à Sololá, au Guatemala.

LAINE

Depuis l'introduction des moutons au XVIe siècle, la laine rentre dans la composition du costume des habitants des terres froides. Les fibres obtenues après la tonte sont lavées et séchées au soleil. Le cardage est réalisé à l'aide de 2 peignes rectangulaires en bois (ci-dessus) munis d'un manche dont la surface interne est recouverte de petites dents en fer. L'opération consiste à placer la laine au centre des peignes et à les faire glisser l'un sur l'autre afin d'étirer les fibres dans la même direction. La laine est ensuite filée de la même façon que le coton.

FILAGE

Le *malacatl* (*petet* en langue maya, tzotzil et tzeltal) sert aussi bien à filer le coton que la laine. Il est constitué d'un fin bâton en bois (10 à 40 cm de long) taillé en pointe aux deux extrémités, et d'une fusaïole, en argile ou en pierre, insérée en sa partie inférieure. L'opération consiste à tenir la masse de coton d'une main tandis que l'autre fait pivoter le fuseau dont la pointe est placée dans une petite calebasse qui en assure la stabilité. Entre chaque phase de torsion, le fil est enroulé au fur et à mesure sur le fuseau (ci-dessus).

ÉVOLUTION

Fruits de techniques complexes, les tissages et les teintures se sont perpétués dans l'art textile contemporain, même si, depuis le XIXe siècle, les fibres industrielles, moins chères, ont tendance à les remplacer. Aujourd'hui, de nombreuses initiatives visant à réactiver les savoirs ancestraux se multiplient.

«CE QUI NOUS FAIT LE PLUS MAL, À NOUS AUTRES LES INDIGÈNES, C'EST QUE NOTRE COSTUME, ILS LE TROUVENT JOLI, MAIS LA PERSONNE QUI LE PORTE, C'EST COMME SI ELLE N'ÉTAIT RIEN.»

RIGOBERTA MENCHÚ

ROUET
Cette technique de filage plus rapide consiste à utiliser deux roues en bois, de nos jours souvent remplacées par des roues de bicyclette.

OURDISSAGE
Cette opération qui précède le tissage consiste à préparer un écheveau aussi long que la toile à obtenir et comprenant autant de fils qu'en nécessite la largeur : pour cela, on fait courir le fil autour de piquets plantés dans le sol ou fichés sur une planche.

«IXTLE»
Employé à l'époque précolombienne pour faire des vêtements, l'*ixtle*, issu de l'agave, est désormais utilisé pour fabriquer des sacs et des cordages. Les techniques de préparation et de filage varient selon les régions et le type d'agave utilisé (sisal, pita). Au Yucatán, les feuilles sont placées au-dessus d'un feu afin que s'en échappe la sève. Une fois ramollies, on les racle pour ôter l'excès de pulpe. Les fibres obtenues sont lavées, séchées et réunies en écheveaux pour être ensuite filées par les hommes (ci-dessus, nécessaire à filer l'*ixtle*). Près du lac Atitlán, la pulpe est écrasée avec un pilon, puis la fibre est peignée, lavée et séchée au soleil.

COTON
En raison de leur coût, le coton blanc naturel et le coton couleur café sont surtout utilisés pour la confection d'habits cérémoniels. Débarrassé des graines, des feuilles et de la poussière, le coton est battu sur un coussinet en peau à l'aide de deux bâtons fourchus afin d'obtenir des bandes, puis il est filé.

Statuette provenant du site de Lagartero (Chiapas, Mexique)

C'est dans les Hautes Terres du Chiapas (Mexique) et du Guatemala que l'on rencontre les plus beaux tissages. Ailleurs, dans la forêt Lacandone, au Yucatán, au Quintana Roo (Mexique), au Belize, au Honduras ou dans les Basses Terres du Guatemala, les vêtements sont plus simples.

Pour des raisons économiques, politiques ou sociales, certaines ethnies ont adopté une mode occidentalisée au détriment du costume traditionnel, auquel les femmes restent cependant très attachées. À l'époque préhispanique, leur costume était constitué d'un long *huipil* – sorte de blouse – et d'une jupe. Le raffinement des textiles et la richesse des bijoux reflétaient la condition sociale. De nos jours, le costume possède les mêmes fonctions. Il est constitué d'un *huipil*, d'une jupe, d'une ceinture, d'un ruban pour attacher les cheveux, d'un *tzute* et d'un *rebozo* (châle).

CEINTURES
Réalisées sur fond de coton, de laine et plus rarement de soie, ornées de motifs brochés ou brodés, les couleurs et la façon dont sont portées les ceintures varient selon les villages. Enroulées autour de la taille pour retenir la jupe, les extrémités ne sont apparentes que si elles sont décorées. Très larges, celles de Nebaj, Chajul, San Juan Sacatepéquez ou Nahualá (G) se portent nouées devant ou dans le dos. La trame disparaît sous les motifs floraux à Chichicastenango.

Les femmes de Nebaj portent en coiffure de somptueux tissages brochés de fils colorés, terminés par de volumineux pompons.

À Santiago Atitlán, elles enroulent un long ruban rouge broché de motifs géométriques autour de leur tête à la façon d'une auréole.

Les femmes de Palín confectionnent à l'aide d'un très long ruban une coiffure élaborée en forme de serpent sur le sommet du front.

«Tzute» Formé de 1 ou 2 lés rectangulaires – tissés sur le métier de ceinture – réunis entre eux pour former un carré, le *tzute* a de multiples fonctions. Plié, il peut être posé sur la tête afin de protéger du soleil ; jeté sur l'épaule il devient décoratif ; ouvert et attaché autour du cou il se transforme en cape lors des fêtes.

Ci-dessus, ceinture de Totonicapán. Ci-contre, femme Cakchiquel de Patzicía (G) en *huipil* cérémoniel.

«Huipil»
De forme carrée ou rectangulaire, le *huipil* est composé de deux ou trois lés réunis par une couture verticale souvent rebrodée (*randa*), la partie comportant les motifs brochés formant généralement une croix. La pièce est ensuite pliée en deux afin de pratiquer une ouverture au centre pour obtenir l'encolure. Les coutures des parties latérales réservent des ouvertures qui servent d'emmanchures.

Il existe deux catégories de *huipil* : ceux utilisés tous les jours (*huipiles de cocina*) et ceux portés lors des cérémonies (mariage, confrérie…).

«HUIPIL» QUICHÉ DE CHICHICASTENANGO (G)
Le motif d'aigle bicéphale propre à ce village apparaît sur ce *huipil* dans une version très géométrique. Déplié, il dévoile très nettement le dessin de la croix maya.

«HUIPIL» DE RABINAL (G)
Les bandes de zigzags sur les épaules symbolisent l'éclair. Plus bas, des motifs de pattes de chien pouvant évoquer le messager du Dieu de la Mort ainsi que des «feuilles d'arbre», des jarres et des drapeaux.

«HUIPIL» DE SAN JUAN COTZAL (G)
Il est décoré de bandes de motifs zoomorphes alternant avec des motifs phytomorphes.

«HUIPIL» TZOTZIL DE SAN ANDRÉS LARRÁINZAR (M)
Il est broché de fils de laines à dominante rouge qui forment des losanges, dits «diamant», sur fond de coton blanc.

«Huipil» quiché de Nahualá (G)
Il est broché de motifs zoomorphes (dominante rouge) sur fond de coton blanc.

«Huipil» de San Martin Jilotepeque
Caractérisé par la finesse de ses motifs géométriques, il est souvent orné d'incrustations de velours à l'encolure et aux emmanchures.

Jupe ou «corte»
Réalisée sur un métier droit, elle mesure entre 3 et 5 m de long. Les extrémités sont cousues pour former un tube. Il existe deux façons de la porter : soit droite, enroulée autour de la taille (l'excès de tissu formant des plis devant ou dans le dos) soit froncée à la taille. À gauche, costume de San Marcos (G) avec jupe en ikat de soie.

«Huipil» de San Mateo Ixtatán (G)
Il est entièrement brodé de motifs concentriques.

Colerettes espagnoles
Dans la région de Totonicapán (G), les femmes mayas portent des colerettes brodées de couleurs vives (ici femmes de San Cristóbal), une mode héritée de l'Espagne.

Homme d'Almolonga (G) en costume traditionnel, tenant dans sa main un *escudo*, emblème de sa confrérie.

À l'époque préhispanique, le vêtement de base était constitué d'une cape (*pati* ou *capixay*), d'un cache-sexe (*maxtatl*) et d'une longue tunique (*xicolli*). Lors des cérémonies, les nobles étaient parés de coiffures en plumes de quetzal et de bijoux. La ceinture (vestige du *maxtatl*) et les sandales (*huaraches*) apparaissent sur les stèles de l'époque classique.

Les *ponchitos* ou *delantales* (tablier) en laine à carreaux noirs et blancs, les *tzute* ● 99 et les capes que portaient les Mayas précolombiens font encore partie du costume traditionnel.

Davantage en contact avec le monde extérieur, souvent pour des raisons économiques – migrations saisonnières (récolte du café, cueillette du coton, coupe de la canne à sucre), recherche d'emploi, notamment aux États-Unis – ou des raisons politiques – persécutions des années 80 –, les hommes délaissent peu à peu le port du costume traditionnel, réservant son usage aux seules cérémonies.

ZINACANTÁN (M)
Dans ce village du Chiapas, les célibataires portent des vêtements plus colorés que les hommes mariés et leur sur-chemise rose, très caractéristique, est ornée de plus gros pompons.

«TZUTE» De forme carrée, il est plié en deux dans le sens de la diagonale, posé sur la tête et noué sur la nuque. À l'occasion des cérémonies, il est drapé sur l'épaule ou porté en bandeau lors de certains rites. Ci-dessus, *tzute* de Chichicastenango (G).

TODOS SANTOS (G)
Jeunes hommes mams vêtus de chemises au col broché et de pantalons tissés à la main. Le sur-pantalon noir est une réminiscence du *maxtatl* préhispanique.

TENEJAPA (CHIAPAS)
Membre du conseil municipal en tenue d'apparat (ci-dessous). Le chapeau en paille, orné de rubans multicolores, dont la forme varie selon les régions, reste très répandu au Chiapas (M), surtout lors des cérémonies.

CEINTURES.
Tissées sur fond de coton bleu ou rouge, parfois agrémentées de fines rayures bleues, brochées aux extrémités de motifs multicolores et terminées par des franges cordées, des pompons ou des macramés, elles complètent la tenue. Ci-dessus, ceinture ixil de Chajul (G).

NAHUALÁ (G)
Homme portant sur l'épaule un *tzute* broché de motifs géométriques et zoomorphes multicolores.

Liés au symbolisme de l'enfantement et de la parturition, et placés sous le patronage de la divinité lunaire, le filage et le tissage sont des opérations essentielles à la reproduction de l'univers mythique des Mayas. Chaque tisserande fait œuvre de démiurge ; chaque tissage est un microcosme, une projection de l'*imago mundi*, en quelque sorte une cosmographie dont les éléments empruntent à la mythologie et à l'histoire locales. Ainsi, la composition et les dessins d'un *huipil* se lisent-ils comme un texte dont la forme et le contenu varient selon l'ethnie, la communauté ou le lignage, et auquel la tisserande appose sa marque en guise de signature.

(1) DIAMANTS Les rangées de losanges brochés sur le motif central évoquent le cosmos conçu comme un cube formé de trois plans : le ciel, la terre et l'«inframonde». Au centre de chaque losange, ou «diamant», figure le soleil (Notre-Seigneur Jésus-Christ), matérialisé par Yaxché, l'Arbre sacré des Mayas.

(2) VAUTOUR ET ABEILLES Le dessin placé sous les rangées de «diamants» figure le vautour et se réfère à un épisode de la mythologie locale. La rangée suivante évoque des abeilles, motifs propres à la famille de la tisseuse, qui signe elle-même son œuvre par des motifs d'étoiles.

(3) GERMINATION. Ces dessins brochés sur les manches du *huipil* décrivent le cycle complet de la germination des plantes. Sur ce *huipil* est également inscrit le calendrier maya (18 mois de 20 jours plus 5 jours néfastes). L'ensemble peut être interprété comme une prière dans laquelle la tisseuse invoque la bienveillance des divinités.

SYMBOLES ANTHROPOZOOMORPHES
Comme les techniques de tissage (compte des fils de chaîne, nombre de bâtons), les dessins brochés renvoient au mesurement du monde. La disposition des motifs et des couleurs obéit à des lois précises. Les figures anthropozoomorphes symbolisent les forces de la nature propres aux mythologies locales. Les animaux sauvages appartiennent au domaine obscur de la nature, qui s'oppose au monde socialisé et lumineux des hommes. Le motif central du *huipil* de San Juan Cotzal (ci-dessus) est constitué de bandes de motifs géométriques et d'oiseaux. Ci-contre, motifs de fleur et de chevreuil brodés sur l'encolure d'un *huipil* mam de San Marcos (G).

«HUIPIL» DE LA VIERGE DE MAGDALENAS (M) Il offre une carte détaillée de la cosmologie maya (**1**, **2**, **3** à gauche). De nombreux motifs et symboles préhispaniques sculptés sur les stèles, gravés sur les statuettes, peints sur les codex, les fresques et les céramiques, figurent dans les textiles contemporains.

Sur le linteau 24 du site de Yaxchilán (M), datant de 719 apr. J.-C., la reine Xoc porte un *huipil* décoré de «diamants» semblables à ceux qui ornent les *huipiles* contemporains de Magdalenas (M)

Symbolique du vêtement

Animaux bicéphales. Ils symbolisent la vision dualiste du monde commune aux cultures méso-américaines. L'aigle à deux têtes, propre à la mythologie des Mayas Quichés, est une figure couramment utilisée dans les *huipiles* et les *tzutes* cérémoniels de Chichicastenango (G).

«Huipil» et «tzute» de Palín (G). Ils sont ornés de motifs d'aigles bicéphales entourés de zigzags, de «mouches» et de «diamants». Les Espagnols crurent y reconnaître l'aigle des Habsbourg, mais le *Popol Vuh* le présente comme un ancêtre des Quichés.

«Huipil» de Chajul (G). Les motifs de ce *huipil* ixil présentent souvent des animaux bicéphales vus de face, têtes de profil, comme cela était fréquent dans l'iconographie maya préhispanique. Ci-dessus, motif d'oiseau.

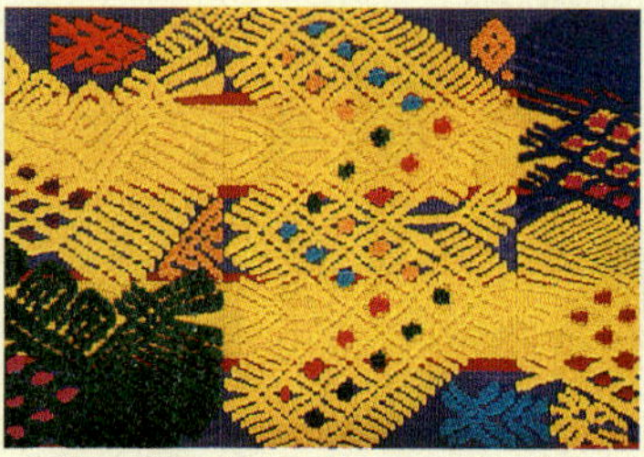

Reptiles. Ils cheminent entre les files de dessins tel le serpent entre la terre et le ciel. Ils trouvent leur plus belle expression dans les *huipiles* de San Juan Sacatepéquez (ci-dessus), où des motifs zoomorphes alternent avec une bande représentant le Serpent-Emplumé.

Plantes et oiseaux. Les *huipiles* de Cobán (G) et de Venustiano Carranza (M) présentent surtout des motifs de plantes et d'oiseaux. Ci-dessus, colibri perché sur un plan de tabac sur un *huipil* de Tactic (G).

Dindon. Parmi les animaux, le dindon (ci-dessus sur un *huipil* de San Pedro Sacatepéquez), le paon, le coq, le cerf, l'écureuil, le jaguar, l'opossum et le colibri sont les plus représentés.

Fertilité
Le scorpion, associé à des motifs de fleurs, est censé favoriser la pluie en suscitant l'éclair. Ces motifs, ainsi que celui du cactus (à gauche), ornent les jupes brodées des Tzotzils de Venustiano Carranza (M).

Chauve-souris
Visible sur les vestes de Sololá (G), elle symbolise la maison royale de Xahilá, dont le prince conduisit les Cakchikels lors du voyage légendaire pour la quête d'un lieu d'établissement permanent (à droite).

ZIGZAGS. Ils symbolisent le dieu de l'Éclair qui dispense la pluie, et sont présents sur les textiles de nombreux villages. Les femmes de Pantelhó (M) en décorent les manches de leurs vêtements, qu'elles constellent de motifs de crapauds, annonciateurs de la pluie (ci-dessus).

SINGES. Synonyme de cataclysme, il évoque une création antérieure. Dans les *huipiles* de Chenalhó (M) (ci-dessus) le corps de l'animal marqué de trois barres verticales est entouré de boucles formant les bras et les jambes. Son évocation rappelle aux hommes leur devoir de dévotion envers les dieux.

«HUIPIL» DE SAN JUAN COTZAL. Son encolure est ornée de motifs de feuilles tronquées. La femme qui le porte se situe symboliquement au centre de l'univers : elle est entourée des quatre points cardinaux représentés par les quatre feuilles correspondant aux déclinaisons du soleil, aux solstices et équinoxes (ci-dessous).

L'ARBRE SACRÉ
La *ceiba*, aussi appelé Yaxché ou arbre de vie, est au centre de la cosmologie des Mayas, qui pensent que leurs lignages proviennent de ses racines. C'est dans les *huipiles* cérémoniels de San Pedro Sacatepéquez (ci-contre), de San Pedro Ayampuc et de Chuarrancho (G), que l'Arbre sacré occupe une place de choix.

CERCLES
Les incrustations de tissus en forme de dents sur les encolures des *huipiles* de Chichicastenango, associées aux 4 petits cercles décorant le devant, le dos et les épaules, se réfèrent au culte solaire. D'autres motifs concentriques brodés ornent les ailettes des pantalons des membres des confréries (ci-dessous).

Sandales préhispaniques et actuelles.

Si l'iconographie préhispanique témoigne de l'exubérance des coiffures en plumes de quetzal, de bijoux en jade finement ciselés et autres atours portés par les dignitaires mayas, les accessoires contemporains ont perdu de leur superbe pour se réduire à de simples objets. Toutefois les femmes, très coquettes, se parent volontiers de colliers, de bagues et de boucles d'oreilles pour compléter leur tenue. Les hommes portent sandales et chapeaux de paille.

COLLIER OU «CHACHAL»
Élément important de la tenue féminine, nombre de villageoises arborent de fins colliers en perles de corail ornés de pièces d'argent coloniales. Les femmes portent souvent plusieurs rangées de grosses perles en verre dorées, rouges ou bleues selon les endroits et des chaînes qui sont agrémentées d'une lourde croix ou d'une énorme pièce en argent lors des mariages.

BANDEAU FRONTAL OU «MECAPAL»
Indispensable au transport des lourdes charges en l'absence d'animal de bât, le *mecapal* est constitué d'une ceinture plate en cuir, dont les extrémités sont reliées par une corde.
La partie en cuir est placée sur le front, alors que la corde retient la charge.

SANDALES
Exclusivement portées par les hommes, tant au Mexique qu'au Guatemala, les *huaraches* sont faites d'une semelle de cuir ou d'une semelle de caoutchouc découpée dans un vieux pneu et d'une simple lanière qui, passant entre les orteils, est lacée autour de la cheville. Certaines sont encore dotées d'un protège-talon.

COUVERTURES
Autre accessoire de grande importance, la couverture sert non seulement à se protéger du froid mais surtout, étendue sur le sol, à présenter les marchandises au marché. Plus petits, les *ponchitos* à carreaux noirs et blancs sont portés par les hommes enroulés autour des hanches.

BOUCLES ET BAGUES
Les femmes apprécient ces bijoux : boucles longues et légères, travaillées en filigrane, ou plus lourdes, réalisées avec de petites pièces de monnaies anciennes rehaussées d'une pierre.
Les bagues en argent ou en nickel sont ornées d'un cœur, d'un animal ou de pampilles de verroterie.

SAC, «MORRAL»
Les hommes ne portent pas de bijoux, mais en revanche aucun ne se déplace sans son *morral*, dans lequel il transporte graines, fruits, etc...

ARCHITECTURE

CLAUDE-FRANÇOIS BAUDEZ
MICHEL ANTOCHIW
ANDRÉ AUBRY
ALAIN BRETON

Malgré des contraintes techniques très strictes, telles que l'absence de métaux, d'animaux de trait et de la roue, les Mayas sont les premiers bâtisseurs de Mésoamérique. Leur architecture cherche, dès ses débuts, à impressionner par sa monumentalité. L'effort, d'abord consacré aux soubassements pyramidaux, s'exerce bientôt sur les édifices proprement dits, grâce notamment au recours à la voûte qui permet le développement architectural en hauteur, signe de prestige.

Le parement sculpté
Solidement cimentées, les pierres ne jouent plus qu'un rôle de décor qui naît souvent de la répétition d'un ou de plusieurs motifs.

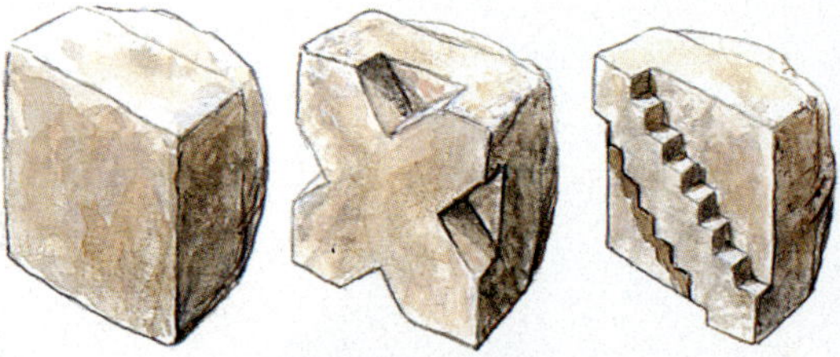

Appareillage des murs
À l'origine, les murs sont constitués de blocs de pierre assez grossiers, liés par du mortier. Mais une technique nouvelle, le coffrage de béton, remplace quelque peu cette construction en grand appareil. Les pierres bien dressées, et souvent sculptées du côté visible, sont laissées irrégulières vers l'intérieur pour faire corps avec le béton.

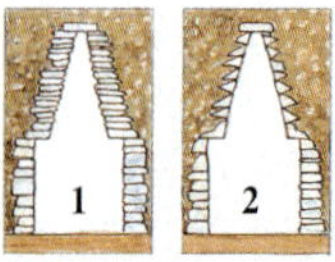

Évolution de la voûte
1. Type archaïque en gros appareil (IIIe-VIIIe (?) siècle).
2. Type classique avec parement-coffrage (IXe(?)-XVIe siècle).

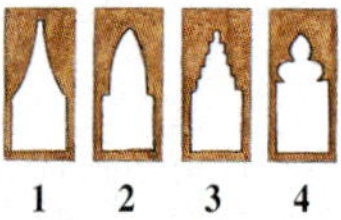

Différents types de voûtes classiques
1. Voûte concave.
2. Voûte convexe.
3. Voûte en escalier.
4. Voûte trilobée.

Les soubassements
Ils consistent en une ou plusieurs plates-formes de taille décroissante vers le haut, constituant le tronc d'une pyramide à degrés. Chaque terrasse comprend un remblai de pierres et de terre, limité par un mur en maçonnerie.

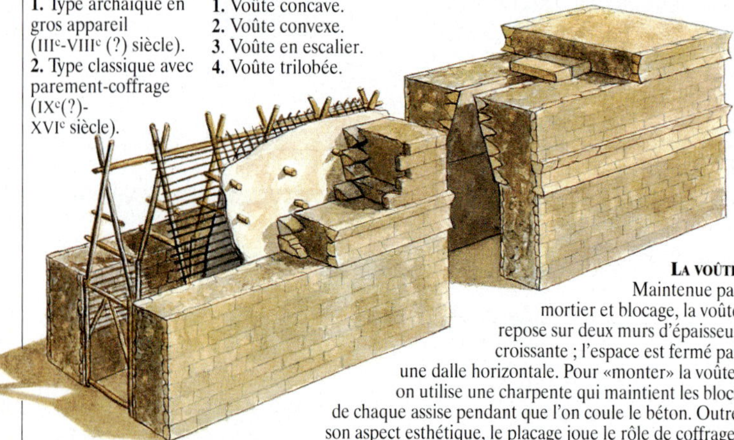

La voûte
Maintenue par mortier et blocage, la voûte repose sur deux murs d'épaisseur croissante ; l'espace est fermé par une dalle horizontale. Pour «monter» la voûte, on utilise une charpente qui maintient les blocs de chaque assise pendant que l'on coule le béton. Outre son aspect esthétique, le placage joue le rôle de coffrage.

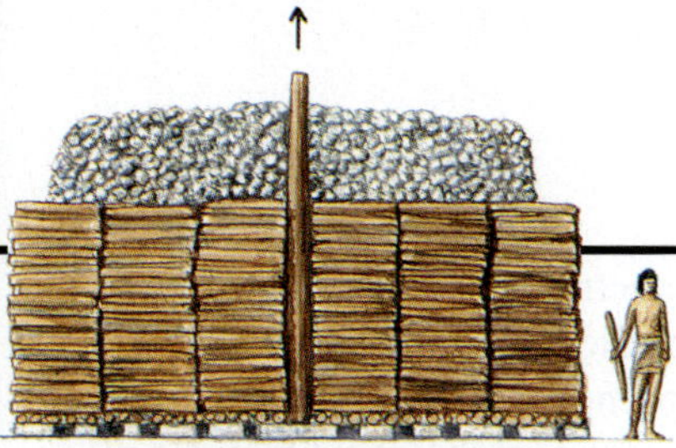

LE «FOUR» À CHAUX
Le carbonate (pierre à chaux) concassé est déversé sur une large pile de rondins qui servira de combustible. Grâce à une pièce de bois placée verticalement au centre, on ménage une cheminée dans la composition. L'orifice ainsi constitué sera rempli de braises pour l'allumage.

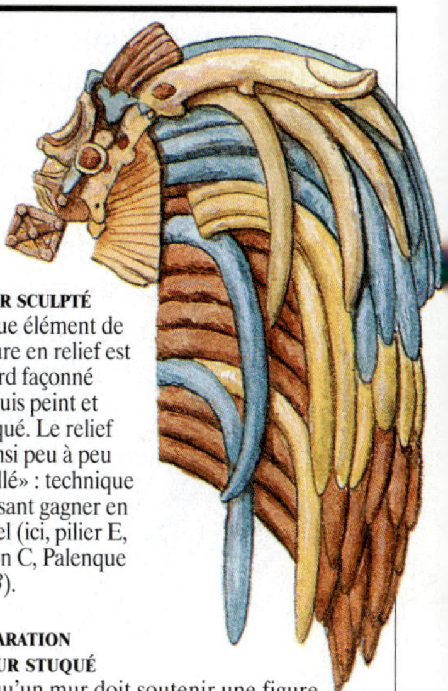

DÉCOR SCULPTÉ
Chaque élément de la figure en relief est d'abord façonné seul puis peint et appliqué. Le relief est ainsi peu à peu «habillé» : technique lui faisant gagner en naturel (ici, pilier E, maison C, Palenque ▲ *243*).

PRÉPARATION DU MUR STUQUÉ
Lorsqu'un mur doit soutenir une figure stuquée relativement lourde, on y applique une préparation à base de petites pierres et de mortier qui, laissée saillante, sert d'armature, de tenon, au relief. Ici, masque en stuc du temple de Kohunlich ▲ *189*.

LA POLYCHROMIE
Les Mayas utilisaient une assez large palette de couleurs de provenance probablement locale (bleu, rouge de cinabre, jaune et blanc) pour revêtir les murs, les piliers et les reliefs stuqués.

LA PEINTURE MURALE
Des compositions souvent complexes étaient peintes sur les murs et les voûtes de nombreux édifices (Bonampak, par exemple ▲ *249*). Ce sont principalement les couleurs des structures internes, abritées du soleil et des intempéries, qui sont parvenues jusqu'à nous.

Dans l'aire maya, toute architecture, quelle que soit son importance, repose traditionnellement sur un soubassement. L'architecture de prestige reprend, en l'accentuant, ce trait caractéristique emprunté à l'habitat archaïque. On distingue plusieurs types de bâtiments de grande envergure dont la fonction est, dans bien des cas, difficile à établir mais qui répondent à ce souci d'élévation : les temples-pyramides (où celle-ci revêt une valeur symbolique de lien entre ciel et terre), les constructions désignées sous le terme de «palais» par les premiers Espagnols et les édifices aux formes intermédiaires.

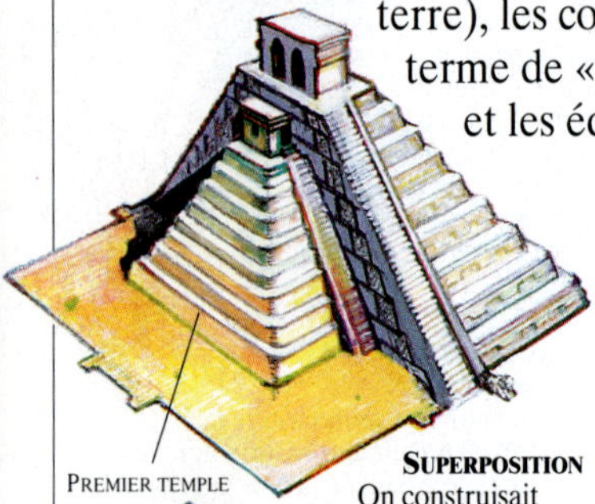

SUPERPOSITION
On construisait souvent sur des temples antérieurs. Les édifices s'imbriquaient donc comme des poupées russes.

LE TEMPLE-PYRAMIDE
Figure emblématique de l'architecture maya, avec les exemples fameux de Tikal ▲ *322*, Palenque ▲ *247* et, ici, Chichén Itzá (le *Castillo*) ▲ *205*, le temple-pyramide est un ensemble comprenant un soubassement tronco-pyramidal à degrés, sur lequel est juché un sanctuaire haut.

DÉCOR EXTÉRIEUR DU TEMPLE HAUT
Le plus souvent le décor recouvre la crête faîtière et la façade supérieure du temple. Cependant, dans les régions Río Bec et Chenes, un décor en relief s'étend sur toute la hauteur et autour de la porte principale.

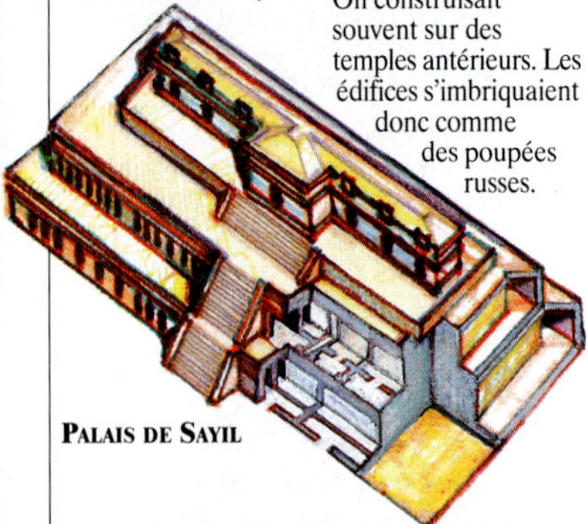

PALAIS DE SAYIL

LE PALAIS
On désigne ainsi une vaste construction allongée, divisée en nombreuses pièces, qui peut, comme c'est le cas à Sayil ▲ *221*, comprendre plusieurs étages en retrait reposant chacun sur une plate-forme spécialement construite.

LE PALAIS À TEMPLES FACTICES
On trouve dans la région Río Bec de curieuses constructions illustrées ici par le palais de Xpuhil ▲ *190*. Il est surmonté de trois faux petits temples-pyramides dont les escaliers ne peuvent être gravis.

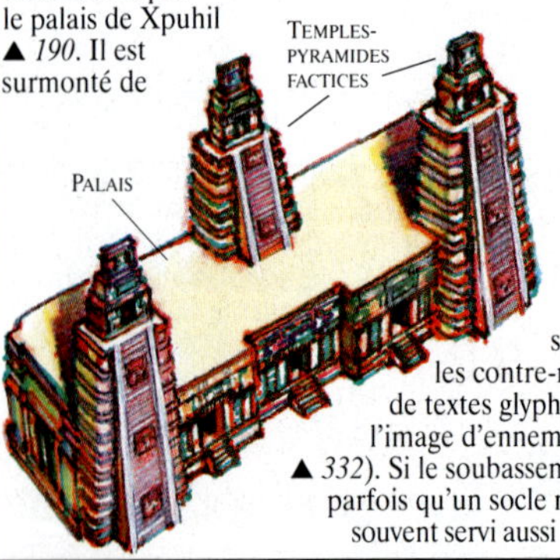

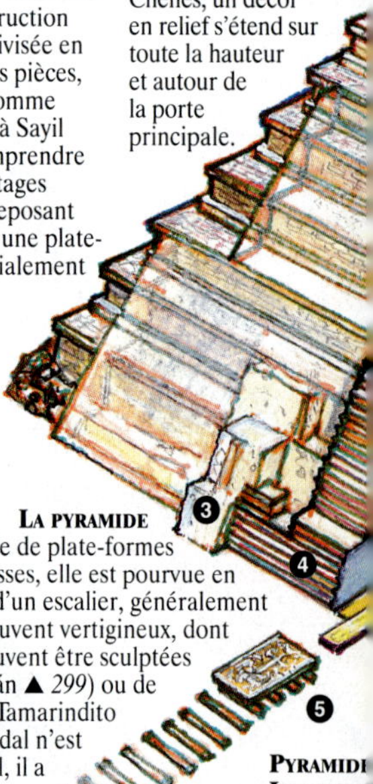

LA PYRAMIDE
Constituée de plate-formes en terrasses, elle est pourvue en façade d'un escalier, généralement saillant et souvent vertigineux, dont les contre-marches peuvent être sculptées de textes glyphiques (Copán ▲ *299*) ou de l'image d'ennemis vaincus (Tamarindito ▲ *332*). Si le soubassement pyramidal n'est parfois qu'un socle monumental, il a souvent servi aussi de tombeau.

PYRAMIDE INSCRIPT

Les moulures pariétales

Le mur qui limite chacun des degrés de la pyramide et les murs des sanctuaires s'ornent généralement de moulures supérieures et basales (ci-dessus), mais peuvent présenter un profil plus complexe qui, ménageant un jeu d'ombres et de lumières, allège l'édifice.

Crête du Petén (Tikal)

2. Crête de Palenque

3. Crête du Yucatán

La crête faîtière

Cette haute superstructure ornée dépasse la toiture. Elle peut être beaucoup plus élevée que l'édifice même, évidée pour être allégée, et reposer sur le mur arrière (**1**). On l'a aussi parfois fait reposer sur le mur médian (**2**), ce qui permettait d'avoir des murs extérieurs moins épais et pourvus d'ouvertures plus larges. Enfin, elle pouvait être placée à l'avant dans le prolongement de la façade (**3**).

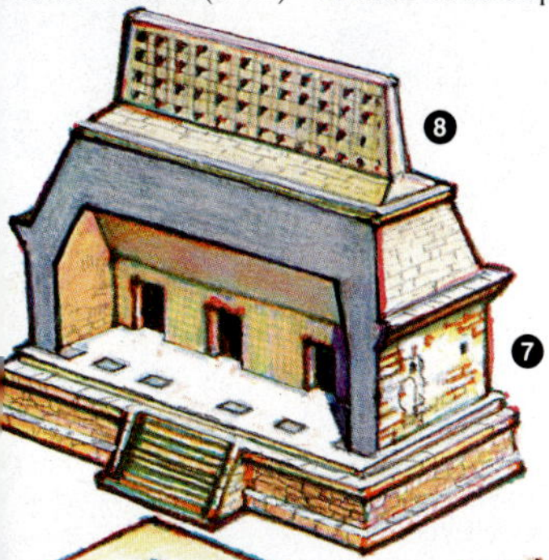

Le temple haut ou sanctuaire

Il rappelle la hutte primitive, avec son socle bas gravi par quelques marches, ses murs verticaux, ses portes carrées et sa toiture fortement déclive. Ses espaces intérieurs sont extrêmement réduits, par rapport au volume de maçonnerie.

Le temple-pyramide

1. Déclivité naturelle.
2. Degrés du soubassement en terre, pierre et maçonnerie.
3. Vestige d'un édifice ultérieur.
4. Escalier de façade.
5. Sarcophage.
6. Escalier menant à la crypte.
7. Temple haut.
8. Crête faîtière.

ENQUE

Choix d'un emplacement

On choisissait de préférence une déclivité de terrain, pour pouvoir y adosser le soubassement pyramidal. Grâce à cette assise naturelle, on limitait l'importance des structures à élever.

Stèles et autels

Bandeau latéral de l'autel associé à la stèle 22 de Tikal.

La stèle n'est pas, chez les Mayas, un monument funéraire mais tient un rôle à la fois politique et sacré. À travers textes datés et décors, elle commémore des événements historiques relatifs à un souverain ainsi que des épisodes mythiques. Le plus souvent, elle est accompagnée d'une grande pierre taillée de forme géométrique, qui serait l'autel destiné aux sacrifices et aux dépôts d'offrandes liés au rite dynastique. On trouve ce couple stèle-autel au pied des pyramides ou encore sur certaines places.

Extraction des blocs. Dans des carrières à proximité du site, on dégageait un bloc monolithique, généralement prismatique, au moyen de profondes rigoles creusées tout autour, puis l'on attaquait le dessous du bloc jusqu'à pouvoir le détacher.

Érection de la stèle
On procédait à l'érection du monument non encore sculpté, à l'aide d'une rampe et d'une chèvre de levage (treuil manœuvré par un levier). L'extrémité inférieure plongeait dans un trou en terre ou dans une base en maçonnerie qui assurait la stabilité du monolithe.

Décor gravé ou stuqué
Les stèles gravées étaient probablement toujours peintes, sur un, deux ou quatre côtés. Celles qui nous apparaissent lisses devaient porter un décor et des textes peints sur le stuc. Divers monuments ont conservé des traces de peinture rouge.

Fonction des faces de la stèle
Le plus souvent, la stèle présente sur l'un de ses grands côtés le portrait en pied du roi et, au dos ou sur les côtés, un texte hiéroglyphique.

Le talus. Un talus de terre, surélevé peu à peu, aidait à l'érection de la stèle.

Transport des blocs
Les monolithes étaient placés sur des rouleaux de bois, et acheminés jusqu'au lieu d'érection de la stèle, au moyen de cordes tirées par des dizaines d'hommes.

ROCHER «ZOOMORPHE»
Quirigua ▲ *306* nous offre une variation sur le thème du couple stèle-autel, avec un rocher «zoomorphe» accompagné d'une pierre plate de contour irrégulier, qui assure le rôle d'autel.

ÉCHELLE
Une stèle mesure généralement entre 2 et 4 m de haut, mais certains sites ont produit des œuvres géantes : ainsi Quirigua, où la stèle E atteint 10, 66 m.

ICONOGRAPHIE D'UNE STÈLE
La stèle 22 de Tikal ▲ *324* constitue un exemple de représentation symbolique politico-religieuse propre à ce type de monument. Le roi C y accomplit l'un des rites de la célébration de la fin du *katun* ● *44*, dont la date anniversaire est scrupuleusement mentionnée (771 de notre ère).

FORME ET ICONOGRAPHIE D'AUTEL
Cet autel, couplé à la stèle 22 de Tikal, illustre un type fréquent, en forme de cylindre bas.
Au sommet (ci-dessus), est sculpté un captif, sur le point d'être immolé.
Sur la tranche, alternent de façon répétée le motif de la natte, attribut royal, et, là encore, celui d'un prisonnier lié.

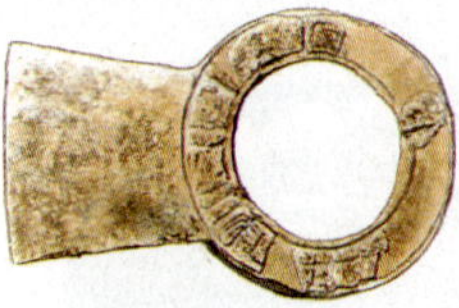

Le jeu de balle était particulièrement en faveur chez les Mayas et le nombre des terrains qui lui furent consacrés est impressionnant. Il n'y a guère de site qui n'en ait eu au moins un, et les cités importantes en possédaient plusieurs. Moins un sport ou un spectacle qu'un rituel, le jeu symbolisait la lutte des forces vitales contre celles de la mort. Il pouvait parfois s'apparenter à un jugement divin et servir à régler des conflits. À l'issue du jeu, des victimes étaient décapitées, sans doute les vaincus ou leurs représentants.

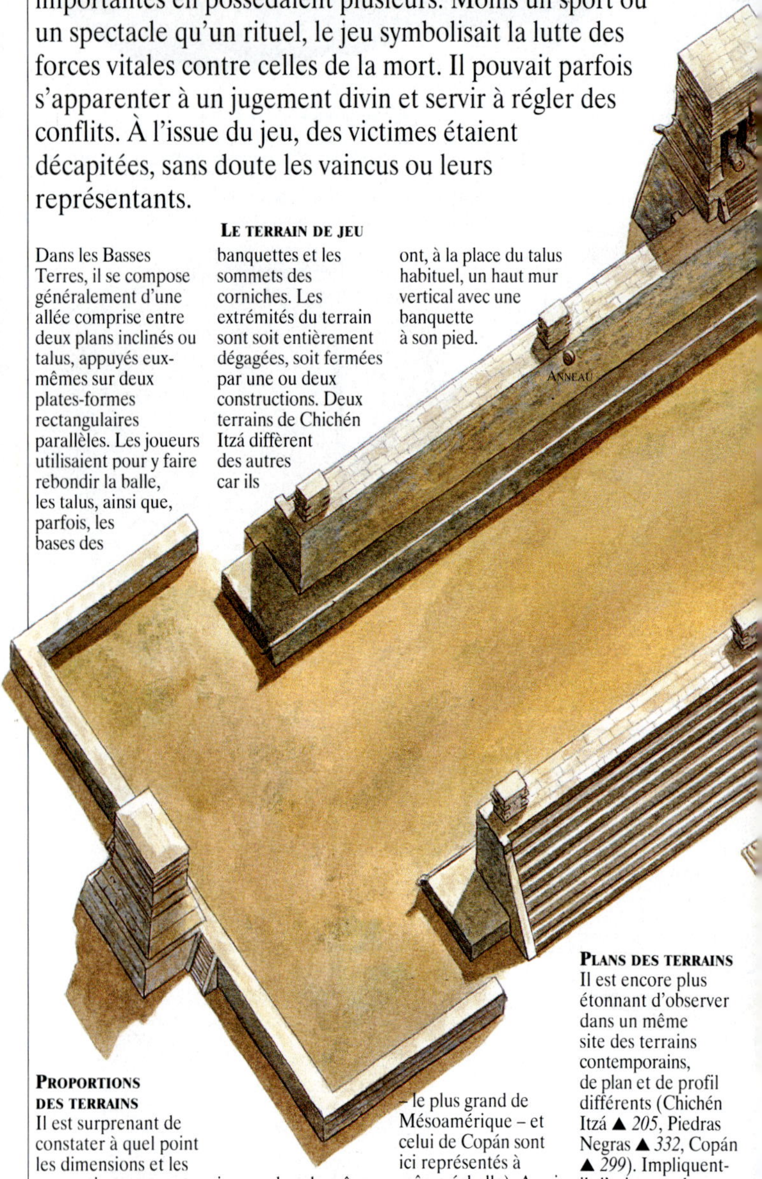

LE TERRAIN DE JEU

Dans les Basses Terres, il se compose généralement d'une allée comprise entre deux plans inclinés ou talus, appuyés eux-mêmes sur deux plates-formes rectangulaires parallèles. Les joueurs utilisaient pour y faire rebondir la balle, les talus, ainsi que, parfois, les bases des banquettes et les sommets des corniches. Les extrémités du terrain sont soit entièrement dégagées, soit fermées par une ou deux constructions. Deux terrains de Chichén Itzá diffèrent des autres car ils ont, à la place du talus habituel, un haut mur vertical avec une banquette à son pied.

PROPORTIONS DES TERRAINS

Il est surprenant de constater à quel point les dimensions et les proportions peuvent varier d'un terrain à l'autre parfois jusque dans le même site (le terrain de Chichén Itzá – le plus grand de Mésoamérique – et celui de Copán sont ici représentés à même échelle). Aussi imagine-t-on que les règles variaient.

PLANS DES TERRAINS

Il est encore plus étonnant d'observer dans un même site des terrains contemporains, de plan et de profil différents (Chichén Itzá ▲ *205*, Piedras Negras ▲ *332*, Copán ▲ *299*). Impliquent-ils l'existence de plusieurs «jeux» rituels ?

Les marqueurs

Certains terrains possèdent deux «marqueurs» de pierre aux extrémités et un autre au centre de l'allée. Ces marqueurs, en forme de disque, lisses ou sculptés (ici, marqueur dit «de Chinkultik» ▲ *241*), étaient pris dans le sol de stuc ; ils servaient sans doute à délimiter des aires de jeu.

Chichén Itzá

Les anneaux de jeu

À la fin du Classique apparaissent au Yucatán des terrains possédant dans l'axe transversal du milieu, deux anneaux fichés dans la corniche ou le mur vertical (en haut à gauche, anneau d'Uxmal ▲ *222*). On suppose que, comme chez les Aztèques, le joueur qui réussissait à faire passer la balle par l'anneau (performance exceptionnelle, car le diamètre de la balle et celui de l'anneau étaient presque équivalents) gagnait avec ce coup toute la partie et annulait les points précédents.

Le jeu

Deux équipes de joueurs se renvoyaient un gros et lourd ballon de caoutchouc plein, ne se servant que des hanches et des coudes et n'utilisant qu'un seul côté de leur corps.

Les protections des joueurs

Pour se protéger les hanches, les joueurs portaient soit une haute et large ceinture faite d'éléments articulés (visibles ici sur une statuette de Jaina ▲ *230*), soit une ceinture moins large mais plus épaisse, en U, dont les répliques en pierre sont appelées «jougs» à cause de leur forme. Comme on devait se jeter à terre pour la réception des balles basses, on portait des protections à l'avant-bras et au genou du côté du corps utilisé pour le jeu.

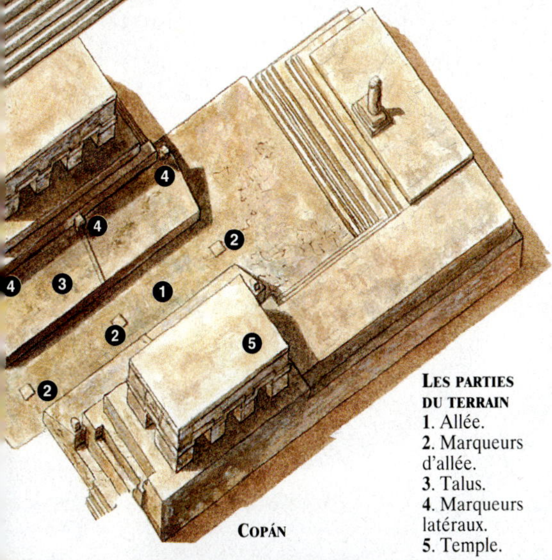

Copán

Les parties du terrain

1. Allée.
2. Marqueurs d'allée.
3. Talus.
4. Marqueurs latéraux.
5. Temple.

Les grands sites mayas étaient de véritables villes et non seulement des centres cérémoniels temporairement habités. En effet, en dépit d'un tissu d'habitations peu resserré, de la dispersion fréquente des groupes d'édifices, d'un paysage urbain fait de superpositions multiples, ils remplissaient des fonctions économiques, politiques, administratives et religieuses. Édifices et ensembles architecturaux figuraient souvent des microcosmes et servaient de scènes à des rituels pouvant consister en déambulations. Ces divers espaces devaient entretenir entre eux des relations de proximité ou d'éloignement contribuant à donner sa physionomie à la cité.

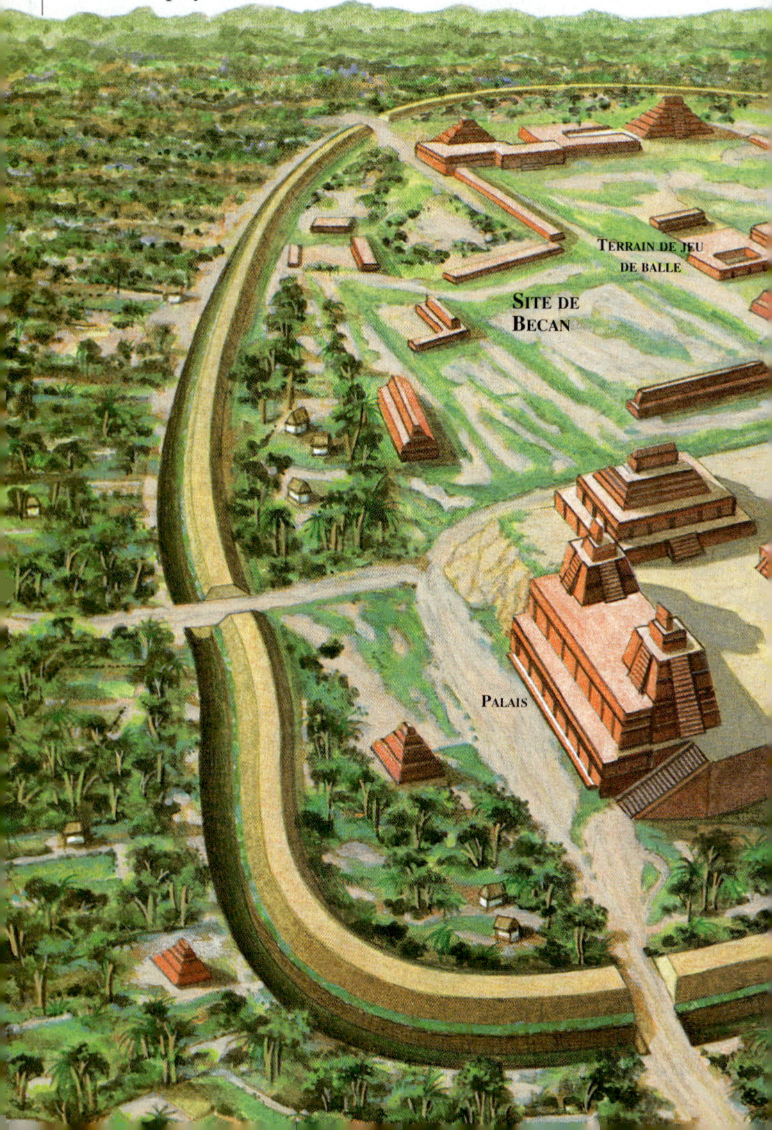

ORIENTATION DES ÉGLISES
Tandis que les églises chrétiennes sont originellement orientées vers l'est (chœur), cette règle n'est que très rarement respectée dans l'architecture religieuse coloniale de l'ancien monde maya.

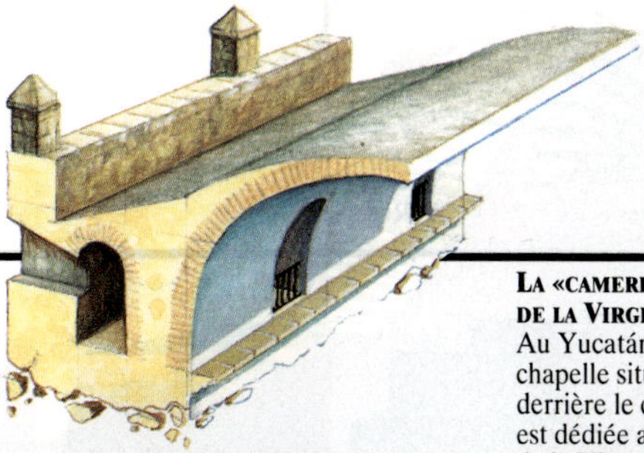

LA POULE AVEUGLE
Cette invention curieuse servant à aérer l'église durant les fortes chaleurs consiste en un couloir réservé dans l'épaisseur du mur avec fenêtres sur l'extérieur et balcons sur l'intérieur.

LA «CAMERIN DE LA VIRGEN»
Au Yucatán, cette chapelle située derrière le chœur est dédiée au culte de la Vierge. La plus ancienne, à Izamal, remonte au milieu du XVIIe siècle.

1 2

LES CLOCHERS
Ils adoptent généralement la forme d'un fronton triangulaire ajouré (*espadaña* (**2**)) correspondant au toit à deux versants de la nef (Mama ▲ *213*). Mais certains d'entre eux reprennent le modèle européen, à deux tours (**1**) (San Cristóbal de Mérida).

LA CHAPELLE OUVERTE
Il arrivait que seul le chœur protégeant l'autel soit construit dans l'épaisseur du mur du couvent. Postérieurement la nef provisoire pouvait recevoir un toit en pierre ou en *rollizo* et une façade avec *espadaña*.

CONQUÊTES TECHNIQUES
L'arc, la voûte et la coupole remplacèrent le pilier et le linteau. Mais les Européens continuèrent d'utiliser les systèmes indigènes de maçonnerie.

LA CHAPELLE «POSA»
Cet élément architectural mésoaméricain marquant les angles de l'atrium servait d'étape pendant les processions.

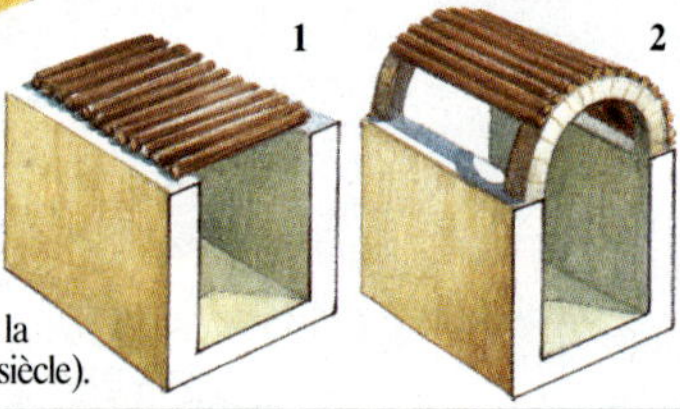

1 2

TOITURES EN «ROLLIZO»
(Chochola et Sotuta – Yucatán) **1.** Toit plat soutenu par des troncs (XVIe siècle).
2. Le *rollizo* est adapté à la voûte en berceau (XVIIe siècle).

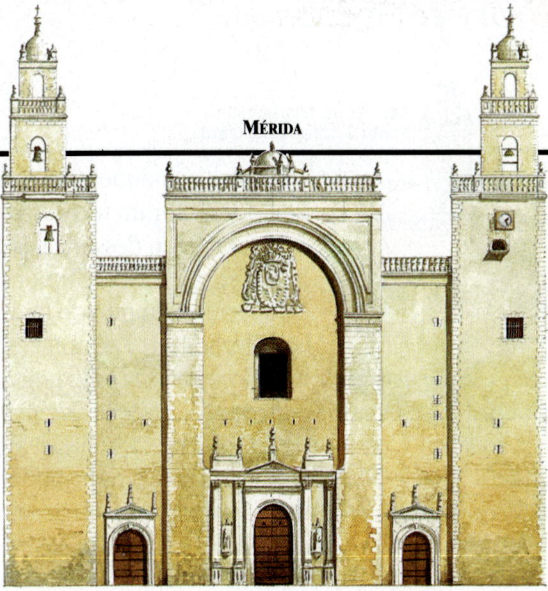

LE STYLE MUDÉJAR
Les premiers onuments religieux s villes, et longtemps aussi les églises de lage, font revivre, en nuançant, la stricte ométrie plane de la décoration mauresque.

LA DÉCORATION PLATERESQUE
Ce style ibérique fluence Renaissance t inspiré de l'art des rgenteurs (*platero*) nt il tient son nom. , la porte de l'église Mama et la façade le la cathédrale de Mérida ▲ *198*.

LE STYLE BAROQUE
Dès les dernières années du XVIIe siècle, le baroque soumet l'architecture créole au rythme et au mouvement de ses caprices, tant pour les façades (cathédrale de San Cristóbal de Las Casas ▲ *233*), que pour la décoration intérieure. Aux statues, peintures et colonnes des retables de bois peints, vermeils ou dorés, se mêlent des motifs préhispaniques qui métissent le baroque périphérique.

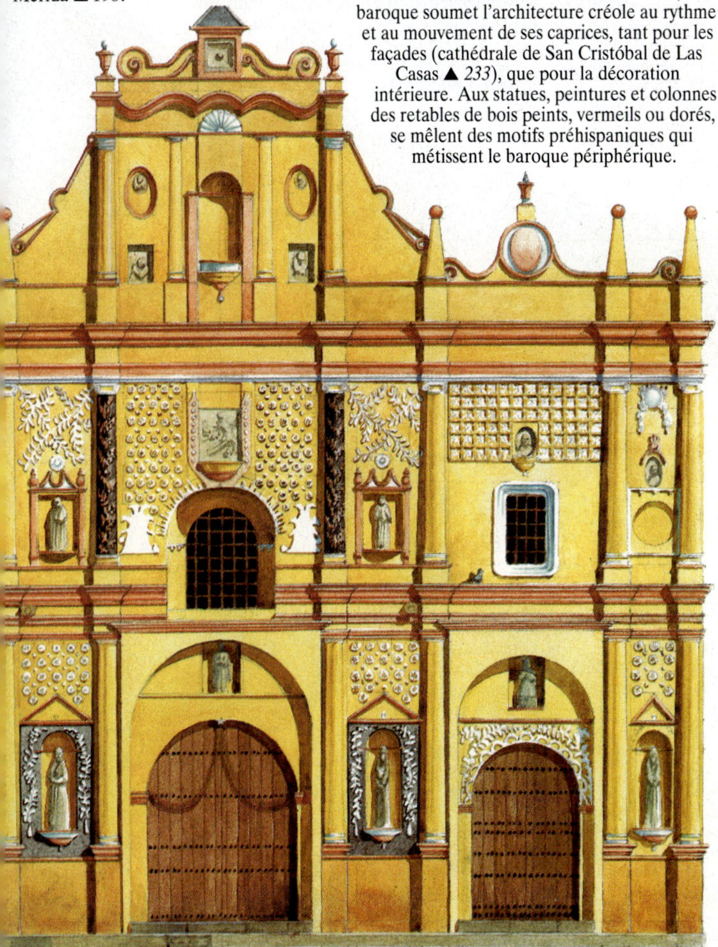

ARC. Arc de Santa Catalina Mártir à Antigua Guatemala

La ville hispanique est née avec la Conquête, sur un territoire désert ou déserté. On en dessina le plan au cordeau. Les prétextes qui légitimèrent la colonisation du monde maya furent la «civilisation» et l'«évangélisation». L'une et l'autre se cristallisèrent donc dans la ville nouvelle. Tout d'abord base urbaine pour les colons, elle devint vite la vitrine, à la fois de l'Occident et de l'Église catholique. Parallèlement, elle exerçait le contrôle sur un arrière-pays immense, grâce à des concentrations stratégiques de la population autochtone.

LA VILLE DE PREMIÈRE GÉNÉRATION
Ce type de ville (San Cristóbal de Las Casas ▲ *233*, fondée en 1528), présentait des choix urbanistiques traduisant le souci d'éviter d'éventuels soulèvements mayas.

LES QUARTIERS AUTOCHTONES PÉRIPHÉRIQUES
Pour parer au risque de rébellions, la principale dissuasion de la ville coloniale était le peuplement, c'est-à-dire l'urbanisation. En déplaçant des contingents de population vaincue, elle forma donc autour du centre espagnol (*recinto*), un anneau de quartiers autochtones (*barrios*).

LES PROTECTIONS
Un système de protections naturelles et de boucliers humains séparaient le *recinto* de San Cristóbal des montagnes habitées par des indigènes :
1. Prairies.
2. Rivières.
3. Parcelles cultivées des *barrios*.
4. Vigies périphériques des six *barrios* indigènes.
5. Espaces verts entre *barrios* et *recinto*.
6. Monastères.
7. Marécages tenant lieu de fossé défensif.

LE SITE
Le site de San Cristóbal s'étend sur une dépression entourée de montagnes, à plus de 2 000 m d'altitude. Il est représenté ici tel qu'on pouvait le voir un siècle après sa fondation.

LES MONASTÈRES
Entre le noyau hispanique de la ville et sa périphérie indienne, les monastères, qui servaient d'ambassades auprès de la population maya de l'extérieur, faisaient office de tampon dans cette cité duelle. C'est le cas du couvent Santo Domingo de San Cristóbal ▲ *235*.

La ville de deuxième génération
Dans ce type de ville (Mérida ▲ *198* par exemple, fondée en 1542, ou Antigua ▲ *270*, fondée en 1543) les *barrios*, absorbés par le *recinto*, n'étaient déjà plus discernables. La ville était donc dorénavant axée sur la gestion de la nouvelle société, métissée. Rouages religieux et civils y établissaient leurs sièges sociaux. Un architecte urbain en fixait les règles, harmonisait les monuments, tirait tout le parti possible du site...

La place centrale
La place centrale (*zócalo*) était occupée par la cathédrale, le palais du Gouverneur, celui du Conquistador et les bâtiments municipaux. Ce type de place (ici celle de Mérida) ordonne et structure le plan en damier des villes du monde maya colonisé.

Le néoclassicisme
Avec l'Indépendance, le néoclassicisme, vitrine architecturale d'idéaux républicains et laïques, fut employé, à Mérida par exemple, pour de nombreux bâtiments civils. Il balaya le style baroque considéré comme un humiliant souvenir colonial.

Plan urbain
Le plan des villes fut tracé avec un évident souci prospectif : il incluait des surfaces non bâties et planifiait donc la croissance future. Ainsi, San Cristóbal ou Mérida ont pu s'étendre jusqu'à aujourd'hui sur la base du tracé viaire et parcellaire de leur fondation.

Contrôle de l'arrière-pays
Dans l'arrière-pays, la population autochtone était regroupée dans des villages stratégiques («réductions»), structurés, à échelle réduite, sur le même modèle que la métropole régionale ● *64*.

L'espace domestique urbain, inspiré de celui du monastère, en a aussi la complexité. Il est rythmé par la *casa grande* (bâtiment de réception et de l'autel du foyer) et la *casa chica* (celui des chambres) reliées par un patio entouré d'une galerie, réplique du cloître et tenant lieu de salle de séjour. L'hacienda, demeure du propriétaire terrien, est organisée selon un plan proche de celui de la maison urbaine. Mais l'espace y est moins resserré.

LES FENÊTRES
Les fenêtres, grillagées sur rue, résument la succession des styles décoratifs de la ville coloniale : depuis le plateresque renaissant jusqu'au néoclassique de l'Indépendance (ci-dessous, fenêtre à San Cristóbal), en passant par la géométrie mudéjare et l'exubérance baroque (ci-dessus, fenêtre à San Cristóbal).

LES POUTRES
Les poutres de la *casa grande* sont ouvragées selon une forme caractéristique, dite en «gorge de pigeon» (*pecho de paloma*).

LE TOIT
Le toit de tuile dépasse largement du mur (*alero*). Il protège ainsi ce dernier des grandes averses saisonnières.

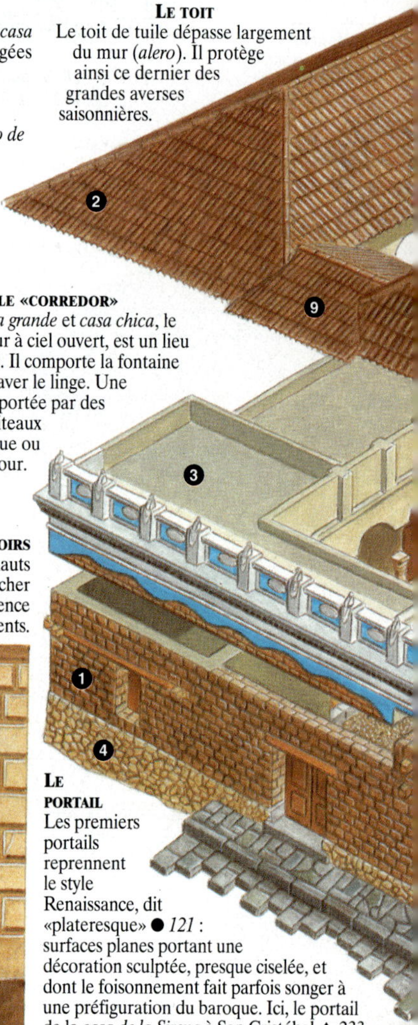

LE PATIO ET LE «CORREDOR»
Réunissant *casa grande* et *casa chica*, le patio, vaste cour à ciel ouvert, est un lieu de vie fort animé. Il comporte la fontaine (*pila*) qui sert à laver le linge. Une galerie (*corredor*) portée par des piliers à chapiteaux (*zapatas*), en brique ou en bois, en fait le tour.

LES TROTTOIRS
Des trottoirs hauts permettent au passant de marcher à pied sec après les averses dont la violence transforme les rues en torrents.

LE PORTAIL
Les premiers portails reprennent le style Renaissance, dit «plateresque» ● *121* : surfaces planes portant une décoration sculptée, presque ciselée, et dont le foisonnement fait parfois songer à une préfiguration du baroque. Ici, le portail de la *casa de la Sirena* à San Cristóbal ▲ *233*.

La grande demeure rurale

L'hacienda (**A**), appelée aussi fréquemment *finca* ou *rancho*, reprend l'organisation de base de la maison citadine, mais comporte un bâtiment qui lui est caractéristique : la chapelle (**B**). On y rassemblait les péons pour répartir les tâches de la journée. La vaste cour qui remplace le patio est abritée par un arbre tutélaire (*ceiba* ■ *28* ● *64*) qui la recouvre de son ombre protectrice.

La matière première

La ville hispanique a délaissé les ressources de la roche karstique des Mayas. Elle lui a préféré l'argile, matériau très isolant utilisé cru pour les murs (*adobe*) et matière première de la brique cuite, de la tuile et de la céramique décorative.

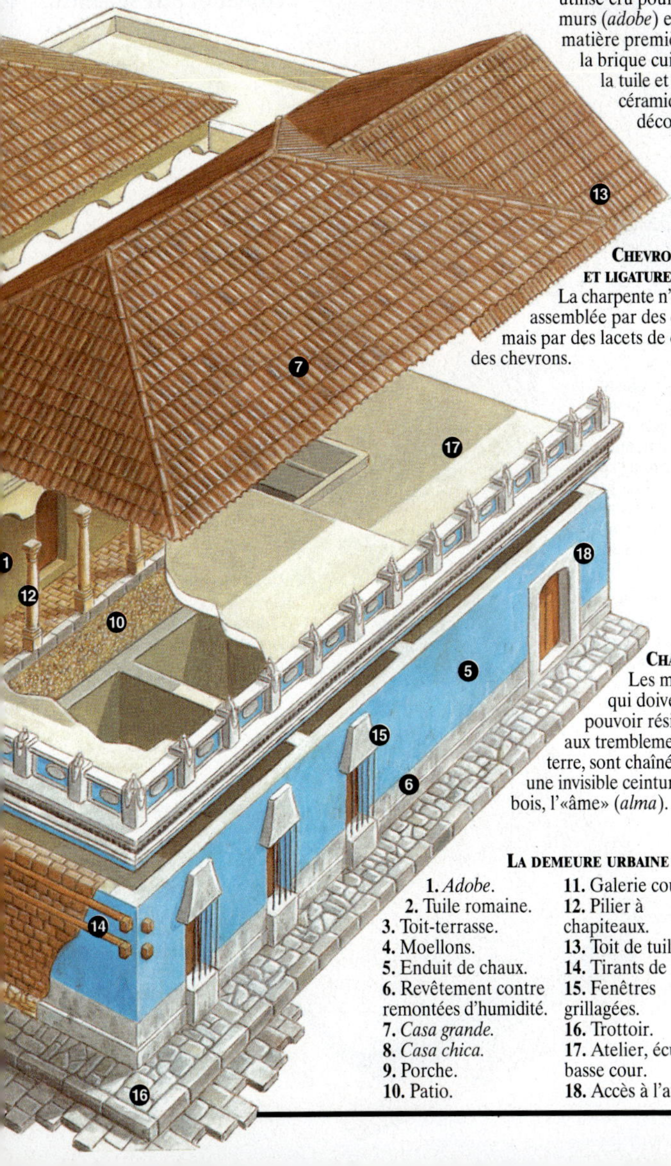

Chevrons et ligatures

La charpente n'est pas assemblée par des clous mais par des lacets de cuir et des chevrons.

Chaînages

Les murs, qui doivent pouvoir résister aux tremblements de terre, sont chaînés par une invisible ceinture de bois, l'«âme» (*alma*).

La demeure urbaine

1. *Adobe*.
2. Tuile romaine.
3. Toit-terrasse.
4. Moellons.
5. Enduit de chaux.
6. Revêtement contre remontées d'humidité.
7. *Casa grande*.
8. *Casa chica*.
9. Porche.
10. Patio.
11. Galerie couverte.
12. Pilier à chapiteaux.
13. Toit de tuile.
14. Tirants de bois.
15. Fenêtres grillagées.
16. Trottoir.
17. Atelier, écurie ou basse cour.
18. Accès à l'atelier.

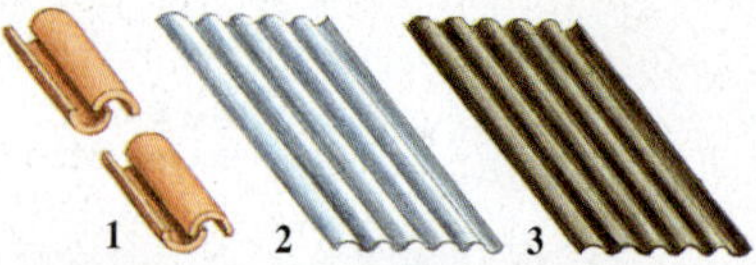

Oubliés temples et palais de la haute société maya d'antan, l'architecture indigène est essentiellement paysanne et rustique. On distingue deux types principaux de construction selon que le toit repose sur des murs porteurs ou sur des poteaux fichés en terre. Les matériaux modernes se substituent souvent aux matériaux traditionnels car, s'ils offrent souvent moins de confort et sont plus onéreux, ils assurent à la maison une plus grande longévité et une meilleure résistance au climat et aux séismes.

L'«ADOBE»
Les briques sont faites d'argile crue et de paille (*adobe*).

BASSES TERRES TROPICALES
Dans ces régions de forêts, la maison n'est souvent qu'une hutte rudimentaire aux cloisons à claire-voie faites de planches ou de tiges. Le toit est couvert de feuilles de palmes.

HAUTES TERRES DU GUATEMALA
La forme dominante est la maison massive aux murs de briques d'adobe supportant un lourd toit de tuiles. L'espace domestique abrite un grenier à maïs, des ruches et parfois aussi un bain de vapeur (*tenazcal*).

TOITS : NOUVEAUX MATÉRIAUX
1. Tuiles canal.
2. Tôle ondulée.
3. Carton ondulé goudronné.
(en haut).

CHIAPAS
La charpente, très élaborée, des toits de chaume ou de feuilles repose sur des piliers ; les murs sont formés ultérieurement en torchis plaqué et lissé à la main sur des claies horizontales (*bajareque*), puis éventuellement chaulé. L'usage d'un soubassement en pierres est aujourd'hui moins systématique qu'autrefois.

Le monde maya vu par les peintres

Nicole Dagnino
Luisa Galeotti de Gonzales
Zipacná de Léon

Au Classique Récent (600-900 après J.-C.), l'art pictural maya se développe de façon magistrale, sur des supports divers : codex (manuscrits écrits en hiéroglyphes, illustrés de dessins), peintures murales et vases polychromes. Cette éclosion plastique illustre et accompagne une idéologie religieuse et esthétique qui livre les différentes représentations mayas du pouvoir et de la mort. Le codex était un manuscrit fait d'une bande de papier d'écorce longue de plusieurs mètres, revêtue d'une mince couche de chaux et pliée en accordéon. Sur cette page du codex de Madrid (**1**) ● *42*, le dieu de la Mort frappe de sa hache le serpent céleste pour provoquer la pluie. Des glyphes de jours du calendrier divinatoire sont disposés en quatre rangées au milieu de l'image.
Les peintures murales du temple de Bonampak ▲ *249*, reproduites en 1947 par le peintre guatémaltèque Antonio Tejeda Fonseca, sont exposées au musée d'Anthropologie de Guatemala. Cette scène (**2**) montre le souverain Chan Muan entouré de ses chefs militaires. À ses pieds, un captif symbolise la Mort, confirmant ainsi la toute-puissance du gouvernant.
Le tragique est exalté par les couleurs éclatantes des figures. Des vases polychromes, découverts à Altamira, dans l'État de Campeche, au Mexique, sont datés du Classique Récent. Celui-ci (**3**) illustre des personnages conduisant un captif au supplice. On retrouve ici la thématique du sacrifice humain ● *46*. L'un de ceux trouvés à Altar de Sacrificios ▲ *333*, daté de 754 après J.-C., représente un danseur incarnant l'oiseau-jaguar (page précédente).

| 1 | 2 |
| 3 | |

LES PIONNIERS DE L'IMAGERIE MAYANISTE

Au cours de la période qui précède et suit l'Indépendance, le Guatemala compte déjà d'excellents artistes, en particulier JOSÉ CASILDO ESPAÑA, qui présente les descendants des Mayas, réinterprétés dans le plus pur style néoclassique. Sa *Guatemala-Kiché* (ci-dessous), réalisée en 1818, traduit pour la première fois dans l'histoire coloniale du Guatemala la présence manifeste de la population maya. En 1832, JEAN-FRÉDÉRIC WALDECK (1766-1875) ● *56* découvre l'univers maya. Cet artiste aventurier se lance dans une exploration des temples de Palenque, au Chiapas ▲ *244*. Il réalise une centaine de dessins et d'aquarelles de facture clairement académique. Sur cette *Façade orientale du palais de Palenque* (**1**), la présence de personnages du répertoire classique (le nu au premier plan et les poses) font naître au regard européen un monde maya idéalisé. En 1841, paraît *Incidents de voyage en Amérique centrale, Chiapas et Yucatán*, ouvrage de deux voyageurs cultivés et résolument «modernes». L'influence de ce livre, «best-seller» dès sa parution, où s'unissent la plume talentueuse de JOHN STEPHENS (1805-1852) ● *56*, et les remarquables gravures de FREDERICK CATHERWOOD ● *56*, sera décisive pour des générations de mayanistes. D'une fidélité quasi photographique, son œuvre restitue avec une relative précision des édifices mayas, comme cette *Vue d'un temple au sud du Castillo de Tulum* (**2**), où sont mis en scène des *macheteros* (défricheurs) à l'œuvre ▲ *177*.

1

2

«La beauté de la sculpture [...], la désolation de la cité et le mystère qui planait sur elle : tout cela créait une excitation plus vive que je n'en avais jamais ressentie dans les ruines du vieux monde» John Lloyd Stephens

RECIBIÓ COFRADIA QUE ESTA B
LANDO EN EL MEDIO Y LOS DEMA
ESTAN SENTADO EN LA CASA, FU
RON ADEJAR HECHO POR ANDRE

ANDRÉS CURRUCHICH (1891-1969), de la communauté cakchiquel de Comalapa ▲ *276*, est l'un des fondateurs de la peinture indigène guatémaltèque du XXe siècle. Cet artiste autodidacte, qui puise son inspiration dans la vie quotidienne et la tradition, dresse l'inventaire des travaux et des jours d'un univers paysan où les dimensions spirituelles et surnaturelles sont très prégnantes. Ces thèmes seront repris et développés par ses descendants et par les nombreux peintres populaires qui, de Comalapa à Santiago Atitlán ▲ *281*, célèbrent un monde en paix auquel ils aspirent, comme dans *La Transmission de la confrérie* (**2**). Aucune de ces œuvres plus récentes, peintes durant les années d'extrême violence, ne montre l'image des massacres, des maisons ou des champs de maïs incendiés, mais des scènes de la vie domestique (cuisine, récoltes), festive (processions, libations, danses) ou rituelle (guérison, mariage, funérailles) qui traduisent le souci de privilégier le cycle de vie et sa continuité. JOSÉ ELADIO MUX CURRUCHICH (1955-1991) s'affirme ainsi comme le gardien de cet espace nécessaire à l'épanouissement des valeurs communautaires. *Panorama de mon village* (**3**) rassemble mille instantanés

(détail ci-dessous) d'une société active où chacun a sa place et sa fonction... mais pas toujours la fortune suffisante pour de justes noces. Aussi, le jeune homme doit-il parfois *Enlever la fiancée* (**1**), sous le regard complice du jeune peintre FILIBERTO CHALI (né en 1967). Des ténèbres de la nuit au jour limpide, il s'agit de survivre et de célébrer la vie dans tous ses aspects, prosaïques ou surnaturels, redonner leur sens aux gestes les plus intimes et rappeler les obligations collectives, pour affirmer et reconstruire en permanence mythes et traditions.

1	
2	3

Métis d'origine italienne, RODOLFO GALEOTTI TORRES (1912-1988) s'inspire des traditions et des histoires orales d'un monde maya encore peu connu, afin d'en exalter les traces dans ses sculptures et dans ses toiles. Ainsi nous livre-t-il une série de portraits du *Prêtre maya* (**4**) où la qualité plastique s'allie à la précision ethnographique. Parallèlement, un certain paternalisme fait de l'Indien un simple objet visuel comme dans *Le Mariage* (**3**), œuvre d'ALFREDO GÁLVEZ SUÁREZ (1946-1988), peintre néo-impressionniste, et représentant le plus notable de ce courant. Certains artistes guatémaltèques contemporains ouvrent un horizon fertile où les symboles anciens sont dotés d'un nouveau langage. Le *Gucumatz* (**1**), animal chimérique, mi-serpent mi-oiseau quetzal, victime transpercée, résiste à l'agression avec une force inouïe forgée par des siècles de passion et de courage. Il perdure dans l'œuvre de ROLANDO AGUILAR (né en 1957), membre actif de la communauté indigène, comme la racine même et le fondement idéologique des Mayas. *L'Arbre de Ixquic* (**2**), mère des jumeaux divins Hunahpú et Ixbalanqué, personnages mythiques du *Popol Vuh*, communique dans l'œuvre de ZIPACNÁ DE LEÓN (né en 1948) de nouveaux messages, ceux d'une génération de créateurs orgueilleux de leur héritage culturel.

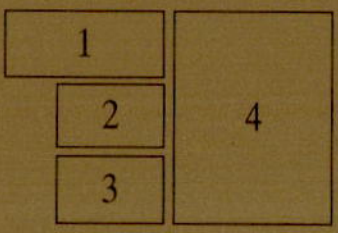

«Devenir maître d'un souvenir
tel qu'il brûle à l'instant d'un péril»

Walter Benjamin

Un nouvel horizon

Dans son œuvre, Carlos Mérida (1891-1984) redécouvre les valeurs esthétiques et plastiques de l'indigène. *La Race métisse*, mosaïque installée dans la mairie de Guatemala-Ciudad en 1957, trahit l'influence cubiste et celle des tissages traditionnels.

Le monde maya à travers la littérature

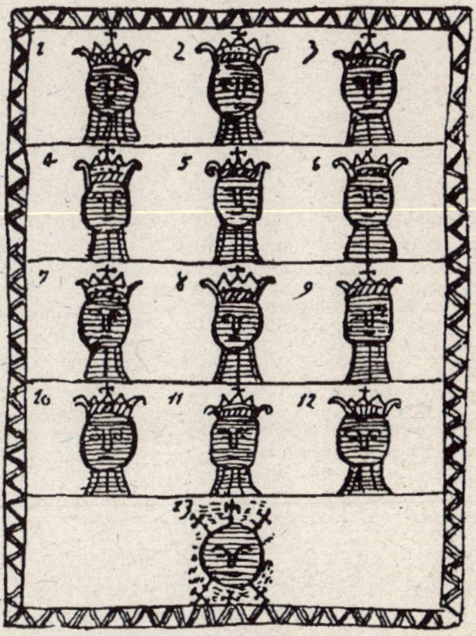

LITTÉRATURE MAYA

*L'essentiel des grands écrits de la littérature maya aujourd'hui accessibles est d'origine coloniale ou contemporaine. L'apprentissage de l'alphabet latin par les nobles mayas, dès les premières années de la Conquête espagnole, inaugure la rédaction de nombreux ouvrages à vocation religieuse : récits de genèse et textes mythiques (*Popol Vuh*, annales des Cakchiquels) ; tables astronomiques, instruments de prophéties, almanachs (livres de* Chilam Balam*) ; à vocation politique : généalogies, histoires des migrations et des conquêtes, drame dynastique (*Rabinal Achi*), possessions territoriales (titres des seigneurs de Totonicapán, des seigneurs de Sacapulas, des C'oyoi, Nihaib, Tamub, Xpantzay, Chajoma, etc.) ; à vocation encyclopédique : recueils de recettes médicinales et d'incantations rituelles (*Livre des Bacab*), de chansons et de poèmes (*Chants de Dzitbalché*). Plusieurs de ces textes furent rédigés et présentés dans la perspective d'une reconnaissance légale de privilèges familiaux ou de limites de terres : titre du quartier de Santa Ana, écrit en pokomchi ; papiers de Paxbolón-Maldonado, écrits en nahuatl puis en chontal ; documents yucatèques de Tabí, de Sotuta, d'Ebtún ; chroniques de Maní, de Calkiní, de Yaxkukul…*

«AK'AB TS'IB», L'ÉCRITURE OBSCURE

DE L'ÉPOQUE PRÉHISPANIQUE AU XVIe SIÈCLE

Un récit mythique rapporte qu'un Maya, descendu dans le royaume souterrain, reçut du souverain de ce domaine un message sur l'avenir du monde. Nul n'a jamais pu le déchiffrer. Ce récit fait référence à l'écriture glyphique, encore imparfaitement connue. Les Mayas du Yucatán l'appellent Ak'ab ts'ib, *l'écriture obscure ou l'écriture de la nuit. Avec l'arrivée des Espagnols, l'écriture glyphique s'obscurcit davantage et les frères franciscains, tout en traduisant quelques-uns de ses éléments, mettent rapidement en place un système de transcription à l'aide des caractères latins qu'ils enseignent aux nobles mayas. Ce système permettra la transmission d'un certain nombre de textes essentiels. Parmi les plus anciens, le* Livre des Bacab *évoque le temps Suhuy, sacré et originel, où seule flottait au cœur de la pierre une présence muette, car immatérielle. Le* Livre des Bacab *est un recueil d'incantations en langue maya du XVIe siècle, rédigé en écriture latine par un chamane maya. Il représente en l'état actuel des connaissances, l'ensemble de documents le plus complet sur la religion des Mayas préhispaniques, et notamment sur leur conception de la genèse du monde. Celle-ci relate un acte d'autoengendrement du père-mère cosmique, qui provoque un dédoublement, par une «perforation», de sa moitié masculine et de sa moitié féminine et crée ainsi, par cette «profanation», le monde.*

“Chak Ahau
Le grand roi rouge du ciel
Le grand roi rouge de la terre
Quelle fut ma métaphore
Lorsque je me dressai
Sur le chemin aux fossés remplis d'os
Fossés recouverts de crânes et d'os
Dans la blancheur de la nuit
Je suis le feu de la terre
La fumée du ciel
Puis je me dressai
Devant la luxure du coït
Le flux du sperme
Qui est ton père ?
Qui est ton putain de père,
Celui au sperme de luxure
Qui te procréa ?
En un jour je fis deux mondes
En une nuit
Tu en terminas avec ton père
Le septième jour
La septième nuit
Nous nous accouplâmes
Nous nous enchevillâmes
Avec les femmes
Ne m'atteins pas, sperme de la création !
Sperme de la nuit !
Qui t'enferma ?
Le grand couvercle du ciel
Le grand couvercle de la terre
Et j'enfermais
Ton souffle
Avec le couvercle de ma force vitale
Et je restais en érection
Pendant que tu m'attendais
Et qu'est-ce qui vint se coller
Sur ton souffle ?
Le sperme de la création
Et qu'est-ce qui se colla
Sur ton souffle ?
Et qu'est-ce qui se colla
Sur tes pieds ?
La terre rouge
La boue
Sur ta force
Quel était ton symbole
Lorsque je t'ai injurié
Lorsque je me suis assis sur toi.
[...]
Et mes paroles vont tombant
Mes paroles énigmatiques
Jusqu'à la demeure du serpent à plumes
Il se livre aux plaisirs charnels
Et la peur te monte jusqu'aux hanches
Au ciel
Et la peur te monte jusqu'aux hanches
Aux enfers
La peur te monte jusqu'aux hanches
Sur la terre

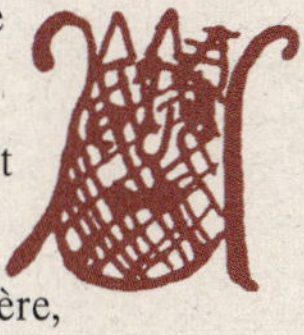

Mais moi
Je n'avais plus peur
Quand tu as commencé à avoir peur
Une pointe d'agave
Est la pointe de ton corps
Que fut ce qui t'envoûta ?
Le sang très pur
De Ix Hobhol «elle dont les cheveux sont déliés»
Et je t'ai attrapée
Une pointe d'agave
Est la pointe de ton corps
Et on te l'introduisit dans le sang
Et on dit que ce fut ta force
D'où venais-tu
Lorsque tu es venue ?
Du centre des enfers
Du centre des eaux
D'où sortais-tu ?
De la porte de la nuit
[...]
Jésus Maria
Oh ! c'est ta force vitale qui éclate
Ce sont tes forces qui s'évanouissent
Au Sud
Ta force vitale fut enfermée
Le sperme de la création
Le sperme de la naissance
Et où est-ce étendu
Ce que je n'ai pas remué ?
C'est enfermé au lieu du singe
Enfermé dans les nuages
Enfermé dans la terre
Enfermé dans la tempête
Enfermé au sein du soleil
Au sein de la nuit
Enfermé en face de moi
Enfermé derrière moi
Enfermé dans mon enclosure.”

Incantation XLIII, Livre des Bacab
Trad. pour la présente édition de Michel Boccara

LES LIVRES DE «CHILAM BALAM», LE PROPHÈTE JAGUAR

Le corpus le plus complet que nous possédons est un ensemble d'une dizaine de manuscrits – plus d'un millier de feuillets – qui constituent une véritable encyclopédie maya, vraisemblablement mise à jour jusqu'au XIXe *siècle, date des dernières copies. Les* chilam *mayas* (chilam : *celui qui est bouche, prophète et traducteur), écrivant sous le nom du plus fameux d'entre eux –* Chilam Balam, *le Chilam Jaguar –, ajoutent le savoir des sages et des astrologues étrangers à celui des devins et des prophètes de leur terre. Des chroniques racontant des événements très anciens voisinent avec des récits de la genèse chrétienne, des textes astrologiques, transcrits d'après des ouvrages européens, des recettes médicinales...*

LE LANGAGE DE SUYUA OU LE SAVOIR ÉNIGMATIQUE

L'un des corpus de cette encyclopédie est appelé «langage de Suyua», c'est-à-dire «langage énigmatique». La racine suy renvoie à la fois à la clôture et au sacré. L'énigme est bien pour les Mayas un langage des origines, un langage qui dévoile en la cachant l'essence même du monde. Ce qui importe n'est pas le contenu, la solution, mais la forme elle-même, ce langage de figures qui est seul apte à transcrire le secret du réel et qui doit rester, pour ce faire, en partie indéchiffrable. C'est par la connaissance de ce langage énigmatique que les chefs accédaient, est-il dit, au pouvoir et à la seigneurie.

“Mon fils
Apporte-moi le précieux sang de ta fille
Sa tête et ses entrailles
Ses fémurs et ses bras que je t'ai demandé d'enclore dans la marmite très pure
Et apporte-moi aussi le précieux tabouret de ta fille
Montre-le-moi !
J'ai grand désir de le voir
Cela fait longtemps que je te le demande
Lorsque tu gémissais devant moi
Lorsque ta plainte retentissait

Et voilà, ô mon père
Je t'apporterai les antennes de Ah Bol,
[l'abeille de la forêt,
afin qu'elle s'éloigne

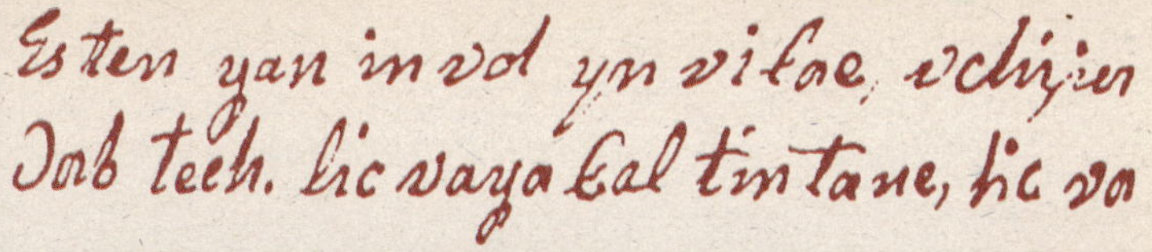

Le sang précieux de la fille, celui que tu me demandes,
[c'est le *balche'*, la boisson de l'arbre secret
Les entrailles de la fille, ce sont les alvéoles remplies de miel
Et la tête de la fille, c'est la marmite sacrée dans laquelle fermente
[le *balche'*.

Le tabouret précieux de la fille, celui que tu me demandes, c'est la pierre fine
[appelée *couoh*
Et les oreilles ou antennes de Ah Bol, l'abeille de la forêt, c'est le ferment
[du *balche'*
Les fémurs de ta fille, ce sont les morceaux d'écorce de l'arbre secret qui servirent
[à faire fermenter le *balche'*
Et les bras de ta fille, les branches de l'arbre
Et lorsque tu dis que je t'ai appelé en pleurant
Tu parles de l'ivresse sacrée, qui fait se contorsionner et murmurer
[révérentiellement comme les Grands Hommes
Et voilà ma fille, celle dont tu me disais qu'il fallait prendre soin,
[celle dont tu me parlais, père, toi, le puissant comme moi
Et comme tu sais cela, et comme tu t'en rappelles, tu diras :
Le sang précieux de la fille que tu demandes, c'est de faire circuler treize fois le vin
[cérémoniel et de pleurer treize fois allongé au dehors, et pendant que
[tu seras étendu en pleurant, tu diras :
Ô mon fils, tu es vraiment l'homme véritable, le chef, le *halach winik*
Ô mon fils, tu es véritablement, le puissant, tout comme moi
Je te remets cette natte, je te remets ce trône, je te remets ta seigneurie pour toi
[qui es mon fils
Le pouvoir sera pour toi
La seigneurie sera pour toi
Ô toi, mon fils
Ceci est langage de Suyua,
[langage énigmatique.”

ALFREDO BARRERA VÁSQUEZ ET SILVIA RENDÓN,
EL LIBRO DE LOS LIBROS DE CHILAM, FONDO DE CULTURA ECONÓMICA,
MEXICO, 1949, EXTRAITS DES *CHILAM BALAM DE TUSIK ET CHUMAYEL*,
TRAD. POUR LA PRÉSENTE ÉDITION DE MICHEL BOCCARA

«N'ATTENDEZ PAS QUE LES ÉTRANGERS VOUS RAPPELLENT CE QUE VOUS DEVEZ, CAR POUR UN TEL ENGAGEMENT VOUS AVEZ CONSCIENCE ET ESPRIT. TOUT LE BIEN QUE VOUS FAITES DOIT VENIR DE VOTRE PROPRE INITIATIVE.» POPOL VUH

MYTHE, HISTOIRE

«LE CHANT DES ITZÁS», MAÎTRES DE L'EAU

Beaucoup de textes du Chilam Balam *sont difficiles à comprendre : la présence dans un même texte du passé et du futur permet de distinguer les prophéties historiques des mythes-histoires. Ce que nous appelons des récits mythiques est d'ailleurs aujourd'hui appelé par les Mayas eux-mêmes* historia *(histoire), terme dont le double sens se retrouve aussi en français. Le mythe-histoire est une traduction du langage des grands ancêtres cosmiques. Traduction qui est l'œuvre du* chilam ● *140. Mais cette traduction prend parti, elle intervient dans le présent et par là-même sur le temps tout entier : toute intervention dans le présent modifie le passé et le futur. Ainsi, lorsque les* chilam *écrivent* Le Chant des Itzás, *qui fait référence aux ancêtres itzás hérétiques et à la prise de Chichén Itzá, la grande métropole maya aujourd'hui en ruine ▲ 205, ils visent en même temps les Espagnols. Ce texte peut aussi annoncer la défaite à venir des nouveaux conquérants aujourd'hui vainqueurs ● 36.*

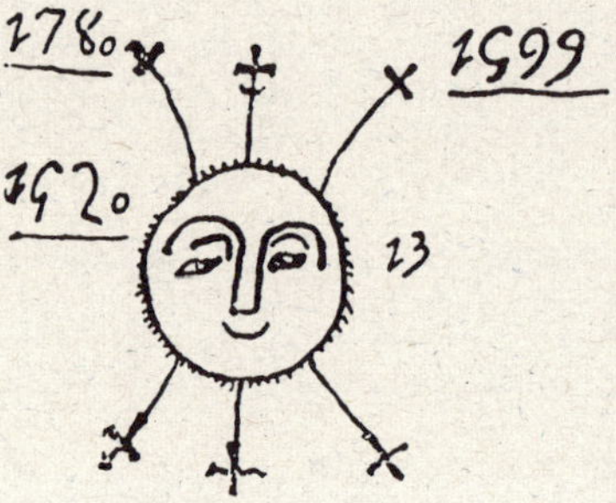

“Eh ! Qui est prêtre avec nous
Au lieu de la pierre précieuse ?
Eh ! Quel est ton semblable
Homme bien habillé ?
Si ce sont des dieux
Ils demanderont
Mon vêtement
Mon pagne
Connais-tu seulement quelqu'un
[qui pourrait être leur parent ?

Chichén,
L'orée du puits était trop tendre
Ils sont venus lui faire la guerre
La conquérir

Eh! Au premier Imix, jour de l'arbre têton de plume
Le jour de la prise du ciel
Le roi arriva à l'ouest du puits
Les voilà prisonniers !
Ton dieu est là !
Eh! Le premier Imix,
[jour de l'arbre têton de plume
Jour où cela fut dit

Refrain
Ô hérétiques ils sont venus
Les Itzás maîtres de l'eau
Les Itzás sont là !

Occulte, occulte !
Oui, n'est-ce pas
[ce qu'ils criaient ?
Occulte ! Occulte !
Oui, ils le connaissaient aussi !

Répandre goutte à goutte !
N'est-ce pas
[ce qu'ils criaient ?
Oui, ils le criaient aussi
En un jour de sécheresse
Un jour resplendissant

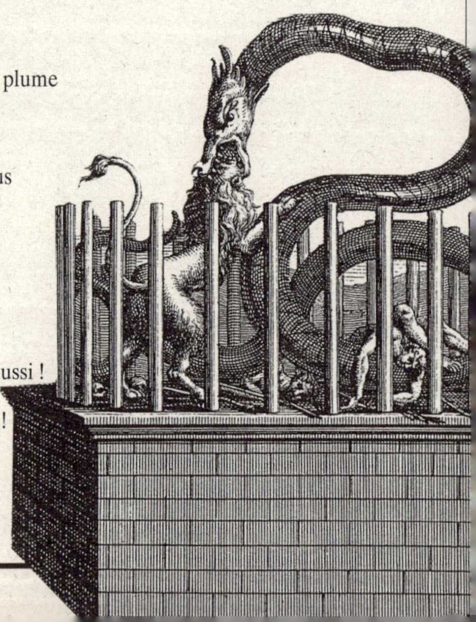

Multitude hypocrite
Ils arrivèrent ici
(Refrain)

Y a-t-il par hasard quelqu'un qui serait éveillé ?
Le jour resplendissant suspend son cours
Les voilà !
Nous gémissons trois fois
En ce jour de dieu
Et ils arrivent
Écoutez
(Refrain)

Au jour des trois ciels
Qui suis-je ?
Si je porte ma parole en ton cœur
Moi l'homme
Eya!

Qui suis-je ?
Si je porte ma parole en ton cœur
Toi le Putún
Comprends !

Je vais être créé
Moi qui suis la nuit
Sommes-nous nés ?
Eya !

Nous ne sommes
[que les animaux fidèles
Que les humbles suiveurs
Du grand balayeur
Le roi nettoyeur, Miskit Ahau

Ô, d'où venez-vous ?
Qui vive ?
Mon chant est envoûtant
(Refrain)

Eya !
Je suis la mort
Dit le prêtre de la ville
Eya !
Je suis celui qui perd la ville
Dit celui qui perd la ville
Qu'elle atteigne l'esprit
La pensée de l'intérieur
Dit celui qui perd la ville
Mon chant sera-t-il envoûtant ?
(Refrain)

Voici tout le chant
Sa déclamation se termine
Elle est tout offerte au dieu-roi ! »

BRITO SANSORES W. ET AL., *CHILAM BALAM DE CHAN KAH,* GRUPO DZIBIL, MEXICO, 1982, TRAD. POUR LA PRÉSENTE ÉDITION DE MICHEL BOCCARA

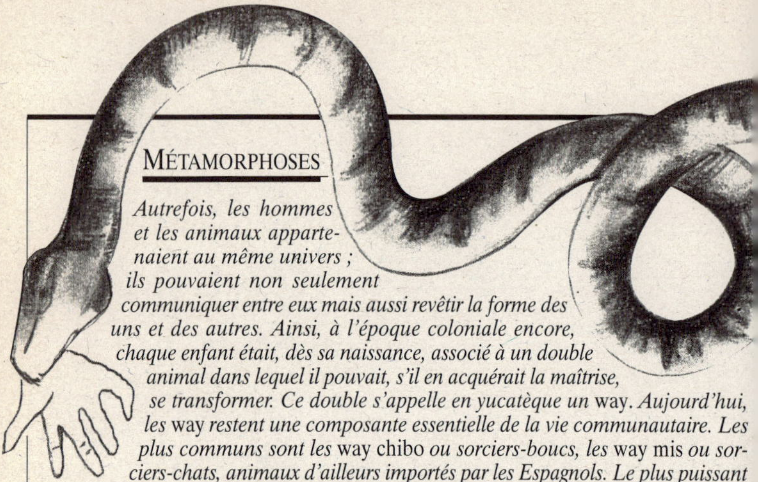

MÉTAMORPHOSES

Autrefois, les hommes et les animaux appartenaient au même univers ; ils pouvaient non seulement communiquer entre eux mais aussi revêtir la forme des uns et des autres. Ainsi, à l'époque coloniale encore, chaque enfant était, dès sa naissance, associé à un double animal dans lequel il pouvait, s'il en acquérait la maîtrise, se transformer. Ce double s'appelle en yucatèque un way. *Aujourd'hui, les* way *restent une composante essentielle de la vie communautaire. Les plus communs sont les* way chibo *ou sorciers-boucs, les* way mis *ou sorciers-chats, animaux d'ailleurs importés par les Espagnols. Le plus puissant reste le* way kot, *le sorcier-aigle, appelé aussi* way pop, *le sorcier-natte, celle-ci étant l'attribut du pouvoir et de la chefferie. Ce sorcier est spécialisé dans le commerce et utilise, comme les marchands-espions préhispaniques, ses pouvoirs magiques pour réaliser un fructueux négoce. Il existe des* way kot *dans un grand nombre de villages, où tout commerçant un peu chanceux est également soupçonné de l'être, mais le plus célèbre est certainement celui de Yaxcaba, don Claudio Padilla, qui fut maire du village au début du XIX*[e] *siècle.*

«WAY KOT» DE YAXCABA

Le personnage de Claudio Padilla appartient au mythe historique ● *142, déjà rencontré dans les manuscrits du* Chilam Balam *et que l'on retrouve dans la littérature orale. On peut visiter sa maison de Yaxcaba et y admirer notamment un ingénieux système de canalisation qui amenait l'eau courante dans les chambres.*

«Ya'axcaba, le «nom vert», est une ville créée par les conquérants espagnols au centre de la péninsule entre Valladolid et Mérida. Dans ce village on a construit de nombreuses maisons de pierre et est venu s'installer un homme du nom de Claudio Padilla et cet homme, qui était le *kuch*, le député, de Yaxcaba, fut surnommé le *Way,* c'est-à-dire le sorcier.
Cet homme construisit une maison de cent portes ainsi que le palais municipal avec une façade de vingt-trois arcades.
Cet homme allait faire du commerce jusqu'en Amérique du Sud, et il avait acquis la renommée d'être un sorcier, on dit que c'était en 1820. Car Yaxcaba était une ville florissante en l'année 1820. Mais on raconte qu'il est revenu mourir dans sa maison après un de ses voyages et qu'il est mort châtré, il avait été châtré par ses ennemis.»

RÉCIT DE CLOTILDIO KOT, YAXCABA, 17 JUILLET 1983,
TRAD. POUR LA PRÉSENTE ÉDITION DE MICHEL BOCCARA

LE SERPENT À SONNETTES DES PLÉIADES

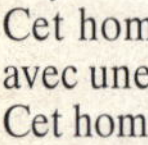

Le bestiaire maya est riche en animaux fabuleux. Un autre héros de la mythologie yucatèque, dont les racines remontent à l'époque préhispanique, est le serpent à sonnette, le tsab, *qui donne son nom à la constellation des Pléiades. Voici le récit d'une conversation sur ce sujet entre un Européen et un paysan maya.*

«Il pleut. Avec Mario, un de mes amis mayas, nous discutons des semis.
– Tu vas semer bientôt ?
– Non pas encore... J'attends que la pluie soit régulière. Lorsque l'on sème, les animaux viennent déterrer les graines. À partir du 13 juin, le *tsab* aux sept étoiles, le serpent à sonnette des Pléiades se met à trembler. Il tremble ici, il tremble là, il tremble aux quatre coins, on ne sait pas de quel côté il est. Et en tremblant, il réveille les animaux : le *kulub chak,* le raton laveur de pluie, l'agouti, les oiseaux... tout le monde vient manger le maïs et embêter le paysan. C'est pourquoi il faut

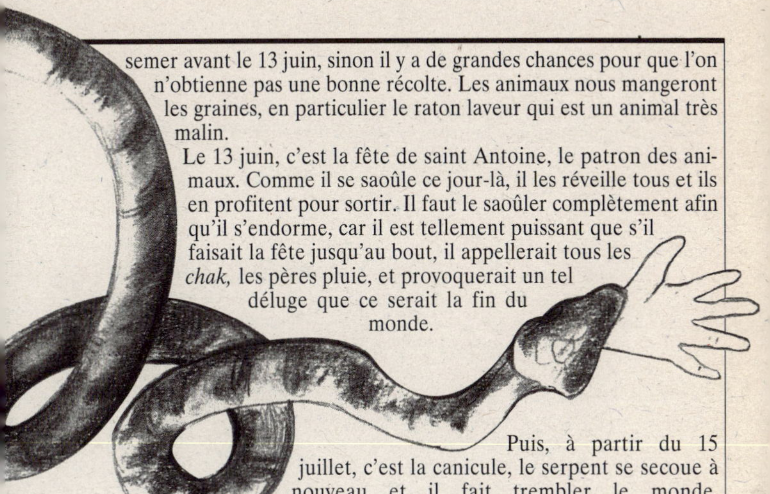

semer avant le 13 juin, sinon il y a de grandes chances pour que l'on n'obtienne pas une bonne récolte. Les animaux nous mangeront les graines, en particulier le raton laveur qui est un animal très malin.

Le 13 juin, c'est la fête de saint Antoine, le patron des animaux. Comme il se saoûle ce jour-là, il les réveille tous et ils en profitent pour sortir. Il faut le saoûler complètement afin qu'il s'endorme, car il est tellement puissant que s'il faisait la fête jusqu'au bout, il appellerait tous les *chak,* les pères pluie, et provoquerait un tel déluge que ce serait la fin du monde.

Puis, à partir du 15 juillet, c'est la canicule, le serpent se secoue à nouveau et il fait trembler le monde. Heureusement qu'il est attaché, autrement on ne sait pas ce qui arriverait. Même attaché, il fait trembler la terre et trembler les ventres : c'est la période des diarrhées, une période très dangereuse. Lorsque tu commences à avoir la diarrhée puis à vomir, tu te vides par en bas, tu te vides par en haut et tu ne peux pas rester tranquille dans ton hamac.»

Conversation entre Mario Ewan Chan et Michel Boccara,
Trad. pour la présente édition de Michel Boccara

Pour l'amour de la X-tabay

Ce poème, écrit en maya, fut publié en 1926 par Jorge Manzur Sbir. L'évêque Diego de Landa ● 153, qui brûla un grand nombre de livres mayas, avait reproduit en effet quelques signes glyphiques faisant directement référence à des sons. Longtemps considéré comme un non-sens, cet alphabet est depuis peu devenu l'une des bases de notre «lecture» des glyphes. La femme la plus célèbre du Yucatán, la redoutable mais très douce X-tabay, la fourvoyeuse, patronne des amants et des ivrognes, était l'héritière de la reine du ciel préhispanique, Ix-tab, «celle de la corde», qui emportait au ciel les pendus, les guerriers et les femmes mortes en couches.

«Pit manhan in yacunah
tiolal a cichpamil ;
in puczikal in kubma atial
tu papalancil bey ix mahanah
Hach hadzudz u tuknel a uich
tu lempahal bey kin tu nak caan
cin dzibotik hihilancil bey can
utial in bakimba ti tech

Tu dzu in puczikal uchau lob
ti penceh yacunah ti tech
dzu yaxtal u lobil in puczikal
bey u yaxil u pach macech

Tulacal uayilobe yan u kaicechob
tumen manahan a cichpamil Xtabay
a uayton yetel u pacat u tuknel a uich
bey uaytic luum nucuch say»

«Au loin mon amour s'en est allé
Vers ta beauté ;
J'ai offert mon cœur tout entier
Tremblant comme le papillon errant
Ton regard, si bel éclair
Qu'il illumine comme un soleil céleste
Je veux m'y glisser tel un serpent
Et me couler en toi

Au profond de mon cœur
Mon amour creuse sa douleur
Et cette blessure y luit
Comme un vert scarabée

Et tous ici nous te chantons
Car ta beauté, X-tabay, nous emporte
Et nous sommes pris à ton regard
Grandes Fourmis sujettes de la terre.»

Jorge Manzur Sbir, Revue *Límites,* Mérida, 1926,
Trad. pour la présente édition de Michel Boccara

LE «POPOL VUH»

Découvert à Chichicastenango ▲ 286 par le père dominicain Francisco Ximénez, dans les années 1701-1703, le Popol Vuh, *ou «Livre du Conseil», compte certainement parmi les chefs-d'œuvre du patrimoine littéraire de l'humanité. Transcrit en caractères latins dans les premiers temps de la Colonie, il constitue une somme testamentaire d'un corpus de connaissances, orales et écrites, ayant trait à plusieurs grands domaines du savoir préhispanique : la genèse de l'univers, la lutte des forces de vie et de mort, la création des hommes de maïs, la geste ancestrale des différentes tribus, la mémoire généalogique des souverains cavek d'Utatlán ▲ 288 jusqu'à la Conquête. Le début du texte, dont nous donnons ici des extraits, restitue, parfois au présent – comme si nous en étions les témoins directs –, toute la puissance du verbe divin, moteur de toute chose, instrument de la création du monde et de l'humanité.*

“Voici le commencement de l'ancienne parole, ici en ce lieu appelé Quiché. Ici même nous écrirons, nous établirons l'ancienne parole, germe et origine de tout ce que firent dans la cité quiché les gens de la nation quiché. Et ici nous dévoilerons, nous divulguerons le cours obscur des choses telles qu'elles furent révélées par Tzacol Bitol (le Créateur Modeleur), Alom C'ajolom (les Engendreurs), appelés Hunahpu Vuch, Hunahpu Utiu, Zaqui Nima Ac, Zaqui Nima Tzis, Tepeu Kucumatz (le Souverain Serpent à Plumes), Cœur des Lacs, Cœur des Mers, Faiseur du Plat bleu-vert [de la Terre], Faiseur de la Coupe bleu-vert [du Ciel], ainsi qu'on les nomme, et par ceux également appelés la sage-femme, le marieur, Xpiyacoc, Xmucane, défenseur, protecteur, deux fois grand-mère, deux fois grand-père, comme cela est dit dans les mots du Quiché [...]
Voici le récit : tout n'est encore que clapotis, tout n'est encore que murmure et clapotis, que soupir, bourdonnement sourd et pourtant vide sous le ciel.
Alors viennent les premiers mots, la première parole...
Il n'y a personne, aucun animal, ni oiseau, ni poisson, ni crabe, pas un arbre, une pierre, une caverne, un ravin, il n'y a ni herbe, ni forêt. Seul le ciel... La face de la terre n'est pas dégagée. Seule la mer immobile sous l'étendue du ciel ; rien qui soit assemblé. Tout est calme ; il n'est pas une chose qui se meuve. Tout est en attente, maintenu au repos sous le ciel [...] dans l'obscurité, dans la nuit. Seuls sont présents le Créateur, le Modeleur, le Souverain Serpent à Plumes, les Engendreurs, immergés dans une clarté scintillante. Ils sont là, recouverts de plumes de quetzal, de bleu-vert – d'où le nom de Serpent à Plumes –, eux qui sont de grands savants, de grands penseurs.
Et voici le ciel, et voici aussi Cœur du Ciel [...] et voici sa parole ; il vint auprès de Serpent à Plumes, ici dans l'obscurité, en ce temps d'avant l'aube. Il s'entretint avec Souverain Serpent à Plumes et ils parlèrent, et ils pensèrent, et ils s'interrogèrent. Ils se mirent d'accord, ils joignirent leurs mots, leurs pensées. C'était clair : ils tombèrent d'accord [...] et conçurent la croissance, l'engendrement des arbres et des buissons, la naissance de la vie et la création de l'humanité [...] :
– « Comment doit-elle être ensemencée, comment doit-elle poindre ? Qui seront nos pourvoyeurs, nos nourriciers ? » [...]
Alors la terre émergea grâce à eux, par le simple truchement de leurs mots [...] Elle surgit subitement, comme un nuage, comme un voile de brume qui maintenant prend forme, se déploie. Alors les montagnes se séparèrent des eaux. [...]”

Une fois la terre formée, séparée de la masse liquide des origines, les dieux entreprennent de créer les êtres animés : d'abord ils s'essayent sur les animaux qui, incapables de parler, d'invoquer et donc d'honorer leurs créateurs, se voient condamnés à être chassés et mangés... Puis ils expérimentent une première ébauche d'humanité, faite de glaise...

« […] mais ils constatèrent qu'elle n'était pas réussie. Ce corps était mou, se défaisait, n'avait pas de mobilité, ni même de force ; il s'amollissait, s'affaissait, ne pouvait ni bouger la tête, ni la relever, il ne pouvait regarder aux alentours. Certes il émettait des paroles, mais celles-ci étaient totalement dénuées de sens […] :
– « Il ne durera pas, dirent-ils, […] il ne saura ni marcher ni se multiplier ! »
Alors ils le démantelèrent, et une fois de plus détruisirent leur œuvre, leur création… »

… suivie d'une autre ébauche, celle de l'homme de bois…

« […] Au moment même où ils parlèrent, ce fut fait : apparurent alors les mannequins taillés dans le bois, humains en apparence et parlant comme des humains ; ils peuplèrent la surface de la terre ; ils se multiplièrent, eurent des fils et des filles. Mais leur cœur était vide, leur esprit était vide, ils n'avaient aucun souvenir de leur maçon, de leur édificateur. Marcher et aller où leurs pas les menaient, voilà tout ce qu'ils savaient faire […] et, s'il est vrai qu'ils avaient parlé, leur visage était sec. Ni leurs bras ni leurs jambes n'étaient développés. Ils n'avaient ni sang ni lymphe, ni sueur ni graisse. Leur peau était racornie, leur visage une croûte […] ils n'avaient aucune compétence, pas même celle d'honorer l'édificateur, le sculpteur qui les avait fabriqués et enfantés. Aussi furent-ils tués, emportés par un déluge : une pluie de résine tombée du ciel… »

… pour donner enfin naissance à l'homme de maïs :

« […] Ils cherchèrent et découvrirent ce qui était nécessaire pour la chair de l'homme. Peu de temps les séparait de l'apparition du soleil, de la lune et des étoiles quand, de Pan Paxil et Pan Cayala, parvinrent le maïs jaune, le maïs blanc […], les ingrédients qui devaient composer la chair de l'homme, et l'eau son sang […] Voici les noms des premiers hommes qui furent faits et modelés : Balam Quitze, Balam Acab, Mahucutah et Iqui Balam […] nos premiers mères-pères […] : ils parlaient et formaient des mots, ils regardaient et écoutaient, ils marchaient et travaillaient […] ils voyaient à la perfection tout ce qui était sous le ciel et remercièrent le Créateur, le Modeleur […] alors leurs femmes, leurs épouses furent créées […], de très belles femmes […] qui tinrent leur rang en donnant naissance aux gens des tribus, petites et grandes.
Ils sont nos racines, à nous qui sommes le peuple quiché… »

Popol Vuh, Adaptation pour la présente édition par Alain Breton

LE «RABINAL ACHI»

C'est à l'abbé français Charles-Étienne Brasseur de Bourbourg ▲ 292, curé de la paroisse de Rabinal (Basse Verapaz, Guatemala), que revient la découverte du Rabinal Achi *en 1855-1856, texte de quelque trois mille «vers», recueilli et traduit par ses soins, et publié à Paris en 1862. S'il n'eut jamais directement accès au manuscrit, Brasseur le transcrivit sous la dictée d'un lettré indigène, Bartolo Sis, à partir d'une copie effectuée par ce dernier en 1850. Il en existe une autre, datée de 1913, signée par Miguel Pérez, qui reproduit le texte maya, aujourd'hui perdu, de Bartolo Sis. Le* Rabinal Achi *constitue l'unique «ballet-drame» d'origine préhispanique qui soit encore l'objet de représentations, sous forme d'une danse rituelle – danse du* tun *– exécutée lors de la fête de saint Paul, patron éponyme de Rabinal.*
Dans cette joute oratoire en quatre actes, qui relate la capture, le procès et la mise à mort d'un guerrier quiché par la cour royale de Rabinal au moment des conflits politiques et territoriaux qui opposèrent les groupes locaux avant l'arrivée des Espagnols, s'expriment les anciennes conceptions du pouvoir (insignes, attributs, caractéristiques du souverain et du guerrier), de la guerre (assimilée à la chasse) et du sacrifice (source d'alimentation du roi-Soleil). Probablement représenté jadis, avec force figurants – guerriers-aigles et jaguars, esclaves et serviteurs –, sur l'acropole de l'ancienne cité royale de Kajyub ▲ 292, le Rabinal Achi *relevait alors d'une forme de discours politique et d'expression littéraire, chorégraphique et théâtrale, largement répandue dans les Hautes Terres du Guatemala, où quelques transpositions orales circulent encore çà et là de nos jours.*

Acte II : Rabinal Achi (le «guerrier de Rabinal»), comparaissant devant le couple royal, rend compte de l'arrestation du guerrier quiché et rappelle les faits reprochés au captif :

«Salut, ô Roi !
Salut, ô Reine !
Oui, grâce au ciel
et grâce à la terre,
ici, Vous qui êtes intronisés
Vous qui êtes abrités
sous la protection du quetzal
des plumes vertes
à l'intérieur de la grande forteresse
de la grande muraille !
Me voici, moi qui suis Votre colère
moi qui suis Votre force,
j'ai comparu devant Votre bouche
devant Votre face
à l'intérieur de la grande forteresse
de la grande muraille !
Voilà un coléreux
voilà un guerrier
avec lequel nous nous sommes affrontés
durant treize fois vingt jours
treize fois vingt nuits
derrière la grande citadelle.
Nous sommes fatigués,
nous n'avons guère eu de repos avec lui !
Et voici que le ciel a offert
que la terre a offert
qu'il succombe à l'enfant de mon arc
à l'enfant de mon bouclier !
Je l'ai renversé et ficelé
je l'ai renversé et ligoté
de ma blanche corde
ma blanche lanière,

avec mon manche brandi
ma hache brandie
avec mes bracelets
mes parures
et ma poudre de pierre !
Et je l'ai interrogé, le coléreux
l'homme !
Il a tergiversé,
il n'a pas révélé immédiatement
la face de ses montagnes
de ses vallées !
Devant ma bouche
devant ma face, moi qui suis coléreux
moi qui suis homme,
ce coléreux
cet homme imitait le gémissement du coyote,
imitait le gémissement du chat sauvage
imitait le gémissement de l'agouti
du *tepescuintle*
derrière la grande forteresse
la grande muraille,
afin que soient attirés
que soient surpris nos blancs enfants !
Ce coléreux
cet homme
a exterminé neuf
dix blancs enfants !
C'est également ce coléreux
qui est venu Vous enlever là-bas,
à Chatinibal !
C'est ce coléreux
c'est cet homme
qui a détruit deux
trois établissements,
villages
et hameaux compris :
là-bas à Xe-Balamwak,
à Chi Tintot Wi Poqlaj, ainsi nommés ! ”

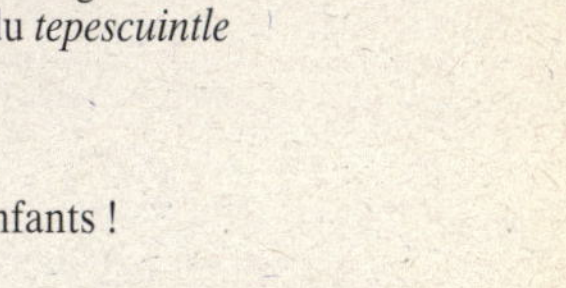

Acte IV : Supplique finale du guerrier quiché avant sa mise à mort par sacrifice (le sacrifice emprunte au symbolisme de la «dévoration», tandis que la mort est traduite par une métamorphose en oiseau) :

“Vous, Aigles,
vous, Jaguars !
«Il est parti», dites-vous !
Non, je ne suis pas parti,
j'ai seulement adressé mes adieux
à la face de mes montagnes
à la face de mes vallées,
où j'ai vécu
où j'ai cheminé,
pour la quête de ma nourriture
de ma subsistance,
dans les quatre directions
jusqu'aux quatre coins !

Ô ciel,
ô terre !
N'est-elle parvenue à rien, ma fougue
ma force ?
J'ai joui de mon parcours sous le ciel
de mon parcours sur la terre,
j'en suis revenu bredouille !
[...]
Ô ciel,
ô terre !
Est-il certain qu'ici je mourrai
je disparaîtrai,
ici, au nombril du ciel
au nombril de la terre ?

Allez-Vous-en, mes métaux dorés
mes métaux argentés !
Allez-vous-en, vous, l'enfant de mon arc
l'enfant de mon bouclier,
vous, mon manche de guerre
ma hache de guerre !

Allez aussi, vous tous, mes vêtements
et mes sandales !
Allez-Vous-en vers nos montagnes
vers nos vallées !
Allez communiquer la nouvelle
à notre maître
à notre éminence,
car notre maître
notre éminence se dit peut-être :
«Il est en route, mon coléreux
mon guerrier,
en train de chercher
de rechercher notre nourriture
notre subsistance !»
C'est ce que dit probablement notre maître
notre éminence,
et qu'il ne dira plus
sachant que j'attends désormais ma mort
ma disparition
ici, au nombril du ciel
au nombril de la terre !

Ô, vous, Aigles
ô, vous, Jaguars
venez !
Faites votre travail
accomplissez votre charge,
faites donc agir vos crocs
et vos serres,
afin qu'en un instant vous me fassiez devenir plumage !
[…]
Que le ciel
et la terre demeurent avec vous,
vous les Aigles,
vous les Jaguars ! ”

ALAIN BRETON, *RABINAL ACHI. UN DRAME DYNASTIQUE MAYA DU XVe SIÈCLE*, SOCIÉTÉ D'ETHNOLOGIE, NANTERRE, 1994

LES CHRONIQUEURS (XVIe ET XVIIe SIÈCLES)

DES FLÈCHES ET DES PIERRES CONTRE DES ESCOPETTES ET DES ÉPÉES

Compagnon de Cortés et, comme lui, militaire victorieux, Bernal Díaz del Castillo (1495-1584) raconte avec orgueil les batailles que les Espagnols ont livrées aux Indiens au nom du roi et de la foi catholique. En 1517, les Espagnols atteignent les côtes du Yucatán, où a lieu le premier contact avec les Indiens mayas. Ceux-ci s'approchent des navires espagnols et montent à leur bord. À leur tour, les Espagnols sont invités à descendre à terre.

«Nous emportâmes quinze arbalètes et dix espingoles (c'était bien ainsi qu'on les nommait en ce temps-là : espingoles ou escopettes) et nous nous mîmes en marche par un chemin où nous avions pour guide le cacique accompagné d'un grand nombre d'Indiens. Nous avancions dans le bon ordre dont j'ai parlé, en longeant une forêt à sol raboteux, lorsque le cacique commença à appeler et à crier, afin que tombassent sur nous des bataillons d'hommes de guerre apostés là en embuscade pour nous détruire. Entendant cet appel, les bataillons s'élancèrent avec une grande impétuosité et ils commencèrent à nous cribler de flèches avec beaucoup d'adresse, de telle sorte que du premier jet ils nous blessèrent quinze soldats. Ils avaient des défenses de coton, des lances, des boucliers, des arcs, des flèches, des frondes avec une grande provision de pierres, et sur leurs têtes des panaches. Après nous avoir lancé leurs traits, ils coururent à la mêlée et, tenant leurs lances à deux mains, ils nous firent beaucoup de mal. Mais bientôt nous les mîmes en fuite en leur faisant sentir le fil de nos épées ; nos arbalètes, non moins que nos espingoles, leur firent tant de dommage que quinze d'entre eux restèrent morts sur le carreau.»

BERNAL DÍAZ DEL CASTILLO, *HISTOIRE VÉRIDIQUE DE LA CONQUÊTE DE LA NOUVELLE-ESPAGNE*, TRAD. DE D. JOURDANET, MASPÉRO, PARIS, 1980

LA CAUSE DES INDIENS EST PLUS QUE JUSTE

Le prêtre dominicain Fray Bartolomé de Las Casas (1474-1566) est resté célèbre comme «défenseur des Indiens», pour sa critique implacable des conquistadores, et farouche partisan de l'évangélisation pacifique ▲ *234.*

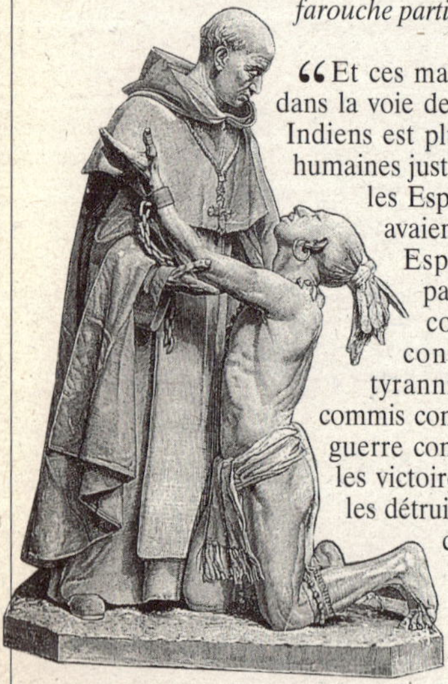

«Et ces malheureux aveugles, que Dieu laisse tomber dans la voie des réprouvés, ne voient pas que la cause des Indiens est plus que juste. Les lois naturelles, divines et humaines justifient le droit des Indiens à mettre en pièces les Espagnols et à les chasser de leurs terres, s'ils avaient des forces et des armes pour le faire. Les Espagnols ne voient pas que leur cause est particulièrement injuste et chargée d'iniquité, condamnée par leurs propres lois. Or, non contents de ce flot d'injures et d'actes tyranniques, des péchés grands et inexplicables commis contre les Indiens, les Espagnols reprennent la guerre contre ceux-ci, pensent, disent et écrivent que les victoires remportées sur les Indiens innocents, en les détruisant, c'est Dieu qui les leur donne, parce que ces guerres iniques sont justes.»

FRAY BARTOLOMÉ DE LAS CASAS, *TRÈS BRÈVE RELATION SUR LA DESTRUCTION DES INDES* (1552), TRAD. DE JULIÁN GARAVITO, MOUTON, PARIS, 1974

Ils eurent beaucoup de chagrin

Évangélisateur et évêque du Yucatán, Diego de Landa (1524-1572) ● *38* *convertit d'abord les Indiens par la force. Puis, vraisemblablement en proie au repentir, il rédigea une histoire du peuple maya et de ses coutumes, reconnaissant leur sagesse sans pour autant rien renier de son dogmatisme religieux.*

“Ces gens usaient encore de certains caractères ou lettres pour écrire dans leurs livres leurs choses antiques et leurs sciences et par leurs moyens et celui des figures et de quelques signes ils entendaient leurs choses, les donnaient à entendre et les enseignaient. Nous leur trouvâmes un grand nombre de livres écrits avec ces lettres, et comme il n'y en avait aucun où il n'y eut de la superstition et des mensonges du démon nous les brûlâmes tous, ce qu'ils sentirent merveilleusement et leur donna beaucoup de chagrin.”

Diego de Landa, *Relation des choses de Yucatán*,
Trad. de Jean Genet, Tome 2, Genet, Paris, 1928

Ils sont portés à servir et fort fidèles

Anglais à la vie mouvementée, Thomas Gage (1600-1656) fut d'abord prêtre catholique, avant de devenir pasteur protestant. Il fut aussi, vraisemblablement, un agent secret britannique chargé d'infiltrer les colonies espagnoles, principalement au Guatemala et au Mexique où il vécut douze ans. Il décrit les Indiens comme de bons chrétiens et comme des êtres dignes de confiance, mais soumis à un gouvernement inique : celui des Espagnols.

“Pour ce qui regarde leurs mœurs et leur conversation, il est constant qu'ils font fort civils et débonnaires, d'un naturel craintif et portés à servir, à obéir et à faire du bien si on leur témoigne tant soit peu d'amitié ; mais dans les lieux où ils sont maltraités, ils sont rudes, mal plaisants, qui ne veulent rien faire, et qui aiment mieux se faire mourir que de vivre en servitude.

Ils sont fort fidèles et l'on n'a jamais reconnu qu'ils aient commis aucun vol d'importance ; de sorte que les Espagnols même ne craignent pas de coucher avec eux toute la nuit dans un désert, quoiqu'ils portent des sacs pleins d'or avec eux.”

Thomas Gage, *Nouvelle Relation des Indes Occidentales*,
Trad. de B. O'Neil, Gervais Clouzier, Paris, 1676

LES VOYAGEURS (XVIIIe, XIXe ET XXe SIÈCLES)

RÉFLEXIONS MÉLANCOLIQUES

Le capitaine Guillermo Dupaix (1750-1818), Autrichien de naissance, Français d'origine et proche des Espagnols par son activité professionnelle, se rendit jeune en Espagne et fit carrière dans l'armée espagnole. En 1780, il fut affecté au Mexique où il entreprit d'étudier les ruines de Mitla (Oaxaca) et Palenque (Chiapas). Un dessinateur mexicain, Luciano Castañeda, voyagea avec lui et effectua des dessins que Dupaix enrichit de commentaires. Il semble que Chateaubriand (1768-1848) ait eu l'occasion d'apprécier ces dessins, avant même la publication de l'ouvrage en 1844. Dans une lettre qui sera ultérieurement jointe aux annexes du livre, l'écrivain établissait le parallèle, courant pour l'époque, entre l'architecture du Nouveau Monde et celles de l'Égypte, de la Grèce et de l'Inde.

“Je suis tombé dans les réflexions mélancoliques que fait naître l'aspect de ces monuments pompeux qui, avant leur chute, dominaient les bois, et qui portent maintenant des forêts sur leurs combles écroulés. Ces *tumuli* en pierres ou en briques, ces pyramides quadrangulaires, ces sépultures souterraines, ces statues, ces monuments à demi grecs de Mitla, à demi égyptien de Palenque, quelle main les a bâtis, creusés, sculptés, gravés ?”

LETTRE DE CHATEAUBRIAND EN ANNEXE DE L'ŒUVRE DE GUILLERMO DUPAIX, *ANTIQUITÉS MEXICAINES*, BUREAU DES ANTIQUITÉS MEXICAINES, PARIS, 1844

PUDEUR TOUT INDIENNE

Explorateur bourguignon, Désiré Charnay (1828-1915) ● 57 voyage en Asie, en Australie, en Arabie et en Amérique. Il sera connu en son temps comme photographe, dessinateur, passionné d'archéologie et d'ethnographie. La description qu'il fait des ruines et des Indiens mayas rencontrés lors de son périple mexicain est, en général, placée dans un décor pittoresque et paradisiaque. C'est le cas pour les ruines d'Uxmal et des habitants de la région.

“Je passais ma journée, couché à l'ombre des palmiers qui abritent la *noria*, fumant les cigarettes parfumées de la Havane, enfoncé et perdu dans ce bien-être du repos qui suit toute fébrile agitation.
Le soir, la venue des jeunes filles à la fontaine déroulait à mes yeux des scènes de mœurs toutes primitives et pleines d'une poésie antique ; suivant leur manière de porter l'urne sur la tête, sur l'épaule ou sur la hanche, comme aussi d'après leurs draperies, leur démarche et leur grâce ; tantôt c'était Rébecca dans le désert, des femmes grecques à la fontaine, ou la fille d'Alcinoüs dans son île des Phéaciens.

Pour elles, timides comme de jeunes sauvages, embarrassées par la présence de l'étranger, elles masquaient en souriant leur visage par un mouvement de pudeur tout indienne. Ce mouvement, que je n'ai retrouvé qu'au Yucatán et dans les montagnes, consiste à se voiler la bouche seulement au moyen d'une partie du *uipile.* »

DÉSIRÉ CHARNAY, *LE MEXIQUE (1858-1861), SOUVENIRS ET IMPRESSIONS DE VOYAGE,* ÉDITIONS DU GRIOT, PARIS, 1987

«CET AIR DE DÉTACHEMENT MAGNIFIQUEMENT DIGNE»

Romancier anglais, Aldous Huxley (1894-1963) est considéré comme l'un des porte-parole de la génération intellectuelle de la première moitié du siècle. Son scepticisme et son angoisse face à un monde devenant impersonnel du fait d'une technologie en plein essor sont caractéristiques de l'entre-deux-guerres. En 1933, il entreprend un voyage en Amérique centrale grâce auquel, d'après les descriptions qu'il donne des paysages et des Indiens, il semble retrouver l'authenticité et la vitalité, hélas perdues en Europe. Il brossera avec subtilité le portrait des habitants de San Antonio, un village cakchiquel du lac Atitlán, au Guatemala ▲ 280.

« De la terrasse couverte du *cabildo*, les notables du village les contemplaient, elles et nous-mêmes, de cet air de détachement magnifiquement digne qui est caractéristique des Indiens. Par comparaison avec ces aristocrates absolument impassibles, le milord anglais des anciens romans français est un Méridional bavard et gesticulant. *Nil mirari*, – telle est la devise à laquelle ils font constamment honneur ; et ils ont poussé l'art de transpercer les gens du regard, de les traiter comme s'ils n'étaient absolument pas là, à un degré qui n'a jamais été atteint ailleurs. »

ALDOUS HUXLEY, *CROISIÈRE D'HIVER EN AMÉRIQUE CENTRALE,* TRAD. DE JULES CASTIER, PLON, PARIS, 1935

LA CRAINTE QUE LE SOLEIL NE RÉAPPARAISSE PLUS

Né à Montpellier, ethnologue et homme politique, Jacques Soustelle (1912-1990) découvre le Mexique pour la première fois en 1932, à l'âge de vingt ans. Les deux années du voyage qu'il entreprend alors à travers le pays, en compagnie de sa femme, Georgette, lui livreront le matériel nécessaire à la rédaction d'un récit de voyage où s'allient merveilleusement la vision attentive de l'ethnologue et la sensibilité de l'écrivain. Ses relations avec le Chiapas et avec les croyances du groupe Lacandon ont sans doute constitué pour lui l'expérience la plus marquante ▲ 258.

« Quand ils parlent du soleil, les Indiens tournent le visage vers le ciel, puis, avec l'index, décrivent en l'air le parcours de l'astre, tout en poussant un long sifflement. C'est leur manière d'exprimer le mouvement de ce corps céleste dans les hauteurs inaccessibles. Selon eux, lorsque le soleil décline, vers le soir, il atteint les cimes des arbres, et descend le long des branches et à l'intérieur du tronc et des racines, pour se retirer sous terre. Il passe la nuit dans le monde souterrain, d'où il surgit pour reprendre son vol dans le ciel. La principale crainte des Lacandons, c'est que le soleil demeure sans reparaître, enfoui dans les profondeurs du sol. Tous les rites, toutes les cérémonies, ont pour but premier de prévenir ce malheur et d'assurer aux révolutions de l'astre la régularité qui nous semble, à nous, si naturelle. À des intervalles fixés, il est indispensable de présenter aux encensoirs à masque humain qui représentent K'in des offrandes sans lesquelles le cours de la nature s'arrêterait. »

JACQUES SOUSTELLE, *MEXIQUE, TERRE INDIENNE,* GRASSET, PARIS, 1936

Les romanciers (XXe siècle)

Écrivain et poète guatémaltèque, Miguel Angel Asturias (1899-1974) reçoit le prix Nobel de littérature en 1967. L'histoire et les mythes mayas constituent la base de son œuvre. Une grande partie de son enfance, il côtoiera les Indiens mayas. Asturias trouvera plus tard les mots propres à exprimer le mystère, la magie, le rythme des communautés actuelles ainsi que leur passé, leurs croyances et leurs rites avant l'arrivée des Espagnols. Mieux que quiconque, il évoquera le rituel du sacrifice par les flèches comme acte de mort, certes, mais aussi comme cérémonie festive où nature, animaux et hommes, en adorant les victimes, participent à l'éternel procès cosmique.

Le sacrifice

« Les guerriers dansaient sur la place, en criblant de flèches les prisonniers, parés et attachés aux troncs des arbres.
À l'arrivée du cacique, un sacrificateur, vêtu de noir, déposa dans ses mains une flèche bleue.
Le soleil criblait la ville, tirant ses flèches avec l'arc du lac.
Les oiseaux criblaient le lac, lançant leurs flèches avec l'arc du bois.
Les guerriers oubliaient les victimes, veillant à ne pas les blesser à mort, afin de prolonger la fête de leur agonie...
Le cacique banda l'arc et envoya la flèche bleue sur le plus jeune des prisonniers, pour le railler, pour l'adorer. Ensuite les guerriers le lardèrent de leurs flèches, de loin, de près, en dansant au son des tambours. »

Miguel Angel Asturias, *Légendes du Guatemala*,
trad. de Francis de Miomandre, Gallimard, Paris, 1953

La fabrication de dieux

El Diosero, *œuvre maîtresse de l'écrivain mexicain Francisco Rojas González (1904-1951), a pour thème l'Indien dans le monde contemporain, ses relations avec les autres groupes, sa situation d'indigent, ses croyances. Le conte du même nom traite du pouvoir magique de Kai-Lan, potier et prêtre d'aujourd'hui : créateur d'une idole capable de faire cesser la tempête qui dévaste les champs de culture.*

“Cette fois-ci, la fabrication de dieux a été plus laborieuse, et on dirait que, face aux échecs, le créateur emploie tout son art à la tâche. Il façonne un quadrupède fabuleux : museau de serpent, corps de tapir et queue énorme et aérienne de quetzal. Il observe maintenant en silence le fruit de ses efforts ; il est là, c'est une bête magnifique, forte, noire, brutale... Le lacandon s'est dressé sur ses pieds ; l'encensoir repose sur le sol : Kai-Lan recule de quelques pas pour mieux regarder ; il a remarqué quelques imperfections qu'il s'empresse de corriger avec ses doigts humectés de salive... Il finit par être vraiment satisfait. Il prend l'encensoir dans ses bras et après s'être assuré qu'il n'a pas été profané par le regard des femelles, il sourit et se prépare à l'emporter vers les autels. Il passe, effleurant mes jambes ; je suis sûr qu'à ce moment précis, il ne se rend pas compte de ma présence. Les ombres de la nuit déjà embrumée ne me permettent pas de suivre les mouvements de Kai-Lan à son office de Prêtre Suprême ; mes yeux perçoivent à peine la petite lumière intermittente qui brille sur l'échine de la divinité récemment modelée et le clignotement du feu alimenté de bûches humides.”

Francisco Rojas González, *El Diosero*,
Fondo de Cultura Económica, Mexico, 1992,
Trad. pour la présente édition de Régine Lahache

Les Indiens sont des animaux

Romancière mexicaine, Rosario Castellanos (1925-1974) restera profondément marquée par son enfance dans le Chiapas. Son roman Le Christ des ténèbres *a pour cadre la région tzotzil-tzeltal. Il traite du conflit entre les Indiens et les Métis, propriétaires fonciers, perpétué à travers les siècles. L'embauche forcée des Indiens, leur endettement à vie, le travail gratuit et obligatoire qu'ils doivent fournir en échange d'un petit lopin de terre sont les sujets habituels de ses romans. L'extrait d'un dialogue entre l'un de ces propriétaires et un ingénieur qui prend le parti des Indiens illustre la situation du Chiapas* ▲ *231.*

“– Ils vivent dans la misère.
– Ce sont des animaux. Que pouvons-nous y faire, monsieur l'ingénieur ?
Ulloa fut heurté par cette remarque de mauvaise foi. Et, sur un ton si doux qu'il en devenait insultant :
– Leur rendre ce qui leur appartient...
Leonardo, retenant sa respiration, attendit la fin de la phrase :
– La terre.

Il sourit, soulagé.
– On vous a aussi raconté que ces terres leur appartenaient. Qu'elles leur auraient été volées par Dieu sait qui ! Et il semble que vous l'ayez cru.
– On m'a montré leurs titres de propriétaires.
– Signés par qui ? Par le roi d'Espagne ou par quelque autre seigneur, qui a peut-être eu de l'autorité il y a des siècles, mais dont personne à présent ne se souvient ?
– Le temps ne fait rien à l'affaire.
– Le bon sens oui. Lorsque nous sommes arrivés dans cette région, on ne voyait que des terrains en friche, des bois dévastés, brûlés. Les Indiens n'ont pas su faire autre chose durant des siècles où ils ont été maîtres de ces espaces. C'est notre sueur et nos efforts qui ont fait ici une hacienda fertile. »

ROSARIO CASTELLANOS, *LE CHRIST DES TÉNÈBRES*,
TRAD. D'ANNETTE ET JEAN-CLAUDE ANDRO,
GALLIMARD, PARIS, 1970

LE GUATEMALA INDIEN AU CŒUR

Écrivain guatémaltèque, Luis Cardoza y Aragón (1904-1992) sera tour à tour homme politique, diplomate, critique d'art et grand voyageur. Il restera attaché à son pays, malgré l'exil auquel il est contraint en 1952. Le Guatemala fut à ses yeux un pays qui se définit par son substrat maya.

« Je la vois métisse dans mes pensées, pleine de l'antique boue du *Popol Vuh* et de mousses de Landivar sur un pouls pressé. Indienne dans ses entrailles, là où résonne le cœur entre les montagnes azur, comme la cloche des villages les jours de fête. Simple et sûre d'elle, elle avance, parée comme l'oiseau ou comme la reine, dans la misère, un enfant sur le dos, ses vêtements aborigènes en haillons et le grès catégorique de son visage marqué de fatigue sous le poids qui leste son front, couronne rurale de fruits et de fleurs. Elle avance, pieds nus, se brisant les pieds sur les chemins, la jarre à l'épaule, comme la douce Ixquic.
La beauté de son corps surgit des profondeurs même de la matière : de la forme et de l'harmonie du squelette, image de la mort. Ses traits émanent pour moi de la vivante et minérale structure cachée, qui vient affleurer sur la peau d'obsidienne au soleil. »

LUIS CARDOZA Y ARAGÓN, *GUATEMALA, LAS LÍNEAS DE SU MANO*, CASA DE LAS AMÉRICAS, CUBA, 1968
TRAD. POUR LA PRÉSENTE ÉDITION DE RÉGINE LAHACHE

«NOUS AUTRES LES INDIGÈNES NOUS AVONS DISSIMULÉ NOTRE IDENTITÉ, NOUS AVONS GARDÉ BEAUCOUP DE SECRETS, ET C'EST POUR ÇA QUE NOUS SOMMES DISCRIMINÉS.»

RIGOBERTA MENCHÚ

«LES INDIENS DOIVENT TOUJOURS TRAVAILLER, VIVANTS ET MORTS»

L'œuvre de Mario Monteforte Toledo, né en 1911 au Guatemala, écrivain mais aussi avocat, sociologue et diplomate, porte sur la situation sociale de son pays. Dans son roman Entre la pierre et la croix, *il s'attaque à la question indienne et c'est à travers un dialogue entre un père et son fils qu'il traite du conflit entre Indiens et Blancs, qui semble insoluble.*

“– Oui, mais il faut toujours travailler. C'est pour ça qu'on leur met dans le cercueil leur pioche, leur bêche et leur machette, aux gens qui meurent. La différence c'est que là-bas, les terres sont très bonnes.
– Meilleures que celles du Cutuc ?
– Meilleures que celles du Cutuc, affirma Tol Matzar d'un air triomphal.
– Mais alors, p'pa, pourquoi on travaille au ciel ? demanda Lu en profitant de l'occasion pour lâcher à nouveau la bêche.
– Tu ne comprendrais pas, tête de mule ! Les Indiens doivent toujours travailler, vivants et morts ; moi, je ne sais pas pourquoi, mais c'est comme ça. Les Blancs seulement peuvent vivre sans travailler. Mais d'un côté il y a les Blancs et nous de l'autre.
– Pourquoi p'pa ?
– Eh bien... parce que c'est comme ça ! répondit Bartolo.”

MARIO MONTEFORTE TOLEDO, *ENTRE LA PIERRE ET LA CROIX*,
TRAD. DE MICHEL REBOUX, GALLIMARD, PARIS, 1958

L'ÉCLIPSE

Augusto Monterroso naît en 1921 au Guatemala mais doit s'exiler au Mexique dès 1944. Son œuvre se caractérise par sa brièveté et par l'ironie qui s'en dégage et met à mal certaines idées reçues, notamment celles des rôles attribués aux protagonistes de la «conquête» religieuse et culturelle des Mayas.

“Dès lors que frère Barthélemy Arrazola sentit qu'il était perdu, il se résigna à l'idée que rien ne pourrait plus le sauver. La toute-puissante jungle guatémaltèque l'avait fait prisonnier, implacablement, définitivement. Puisqu'il ignorait tout de cette topographie, il s'assit avec calme pour attendre la mort. Il voulut mourir, là, seul, toutes ses pensées allant à la lointaine Espagne et particulièrement au couvent de Los Abrojos, où un jour Charles Quint, consentant à abandonner la hauteur due à son rang, lui avait confié qu'il avait foi en l'ardeur religieuse de son travail de Rédemption.
À son réveil, il vit qu'il était entouré d'un groupe d'Indiens, aux visages impassibles, qui s'apprêtaient à le sacrifier sur un autel qui, sembla-t-il à Barthélemy, serait la couche où il se reposerait enfin de ses craintes, de son destin, de lui-même.
Les trois années passées dans le pays lui avaient conféré une certaine connaissance des langues locales. Il fit une tentative. Il prononça des paroles qui furent comprises. C'est alors qu'il eut une idée qui lui parut digne de son talent, de sa culture universelle et de sa parfaite connaissance d'Aristote. Il se rappela que ce jour-là, une éclipse solaire totale était attendue. Il entreprit, dans le secret de son intimité, de se servir de ce savoir pour tromper ses oppresseurs et sauver sa vie.
– Si vous me tuez, leur dit-il, je peux faire en sorte que le soleil s'obscurcisse dans les hauteurs célestes.
Les Indiens le regardèrent fixement et Barthélemy décela l'incrédulité dans leurs regards. Il vit qu'un conseil restreint était en train de se tenir, et il attendit confiant, non sans un certain dédain. Deux heures plus tard, le cœur de Frère Barthélemy Arrazola épanchait violemment son sang sur la pierre sacrificielle (brillant sous la lumière opaque d'un soleil éclipsé), tandis que les Indiens récitaient, sans aucune inflexion dans la voix, sans empressement, l'une après l'autre, toutes les dates des éclipses solaires et lunaires que les astronomes de la communauté maya avaient prévues et notées dans leurs codex, sans la précieuse aide d'Aristote.”

AUGUSTO MONTERROSO, *L'ÉCLIPSE, IN OBRAS COMPLETAS (Y OTROS CUENTOS)*, JOAQUÍN MÓRTIZ, MEXICO, 1977
TRAD. POUR LA PRÉSENTE ÉDITION DE RÉGINE LAHACHE

LE CYCLE DU TEMPS

Né en 1940, à Nice, de père anglais et de mère française, J.M.G. Le Clézio voyage beaucoup. Il découvre ainsi le Cambodge, le Japon, les États-Unis, le Canada et le Mexique, pays où il retrouve la sagesse d'un monde révolu. Les Prophéties du Chilam Balam *(1976),* Trois villes saintes *(1980) et* Le Rêve mexicain ou La Pensée interrompue *(1988) sont des ouvrages consacrés à l'univers indien du Mexique.*

“La croyance dans les songes et les augures exprime, chez la plupart des peuples amérindiens, une idée philosophique profonde, celle de la récurrence du temps. Le concept linéaire du temps, né du néant et retournant au néant est aussi étranger aux cultures amérindiennes que l'idée d'un monde purement matériel dépourvu de finalité. Ces hommes qui vivaient avec intensité la rencontre du réel et du surnaturel, ces hommes qui savaient que leur vie était une parcelle de l'existence divine, et qui voyaient dans le monde qui les entourait, dans les animaux, les plantes, et les phénomènes naturels autant d'expressions de la divinité, ne pouvaient concevoir un univers sans fin, où le temps s'enfuirait vers le néant. L'extraordinaire réussite, à l'ère Maya classique, fut le calendrier et le comput long qui reposait sur cette conviction d'un univers cyclique, sphérique, où le temps sans cesse recommence. Pour l'Européen de la Renaissance, épris de connaissance et sceptique, le monde amérindien, par son système religieux et symbolique, était totalement incompréhensible. Cette philosophie de la récurrence, cette idée d'un univers fini et prédestiné, pour les Conquérants, devenait le symbole même de l'obscurité païenne – les «fables ridicules procurées par Satan», dit le père Sahagun, dans le prologue du livre VII consacré à l'astrologie.

Pourtant, longtemps avant que l'astronomie n'apparaisse en Europe, dès le VIe siècle, les observateurs mayas avaient développé cette science et mis au point un calendrier remarquable, basé sur le cours de Vénus, de la lune et du soleil, et qui, par le moyen des corrections, réduisait l'erreur à quelques heures par siècle. Ce qui différenciait essentiellement les astronomes mayas des savants de la Renaissance, c'était la conception philosophique.”

J.M.G. LE CLÉZIO, *LE RÊVE MEXICAIN OU LA PENSÉE INTERROMPUE*, GALLIMARD, PARIS, 1988

Itinéraires dans le Monde maya

▲ «Castillo» de Tulum (Mexique)

▼ Temples de Palenque (Mexique)

▼ Édifices et chaussée maya de Labná (Mexique)

▲ «Caracol» de Chichén Itzá (Mexique)

▼ Temple 1 de Tikal (Guatemala)

▼ Quadrilatère des Nonnes d'Uxmal (Mexique)

▲ Lac Atitlán (Guatemala)

▼ Champ de Quetzaltenango (Guatemala)

▼ Étang de la forêt lacandonne (Mexique)

▲ Plage de Livingston (Guatemala)

▼ Cascades d'Agua Azul (Mexique)

▼ Route panaméricaine dans les Hautes Terres (Guatemala)

▲ Indiens Tzotzils à Zinacantan (Mexique)

▲ San Antonio Palopó (Guatemala) ▼ Marché d'Almolonga (Guatemala)

▲Dzibalchen (Mexique)

▼Garifunas de Belize City (Belize)

▼Santa Lucía Cotzumalguapa (Guatemala)

▲ Église du Yucatán (Mexique) ▼ San Cristóbal de Las Casas (Mexique)

▼ Bolonchen (Mexique)

YUCATÁN ORIENTAL

MICHEL ANTOCHIW

LE QUINTANA ROO L'État de Quintana Roo couvre une surface de 50 212 km^2 où vivent environ 500 000 personnes. Situé sur la partie orientale de la péninsule du Yucatán, ce territoire fut administré militairement comme territoire fédéral à partir de1902 et obtint le statut d'État en 1974.

Cette longue frange de roc couverte de forêts est baignée au nord et à l'est par la mer des Caraïbes. La côte, protégée par la barrière de corail (ci-dessus, petit corail jaune) ■ *18* offre les plus belles plages d'Amérique et connaît depuis quelques années, avec le développement de Cancún, une importante croissance touristique.

Détail de mur peint, à Cancún, représentant la révolution mexicaine de 1910.

La région côtière du Yucatán, baignée par la mer des Caraïbes, connut, avant l'arrivée des Espagnols, un développement extraordinaire dont seule l'époque actuelle offre un équivalent, cette fois touristique. Nommée «orient» ou «côte orientale», elle était située sur la route du commerce à longue distance, entre l'Amérique centrale, le Honduras et le Guatemala d'une part, et la région maya du nord du Yucatán, en contact avec le golfe du Mexique d'autre part.

UNE PÉRIODE BOULEVERSÉE. Pendant la période Classique (IIIe-IXe siècle), les grands centres urbains se concentraient dans les forêts du Petén ▲ *317*, au Guatemala, et le long du Motagua ▲ *304* et de l'Usumacinta ▲ *248*. Le nord du Yucatán, moins développé alors, ne connut sa splendeur qu'à partir du Classique Terminal, et surtout pendant le Postclassique, après l'effondrement des grandes cités. Dans la région orientale, Cobá ▲ *182* fut le seul site

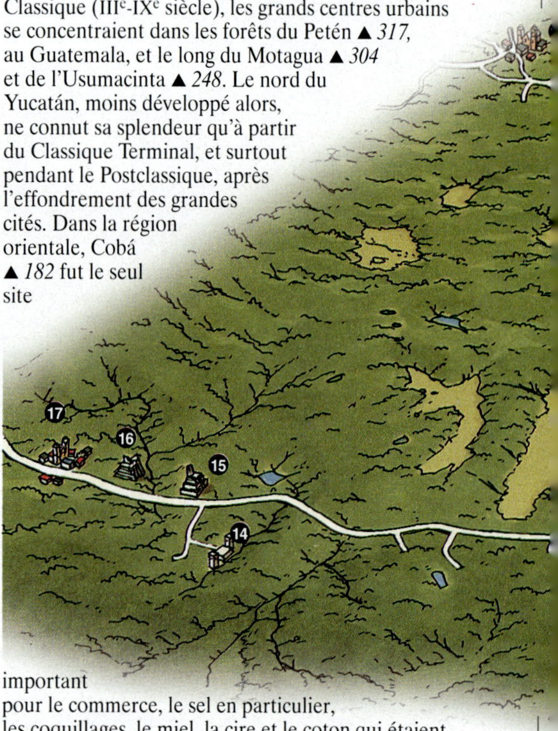

important pour le commerce, le sel en particulier, les coquillages, le miel, la cire et le coton qui étaient envoyés vers les côtes du Belize et du Honduras.

UNE NOUVELLE ORGANISATION TERRITORIALE ET ÉCONOMIQUE. Lorsque ces centres de consommation disparurent, de vastes migrations modifièrent l'équilibre culturel, économique et démographique de toute la région et d'autres grands pôles de développement se concentrèrent dans les Hautes Terres du Guatemala ▲ *261*, le nord du Yucatán et la côte du Tabasco, région depuis laquelle des navigateurs organisèrent de nouvelles routes commerciales (maritime et fluviale) et contrôlèrent les aires productrices de cacao du Guatemala, du Honduras et de la côte du Belize, en établissant leurs comptoirs le long de la côte des Caraïbes. De nombreuses villes se développèrent telles Tulum ▲ *177* et Cozumel ▲ *174* ainsi que des petits sanctuaires (abris pour les uns, comptoirs pour les autres)

1. Cancún 2. Île Mujeres 3. Puerto Morelos 4. Playa del Carmen 5. Cozumel 6. Tulum 7. Cobá 8. Valladolid 9. Felipe Carrillo Puerto 10. Polyuc 11. Peto 12. Chetumal 13. Kohunlich 14. Río Bec 15. Xpuhil 16. Becan 17. Conhuas

d'où les marchandises pouvaient être échangées et distribuées à l'intérieur du pays.
La conquête européenne. Les Espagnols évincèrent les Indiens des activités commerciales puis les épidémies décimèrent la population. Les villages de Polé (Xcaret), Cozumel et Zama (Tulum) survécurent un certain temps mais, les pirates pillant les provisions, ils furent abandonnés et la côte orientale fut presque totalement désertée pendant près de deux siècles : seuls les Anglais venaient y couper les bois de teinture et faire provision d'eau douce.
La guerre des Castes ▲ *186*. Quand les Mayas se soulevèrent en 1847, les rares habitants de la côte se réfugièrent dans les îles Mujeres et Cozumel. Puis les Mayas, repoussés des régions centrales du Yucatán, construisirent dans les forêts orientales leur capitale, Chan Santa Cruz ▲ *184*, ville sacrée que l'armée mexicaine prendra en 1901.

Pêche sportive
La côte des Caraïbes est un lieu de prédilection pour pêcher *sábalo* ou tarpon, *corvina*, *macabi*, *robalo* ou bar, *bécune* ou barracuda, poisson-voile et marlin blanc (ci-dessous, un mérou).

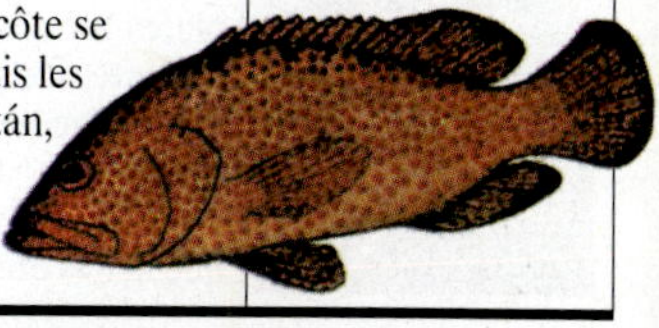

Des plages superbes
Les plages de Cancún sont remarquables, tant par la couleur de la mer, transparente jusqu'à 40 m de profondeur, qui vire du vert émeraude au bleu saphir, que par son sable blanc et fin, toujours frais même sous le soleil brûlant des tropiques. Cette fraîcheur est due à une composition de plancton fossile microscopique appelé «disco-aster».
Les courants et les changements violents de vents peuvent rendre les plages dangereuses. En été, la température oscille autour de 40 °C et l'humidité atteint 70 à 80 %. La meilleure période reste donc, comme dans le reste de l'aire maya, l'hiver, de décembre à mars.

Cancún

La péninsule du Yucatán est visitée depuis le siècle dernier par les voyageurs avides de découvertes archéologiques. Cependant, l'intérêt pour les sites ne compensait que partiellement les difficultés pour les atteindre, dues à l'absence de voies de communication et d'infrastructures touristiques. Chichén Itzá ▲ *205* constituait l'étape finale des archéologues, et la côte des Caraïbes, si riche en paysages naturels, en plages et vestiges archéologiques, restait hors de portée, jusqu'au début du XXe siècle, à cause de la présence des Indiens soulevés de Chan Santa Cruz ▲ *184*.

Une station balnéaire récente. Au cours des années 1970, un vaste projet fut conçu pour transformer ces côtes désertes, emprisonnées entre la jungle et la mer, en pôles touristiques capables de surpasser Acapulco, de renommée mondiale, déjà saturée de visiteurs. La petite île de Cancún, au sud de l'île Mujeres ▲ *174*, fut alors reliée au continent et un énorme complexe balnéaire mis en place, aujourd'hui l'un des centres d'attraction les plus visités du monde. Cancún compte maintenant trois cent mille habitants.

Deux grands axes. Deux avenues forment les axes de la ville. L'avenue Tulum rejoint au nord la route de Mérida-Chichén Itzá à Puerto Juárez et traverse la ville du nord au sud en se dirigeant vers l'aéroport et Tulum ▲ *177*. Le boulevard Kukulcán qui débouche sur l'avenue Tulum au centre de la ville, se dirige à l'est pendant 9 km vers la zone hôtelière puis vers le sud en longeant la mer et desservant sur 14 km les hôtels, avant de virer à l'ouest vers l'aéroport et Tulum.

La lagune. Entre l'île et le continent, s'étend une vaste lagune divisée en portions (Laguna Nichupté, Bojórquez, del Amor, Río Inglés). La lagune, bordée de mangroves ■ *20*, communique avec la mer par deux entrées, au sud le canal Nizuc, au nord le canal Nichupté. Dans cette lagune de 5 km sur 10 km, on peut pêcher, faire du ski nautique, de la plongée, etc. Des excursions en bateau permettent d'en faire le tour, de visiter les mangroves et les sites archéologiques.

Vestiges mayas. L'île de Cancún était habitée par les Mayas avant l'arrivée des Espagnols. Des restes de constructions subsistent encore à San Miguelito (Xlab-Multun) et à El Rey (Kin ich Ahau Bonil), situés plus ou moins au centre de l'île, l'une face à la mer, l'autre face à la lagune. El Rey se compose d'une place principale entourée de trois plates-formes, une pyramide, deux petits temples et une construction voûtée. La place secondaire se compose de deux plates-formes, un bâtiment voûté avec, au centre, un petit oratoire. Près de l'hôtel *Sheraton,* une petite structure et une statue de Chac-mool constituent les derniers vestiges de Yamil Lu'um et, au golf (au km 6,5) subsistent ceux de Pok-Tapok. Ces constructions, postclassiques, sont du même style que celles que l'on trouve le long de la côte du Quintana Roo.

Les plages du Quintana Roo s'étendent sur plusieurs centaines de kilomètres le long de la mer des Caraïbes.

LE FORTIN DE MUNDACA
Au siècle dernier, un contrebandier, Fermín Mundaca, établit son repaire sur l'île Mujeres. Amoureux d'une belle Espagnole, il construisit un palais et un fortin pour le protéger. Mais la belle se maria avec un autre et le pirate se laissa mourir d'amour. Les ruines du fortin et les jardins seront restaurés.

Le ranch de Miguel Molas, à Cozumel, dessiné par Catherwood.

ÎLE MUJERES

Située à quelques kilomètres au nord de Cancún, l'île Mujeres (île des Femmes) fut probablement découverte en 1517 par Francisco Hernández de Córdoba ● *36* qui, en visitant l'un des temples, y observa plusieurs idoles féminines. L'île mesure 7 km de long sur 300 à 800 m de large et se situe à 7 km de l'embarcadère de Puerto Juárez. Le petit village de pêcheurs (1 400 habitants), au nord, conserve toujours son aspect traditionnel. À l'extrémité sud se trouve un ancien temple (ci-contre) endommagé par l'ouragan Gilberto de 1988. Quatre petites ouvertures orientées vers les points cardinaux devaient en faire un observatoire. Les plages se situent sur la côte sud-ouest de l'île, baignées par une mer tranquille, bleue et transparente (Playa Garrafón, Indios, Lancheros, Pescador...). Garrafón est la plus intéressante par l'abondance de la faune sous-marine qui fait la joie des plongeurs. Ils doivent toutefois prendre leurs précautions près de la barrière de corail. Au nord du village, la plage Cocoteros ou Los Cocos, au sable fin et à l'eau transparente, est l'une des préférées de la population locale.

REPAIRE DE PIRATES. Pendant des siècles, l'île Mujeres fut un repaire de pirates et de contrebandiers. En 1821, Pierre Lafitte y fut blessé mortellement par les Espagnols et mourut en mer avant d'être enterré à Dzilam ▲ *216*, au nord du Yucatán. Sa mémoire survécut longtemps dans la région et se transforma en légende.

COZUMEL ♥

Avec 53 km de long et 14 km de large, Cozumel (50 000 habitants) est la plus grande des îles mexicaines.

Son nom maya, Cuzamil, signifie «l'île des Hirondelles». Occupée par les Mayas pendant 2 000 ans, elle possède encore de nombreux vestiges archéologiques.

San Gervasio. Habité jusqu'à l'époque de la Conquête, ce site principal abritait le sanctuaire de la déesse Ixchel, protectrice des femmes enceintes, de la médecine, de la fertilité et de la lune. Son oracle attirait les pèlerins mayas, qui débarquaient à Xamancab, l'actuelle San Miguel.

Un passé commerçant. L'important commerce entre le Guatemala, le Honduras, le golfe du Mexique et le nord du Yucatán, aboutissait à Cozumel, protégée par la mer. Les ports intermédiaires, exposés aux attaques étaient, comme Tulum ▲ *177,* ceinturés de murailles. Près de trente-cinq sites sont identifiés à Cozumel dont le temple maya de Cedral, qui servit de prison au XIXe siècle.

L'arrivée des Européens. En 1518, Juan de Grijalva fut le premier Espagnol à visiter l'île où Hernán Cortés ▲ *36* fit une longue halte, avant de partir à la conquête du Mexique. L'occupation du Yucatán par les Espagnols détruisit le commerce maya et les ports ruinés de la côte des Caraïbes furent peu à peu abandonnés par leurs habitants. Dès le XVIe siècle, les pirates français pillèrent les derniers villages, parmi lesquels Cozumel, qui, comme l'île Mujeres, servit au XVIIe siècle de lieu de repos aux pirates anglais qui exploitaient les bois précieux des tropiques. Puis l'île fut désertée jusqu'au soulèvement indien de 1847 ▲ *186*. Les pêcheurs de la côte s'y réfugièrent, mais la population ne dépassa jamais les cinq cents habitants.

Une prospérité croissante. L'essor de l'exploitation du chiclé (chewing-gum) ▲ *330* transforma Cozumel en port de commerce, puis, pendant la Seconde Guerre mondiale, les Américains y construisirent un aéroport militaire. Après la guerre, l'île tomba dans l'oubli jusqu'à ce que Jacques-Yves Cousteau explore le récif de Palancar et fasse connaître au monde la beauté du site. Cozumel, relié par un aéroport international, conserve, malgré le tourisme, le charme des villages mexicains. Une route permet de faire le tour de l'île.

Les plages. À 9 km au sud de la ville, la plage Chankanab, grâce à sa lagune et à son jardin botanique, est le lieu préféré des habitants et des touristes. Les plus belles plages sont néanmoins celles de San Francisco et de Palancar à environ 15 km au sud de la ville, paradis des plongeurs et des nageurs. À Punta Celaráin, au sud, la tour du phare offre une vue magnifique du continent et de l'île. La côte exposée au large est renommée pour la beauté de ses paysages, mais elle est dangereuse pour les baigneurs. Le nord de l'île, mal desservi, n'est pas accessible aux visiteurs.

Le village de Punta Molas, au nord de l'île de Cozumel.

La ville de Cozumel
Avec ses rues tracées à angles droits, la cité est tranquille et agréable.

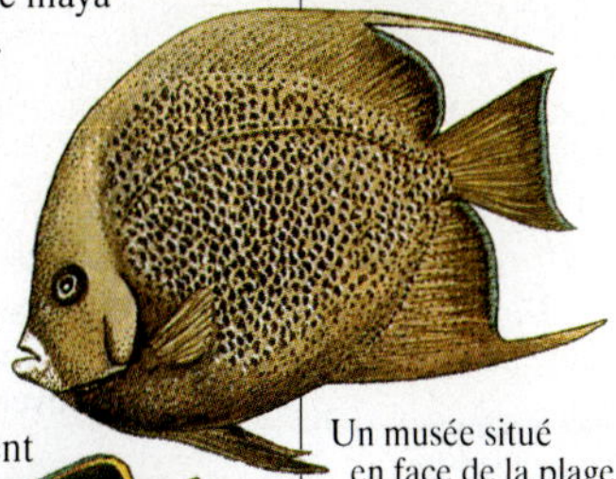

Un musée situé en face de la plage offre une vision complète de la nature et de l'histoire de l'île. On peut notamment y admirer des reconstitutions des fonds sous-marins ■ *18*.

Île Contoy
À 24 km au nord de l'île Mujeres, se trouve l'île Contoy, rendue célèbre par Jacques-Yves Cousteau. Sanctuaire d'oiseaux, elle attire un grand nombre d'observateurs et de plongeurs qui veulent découvrir les poissons tropicaux (ci-dessus), photographier les oiseaux et déguster à loisir poissons et crustacés. Il n'y a pas d'hôtel, et il faut donc dormir sur la plage en se protégeant des moustiques près d'un feu de camp.

Détail ornant le passage nord du temple des Fresques de Tulum (plan ci-contre).

Puerto Morelos

Un ferry fait la navette en deux heures entre Cozumel et Puerto Morelos ◆ *354*. En face du port de ce village de pêcheurs se dresse un énorme récif qui abrite une grande variété de coraux et de poissons tropicaux qui évoluent dans une mer transparente et colorée.

Punta Bete. Un mauvais chemin de terre de 5 km conduit à travers la jungle aux plages de Punta Bete, protégées de la mer par une barrière de corail. Elles sont équipées de restaurants, de bungalows, d'un camping et de *palapas* – constructions en bois à toit de palmes, ouvertes de tous côtés.

Playa del Carmen

Cette bourgade, en plein développement touristique, conserve entre les palmiers de la zone résidentielle les vestiges de petits temples, qui sont les témoins muets de la présence des Mayas qui parcouraient ces côtes en pirogue depuis le Honduras : Xaman-Há (Playa del Carmen) était en effet l'un des ports d'embarquement des pèlerins qui se rendaient à Cozumel pour entendre l'oracle de la déesse Ixchel.

Le littoral

Les plages ♥. Xcaret, dans la direction de Tulum, est un complexe touristique équipé de plages et de rivières souterraines où l'on peut nager en toute sécurité, de cenotes, d'un aquarium pour dauphins, etc. Puerto Aventuras propose marina, hôtels grand standing, golf, magasins et musée. À Kantenah, plus au sud, la plage est bordée de palmiers où l'on peut accrocher son hamac et déguster du poisson frit sous une *palapa*. À Paamul, petite plage tranquille, les tortues marines géantes viennent déposer leurs œufs en été. Des cabanes et un camping y sont disponibles.

Akumal. À 100 km au sud de Cancún, le site d'Akumal fut rendu célèbre par la découverte d'un galion espagnol, le *Nuestra Señora de los Milagros*, coulé face au récif en 1741. Les objets retrouvés sont exposés au musée et le village est désormais le siège du *Club de los Exploradores y Deportes Acuáticos de México* (CEDAM), qui se charge de réunir les informations sur les naufrages qui eurent lieu dans

Puerto Morelos
Le jardin Botanique Alfredo-Barrera-Marín possède une grande variété de plantes régionales et conserve des vestiges archéologiques (ci-dessous) qu'on voit également ailleurs

dans le village. L'Aquarium Palancar, à 1,5 km, présente tous les aspects de la vie marine, incluant la barrière de corail, cenotes, lagunes et mangroves. Le public peut visiter à proximité *Croco'Cun*, un élevage de crocodiles.

la région. Akumal fut l'une des premières plages équipées pour la plongée et le surf. Avec les eaux turquoise de sa petite baie et son récif, Akumal reste un des lieux préférés des touristes et des plongeurs. En été, les tortues géantes viennent pondre sur les plages.

Chemuyil et Xcacel. Chemuyil et sa belle plage constituent un excellent lieu de repos et de plongée. Les iguanes géants observent les baigneurs qui, le dimanche, saturent les plages. À Xcacel, un autre morceau de paradis oublié, on peut visiter un cenote et explorer un navire qui repose sous les eaux.

Tankah. Cette zone fut transformée en plantation de cocotiers puis en centre d'exploitation du chiclé au cours de la première moitié de ce siècle. Sa plage n'est pas équipée pour le tourisme, mais le récif situé en face est d'une grande beauté. Les vestiges archéologiques que l'on peut apercevoir sont un prolongement de l'ensemble de Tulum, situé à 4 km.

Tulum ♥

À 131 km au sud de Cancún, Tulum est l'ensemble archéologique le plus important de la côte. Protégé par les falaises sur lesquelles il repose, le site est entouré, comme Mayapán ▲ *212*, d'un système défensif qui, à l'origine, était pourvu d'un chemin de ronde et d'un parapet. Cette muraille protégeait le port et le sanctuaire contre les attaques. Une petite plage entre les rochers en faisait un port fortifié où une grande activité commerciale se pratiquait toute l'année. Des routes empierrées (*sacbé*) s'enfonçaient dans la forêt, vers l'intérieur du Yucatán. La ville était encore occupée en 1518, lorsque les Espagnols y débarquèrent.

Xel-Há
La forêt tropicale entoure le lagon, très bel aquarium naturel, alimenté simultanément par la mer et l'eau douce des cenotes. Une zone archéologique restaurée prépare à la visite de Tulum.

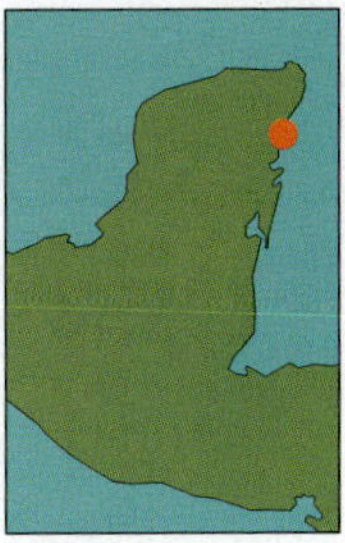

Tulum
1. Castillo
2. Grand Palais
3. Temple des Fresques
4. Temple du Dieu Plongeant
5. Mur d'enceinte

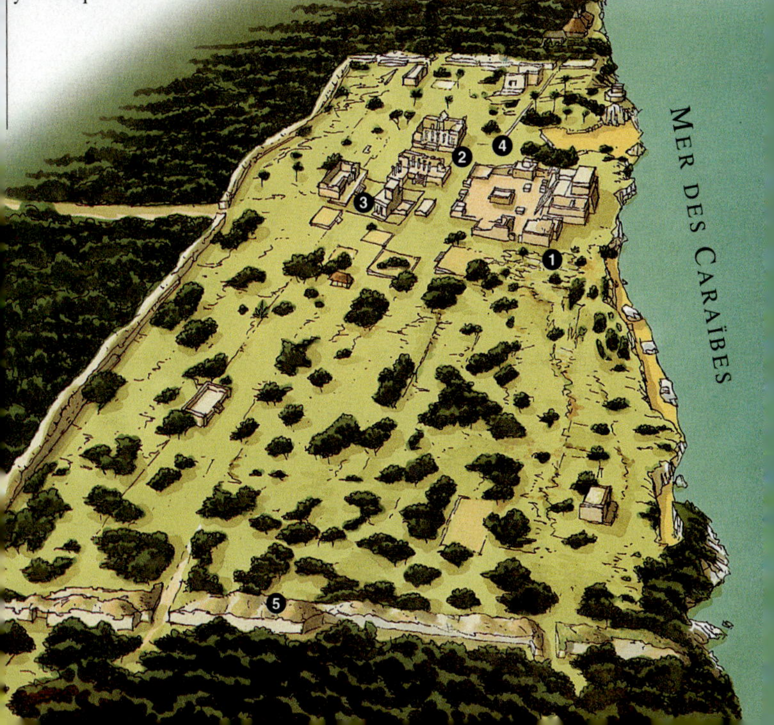

Célèbre pour sa situation exceptionnelle, au bord de la mer, et ses peintures murales proches de celles que l'on trouve dans les manuscrits mexicains, Tulum fut une ville et un port importants durant le siècle qui précéda la Conquête. Avec les sites voisins de Tancah et Xel-Há, Tulum offre d'excellents exemples de peintures monumentales et d'architecture de caractère strictement religieux, en pays maya.

HISTOIRE
Tulum, fondée vers 1200 pour servir de port de commerce sur la côte est du Yucatán, en liaison avec Mayapán ▲ *212*, connut son apogée après la chute de celle-ci, à partir de 1400. La plupart des ruines visibles aujourd'hui datent de cette époque.

RECHERCHES
Catherwood ● *56, 130* et Stephens visitèrent le site en 1841, mais les premières fouilles furent entreprises dans les années vingt par des chercheurs américains et mexicains. On dressa le plan du site et fit l'étude de l'architecture et de la céramique, s'attachant à la conservation des peintures et à l'établissement de la datation stylistique. Alors que le centre du site, avec des édifices autour d'une place, s'inscrit bien dans la tradition maya, les constructions érigées le long d'une rue orientée à 17° à l'est du nord attestent une influence mexicaine, cette orientation étant commune au Mexique central, notamment à Teotihuacán. Les édifices à colonnes sont du Postclassique Moyen, les autres datant presque tous de la période suivante.

Le «Castillo»
L'édifice le plus grand du site surplombe, sur le côté est, la mer des Caraïbes. Vers l'intérieur de la cité, il fait face à une cour entourée de petits bâtiments. Aujourd'hui (ci-dessus), et en 1841 (ci-dessous, par Catherwood).

Masque d'angle
Masque en stuc (ci-dessus) décorant un angle du Temple des Fresques. En haut, Stephens en compagnie de Catherwood, à qui l'on doit cette illustration, mesurent la façade d'un temple au sud du *Castillo.*

ÉDIFICES NAINS
L'architecture de Tulum, qui utilise une maçonnerie de mauvaise qualité dont les défauts sont dissimulés sous une épaisse couche de stuc, favorise les édifices de petite taille et atteint parfois à une véritable miniaturisation qui rendait toute activité humaine difficile, sinon impossible (ci-dessus, l'un des bâtiments du site). Le petit sanctuaire placé au cœur d'un temple à peine plus grand (Temple des Fresques, ci-contre), en constitue une des formes caractéristiques. On trouve aussi des constructions naines sur le front de la mer des Caraïbes, dont on pense qu'elles ont pu servir de repères pour les navigateurs.

TEMPLE DES FRESQUES
Il est constitué de deux temples, du Postclassique Récent, emboîtés (ci-contre). Le premier est recouvert par un second sanctuaire dont la large porte est divisée par quatre colonnes. Les murs intérieurs des deux constructions sont entièrement ornés de fresques encore bien conservées.

FRESQUES
Dans les peintures murales de Tulum, la construction «cosmique» du décor est une constante : les personnages évoluent avec le ciel au-dessus de leur tête et l'inframonde sous leurs pieds. En outre, les scènes sont divisées en panneaux par des torsades de serpents.

Sur le sanctuaire intérieur du Temple des Fresques, le thème majeur de l'iconographie est le maïs. Les divinités représentées ont toutes un rapport avec cette céréale : le «Dieu Plongeant» a deux plants dans sa coiffure ; dans le registre supérieur, une déesse agenouillée moud, tandis qu'en haut et à droite, le dieu K ● *50*, assis, présente à une déesse debout un petit dieu du Maïs.

«Dieu Plongeant»
Traditionnellement interprété comme étant l'image d'une divinité spécifique (planète Vénus ou dieu des Abeilles), les variations notées dans sa représentation laissent cependant supposer qu'il y a plusieurs «Dieux Plongeants». Sa posture illustre sans doute le thème du dieu descendant du ciel pour recevoir les offrandes des hommes.

Le Temple des Fresques dessiné par Catherwood.

Sur le mur du fond du Temple dit du «Dieu Plongeant», la frise céleste comprend un rayon solaire et un possible symbole de Vénus. Elle est surmontée d'une bande aux extrémités de laquelle se trouvent deux créatures en buste, l'ensemble formant sans doute l'image du ciel sous la forme d'un serpent bicéphale. La terre est aussi constituée d'un serpent à deux têtes qui fait pendant au monstre céleste. Sous la terre, un panneau central illustre l'inframonde aquatique. La scène terrestre comprend deux groupes de personnages. Dans chacun d'entre eux, une femme présente un objet à un homme, probablement une divinité.

HOLBOX
Pour s'y rendre, prendre depuis Cobá la route de Nuevo Xcan qui croise celle de Mérida-Cancún. À El Ideal, une route remonte en direction de Kantunil Kin et Chiquila. Des canots font la traversée vers le village de Holbox, ancien port de pêcheurs de requins. Après la pêche aux requins (ci-contre, requin tigre), c'est celle des langoustes qui est la plus prisée.

PUNTA ALLEN
Dans ce petit village de pêcheurs, situé au bout d'une bande de terre, face à la baie de l'Ascension, les pêcheurs capturent à la main des langoustes, élevées dans la baie.

COBÁ

Cette zone archéologique à peine explorée, à 50 km de Tulum, couvre une surface de 50 km². Cobá fut fondée au début du VIIe siècle et occupée, avec quelques interruptions, jusqu'au XVe siècle. L'architecture de la ville rappelle celle de Tikal ▲ *322* ; les deux cités prirent leur essor à la même époque, entre le VIIe et le Xe siècle, Cobá étant alors la plus importante ville du nord-est du Yucatán, comme en témoignent ses nombreuses stèles et l'impressionnant réseau de chaussées surélevées (*sacbeob*) dont elle est le centre. Une alliance entre ces deux villes en faisait un centre commercial important où les produits de la côte, le sel en particulier, étaient concentrés puis envoyés au Petén.

DES FOUILLES RÉCENTES. D'abord exploré par l'institution Carnegie (Washington), le site (ci-dessus) a récemment fait l'objet de fouilles et de restaurations par l'Institut national d'anthropologie et d'histoire de Mexico. Au nord-est du groupe principal, la structure 1, dite aussi «Grande Pyramide» (Nohoch Mul), illustre bien la longue occupation de la ville. En effet, un édifice postclassique récent semblable à ceux de Tulum a été construit au sommet (24 m de haut) de la pyramide datant du Classique Récent. À son pied, on a trouvé la Stèle 20, l'une des mieux conservées du site, datée de 684 de notre ère. Du haut de la pyramide du Castillo, on bénéficie d'une vue imprenable sur la forêt environnante et les cinq lacs (dont le lac Macanxoc, ci-contre et page de droite) qui entourent le site.

LES CHAUSSÉES SURÉLEVÉES. Des *sacbeob* partent dans cinq directions pour relier le groupe principal aux autres groupes d'édifices du site. Ces routes (on en a compté seize) sont hautes de 0,50 à 2,50 m au-dessus du sol et larges de 4,50 m environ. Leurs côtés sont des murs grossiers qui contiennent un remblai recouvert de *sascab*, un ciment calcaire naturel qui

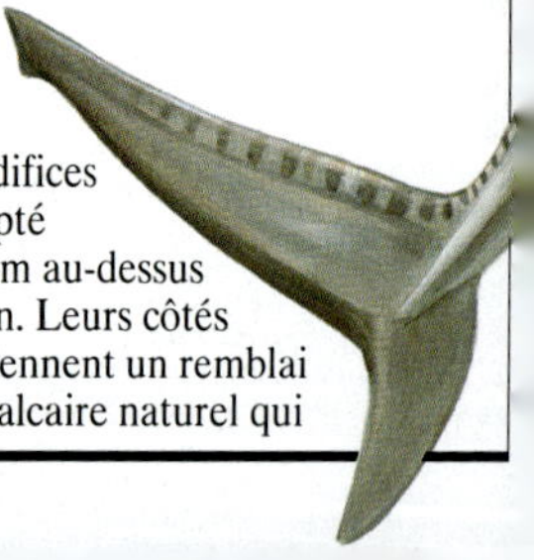

La mouette atricille
et le tournepierre
à collier fréquentent
les côtes du Yucatán.

durcit à l'humidité et à la pression. Des *sacbeob* reliaient aussi Cobá à d'autres sites : Ixil, à une vingtaine de kilomètres au sud-ouest, et Yaxuná, à 100 km à l'ouest. La chaussée, sans doute construite au Classique Récent, est parfaitement droite, sauf dans les premiers 32 km depuis Cobá, où elle devait éviter des petites communautés. Sur la chaussée Cobá-Yaxuná, la plus longue route maya connue, on a trouvé un cylindre de calcaire de 4 m de long pesant 5 t, qui était sans doute utilisé comme rouleau pour tasser la surface du sol.

UNE ESPÈCE ÉTEINTE
Le seul pinnipède, ou phoque de l'Atlantique tropical, commun au début du XXe siècle, était le phoque moine des Caraïbes. Le dernier a été vu au Honduras en 1952.

VERS PUNTA ALLEN

Une piste sableuse, transitable pour tous véhicules, mène à Punta Allen depuis Tulum (57 km). À Boca Paila, des bungalows reçoivent les voyageurs venus de Cozumel ou de Cancún, qui veulent jouir des plaisirs de la pêche en mer. La route se faufile entre la mer et la lagune de Chunyaxché, entre palmiers et plantes tropicales, franchit un pont de bois près duquel on peut camper. La lagune, située dans la réserve, est un sanctuaire d'oiseaux migrateurs : flamants roses, hérons, aigrettes, etc. Dans la réserve existent plus de trois cents espèces d'oiseaux et, dans la lagune vivent les deux espèces de crocodiles tropicaux (*Crocodylus moreletii* et *Crocodylus acatus*).

RÉSERVE DE SIAN KA'AN

La réserve de Sian Ka'an («don du ciel», «horizon», en maya) fut créée en 1986 et incorporée au Réseau mondial de Réserves de la biosphère par l'UNESCO.

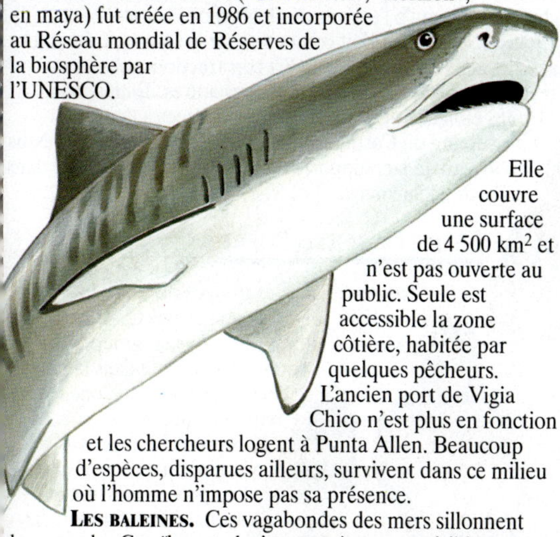

Elle couvre une surface de 4 500 km^2 et n'est pas ouverte au public. Seule est accessible la zone côtière, habitée par quelques pêcheurs. L'ancien port de Vigia Chico n'est plus en fonction et les chercheurs logent à Punta Allen. Beaucoup d'espèces, disparues ailleurs, survivent dans ce milieu où l'homme n'impose pas sa présence.

LES BALEINES. Ces vagabondes des mers sillonnent les eaux des Caraïbes et plusieurs espèces sont visibles autour du Yucatán. La baleine de Cuvier ou *picuda* (*Ziphius cavirostris*) ne vit presque exclusivement que dans les eaux chaudes. L'espèce qui fut la plus chassée est un cachalot (*Physeter macrocephalus*) recherché pour sa viande et sa graisse, mais aussi pour le blanc de baleine ou *spermaceti* – graisse fine qui se trouve dans une cavité de la tête – employé pour la fabrication de cosmétiques et de chandelles, et

OISEAUX MARINS
Les limicoles regroupent les chevaliers, bécasseaux et courlis, et vivent sur les plages et dans les mangroves, où ils trouvent leur nourriture. Les pluviers de Wilson, les bécassines des marais, les bécasseaux, les tournepierres à collier fréquentent les zones humides de la péninsule.
Les espèces les plus communes dans la mer des Caraïbes sont : la mouette atricille à tête foncée et bec rouge et la mouette argentée, blanche à bec jaune ; le pélican brun (*pontoh*) et blanc (*sac pontoh*) ; la frégate, *chimay* en maya ; le fou brun, ou *alcatraz,* à ventre blanc, ou fou à pieds bleus ; le bec-en-ciseaux ou *rayador*, qui nage au ras de la mer le bec ouvert laissant un sillon dans l'eau ; les cormorans, *mach* en maya ; l'*Anhinga,* animal curieux appelé oiseau-serpent pour son long cou et son long bec ; les sternes (caugek et royal).

Sur la route de Chetumal à Xpuhil.

LES DAUPHINS
Il existe cinq espèces de dauphins dans les Caraïbes : le *bufeo* ou *tonina*, que l'on peut voir en aquarium à Xcaret par exemple ; le *manchado* (*Stenella frontalis*), qui se déplace en haute mer en bande pouvant compter jusqu'à mille individus ; le *Stenella attenuata* et le dauphin *giradora* (*Stenella longirostris*), très connus des pêcheurs ; et, vivant en compagnie des précédents, le *Steno bredanensis*, plus petit et plus rare.

l'ambre gris, concrétion intestinale utilisée comme fixateur d'arômes en parfumerie. Le rorqual (*Balaenoptera physalus*) est l'espèce la plus grande (24 m) qui visite les Caraïbes, et l'orque ou épaulard (*Orcinus orca*) est le plus commun des cétacés. L'espèce la mieux connue au Yucatán est le *ah k'anxoc*, ou *bufeo prieto* (*Globicephala macrochynchus*), baptisée «baleine-pilote» car les bandes de cinquante ou soixante individus suivent toujours un mâle, qui leur sert de guide. C'est l'espèce qui s'échoue le plus souvent sur les plages. Un «suicide» collectif eut lieu en 1985 à Xpet Há, au nord du Yucatán. Les pêcheurs de Holbox étaient spécialisés dans la chasse de cette espèce.

MUYIL

De Tulum, une route s'enfonce vers le sud en direction de l'ancienne capitale des Indiens soulevés lors de la guerre des Castes ▲ *186,* Chan Santa Cruz, l'actuelle Felipe Carrillo Puerto. Cent kilomètres de route traversent ce qui était, il y a vingt ans encore, une épaisse jungle. Maintenant, de vastes zones déboisées où ruminent quelques bovins et des *ranchos* se succèdent, sans intérêt pour le voyageur. À 25 km au sud de Tulum, sur la route de Chetumal, les ruines de Muyil, aussi appelées Chunyaxché, se dressent sur un promontoir rocheux au bord de la lagune du même nom. Les premiers sondages indiquent une occupation continue depuis le début de l'ère chrétienne jusqu'à l'arrivée des Espagnols. Un *sacbé* (chaussée surélevée) fait communiquer le centre cérémoniel avec la lagune, située à 5 km. Six constructions subsistent le long du *sacbé,* à 120 m les unes des autres. Toutes, sauf la plus éloignée de la lagune, sont orientées à l'ouest. La structure du Castillo, situé à mi-distance, 21 m au-dessus du niveau du lac, supporte une tour circulaire, unique dans l'archéologie maya.

Vendeuses de fruits au Yucatán à la fin du siècle dernier.

FELIPE CARRILLO PUERTO

Repoussés par les troupes du Yucatán en 1849, lors de la guerre des Castes, les Mayas soulevés (*cruzob*) se regroupèrent autour d'un cenote dans la jungle. Un miracle eut lieu : une «croix parlante» apparut à Kampocolché et promit la victoire finale aux Mayas. La «petite sainte croix» devint «Chan Santa Cruz» et son sanctuaire le centre d'un nouveau pouvoir. Une immense église, la Balam Na, fut bâtie en son honneur et, autour, un vaste ensemble de résidences, de casernes et de terrains de

manœuvres. Là résidait le *Tatich,* ou patron de la Croix, le chef suprême, son aide le *Tata Nohoch Zul,* ou chef des espions, qui pénétrait dans le camp ennemi pour préparer les attaques, et le *Tata Polin,* l'interprète de la Croix. Serviteurs de la Croix, soldats de garnison qui venaient régulièrement des villages voisins faire leurs gardes, esclaves blancs et indiens chargés de la construction formaient la population de la ville.

Lieu de culte. Le cenote (ci-contre) où apparut la croix et le petit sanctuaire construit pour commémorer l'événement existent encore à l'angle des rues 69 et 58. Plusieurs sanctuaires furent créés, dont celui de Tumul, où une femme, María Huicab, était chargée du culte. La grande Balam Na est devenue un lieu de culte catholique et les casernes situées derrière ont été transformées en écoles. La petite chapelle située sur le côté de la grande église fut construite par le général maya Francisco May. En 1901, quand la ville fut occupée par les troupes fédérales, plusieurs villages se disputèrent le privilège de posséder la croix parlante, et les modestes églises des villages indiens continuent à transmettre le culte. Aujourd'hui encore, le 3 mai, jour de la Sainte-Croix, les Indiens viennent toujours visiter le petit cenote de Carrillo Puerto où la croix leur adressa la parole pour la première fois. Les Mayas disent encore que le clocher de la Balam Na ne sera terminé que lorsqu'ils auront repris en main les rênes de leur destinée.

Lac Bacalar

Ce lac (ci-contre), appelé Laguna de Siete Colores, communique avec la baie de Chetumal. Sur la route, à 33 km avant Chetumal, une déviation conduit au cenote Azul. Avec ses 90 m de profondeur, c'est l'un des cenotes les plus impressionnants après celui de Chichén Itzá ▲ *205.* La route longe ensuite le lac jusqu'au village de Bacalar. La région, densément peuplée avant la conquête espagnole, dépérit rapidement. Le village de Salamanca de Bacalar, fondé en 1544 par Gaspar Pacheco, fut abandonné après un soulèvement indien. Reconstruit au XVIIe siècle, mais menacé par les pirates qui le pillèrent plusieurs fois, le village de

Cette fresque de Chichén Itzá ▲ *205* figure la vie d'un village yucatèque à l'époque préhispanique.

Xcalak
À mi-chemin entre Carrillo Puerto et Chetumal, une route conduit vers la péninsule de Xcalak. Après Majahual, une piste suit la côte au nord vers Punta Herrero et au sud vers Xcalak. Cette région possède de nombreux sites archéologiques non explorés ; on a signalé la présence de ces constructions le long de la côte mais l'intérieur demeure inconnu. La région fut un refuge, pendant la période coloniale, pour les Mayas qui fuyaient

la domination espagnole. En 1900, l'armée construisit un poste et un phare à Xcalak, puis un phare à Punta Herrero.

En 1901, Porfirio Díaz (ci-dessous) envoya les troupes fédérales pour réprimer la révolte yucatèque.

Rassemblement de militaires et de civils mexicains à Chan Santa Cruz.

Durant la seconde moitié du XIXe siècle, la péninsule du Yucatán est secouée par un violent conflit qui oppose Mayas et Blancs. Les Indiens, lourdement imposés par l'administration, se voient dépossédés de leurs terres au profit des grands domaines. Leurs chefs, menacés dans leurs privilèges par les lois libérales et les abus des Blancs, déclenchent une violente campagne qui dégénère à partir de 1847. Les insurgés tiendront un large territoire jusqu'à la fin du siècle mais la guerre se soldera par une domination blanche définitive.

DÉBUT DE L'INSURRECTION

En juillet 1847, l'exécution publique de l'un des conjurés indiens et la destruction par le feu du village maya de Tepich et de sa population entraînent le soulèvement des Mayas de l'est de la péninsule. Les Indiens libèrent alors leur haine des Blancs et prennent d'assaut les villages, brûlant, massacrant, détruisant tout ce qui leur rappelle leurs oppresseurs.

RECONQUÊTE MAYA

Les Mayas, armés par les colons anglais du Belize, récupèrent 90 % de leur territoire ancestral et établissent leurs avant-postes à 8 km de Campeche et à 24 km de Mérida. La panique est à son comble quand, inexplicablement, les Indiens se retirent dans leurs villages. Les Blancs en profitent pour réorganiser leurs troupes d'autant que la fin de la guerre américano-mexicaine (1848) leur permet de se procurer armes et renforts. Traqués, les Mayas se concentrent autour de Chan Santa Cruz, où ils fondent le culte de la Croix-Parlante. Fanatisés par l'oracle qui leur promet la victoire, ils résistent avec vigueur et repoussent leurs adversaires pendant plusieurs années.

À la fin du siècle, les Indiens, affaiblis par les épidémies et privés d'armes, deviennent une proie facile pour les troupes fédérales. En 1901, celles-ci occupent Chan Santa Cruz, évacuée par les Mayas (à droite). Ainsi, après un demi-siècle d'indépendance, leurs terres deviennent un territoire fédéral sous contrôle militaire.

Masque en stuc de Kohunlich.

Bacalar fut abandonné à nouveau. Durant le premier quart du XVIIIe siècle, le gouverneur Antonio Figueroa y fit construire un fort, transformé aujourd'hui en musée, pour surveiller les Anglais qui s'installaient alors au Belize ▲ *335*. Durant la guerre des Castes, en 1859, le village fut pris par les Mayas, qui massacrèrent la population. Il ne fut récupéré qu'en 1901.

CHETUMAL

Cette ville fut fondée en 1898, après la signature du traité Spencer-Mariscal par lequel le Mexique reconnut les frontières du Honduras Britannique, l'actuel Belize. Un ponton fabriqué à la Nouvelle-Orléans fut ancré dans la baie face au lieu-dit Payo Obispo pour permettre la surveillance du commerce illégal d'armes et de bois précieux transitant par le río Hondo. Bientôt, les réfugiés de la guerre des Castes revinrent du Belize et le village de Payo Obispo prit son essor. Le nom signifie probablement «lieu de bois rouge», le *chacté.* En 1915, le gouvernement du territoire fut transféré de Chan Santa Cruz à Chetumal, qui devint la capitale. Située dans une zone de cyclones, elle fut détruite à plusieurs reprises, en 1916, 1942, puis en 1945 par le cyclone Janet, le plus violent de tous. Avec ses 120 000 habitants, Chetumal est une ville moderne (ci-contre) et un important centre commercial pour les villages voisins du Quintana Roo et du Belize, mais elle ignore encore totalement le tourisme.

RÍO HONDO. À partir de Chetumal, on peut remonter en bateau le río Hondo, fleuve qui sépare le Mexique du Belize, jusqu'au village de Subteniente López. Par la côte, on peut aussi atteindre Laguna Milagros et Calderitas et y déguster poissons et crustacés au bord de l'eau. Les quelques zones archéologiques de cette région n'ont pas encore été explorées ; d'autres, comme Ichpaatún, sont déjà détruites.

LES ENVIRONS DE CHETUMAL. De Chetumal vers l'ouest, la route bifurque à Ucum (25 km) vers le Belize au sud, poste frontière à La Unión, à 86 km. La route qui continue vers l'ouest mène à Francisco Escárcega (291 km) et permet d'accéder aux sites du Yucatán central (Río Bec) ▲ *190*, avec, d'abord, Kohunlich. Après Francisco Escárcega, il est possible de rejoindre Palenque ▲ *243* et Campeche ▲ *228*.

❝Quand Francisco Hernandez de Córdoba aborda à cette terre, étant descendu à la pointe qu'il nomma cap de Cotoch, il y trouva quelques pêcheurs indiens et les questionna sur le nom de la terre qu'ils habitaient ; ils répondirent : *Cotoch,* ce qui veut dire *nos maisons* [...]. Ensuite, il leur demanda par signes comment était leur terre, ceux-ci répondirent : *Ciuthan* qui signifie : «*Ils le disent*». Les Espagnols en firent Yucatán.❞

Diego de Landa, *Relations des choses de Yucatán*

Kohunlich

Sur la route d'Escárcega, à 70 km de Chetumal, une voie de 8 km conduit aux ruines de Kohunlich, site occupé du Préclassique au Postclassique. Les travaux de fouille et de restauration, commencés à la fin des années 1970, ont repris sur une grande échelle en 1992.

Plaza Mayor. Sur l'un des côtés de la grand-place du Classique Récent, trois stèles lisses ont été érigées sur les gradins d'accès, au pied desquels on a construit un autel en maçonnerie. Divers édifices sont alignés sur la longue plate-forme perpendiculaire à la précédente et leurs portes sont encadrées de colonnes géminées.

Pyramide des Masques Solaires. À l'extrémité du site, après avoir croisé de très nombreuses structures (un grand terrain de jeu de balle, en particulier), on atteint la pyramide des Masques Solaires. Modelés en stuc et peints (page de gauche), les masques ornent les quatre degrés, de part et d'autre de l'escalier, d'une pyramide du Classique Ancien ; ils ont été protégés par la construction d'une pyramide postérieure qui recouvre encore la base de la première. Les figures des degrés 2 et 3 sont des visages anthropomorphes avec le sigle *kin* (soleil) dans les yeux, et des incisives taillées en T. Ils sont vus à l'intérieur d'une gueule de serpent qui représente sans doute le ciel ; cette gueule est formée par deux mâchoires verticales réunies par une bande céleste (on reconnaît le signe *lamat,* étoile, sous le masque de gauche du troisième degré). Chaque visage est encadré par deux masques, l'un sur la tête, l'autre sous le menton. Les ornements d'oreille sont surmontés d'un masque de poisson et prolongés en bas par un masque de serpent. Sur le quatrième degré, le visage humain est remplacé par celui du jaguar, sous un grand signe *kin.* Les masques de cette pyramide représentent des apparitions solennelles du soleil : soit l'astre lui-même soit le roi, à qui on l'identifiait.

Dzibanché. À 30 km au nord de Kohunlich, dans cette région manifestement très habitée à l'époque précolombienne, et où les archéologues travaillent beaucoup, se trouvent les ruines de Dzibanché, fouillées également de façon intensive depuis 1992. Le groupe principal comprend des pyramides de taille considérable où l'on a découvert des tombes spectaculaires. Les résultats des fouilles sont attendus avec impatience.

L'élevage de bovins constitue l'une des ressources économiques traditionnelles de la péninsule du Yucatán.

Le «ceiba» ■ *28*
Arbre sacré des Mayas, le *ceiba* domine les villages de sa grandeur et borde parfois les routes du Yucatán (dessin de P. Langlois, fin du XIXe siècle).

XPUHIL ♥

Venant de Chetumal, en direction d'Escárcega, peu après être entré dans l'État du Campeche, on découvre la ville étape de Xpuhil, à la sortie de laquelle se trouvent les ruines du même nom. La grande majorité des constructions fouillées et restaurées date du Postclassique. Cependant, l'édifice 1, le plus important, est bien représentatif du style Río Bec, qui s'est développé entre 600 et 830 après J.-C., au nord des Basses Terres centrales.

MONSTRES TERRESTRES. La région que les archéologues désignent sous le vocable de Río Bec – reprenant ainsi le nom d'un de ses sites – et, plus au nord, celle mal connue des Chenes (Hochob, Dzibilnocac, Xtampak) sont caractérisées par des temples dont la porte représente la gueule du monstre de la terre. Les tours pyramidales couronnées de «temples» non fonctionnels ne se rencontrent guère que dans l'architecture Río Bec.

TROIS FAUSSES PYRAMIDES ● *108*. Le corps central de l'édifice 1 de Xpuhil est constitué de trois parties accolées. Chacune des portes extérieures est surmontée d'un masque frontal du monstre terrestre, l'ouverture étant ainsi identifiée à sa gueule. Des masques très stylisés de cette même créature, le plus souvent de profil et en bas-relief, sont empilés des deux côtés de la porte. Ils soulignent ainsi que le bâtiment lui-même représente la terre. Les escaliers des trois tours pyramidales de l'édifice présentent une pente de 70° et n'ont pu avoir de fonction pratique. Dans l'axe de l'escalier,

TROMPE-L'ŒIL
Les pyramides de Becan (ci-dessus, Structures 1 et 4), comme celles de Xpuhil (à droite et ci-dessous, dans une reconstitution due à Tatiana Proskouriakoff ● *60*) supportent parfois de faux temples et des escaliers en trompe l'œil.

«LA PROVINCE RÍO BEC – QU'UNE AGRICULTURE INTENSIVE RENDAIT TRÈS PROSPÈRE – SE CARACTÉRISE PAR UN STYLE RÉGIONAL AUSSI INSOLITE QUE GÉNÉRALISÉ.»

PAUL GENDROP

de grands masques frontaux, toujours du monstre terrestre, rompent la monotonie des masses. Les pyramides sont couronnées de temples tout aussi faux qu'elles le sont elles-mêmes, pourvus d'une porte centrale figurant cette fois encore une gueule. Mais ici, la fausse porte est surmontée d'un masque de face et encadrée de deux autres de profil. Une crête faîtière prolongeait chacun des temples.

BECAN ♥ ● 114

Becan, le mieux connu et le plus grand site de style Río Bec, se trouve au bord de la route, à quelques kilomètres de Xpuhil. Le cœur de la cité est entouré d'un fossé, à l'origine profond de 5 m et large de 16 m, dont l'âge est discuté. On le date du Préclassique, alors que les premières constructions qui ont été répertoriées remontent à la fin du Classique Ancien. Jusqu'à présent, on n'a pas pu identifier un style antérieur au Río Bec.

MONUMENTS. Pendant ses cinq ou six siècles d'existence, Becan, capitale régionale, a connu une

HORMIGUERO
Ce site, qui ne peut être atteint qu'avec l'aide d'un guide et d'un véhicule tout terrain, est sans conteste le site le plus baroque, le plus excessif de la région Río Bec. Sur l'édifice 2, se trouve réuni le plus grand nombre d'éléments décoratifs de ce style. Apparus tardivement, des masques en haut relief sont empilés aux angles de l'édifice 5, un petit temple entièrement recouvert de sculptures. Le museau allongé, sinueux ou en crochet de ces masques, est fortement saillant.

LE YUCATÁN CENTRAL
La région dite «Río Bec» se situe au centre de l'aire maya, désormais à quelques kilomètres au nord du Guatemala, et à mi-chemin entre Chetumal ▲ 188, à l'est, et Francisco Escárcega, à l'ouest. Seule voie reliant ces deux points, la route fédérale 186 permet de joindre les sites archéologiques de la région, plus ou moins éloignés. La plupart sont assez faciles d'accès, mais atteindre Río Bec, Hormiguero ou, plus au sud, Calakmul, relève de l'expédition.

Insectes d'Amérique centrale : on peut trouver ces espèces dans la péninsule du Yucatán.

RÍO BEC
D'accès plus difficile que Xpuhil ou Chicanná, le site de Río Bec qui a donné son nom au style architectural des sites mayas de la région, comprend divers groupes, dont le mieux conservé est désigné par la lettre B. La partie centrale, percée d'une seule porte, est en retrait par rapport aux deux tours pyramidales qui la flanquent. A l'intérieur, les murs ont conservé d'intéressants grafitti. Le groupe N, très endommagé mais aux beaux vestiges envahis par les lianes et les arbres à fleurs, est l'une des ruines les plus romantiques d'Amérique centrale.

«De Río Bec à la région accidentée du Puuc, plus on remonte vers le nord-ouest de la péninsule et plus l'arrondi sensuel et l'ornementation exubérante cèdent la place à un art éminemment architectural où une sculpture au caractère géométrique est asservie aux nécessités d'une composition rigoureuse dans laquelle dominent les contours nets et les volumes bien contrastés.»
Paul Gendrop
Les Mayas

activité architecturale considérable qui se traduit par des additions, des superpositions, des modifications continuelles, et ceci jusqu'au Postclassique Ancien compris. Le répertoire décoratif du style Río Bec est bien illustré à Becan : groupes de colonnettes engagées, damiers et croix s'ajoutent aux masques empilés égaillés à profusion sur les façades. La Structure 8 renferme une énigme : en effet, on a découvert dans le corps de sa pyramide neuf pièces communicantes – dont certaines hautes de huit mètres – et parfaitement obscures dès lors que seul les relie à l'extérieur un étroit boyau ; cet ensemble fut sans doute utilisé pour des déambulations rituelles dans un environnement censé reproduire l'«inframonde».

CHICANNÁ

Facilement accessible depuis la route qui traverse la péninsule du Yucatán, Chicanná possède plusieurs édifices bien conservés et restaurés. La façade de la Structure 2 est constituée de trois parties : un bâtiment central et deux ailes accolées (en haut à droite). Au-dessus des portes latérales,

la corniche forme des maisons paysannes à toit de chaume, dont les niches abritaient des statues aujourd'hui disparues. Sous la corniche, les murs lisses étaient stuqués et peints : quelques glyphes sont encore visibles.

Masque géant de monstre. Contrastant avec la sobriété des ailes, le bâtiment central est doté d'une façade entièrement sculptée tout autour de la porte (ci-dessous). Au-dessus de celle-ci, le motif principal est un masque de monstre terrestre, présenté de face et dont la mâchoire inférieure est représentée par la plate-forme en saillie qui constitue le seuil. Le large museau retroussé découvre une rangée de dents saillantes aux deux incisives taillées en T. Les yeux ont une pupille en crochet ; du coin de la gueule sortent deux volutes qui pourraient figurer des souffles de vie. Les ornements d'oreille rectangulaires sont surmontés d'une autre volute, ici symbole de croissance végétale, et prolongés d'un os, symbole de mort. Le front est barré par une cavité en U, signalant l'accès au monde souterrain ; la statue qui s'y trouvait représentait sans doute l'image du roi. La porte est en outre encadrée par deux profils identiques du même monstre terrestre. Les dents des deux mâchoires

Vue d'ensemble de la Structure 2 de Chicanná avec, au centre, la porte en forme de monstre terrestre.

Fouilles tardives
Les sites mayas du Yucatán central ont longtemps été ignorés des explorateurs et des archéologues. Stephens et Catherwood, Charnay ou Maudslay n'ont pas exploré la région ● *56*. C'est le Français Maurice de Périgny qui, le premier, visita le Yucatán central en 1907. Dans les années trente, l'Institution Carnegie y organisa plusieurs expéditions et au cours des années soixante-dix, Xpuhil, Chicanná ou encore Río Bec ont été fouillés et restaurés. Il est probable que d'autres sites de la région révèleront encore des surprises à l'avenir, comme ce fut le cas de Balamkú ▲ *194* tout récemment.

sont clairement visibles. Au-dessus des yeux indiqués par un crochet, on reconnaît le large front déprimé à son sommet et orné de volutes. Le nez est prolongé d'un tube de jade symbolisant le souffle vital ; les grandes volutes qui s'échappent de la gueule ont la même signification. Derrière les grands masques de profil qui encadrent la porte, deux panneaux constitués d'un empilement de masques terrestres stylisés ont été sculptés. Le grand serpent bicéphale qui forme une arche au-dessus du masque de face, pourrait représenter le ciel.

BALAMKU

À 60 km de Xpuhil, en direction de Francisco Escárcega, après avoir traversé le hameau de CONHUAS, il faut emprunter la première piste à droite qui s'enfonce dans les bois. Au bout de 1 500 m environ, on arrive au site de Balamku, découvert par hasard en 1990, et aujourd'hui justement célèbre pour sa MAISON DES QUATRE ROIS. La façade de cet édifice datant du Classique Ancien porte une frise de stuc longue de près de 17 m. Son décor se prolongeait vers le haut par quatre blocs en maçonnerie construits sur le toit. Dans ce décor, le niveau du toit correspond au niveau de la surface terrestre et sépare l'«inframonde» du monde des vivants. Quatre scènes d'émergence alternent avec trois jaguars. Ceux-ci apparaissent, assis ou à genoux et chargés de liens, comme les patrons du sacrifice.

CÉLÉBRATION DE LA ROYAUTÉ. À la base des scènes d'émergence on trouve un masque de monstre terrestre, surmonté d'un crapaud (à gauche) et d'un crocodile (à droite) ; ces animaux ont la tête renversée en arrière et de leur gueule grande ouverte émerge le roi assis sur un coussin en peau de jaguar, paré de ses masques de menton et de coiffure. Ce décor célèbre la royauté et souligne ses rapports avec le cosmos ; il représente l'accession au trône (vue comme une re-naissance) du souverain hors des entrailles de la terre, ce qui l'assimile au soleil et au maïs ; il proclame en outre que le souverain est garant de la prospérité du royaume, aux quatre coins de l'univers.

COMMERCE YUCATÈQUE
Le Yucatán se caractérise par l'absence de marchés indigènes traditionnels comme ceux des Hautes Terres ● *82* ◆ *374*. Les échanges ont lieu grâce à l'implantation de commerçants locaux qui s'approvisionnent dans les grandes villes. Ils sont associés à la sorcellerie depuis l'époque préhispanique. Les échanges sont néanmoins très développés au Yucatán, et le maïs, par exemple, constitue aussi bien une activité de subsistance qu'un commerce. Les grands centres urbains sont donc de véritables marchés qui drainent les échanges commerciaux. Ainsi, à la frontière du Belize, Chetumal ▲ *188* constitue un centre de contrebande important où l'on trouve de nombreux produits industriels. Ci-contre, paysanne yucatèque, au début du XXe siècle.

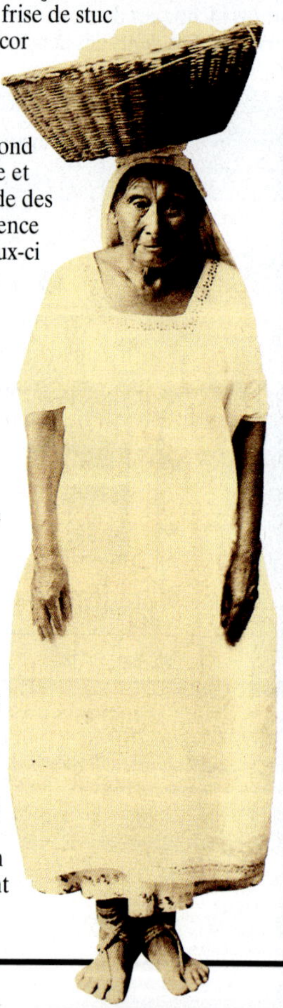

YUCATÁN OCCIDENTAL

MICHEL ANTOCHIW

▲ YUCATÁN OCCIDENTAL

1. MÉRIDA 2. IZAMAL 3. PISTÉ 4. CHICHÉN ITZÁ 5. VALLADOLID 6. MAYAPÁN 7. TEABO 8. MANÍ

Les hautes fenêtres des maisons patriciennes, protégées par des grilles de fer forgé, sont caractéristiques de Mérida.

L'actuel État du Yucatán est le produit des divisions successives, subies depuis le siècle dernier, d'un territoire qui couvrait l'ensemble de la péninsule. Baigné au nord par le golfe du Mexique, il forme un triangle de 39 949 km², limité au sud par l'État du Campeche et à l'est par le Quintana Roo. La population d'environ 1 365 000 habitants est en majorité d'origine maya. Le climat est chaud et humide presque toute l'année. De novembre à mars, les brises venues du nord rafraîchissent le soir la température et, d'avril à septembre, les pluies tropicales inondent les rues de Mérida, la capitale. Le sol calcaire absorbe toute l'eau de pluie qui doit être cherchée sous la couche de pierre ou dans les cenotes (*dzonot* en maya) ■ *16*. La région est le lieu d'origine du sisal (*Agave sisalana*), cultivé depuis l'époque préhispanique pour l'utilisation de sa fibre, qui fit la richesse de la région au siècle dernier. La dispersion de cette plante, cultivée maintenant au Brésil et en Tanzanie, et la concurrence des fibres artificielles ont ruiné cette culture. La prospérité temporaire qu'elle apporta à la région se note toujours sur les maisons du centre de Mérida, demeures princières de forte influence française, ainsi que sur les anciennes haciendas, abandonnées pour la plupart, que l'on voit

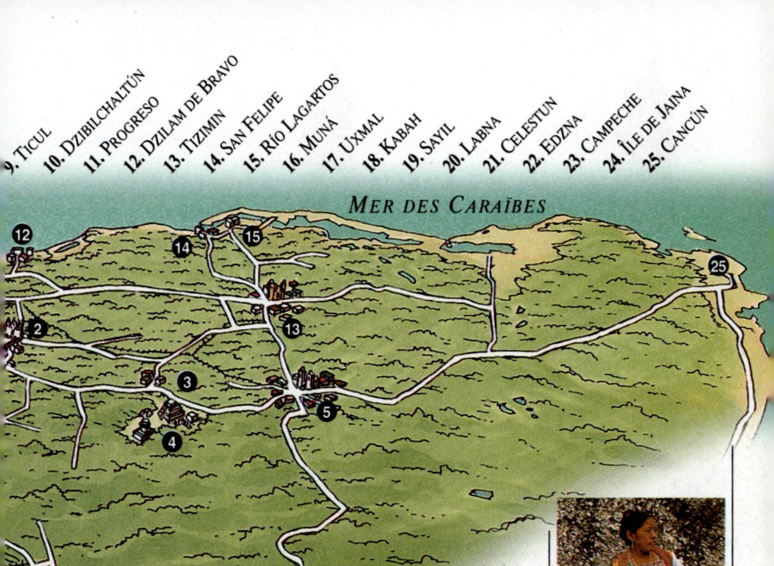

le long des routes, repérables à leurs hautes cheminées de brique.

Économie. Aujourd'hui, le Yucatán produit du miel, du sel et des matériaux de construction. Au pied du versant nord de la chaîne de collines qui traverse la péninsule d'est en ouest, les limons forment des poches de terres où l'on cultive, entre Ticul et Oxkutzcab, légumes et agrumes. Sur l'ensemble du territoire, les paysans cultivent selon des techniques traditionnelles des légumes pour leur propre consommation. Dans l'Est, les pâturages de la région de Tizimín permettent l'élevage de bovins et le long de la côte, les bateaux de Progreso et des ports voisins pêchent les variétés locales et le poulpe. Au cours des dernières années, les *maquiladoras* ont permis la création d'emplois dans la région. Ces industries terminales, comme la couture, nécessitent une main-d'œuvre importante. Les pièces coupées de vêtements sont importées des États-Unis, cousues au Yucatán, pour être ensuite exportées vers le Nord.

Tourisme. Les zones archéologiques comme Chichén Itzá ▲ *205* et Uxmal ▲ *218* attirent beaucoup de visiteurs, ainsi que Río Lagartos et Celestún, les plus grands sanctuaires de flamants roses du continent. Les hamacs, les *huipiles* brodés et les chemises locales (*guayaberas*) sont les produits les plus recherchés par les touristes.

Robe traditionnelle
Les femmes yucatèques portent encore souvent la robe blanche dont le bas et le col sont brodés de couleurs vives. Dans la péninsule, à la différence des Hautes Terres ● *89*, c'est le seul vêtement traditionnel que l'on voit de nos jours.

Voiture à cheval au début du siècle à Mérida.

L'ancienne Tiho, ou Ichcanziho, était l'une des principales villes de la province maya de Chacán. Francisco de Montejo, dit El Mozo, y fonda le 6 janvier 1542 la ville de Mérida (les ruines mayas rappelaient aux conquistadors les ruines romaines de la Mérida d'Espagne), qui marqua ainsi l'occupation définitive de la région par les Espagnols. Le tracé de la ville reproduit le modèle de toutes les villes coloniales d'Amérique, avec sa place centrale et ses rues à angles droits ● *118*.

"La ville de Mérida, construite avec les matériaux de la ville indienne, n'est, comme toutes les villes espagnoles du Nouveau Monde, qu'un vaste damier formé de rues droites et de carrés parfaits de bâtisses. Une grande place en occupe le centre, place transformée aujourd'hui en un square moderne."
Désiré Charnay, *Voyage au Yucatán et au pays des Lacandons* (1882)

PLAZA MAYOR

À l'est de la place centrale furent édifiés la cathédrale (ci-dessus, au XIXe siècle, et à gauche, de nos jours) et les bâtiments de l'évêché. Au sud, la résidence du conquistador Montejo occupait originellement tout le côté. Par la suite, la propriété fut divisée et d'autres bâtiments la côtoient maintenant. Se dressent le palais municipal à l'ouest et, au nord, le palais du gouvernement ainsi que la résidence des gouverneurs et capitaines généraux. L'ensemble fut modifié au cours des siècles : les bâtiments de l'évêché furent remplacés par celui des pouvoirs fédéraux, transformé dernièrement en MUSÉE D'ART MODERNE. D'autres «modernisations» de la fin du XIXe siècle remplacent les bâtiments plus anciens. Des arcades longent le côté nord. La place subit donc au cours des siècles des modifications importantes. Ouverte ou cerclée de grilles, pourvue d'un kiosque central ou d'un mât pour hisser le drapeau, elle conserve cependant son caractère de parc où, à l'ombre des grands lauriers des Indes (*Ficus benjamina*), se promènent et se reposent visiteurs et autochtones.

CATHÉDRALE. Édifiée entre 1562 et 1598, elle fut la première terminée sur le continent américain. Construction de type basilical à trois nefs et à douze colonnes, elle se caractérise par sa coupole, la plus ancienne du Mexique. La façade austère, avec ses deux tours et ses trois portails de style Renaissance, présente au centre un grand blason orné où les armes de l'Espagne furent remplacées, après l'Indépendance, par l'aigle mexicain. Les destructions dont elle fut victime en 1915, au moment de la Révolution ● *40*, modifièrent en partie son plan et sa décoration. Les deux chapelles latérales sud furent démolies. Les sculptures vénérées comme le Christ des Ampoules, l'autel, l'orgue et autres œuvres d'art et mobilier furent brûlés. La cathédrale conserve d'importantes archives ainsi qu'une collection de peintures anciennes.

CASA DE MONTEJO. Construite entre 1543 et 1551, la maison figure parmi les plus anciennes demeures de la ville. De la construction originale ne subsiste plus que la façade sculptée (page de gauche, au siècle dernier, et actuellement), de style plateresque. Son portail représente le blason de Montejo flanqué de deux conquistadors armés dont les pieds reposent sur des têtes grimaçantes, symbole de la Conquête. D'autres personnages et motifs complètent le cadre. La résidence a été transformée en succursale bancaire.

PALACIO MUNICIPAL. L'édifice (ci-dessous) occupe l'emplacement d'une ancienne pyramide dont les matériaux furent utilisés pour la construction de la cathédrale, de la maison de Montejo et pour le reste de la ville. Le bâtiment original du XVIIe siècle fut transformé plusieurs fois et une haute tour donne à l'ensemble un aspect étranger au style de la ville.

PALACIO DEL GOBIERNO. Construit sur l'emplacement des anciennes «maisons royales», l'actuel palais du Gouvernement fut inauguré en 1892. C'est un bâtiment à deux étages et cour centrale. Les visiteurs viennent y admirer les peintures qui ornent le salon de l'Histoire et les corridors ; œuvres de l'un des derniers grands muralistes mexicains, Fernando Castro Pacheco, elles retracent l'histoire de la région.

LES RUES DE MÉRIDA
Elles portent toutes des numéros : à l'exception de quelques places, aucune artère du centre-ville n'a de nom. Les rues orientées nord-sud portent des numéros pairs, alors que celles qui sont orientées est-ouest, sont impaires. Les quartiers résidentiels situés au nord de la ville, avec leurs avenues ombragées et colorées de fleurs des flamboyants (*Delonix regia*) et des «pluies d'or» (*Cassia fistula*) montrent le savoir vivre des habitants des tropiques. Malgré les embouteillages du centre-ville et le bruit assourdissant des véhicules, Mérida est une ville charmante qui a conservé les stigmates de son histoire séculaire.

COUVENTS

Pendant l'ère coloniale, la ville était divisée en quartiers réservés à chaque groupe ethnique. Les Espagnols occupaient le centre alors que les *barrios* (quartiers périphériques) étaient habités par les Mayas, les Noirs et les Mexicains (Indiens d'Atzcapotzalco qui accompagnaient les troupes espagnoles). Le modèle initial se modifia progressivement et, au XVIIe siècle, la ville occupait un vaste carré délimité par des arcs de pierre dont trois subsistent encore (arcs des Dragons, del Puente et de San Juan). Plusieurs couvents furent bâtis dans la ville.

COUVENT DE SAN FRANCISCO. Sur les restes d'une ancienne pyramide se dressait le grand couvent de Saint-François. Son emplacement fut choisi pour construire une fortification qui devait protéger la ville des attaques de pirates. L'enceinte entourait le couvent qui fut désaffecté et pillé en 1820, et ses archives détruites.

COUVENT DE LA MEJORADA. Ce bel ensemble, construit au XVIIe siècle (rues 59 et 50), est occupé actuellement par l'église et sa sacristie, par l'école d'architecture et par le MUSÉE D'ART POPULAIRE.

LE MARCHÉ
Le marché central (ci-dessus) a été construit à l'emplacement des ruines du couvent de San Francisco. Les rues 65 et 67, face à la rue 56, sont réservées à l'artisanat local.

COUVENT DE NUESTRA SEÑORA DE LA CONSOLACIÓN. Connu actuellement comme Las Monjas, inauguré en 1633, résidence des Sœurs de la Conception, il est caractérisé par son énorme tour à arcades. L'église est toujours ouverte au public et le couvent est occupé par un magasin d'artisanat et la MAISON DE LA CULTURE.

L'église de Jésus, au XIXe siècle et de nos jours, avec son square.

ÉGLISES

Un grand nombre de constructions originelles de Mérida furent transformées par la suite. Ainsi, chaque *barrio* possédait son église et sa place. Les églises furent mieux préservées.

ERMITAGE DE SANTA ISABEL. Situé à la sortie de Mérida, sur l'ancienne route de Campeche, l'ermitage de Santa Isabel (page de droite, au XIXe siècle, et actuellement), modeste construction d'une seule nef, élégante et solitaire au milieu de sa place transformée en jardin, est un refuge pour les promeneurs. L'église de Jésus, bâtie par les Jésuites au XVIIe siècle, l'église de San Cristóbal du XVIIIe siècle, celle de Santa Lucía, face à la petite place bordée d'arcades où les jeudis le public assiste à une sérénade nocturne, celles de Santa Ana, d'Itzimná, de San Sebastián, de la Candelaria, de Santiago et finalement de San Juan Bautista, où se réunissaient les premiers libéraux en quête d'un système politique plus favorable aux Indiens, à la veille de l'Indépendance, évoquent la ville coloniale.

“Le Yucatán […] n'est ombragé que d'un immense bois taillis […] vous aurez beau monter sur les pyramides, vous aurez toujours cette même ligne d'horizon, droite, continue, désolante. Mais, terre de prédilection pour le voyageur, le Yucatán est riche en souvenirs : monuments prodigieux, femmes ravissantes, costumes pittoresques, il a tout

pour impressionner, il parle au cœur, à l'âme, à l'imagination, à l'esprit, et quiconque le peut quitter avec indifférence ne fut jamais un artiste et ne sera jamais un savant.”

Désiré Charnay,
Un voyage au Yucatán
(1860)

UNIVERSITÉ

Fondé par les Jésuites en 1624, le Collège de San Pedro de la Real y Pontificia Universidad de San Francisco Javier occupait les terrains qui s'étendent depuis l'église de Jésus jusqu'à l'emplacement de l'actuel théâtre José Peón Contreras (page de droite). En 1711 fut inauguré le collège séminaire de San Pedro, sur l'emplacement de l'actuelle université. L'université ferma longtemps ses portes, bien avant l'expulsion des Jésuites en 1767. Après l'Indépendance, en 1824, les bâtiments du séminaire furent occupés par l'université Littéraire qui fonctionna jusqu'en 1861. Rétablie en 1864 comme Real Universidad Literaria, elle prit le nom d'institut Littéraire en 1867. De 1869 à 1922, elle perdit son caractère universitaire qu'elle ne récupérera qu'en 1922 par décret du gouverneur Felipe Carrillo Puerto. En 1984, elle devint université autonome du Yucatán. Le vieux bâtiment jésuite fut transformé : on lui ajouta l'étage supérieur et le porche d'entrée au coin des rues 60 et 57.

VIEUX MARCHÉ AUX GRAINS. Construit sous des arcades, aujourd'hui occupé par des petits commerces, le vieux marché aux grains (rues 65 et 56) conserve le goût des vieux marchés coloniaux.

RENOUVEAU

PASEO DE MONTEJO. La ville s'étendit rapidement et, dès le début du siècle, la grande avenue, appelée Paseo de Montejo, s'enrichit de somptueuses demeures, comme celle qui abrite le MUSÉE D'ARCHÉOLOGIE (à l'angle de la rue 43) et que fit bâtir le général Francisco Cantón, gouverneur de l'État. Nombre de ces belles constructions furent remplacées ensuite par des édifications modernes d'un goût douteux. À l'extrémité du Paseo Montejo, un monument, œuvre du sculpteur colombien Romulo Rosso, résume en bas relief l'histoire du pays.

AVENUE ITZÁ. À la même époque, beaucoup de bâtiments furent édifiés à l'ouest de la ville, sur l'avenue Itzá qui conduit actuellement à l'aéroport. Ce furent le centre pénitentiaire Benito Juárez et les centres hospitaliers, certains transformés actuellement en INSTITUT DE CULTURE. Face à celui-ci, pour le centième anniversaire de l'Indépendance, fut créé le PARC DU CENTENAIRE, qui abrite un zoo.

PARCS ET SERVICES. Après la Révolution de 1910, la ville fut de nouveau urbanisée. L'effort s'orienta vers la création de services publics et de parcs : le parc des Amériques (Parque de las Américas) contient fontaines et théâtre à l'air libre de style néo-maya, caractéristique des années 1940 et 1950.

THÉÂTRE JOSÉ PEÓN CONTRERAS
Avec l'essor de la production de sisal, la ville connut un véritable renouveau au cours de la deuxième moitié du XIXe siècle. Les maisons coloniales aux façades austères furent abattues ou transformées. Un nouveau style envahit la ville et des bâtiments de type européen apparurent partout. Un nouveau théâtre (ci-contre) fut bâti sur les terrains de l'université dans le style des théâtres européens, avec abondance de colonnes de marbre, une grande coupole et des fresques.

Masque en stuc
Catherwood a représenté dans cette lithographie un masque de stuc sur une pyramide d'Izamal, et imaginé une scène de chasse au jaguar, animal qui ne fréquente guère, malheureusement, le nord du Yucatán.

Izamal ♥

● 118

À 19 km de Kantunil, en direction de Cancún, une route vers le nord conduit à Izamal (ci-dessus et à droite), la plus belle ville coloniale du Yucatán. Le site était, avant la conquête, une ville prospère et ancienne. Occupée depuis le Préclassique, la cité possède les plus grandes pyramides du Yucatán : les temples étaient dédiés au culte d'Itzamná – «la maison du mage de l'eau», patron des sciences et inventeur de l'écriture – et à Kinich Kakmo, le dieu du Soleil. Plusieurs pyramides (dont la petite pyramide qui se trouve derrière la place en arcades érigée par les Espagnols, ci-dessus) subsistent encore, en particulier celle dédiée au soleil, et des travaux de restauration sont en cours.

CONSTRUCTION DU COUVENT. Izamal était un lieu de pèlerinage maya, aussi quand les Espagnols occupèrent la région, les moines considérèrent comme un devoir religieux de transformer le culte en faveur du christianisme. Diego de Landa ● *42* choisit un des temples, le Popolchac, dédié au culte de la pluie, et démolit le sanctuaire pour occuper l'immense plate-forme de 520 m sur 430 m de côté et 12 m de hauteur. La construction du couvent commença en 1553. L'architecte fut le Franciscain Juan de Mérida qui dessina et construisit les plus importants couvents de la région. En 1561, le couvent, l'église et l'atrium étaient terminés. Quant aux bâtiments complémentaires et aux arcades, ils ne le furent qu'au cours de la première moitié du XVIIe siècle.

UN ENSEMBLE IMPOSANT. L'ensemble d'Izamal est le plus important de ce genre en l'Amérique. Trois rampes sur les côtés de l'atrium donnent accès à l'ensemble. La rampe principale est couronnée d'un magnifique arc triomphal. Cet arc s'ouvre de chaque côté sur les arcades qui entourent l'atrium aux coins duquel sont édifiées quatre chapelles à toit pyramidal. L'ancienne façade de l'église, simple et robuste, a été retouchée en 1880 pour y ajouter une petite tour de mauvais aspect. L'ancienne chapelle ouverte fut transformée pour devenir celle de La Tercera. Derrière le chœur, est conservée l'image vénérée de la Vierge d'Izamal (ci-contre), patronne de la ville et du Yucatán. L'image et une copie furent commandées au Guatemala et destinées à Mérida et à Valladolid, mais, en sortant d'Izamal, les porteurs constatèrent que son poids augmentait au fur et à mesure qu'on s'éloignait de la ville. Ils durent retourner à Izamal et l'installer dans le sanctuaire qui redevint bientôt but de pèlerinage. L'image originale fut détruite en 1829 par un incendie et remplacée par une copie.

"La troisième pyramide, à l'orient, soutenait un temple dédié à Ytzamat-ul, Itzamna ou Zamna, désigné comme le fondateur de la ville d'Izamal. «Ce roi ou ce faux dieu, dit Lizana [auteur du XVIIe siècle], était représenté par les Indiens sous la figure d'une main […] et ils disent qu'on lui portait les malades et les morts et que le dieu les guérissait et les ressuscitait en les touchant de sa main ; et c'est pour cela qu'on nomme le temple Kab-ul, qui veut dire la main travailleuse, la main miraculeuse.» Ce temple, où s'opéraient tant de miracles, était le but de nombreux pèlerinages […]"

Désiré Charnay, *Voyage au Yucatán et au pays des Lacandons*

CENOTES ■ *16* ● *114*
Le cenote de Zaci (ci-dessus), à Valladolid, est situé au milieu d'un jardin. Son immense voûte et ses eaux sombres sont impressionnantes. À 5 km de Valladolid, en direction de Chichén Itzá, le cenote de Dzitnup (en haut) est l'un des plus beaux du Yucatán.

La place centrale et l'église de Valladolid, dont la façade est flanquée de deux tours peu habituelles dans le style religieux colonial du Yucatán.

GROTTE DE BALANKANCHÉ

Toutes les grottes, endroits sombres et mystérieux, étaient vénérées par les Mayas et des cultes secrets s'y perpétuent toujours. Balankanché, à 16 km de Valladolid, fut découvert en 1959. Un couloir accidenté conduit vers les salles où des objets d'époque toltèque déposés en offrandes sont toujours en place. Un réservoir d'eau termine le couloir et se perd dans l'obscurité. Autour de l'entrée de la grotte, un jardin botanique complète la visite.

VALLADOLID

Valladolid est, après Mérida, la ville la plus importante du Yucatán. Fondée en 1543 par Montejo ▲ *198*, sur les restes de l'ancienne Zaci (prononcer zaqui), elle fut l'une des quatre villes espagnoles de la péninsule avec Mérida, Campeche et Bacalar. Brûlée pendant la guerre des Castes ▲ *186*, elle ne retrouvera jamais son ancienne splendeur.

COUVENT DE SISAL. Lorsque les Espagnols occupèrent l'ancienne Zaci, ils y bâtirent une église et un couvent pour évangéliser les Indiens, aux abords de la ville, à Sisal. Le couvent fut sécularisé en 1755 et peu à peu abandonné à son triste sort. À partir des années 1970, on entama des restaurations. Sisal est une déformation du mot maya *sis-ha*, «eau froide», du cenote près duquel le couvent était construit. Conçus par l'architecte Juan de Mérida, le couvent, l'église et la chapelle ouverte furent terminés en 1560. Curieusement, la chapelle ouverte est placée sur le côté de l'église et non pas sur la façade du couvent. Le toit de palmes qui la couvrait subsistait encore au début du XIXe siècle. Elle porte maintenant le nom de chapelle de Saint-Marc.

ÉGLISE DU COUVENT DE SAN BERNARDINO. À nef unique, elle mesure 45 m sur 10,50 m. La voûte de l'abside est décorée de nervures de type gothique. Le cloître, de 20 m de côté, est le plus grand du Yucatán après celui d'Izamal, qui mesure 21 m. Des sept retables qui existent encore, celui de saint Antoine est l'un des plus beaux de la première moitié du XVIIIe siècle. Le retable du chœur est encore attaché au mur de l'abside avec des roseaux datant du XVIIIe siècle. L'église possédait une image de la Vierge de la Guadalupe et fut le premier sanctuaire yucatèque où l'on vénéra cette Vierge mexicaine.

CHICHÉN ITZÁ ♥

● 34, 112

HISTOIRE DU SITE. Chichén Itzá est l'un des hauts lieux nayas les plus célèbres et spectaculaires. À la fin du Classique, c'était une petite ville qui avait très tôt subi 'influence ou l'occupation d'un groupe putún se faisant, peut-être, déjà appeler Itzá. Le terme «Putún» (ou «Chontal») désigne divers groupes de Mayas mexicanisés établis sur la côte du golfe, marchands et guerriers qui, à plusieurs reprises, transmirent au Yucatán des traits «mexicains». Ceux-ci sont déjà perceptibles dans 'architecture Puuc ▲ *220* de Chichén Itzá. L'influence de style Puuc s'est manifestée en effet à des degrés divers dans le nord et le centre de la péninsule du Yucatán, comme ce fut le cas notamment dans la région d'Uxmal. Au Xe siècle, un groupe putún maya, avec l'aide sans doute de guerriers toltèques, établit une nouvelle capitale à Chichén Itzá. Leur chef portait le titre mexicain de Quetzalcóatl, serpent à plumes, traduit en maya par Kukulcán. Cette domination putún dura près de deux siècles, se limitant à Chichén Itzá et exigeant des provinces mayas tribut et allégeance.

LE DÉCLIN. Chichén Itzá a été abandonné, selon les chroniques mayas rédigées au cours de la période coloniale, sans que les circonstances soient tout à fait connues. Il est probable que la chute de la domination toltèque a été provoquée par les attaques d'un groupe maya mexicanisé venant du Tabasco, et faisant partie de la tribu des Itzás.

Valladolid (ci-dessus) et le christ de San Bernardino (ci-dessous), dont l'église date du XVIIe siècle.

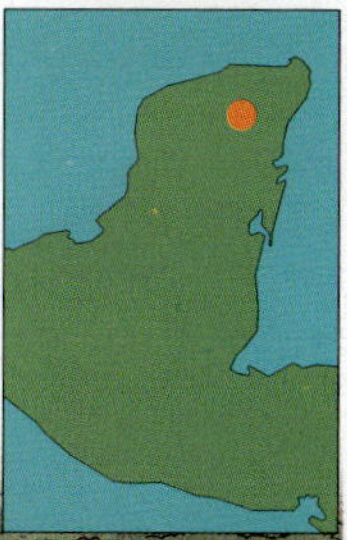

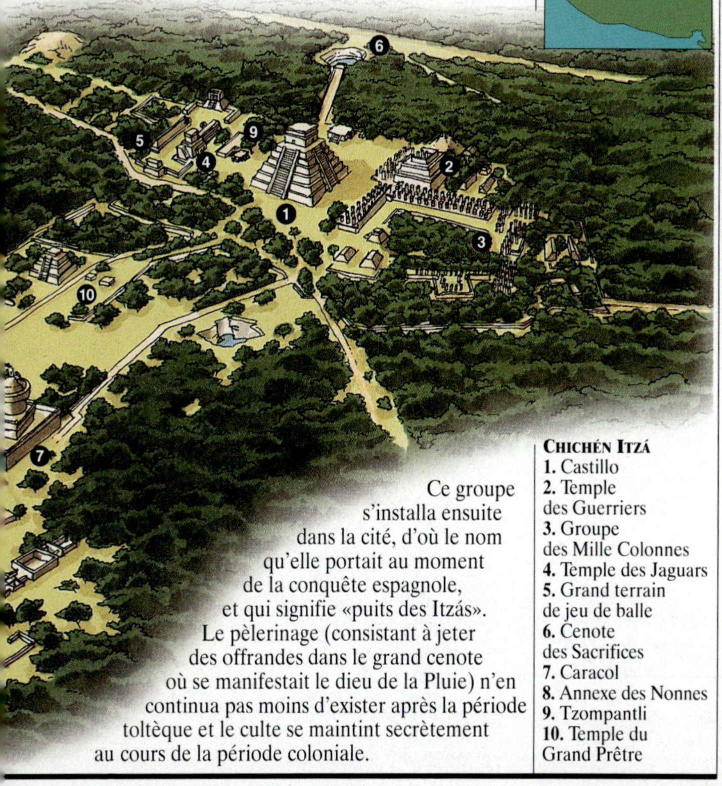

Ce groupe s'installa ensuite dans la cité, d'où le nom qu'elle portait au moment de la conquête espagnole, et qui signifie «puits des Itzás». Le pèlerinage (consistant à jeter des offrandes dans le grand cenote où se manifestait le dieu de la Pluie) n'en continua pas moins d'exister après la période toltèque et le culte se maintint secrètement au cours de la période coloniale.

CHICHÉN ITZÁ
1. Castillo
2. Temple des Guerriers
3. Groupe des Mille Colonnes
4. Temple des Jaguars
5. Grand terrain de jeu de balle
6. Cenote des Sacrifices
7. Caracol
8. Annexe des Nonnes
9. Tzompantli
10. Temple du Grand Prêtre

À mi-chemin entre Mérida et Cancún, Chichén Itzá est incontestablement le plus célèbre des sites mayas. D'abord petite ville Puuc, Chichén Itzá devint, entre le XIe et le XIIIe siècle, la plus importante cité de toute l'aire maya, sous l'impulsion des Putúns, fortement influencés par les Toltèques. Haut lieu de pèlerinage maya, la cité fut très vite connue des Espagnols lors de la Conquête, contrairement à d'autres villes mayas, oubliées pendant des siècles.

ANNEXE DES NONNES
La porte de cet édifice de style Puuc figure la gueule du monstre terrestre, ici indiquée seulement par la rangée de crocs au-dessus du linteau. Plus haut, à l'emplacement de la fente frontale du monstre, on remarque un souverain représenté assis. Le reste de la façade est couvert de masques frontaux.

ARCHÉOLOGIE
Le site a toujours été connu. Au XVIe siècle, c'est déjà un lieu de pèlerinage en raison de son *cenote* ● *114* et Diego de Landa ● *153* le décrit dans sa relation. En 1841-1842, Stephens et Catherwood ● *56* entreprennent les premières recherches archéologiques que reprendront Maler, Maudslay et Holmes à la fin du siècle. Vers 1900, Edward Thompson, le consul des États-Unis au Yucatán, achète l'hacienda Chichén où il réside, entreprend des fouilles et drague une partie du *cenote* pour le compte du Peabody Museum. Les fouilles sérieuses ne débuteront qu'en 1924, avec l'équipe de la Carnegie Institution, sous la direction de Sylvanus Morley. Si les plus grands édifices ont été fouillés et restaurés, la séquence culturelle du site reste à faire : diverses structures ne pouvant encore être datées précisément.

STYLE PUUC ▲ *220*
On distingue à Chichén les édifices de style Puuc attribués au Classique Terminal, que l'on trouve dans le secteur sud du site, et ceux du Postclassique Ancien, caractérisés par l'addition de traits mexicains, situés dans le secteur nord.

Temple des Jaguars
À l'arrière du grand terrain de jeu de balle, le temple bas, décoré de guerriers en bas relief, a été partiellement recouvert par la pyramide du temple haut.

Celui-ci est orné en façade de frises d'inspiration toltèque, avec des jaguars en procession et des boucliers.

Le «Castillo» ● *108*
Situé au centre de la grande place carrée, au nord du site, il est formé de deux temples-pyramides superposés datant du Postclassique Ancien. La première pyramide, composée de 9 terrasses en talus et d'un seul escalier, supportait un temple à deux pièces aux murs verticaux sans colonnes-serpents ▲ *210* et dont l'unique entrée était au nord. Entre les éléments mexicains figurent une procession de jaguars, des boucliers ronds à franges et un *chacmool* ▲ *211*. La dernière pyramide compte également 9 terrasses en talus, avec rectangles en relief, dont la hauteur diminue sur les degrés supérieurs pour accentuer l'effet de hauteur, et 4 escaliers de 91 marches chacun, bordés de rampes en forme de serpents. Leurs 364 marches, additionnées à celle de l'entrée du temple, symbolisent les 365 jours de l'année solaire.

Au sommet se trouve le temple à quatre portes, dont la principale, au nord, est flanquée de colonnes-serpents. Le sanctuaire central est précédé d'un vestibule, et entouré d'un corridor.

GRAND JEU DE BALLE
C'est le plus vaste des 13 terrains de jeu de balle ● *112* connus à Chichén, mais aussi le plus grand de toute la Mésoamérique avec ses 166 m de long sur 68 m de large. L'allée centrale est flanquée de murs de jeu verticaux dotés de marqueurs.

Au bas des murs, une banquette en talus est recouverte de bas-reliefs qui présentent deux équipes assistant à la décapitation du capitaine de l'équipe perdante. Datant du Postclassique, le grand jeu de balle témoigne à la fois d'une influence du Mexique central (murs et anneaux) et de la côte du Golfe (bas-reliefs du Tajín).

LA MAISON ROUGE
Cette restitution de Tatiana Proskouriakoff ● *60* montre la Maison Rouge, bâtiment de style Puuc aux lignes sévères, où tout le décor est réservé à la façade prolongeant le toit et à la crête faîtière qui la dépasse. À droite et au second plan, on aperçoit le *Caracol*. Tatiana Proskouriakoff a imaginé le site tel qu'il devait être occupé, avec quelques habitants ou officiants d'un hypothétique rituel.

Le «Caracol»

Cet édifice circulaire, construit au sommet de deux plates-formes rectangulaires superposées, fut bâti à des périodes diverses : le *Caracol* lui-même est plus récent que ses plates-formes. Les constructions rondes, qui apparaissent au Classique Terminal au Yucatán (ainsi Uxmal ▲ *219* en possède une) sont importées du Mexique central, où elles sont traditionnellement associées au culte de Quetzalcoatl dans son aspect de dieu du Vent. Au centre, un escalier en colimaçon (*caracol* est le mot espagnol pour «escargot») mène à une petite pièce percée d'ouvertures carrées, qui semblent matérialiser certaines visées de signification astronomique. Ci-dessous, vues de l'édifice au XIXᵉ siècle, et de nos jours, restauré.

Sacrifice humain

Selon les chroniqueurs, on précipitait le sacrifié dans le *cenote* au lever du jour. Si à midi il était toujours vivant, on le repêchait et lui demandait de faire des prédictions sur l'année ● *46*.

Le «cenote» des Sacrifices

On y accède par une chaussée longue de 300 m, spécialement aménagée (*sacbé*). L'archéologie a donné raison au récit de Diego de Landa sur les sacrifices humains et les offrandes d'objets précieux jetés dans le grand *cenote* au nord du site. Au cours des fouilles, quelques cinquante crânes et de nombreux os longs ont été découverts. Contrairement à la légende tenace qui veut que les Mayas n'aient sacrifié dans le puits que des vierges, les ossements retrouvés provenaient d'individus des deux sexes et de tous âges. Au fond de pots grossiers on a trouvé de l'encens. Mais les plus belles trouvailles sont des objets de cuivre et d'or : disques décorés par repoussé, colliers, masques, pendentifs, anneaux, ornements d'oreille, grelots et perles. Si la plupart proviennent d'Amérique centrale, d'Oaxaca et de la vallée de Mexico, les disques à décor repoussé sont, eux, de manufacture locale et illustrent surtout des scènes de bataille et de sacrifice ● *46*. On a trouvé en outre des fragments de tissu carbonisé, des perles de jade, des couteaux sacrificiels ainsi que des ornements d'os et de coquille.

«TZOMPANTLI»
La large frise décorant les côtés de cette vaste plate-forme montre plusieurs rangs de crânes empalés sur des pieux. La plate-forme représente donc un *tzompantli*, sorte de palissade sur laquelle on exhibait les crânes des victimes. L'exhibition massive de têtes-trophées est un trait mexicain du Postclassique, qui sera repris par les Aztèques.

INFLUENCES MEXICAINES
Les Putúns ▲ *205* transmirent au Yucatán des traits «mexicains» d'origine toltèque, comme les salles hypostyles, les colonnes-serpents, le serpent à plumes employé à profusion dans l'architecture et la sculpture, les *chacmools*, le *tzompantli*, les tables soutenues par des atlantes et des porteurs de bannières.

INTÉRIEUR DE TEMPLE
Cette vue fut dessinée lors du voyage de Stephens et Catherwood puis publiée en 1843 avec le récit du premier.

PORCHES POURVUS DE DEUX COLONNES-SERPENTS
La tête repose sur le sol, le corps vertical est le fût de la colonne, et la queue avec sa sonnette forme un L pour étayer le linteau de bois. Ces serpents soutiennent le toit du temple qui représente la voûte céleste.

«C'est un ensemble de plusieurs centaines de petites colonnes se développant en ordre régulier par rangées de quatre ou cinq, séparées par un intervalle de quatre mètres et formant un immense quadrilatère. Ces colonnes, dont quelques-unes sont debout, se composent de cinq fûts ronds surmontés d'un chapiteau carré sans sculpture, mais parfaitement taillé ; le tout d'une hauteur d'au moins deux mètres.»

Désiré Charnay, *Voyage au Yucatán*

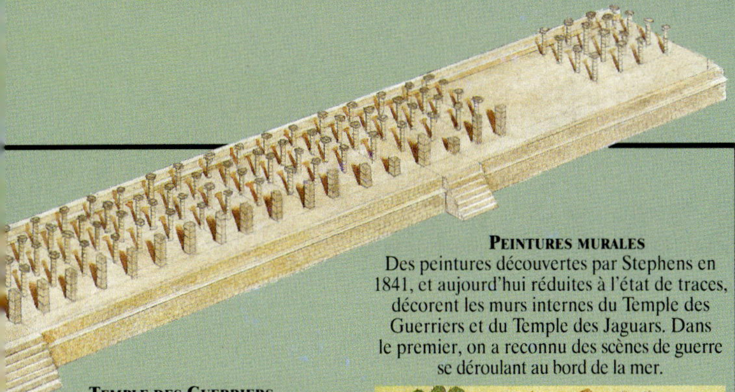

Peintures murales
Des peintures découvertes par Stephens en 1841, et aujourd'hui réduites à l'état de traces, décorent les murs internes du Temple des Guerriers et du Temple des Jaguars. Dans le premier, on a reconnu des scènes de guerre se déroulant au bord de la mer.

Temple des Guerriers et Groupe des Mille-Colonnes
Le Temple des Guerriers – dont le plan est très nettement inspiré de l'édifice B de Tula ● *34* – doit son nom aux guerriers en tenue toltèque sculptés sur les piliers du portique qui le précède et sur ceux qui soutenaient le toit du temple. Les Mille-Colonnes sont les ruines d'immenses salles hypostyles de réunion. Les colonnes appareillées sont composées de tambours carrés ou ronds et souvent sculptées en bas-relief. On ignore la nature exacte de la toiture qu'elles supportaient : toit plat de poutres coiffé de mortier ou de chaume, ou voûte en encorbellement.

Les peintures du Temple des Jaguars comprennent une bataille ou une danse guerrière aux très nombreux acteurs. On y voit également représenté un village à la lisière d'une forêt peuplée d'animaux (scène reproduite ci-dessus et relevée par Maudslay ● *56* à la fin du siècle dernier).

«Chacmool»
Sculpture en ronde bosse représentant un homme à demi allongé, tenant un récipient ou un plateau à offrandes.

Ci-dessous, guerrier sculpté en bas-relief sur un pilier, et créature hybride homme-serpent-oiseau qui peut avoir représenté le monstre terrestre.

TECOH
Ce village possède un couvent franciscain du XVIe siècle, alors que l'église date du XVIIIe siècle (détail d'un vestige de pignon de lucarne, ci-contre). La nef unique est flanquée de chapelles latérales. Les fonts baptismaux sont du XVIe siècle et les trois retables dorés et polychromes de l'église sont du XVIIIe siècle.

LA CITÉ MAYA
Entourée d'une muraille, Mayapán était une ville de 15 000 habitants. Les maisons étaient construites partiellement en dur, plutôt sur les hauteurs. Les passages entre les maisons suivaient la disposition capricieuse des habitations et ne reproduisaient pas le quadrillage des villes de la vallée de Mexico.

STÈLES RELIGIEUSES
Les stèles de Mayapán (on en compte treize sculptées et vingt-cinq lisses) mettent en scène non pas, comme c'est le cas généralement ● *110*, des personnages politiques mais des divinités.

ACANCEH

Le nom de ce village signifie «bramer» en maya. L'ÉGLISE qui se trouve au centre, dédiée à la Vierge de Guadalupe, fut construite au XVIe siècle et modifiée plus tard. La façade, du XVIIe siècle, présente un portail orné de colonnes en torsades et d'un entablement situé à la hauteur de la division des deux corps. Au-dessus, la fenêtre du chœur est surmontée d'un fronton courbe. À côté de l'église se trouvent les ruines d'une PYRAMIDE à quatre niveaux avec escalier central (ci-dessus), et, à 300 m, les ruines d'une autre pyramide, monumentale. La façade supérieure du Palais des Stucs présente une rarissime composition cosmologique du Classique Récent dont les principaux acteurs sont des animaux symboliques.
HACIENDA DE TIMUCUY. Située à 10 km d'Acanceh, cette hacienda, avec sa maison centrale à portique, la salle des machines, la chapelle et les installations complémentaires, est ouverte au public.

MAYAPÁN ● *35*

Cette importante zone archéologique, qui fut l'une des capitales mayas, n'est toujours pas restaurée, bien que des recherches aient été menées par l'Institut Carnegie de Washington pendant cinq ans.
HISTOIRE DU SITE. Les chefs de Mayapán appartenaient au lignage des Cocoms, descendants d'un certain Hunac Ceel, qui avait vaincu et détruit Chichén Itzá ▲ *205* au début du XIIIe siècle. La cité prit la place de Chichén Itzá après sa chute et subit d'importants changements, dus à une nouvelle vague d'infiltrations mexicaines, dans les domaines de la structure de l'habitat et de l'architecture mais surtout avec la naissance d'une nouvelle religion. Peu avant 1450, un des nobles lignages de Mayapán, celui des Xiú, se révolta contre les Cocoms. Mayapán fut peu après pillée, puis abandonnée, laissant la place à de nombreux «royaumes combattants» en état de conflit permanent.
VESTIGES. Si l'on retrouve à Mayapán un temple comparable au Castillo de Chichén Itzá, avec colonnes-serpents, rampes-serpents, porteurs de bannières et petits atlantes, les *Chacmools*, les jeux de balle, les *tzompantli*, ainsi que le culte des jaguars et des aigles ont disparu. Les façades de quelques édifices portent encore des masques de monstres terrestres et des moulures en deux ou trois parties, hérités de la tradition Puuc ▲ *220*.
ÉDIFICES RELIGIEUX. Les ensembles cérémoniels sont de deux types : le premier comprend une salle hypostyle, un sanctuaire et un oratoire ; le second, un temple, à angle droit, avec une salle hypostyle, un

oratoire sur le côté droit du temple, un sanctuaire face à lui et, entre eux, une plate-forme pour statues. La fonction de ces édifices est difficile à établir car le décor, qui était presque toujours peint ou modelé en stuc, a disparu. Beaucoup cependant sont à destination religieuse comme l'indiquent les nombreux autels, caches, sépultures, ossuaires de victimes sacrificielles, qui y sont associés. Ces ensembles correspondaient sans doute à différents lignages, regroupant plusieurs familles qui pratiquaient un culte privé parallèlement au culte officiel et collectif. Dans les ensembles résidentiels, on trouve également un sanctuaire ou un autel domestique témoignant de l'existence de cultes privés.

ENCENSOIRS ● *48*. Cette importance nouvelle de la religion se traduit aussi et surtout par l'abondance des encensoirs et des vases à effigie en céramique, sur lesquels sont modelées des images de véritables dieux et non pas seulement de symboles cosmiques. Une salle à colonnes contenait trente-huit mille fragments de ces encensoirs, abondants surtout entre 1300 et 1450. On a identifié des dieux mexicains, mais aussi les divinités mayas qui sont peintes sur les murs de Tulum ▲ *177* ou les manuscrits pictographiques des codex de Madrid et de Dresde ● *42*. La naissance d'un véritable panthéon et d'un culte décentralisé qui s'adresse à diverses entités individualisées, correspondent à un affaiblissement du pouvoir politique central ● *50*.

Encensoir de Mayapán représentant le dieu Chac. Cette céramique, datant du Postclassique Récent, est conservée au musée national d'Anthropologie à Mexico ◆ *376*.

TEABO

ÉGLISE DE SAN PEDRO ET SAN PABLO. Bâti au XVIIe siècle, cet édifice de type basilical était similaire aux églises d'Oxkutzcab et de Tekax ▲ *215*. La nef, érigée entre 1650 et 1695, mesure 55 m sur 20 m. Le retable d'une des nefs latérales aurait été réalisé par le même artiste que celui de San Antonio de Maní. Dans la sacristie, des fresques ont récemment été découvertes ; d'inspiration nettement européenne, elles sont parmi les plus belles du Yucatán. Le cloître en ruines (comme la plupart des constructions coloniales yucatèques) formait un ensemble complexe de constructions massives où des fragments de fresques résistent encore aux intempéries.

MAMA
Le nom de cette localité signifie deux fois «non». L'église (XVIIe siècle), consacrée à l'Assomption de la Vierge, a une façade sobre mais un portail très fouillé, œuvre de sculpteurs mayas. Un campanile couronne l'ensemble.

CHUMAYEL
Le *Chilam Balam* de Chumayel, livre sacré maya ● *140*, découvert au XIXe siècle, provient de ce petit village situé à côté de Teabo.

Puits et bâtiment à Sabacché, dessinés par Catherwood.

MANÍ

La province de Maní, qui signifie «tout est passé» en maya, fut la première alliée des Espagnols et le traité établissant les limites des territoires indiens y fut signé en 1557. Aussi fut-elle la première à recevoir les moines franciscains qui établirent leur première mission à Oxkutzcab, transférée peu de temps après à Maní.

CONSTRUCTION DU COUVENT. En 1550, Fray Juan de Mérida prit à sa charge la construction du couvent. Six mille Indiens y travaillèrent pendant sept ans. L'ensemble comprenait le couvent, l'église, le grand atrium, l'école et l'hôpital. Fray Juan de Herrera, accompagné du moine français Jacobo (Jacques) de Testera, inventeur d'un système d'écriture qui lui permettait l'enseignement religieux aux Indiens, s'occupa de l'école, qui devint la plus fameuse du Yucatán. On lui doit aussi le projet de la grande chapelle ouverte, la première de la péninsule. Les Indiens crurent probablement que les «vainqueurs» allaient intégrer leur religion à la religion chrétienne et voulurent combiner les deux cultes, mais ceci aboutit à l'autodafé de 1562 (une grande quantité d'idoles et de codex furent détruits aux pieds des murs du couvent), qui terrifia les Mayas et ébranla la conscience des Espagnols car il y eut de nombreux morts ● *38*.

VISITE. Le couvent et l'église ont une lourdeur imposante. Les pierres qui ont servi à construire cet ensemble, édifié sur une plate-forme préhispanique, proviennent des anciens temples mayas. Au XVIIIe siècle, l'ancienne façade de l'église fut abattue, la nef prolongée vers l'avant et une nouvelle façade érigée (ci-dessous). Seule une des chapelles subsiste encore. De très belles fresques ornaient le sanctuaire et, dans un cartouche, on peut encore lire la date 1580. Le couvent, de deux étages avec cloître, est soutenu par des piliers de 3 m de côté. Les murs du cloître étaient, eux aussi, couverts de fresques. L'importance de Maní diminua à partir du XVIIe siècle. Les villages proches des collines, plus prospères et peuplés, édifièrent des églises plus grandes, plus élégantes et mieux éclairées. Aussi l'ancienne église de Maní, sombre et massive, fut-elle peu à peu abandonnée, comme le village. L'ancienne Casa Real, située à côté du couvent, conserve sa magnifique façade du XVIe siècle.

RETABLE DE MANÍ
Dans la nef latérale est fixé un splendide retable en bois doré (à droite) dédié à saint Antoine, et daté de 1700 environ, qui servit de modèle à celui de Teabo.

HACIENDA DE YAXCOPOIL
Située entre Muná et Umán, cette hacienda, bâtie au XVIIe siècle fut transformée pour la production de sisal et agrandie à la fin du XIXe siècle. Restaurée, elle montre ce que furent les fameuses haciendas (comme celle de Xcanchakán, ci-dessus) qui firent la richesse du Yucatán jusqu'en 1920.

OXKUTZCAB

ÉGLISE SAN FRANCISCO DE ASIS. Cette bourgade (en bas), «terres de trois tabacs» en maya, possède une importante église (début du XVIIIe siècle) de type basilical (ci-contre). La façade, sobre, est percée d'un portail avec pilastres latéraux qui soutiennent un fronton classique.
AUTOUR D'OXKUTZCAB. Quelques petits sites archéologiques peuvent être visités tels Sabacché, Xul et Kiwic. En suivant la route vers Peto (et Chetumal), on peut visiter la ville de TEKAX, important centre agricole. Le couvent de Saint-Jean-Baptiste fut commencé en 1564 et achevé vers 1609. L'ensemble se compose d'une église à trois nefs en canon dont la façade présente les campaniles traditionnels du Yucatán, d'un vaste parvis avec ses chapelles d'angles et d'un couvent qui tombe en ruine. Près de Tekax, on peut voir les vestiges de CHACMULTÚN.

TICUL

Centre d'artisanat de terre cuite, à 118 km au sud-est de Mérida, Ticul est aussi une cité agricole importante. L'ÉGLISE SAN ANTONIO, du XVIIe siècle, possède une façade sobre au portail décoré de deux doubles colonnes, niches à sculptures et écusson franciscain. L'édifice faisait partie d'un COUVENT dont il ne subsiste que quelques éléments. Les CHAPELLES de San Enrique et de La Mejorada sont du XIXe siècle.

MUNÁ

Muná est une petite cité sur la route des sites Puuc (Uxmal se trouve à quelques kilomètres au sud) ▲ *219*. Au centre d'une grande place, le COUVENT du XVIe siècle, consacré à l'Assomption de la Vierge est, comme la plupart des couvents du Yucatán, en partie conservé. Le parvis est transformé en place publique. Le couvent et l'église furent agrandis au XVIIe siècle et d'autres éléments furent ajoutés par la suite. En 1915, le mobilier et les autels furent détruits.

UMÁN

Le COUVENT DE SAN FRANCISCO DE ASIS a été démoli et seules subsistent des annexes et l'église, qui fut reconstruite au XVIIIe siècle, à l'exception de la tour unique de la façade. La nef possède un transept, ce qui constitue un cas exceptionnel au Yucatán. La coupole, visible de loin, surprend dans le paysage de la région. La chapelle ouverte du XVIe siècle (désormais dédiée à saint Pierre et saint Paul) communique avec l'église et le couvent.

«Ticul est une véritable ville, riche et jolie, située non loin de la chaîne de collines qui du nord-ouest au sud-est traverse la péninsule ; belles maisons et grands magasins. Toutes traces de la guerre indienne semblent avoir disparu : tout paraît neuf, sauf l'église et le grand cloître où vivait l'abbé Carillo, tant célébré par Stephens, et qui tombe en ruine. C'est là, dans une des seules pièces à peu près habitables, que vit le nouveau curé, gai, charmant, communicatif et frère du *padrecito* dont le voyageur américain nous a si souvent parlé.»

Désiré Charnay, *Voyage au Yucatán et au pays des Lacandons* (1882)

Hommage au drapeau devant l'église d'Oxkutzcab.

GROTTES DE LOLTÚN
À 7 km au sud d'Oxkutzcab, dans les grottes de Loltún, «fleur de pierre» en maya, avec leurs féeries de pierre et leurs grandes salles souterraines, furent découverts les ossements les plus anciens témoignant de la présence de l'homme au Yucatán.

CELESTÚN ♥
Un autre sanctuaire naturel de renommée mondiale se trouve à Celestún (ci-dessus), port de pêche situé à 92 km à l'ouest de Mérida. Si la plage est peu attrayante, une visite des marais s'impose : flamants roses, hérons, anhingas, ibis, pélicans, frégates y sont très nombreux.

Le retour à Mérida peut se faire par Halachó pour visiter les haciendas de Chunchucmil, Uayalceh et autres, dans une région tranquille et peu connue du Yucatán.

PARCS NATURELS
La côte nord du Yucatán, peu touristique, est un lieu privilégié pour la beauté des paysages et la richesse de la faune. Les parcs naturels de San Felipe et de Río Lagartos sont des sanctuaires naturels pour les oiseaux migrateurs, flamants roses en particulier, qui, par milliers, construisent leurs nids sur le sable et cherchent leur nourriture dans les eaux peu profondes des marais côtiers.

VERS RÍO LAGARTOS

MOTUL. En allant de Mérida à Conkal, où l'on peut visiter le magnifique couvent de SAN FRANCISCO DE ASIS, on passe par Motul, qui fut le centre de production du sisal. Le couvent du XVIe siècle, dédié à saint Jean-Baptiste, conserve sa chapelle couverte, ses chapelles *pozas* et son cloître à deux étages. Un petit musée évoque la mémoire de Felipe Carrillo Puerto, le gouverneur socialiste assassiné en 1924.
DZIDZANTÚN. À Cansahcab, la route bifurque vers le nord, vers Dzidzantún où se dresse l'un des plus majestueux couvents du Yucatán, construit par Fray Francisco de Gadea, au XVIe siècle. L'église, dont la nef unique (78 m sur 11 m) est la plus grande de la péninsule, fut terminée peu avant 1588. Mutilée intentionnellement et mal restaurée, elle conserve cependant quelques sculptures et fresques, faibles images de ses richesses passées.
DZILAM DE BRAVO. Le long des mangroves, les canaux alimentés d'eau douce des *cenotes* abritent des milliers de flamants roses et les belles plages de sable fin et blanc font de cette bourgade un lieu idéal de repos. Des canots conduisent les voyageurs jusqu'à BOCAS DE DZILAM.
RÍO LAGARTOS. Revenant à Cansahcab, une autre route mène à Tizimín, relié directement à Valladolid ▲ *204* puis, vers le nord, aboutit à Río Lagartos, petit port de pêche caché au milieu de la jungle. Les canots conduisent les visiteurs le long de la côte vers San Felipe ou Las Coloradas. Cette côte inhabitée et protégée abrite le plus important sanctuaire d'oiseaux migrateurs d'Amérique. Le parc se prolonge au-delà d'El Cuyo (95 km de Tizimín) et attire de nombreux visiteurs.

DZIBILCHALTÚN

HISTOIRE DU SITE. La cité maya de Dzibilchaltún, à 12 km au nord de Mérida, est née vers 600 avant notre ère. Jusqu'aux alentours de 200 ap. J.-C., la plus importante communauté maya se trouve à Komchén, juste au nord de Dzibilchaltún qui n'est alors qu'un hameau. Au IIe siècle, la cité comprend près de mille maisons sur 2 km^2, trois grandes plates-formes de construction de 8 m de haut et un *sacbé*. La population décline considérablement à la fin du Préclassique et le site est abandonné pendant le Classique Ancien. Dzibilchaltún reprend de l'importance à la période suivante grâce sans doute au commerce du sel et, vers 800, elle doit compter près de 25 000 habitants. Après l'an 1000, l'occupation diminue rapidement et on cesse alors de construire.

Une modeste reprise se produit vers 1200 et le site sera sporadiquement habité au cours du Postclassique Récent, les occupants se contentant de réutiliser d'anciens bâtiments.
L'APOGÉE. Au IXe siècle, le centre de la ville, qui occupe une superficie de 1,5 km^2, comprend une centaine d'édifices en dur, dont certains sont voûtés et supportés par des pyramides à degrés. Tout autour, on a recensé huit mille maisons sur 19 km^2 ; la plupart étaient de simples cabanes, mais pour deux mille d'entre elles, une partie des murs était en maçonnerie, bien que le toit fût en chaume. Des *sacbeob* reliaient le centre du site, où se trouve le *cenote* Xlacah, aux autres groupes d'habitations. Les premières fouilles ont été réalisées par des membres de l'université de Tulane entre 1956 et 1966. Quant au *cenote* de Xlacah (plus de 50 m de profondeur), il révéla environ 30 000 objets mayas de diverses époques. Un musée est en construction sur le site.
TEMPLE DE LAS SIETE MUÑECAS. Construit vers 700, le Temple des Sept Poupées est l'un des plus originaux du site. Juché sur un soubassement pyramidal à quatre escaliers (ci-dessous), il est percé de quatre portes qui donnent sur un corridor entourant une pièce centrale. Celle-ci est couverte d'une voûte à quatre pans qui apparaît comme une sorte de tour dominant le reste du bâtiment. Le haut des murs était orné d'une frise aquatique célébrant les eaux souterraines, source de la fertilité terrestre. À la fin du Classique, le temple a été recouvert par une autre pyramide, plus grande. Des siècles plus tard, au Postclassique Récent, on a ouvert un passage vers le temple où l'on a construit un autel ; à son pied on a déposé une offrande de sept figurines en céramique qui ont donné au temple son nom.

PROGRESO

Le port de Progreso, fondé au milieu du XIXe siècle à 36 km au nord de Mérida, vint remplacer le port de Sisal, utilisé depuis la Conquête. Mieux protégé des vents et des courants, il fut équipé pour l'exportation du sisal et pour recevoir les cargaisons des bateaux – pavés anglais et tuiles de Marseille – qu'on utilise toujours à Mérida et dans les villages voisins.

LES MAYAS YUCATÈQUES
Le Yucatán est riche en vestiges de la culture maya, en constructions religieuses coloniales et en haciendas, si peu visitées et si mal connues. Pour les amateurs d'ethnographie, les villages de l'arrière-pays, où jamais voyageur ne passe, sont une mine d'informations, car peu de peuples sont aussi attachés à leurs traditions que les Mayas ● *61*.

PLAGE DE PROGRESO
Cette plage de sable blanc, qui s'étend sur plus de 80 km, jusqu'à Dzilam de Bravo, attire chaque été des milliers de visiteurs.

L'ARCHITECTURE MAYA
Pendant le Classique Récent, on utilisait à Dzibilchaltún des blocs de pierre et la voûte en encorbellement. Au Classique Terminal, se manifesta le style Puuc ▲ *220* caractérisé par une maçonnerie de revêtement et un décor de mosaïque en relief.

Route directe vers Campeche
Après Umán, au sud de Mérida, la route traverse Calcehtok (prononcer *calquetok*), d'où une piste conduit vers le nord aux grottes du même nom.
Une autre piste, qui part vers le sud, conduit aux ruines récemment restaurées d'Oxkintok.
À Hecelchacán, un musée conserve des objets mayas de l'île de Jaina ▲ *230* et d'autres sites du Campeche. 47 km plus loin, la route rejoint celle qui vient d'Hopelchén et continue vers la ville de Campeche ▲ *228*.

Région Puuc

La région Puuc, au sud de Mérida, dont l'influence s'étendait jusqu'au nord de la péninsule (Chichén Itzá, Tiho, l'actuelle Mérida) avait pour centre Uxmal (ci-contre). Le style Puuc ▲ *220* représente au Yucatán une transition entre le Classique et le Postclassique, période durant laquelle fut édifiée Chichén Itzá ▲ *205*. Il fleurit au cours du Classique Tardif et se prolongea jusqu'au XIe siècle, bien après l'abandon des grandes cités classiques de la zone centrale. Dans cette région karstique où il n'existe aucun cours d'eau en surface, les Mayas ont pu prospérer en creusant des poches souterraines, les *chultúns* ● *114*, pour récupérer les eaux de pluie. Ils tiraient également l'eau des gouffres naturels de la région, les cenotes ■ *16*, ● *114*. Ainsi, à 3 km de Bolonchén, au sud des sites Puuc, on peut visiter la grotte de Xtacumbilxunán, où se trouve le plus grand cenote de la péninsule, dont F. Catherwood ● *56, 130* a réalisé un dessin en 1842 (ci-dessus).

UXMAL ET LES SITES PUUC ♥

«ROUTE PUUC». La route intérieure, qui mène à la capitale du Campeche, est indiquée «via ruinas». Les sites explorés et restaurés forment un circuit appelé «ruta Puuc», où l'on peut admirer de beaux exemples de cette architecture : Uxmal, Kabáh, Sayil et Labná, les plus importants, et Kiuic, Xlabpak, Oxkintok, Xul, Chamultún et Bakná, dans l'État du Campeche. Ces sites, aujourd'hui en grande partie restaurés, ont connu leur apogée au Classique Récent, entre 800 et 1000 ap. J.-C. On y trouve de grandes constructions allongées, où la sculpture joue un rôle décoratif. Les cités Puuc s'effondrèrent avec l'arrivée des Toltèques dans le Yucatán, notamment à Chichén Itzá ▲ *205*. Plus au sud, sur la route 261, gisent à proximité de la route (avant Bolonchén) les ruines d'ITZIMTÉ, de style Puuc.

HOCHOB ET DZIBILNOCAC. Autour de Hopelchén, les deux sites accessibles sont Hochob et Dzibilnocac ; à peine explorés, ils montrent la splendeur du style Chenes. Près de Dzibilchén, Hochob est le mieux restauré. La façade du temple, à droite de la place, représente le monstre terrestre. Ce vaste site, inconnu dans son ensemble, conserve toujours sous ses ruines vierges les secrets de ceux qui peuplèrent les forêts de la région. Après Dzibilchén et Vicente Guerrero, une piste conduit à Dzibilnocac. Les deux premiers temples sont décevants mais la délicatesse de l'architecture, la finesse des fresques et des sculptures du troisième justifient l'expédition. Du haut du temple, on peut découvrir alentour tous les bâtiments en ruines. À 41 km de Hopelchén, à CAYAL, une route conduit à Edzná ▲ *226*, le site maya le plus important du Campeche. De Cayal, une route de 52 km rejoint la ville de Campeche.

Détail de l'ornementation de l'arc de Labná.

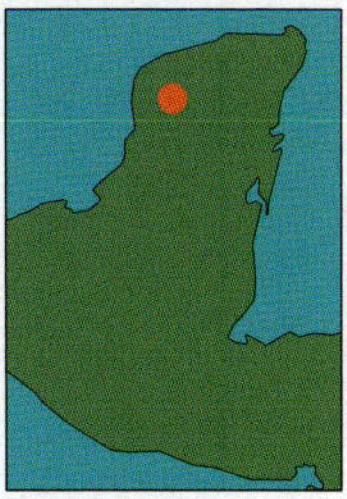

UXMAL
1. Quadrilatère des Nonnes
2. Pyramide du Devin
3. Jeu de balle
4. Groupe du Cimetière
5. Palais du Gouverneur
6. Maison des Tortues
7. Pigeonnier
8. Grande Pyramide

Le *Codz pop* de Kabáh.

Le style Puuc doit son nom à une chaîne de collines qui court nord-ouest sud-est dans le Nord de la péninsule du Yucatán, mais son influence s'étend bien au-delà. Il apparaît au VIIIe siècle et connaît son apogée dans la seconde moitié du IXe siècle. Ce style est défini par des caractéristiques techniques (maçonnerie en parement) mais surtout décoratives (mosaïque en relief sur la partie supérieure des façades).

ORIGINES
De nombreux traits du Yucatán central ▲ *190* se manifestent à partir de 770. Entre ces éléments figurent la moulure basale ornée de groupes de petits tambours, des moulures en biseau, et des colonnettes engagées (d'abord simples puis attachées). D'origine Chenes, les masques de monstre terrestre forment des portes et courent sur les façades.

PORTES
Elles s'élargissent grâce à des colonnes pourvues de chapiteaux qui soutiennent le linteau. Labna ci-dessus et Sayil à droite.

ÉVOLUTION DU STYLE
On trouve d'abord des colonnes monolithiques permettant d'élargir les portes, avec une moulure inférieure simple. Puis apparaissent les colonnes engagées et les masques (ci-dessus, à Kabáh). Enfin, dans une zone restreinte, après 870, le décor mosaïque triomphe et combine colonnes engagées, claires-voies et grecques.

DÉCOR MOSAÏQUE
Dans le style Puuc figurent souvent des mosaïques de pierre sculptée, composées d'éléments préfabriqués.
Le décor consiste en claires-voies, colonnes multiples bandées ou non, grecques scalaires, et des masques frontaux en façade ou empilés aux angles des édifices, tout en géométrie et en répétition.
Le décor de mosaïque en relief qui orne le haut de la façade sud du Quadrilatère des Nonnes à Uxmal (ci-dessus) illustre ce style très particulier. Le bas est lisse et l'emploi de stuc rarissime.
La mosaïque est limitée par une large moulure en bas et par une corniche en haut.

VOÛTE
Si la voûte conserve la forme de l'encorbellement, les pierres qui la composent (revêtement) ne soutiennent rien et ne sont qu'un placage.

ARC DE KABÁH
De style Puuc Ancien, il se tient à l'extrémité sud de la chaussée qui joint Kabáh à Uxmal.

Arc de Labná

Il ne s'agit pas d'un arc monumental ou triomphal comme celui de Kabáh, mais d'un passage voûté d'un quadrilatère, ensemble de bâtiments délimitant une cour carrée ou rectangulaire, fermée à l'exception d'une porte (ci-dessous, de nos jours et, en bas, dessiné par Catherwood). Du côté de la cour, le décor principal consiste en répliques de huttes au toit de chaume formant des niches qui abritaient à l'origine des statues. À l'extérieur, la frise, encadrée par les mêmes moulures décorées de lignes brisées dentées et de scalaires, comprend deux grecques scalaires affrontées sur fond de colonnettes engagées. Ce motif reproduit la fente frontale du monstre terrestre, accès symbolique au monde souterrain. Ci-dessus, masques de monstre terrestre.

Le palais de Sayil

L'édifice est composé de trois étages en retrait, chacun reposant sur un bloc de maçonnerie, avec un large escalier central (ci-dessus). Le premier étage est aussi le plus ancien. Des piliers apparaissent pour élargir les portes et le décor est limité à une simple frise. Les nombreuses ouvertures du deuxième étage alternent avec

des panneaux de colonnettes engagées et bandées (détail ci-dessus). La frise supérieure présente des masques de monstre terrestre. Le troisième étage, du Puuc Récent, était décoré beaucoup plus sobrement par un homme modelé en stuc (armé par des tenons de pierre) et représenté en pied au-dessus de chaque porte.

En raison de son assez bon état de conservation (nombre de constructions sont encore debout) et de la qualité de son décor de mosaïque de pierre, de style Puuc, Uxmal est l'un des sites mayas les plus célèbres et les plus visités. On connaît mal les origines et les prolongements de cet important centre politique et économique dont l'apogée se situe entre 800 et 1000. Uxmal offre de nombreuses stèles, dont la plupart ne sont pas datées ; on a mis en évidence l'existence du roi Seigneur Chac, qui a régné sans doute au début du Xe siècle. Les monuments caractéristiques de la cité sont les quadrilatères, où de grands édifices allongés et comprenant de nombreuses pièces forment un ensemble clos autour d'une place rectangulaire ou carrée.

RECHERCHES
Waldeck fut le premier, en 1836, à publier une description rapide de ce site, visité quelques années plus tôt. Des travaux de restauration ont été entrepris sur une grande échelle dès 1928, et surtout à partir de 1938, mais le site n'a pas été fouillé de façon systématique.

LE PALAIS DIT DU GOUVERNEUR
Cet édifice (Puuc Récent IXe-Xe siècle) comporte un bâtiment principal et deux ailes. Il est long de près de 100 m, profond de 12 m et haut de 8,60 m. Treize portes donnent accès à vingt pièces. On a calculé que le décor en mosaïque de la façade avait nécessité l'utilisation de quelque vingt mille éléments sculptés. Les deux plus grandes pièces alignées sur 20 m de long, se trouvent au milieu du bâtiment central et communiquent avec l'extérieur par trois portes.

DÉCOR DU PALAIS
La porte centrale du Palais du Gouverneur est surmontée d'une image du roi trônant sur un fond de serpents bicéphales, ornés de signes célestes, semblables à ceux du bâtiment oriental du Quadrilatère des Nonnes. D'autres dignitaires sont représentés émergeant de la gueule ouverte et renversée du monstre terrestre. Des grecques scalaires et des masques frontaux complètent le décor sur un fond de croisillons (haut de page). Si le personnage principal est figuré dans les cieux, c'est qu'il s'agit probablement du fondateur de la dynastie. De haut en bas et de gauche à droite : vue générale d'Uxmal ; trône de jaguar et Palais du Gouverneur ; deux détails de façades et deux vues du Palais du Gouverneur réalisées par l'architecte Frédérick Catherwood ● *54*, *130* lors de son voyage avec Stephens.

Quadrilatère des Nonnes

Il doit son nom à d'anciens voyageurs qui avaient comparé cet ensemble clos à un couvent (ci-dessus). La cour mesure 76 m sur 61 m. Tous les bâtiments présentent deux rangées de pièces. Celui du côté nord semble le plus important (en haut) : il repose sur une terrasse plus élevée de 5, 50 m, que l'on franchit par un large escalier, flanqué de deux petites constructions. La façade à onze portes est décorée de masques superposés de monstre terrestre et d'un masque de pseudo-Tlaloc, qui alternent avec des images de huttes couronnées par un serpent bicéphale. Le décor du bâtiment oriental consiste en plusieurs groupes de serpents bicéphales rigides

de longueur décroissante vers le bas. Sur la façade sud, figurent des huttes couronnées d'un masque de monstre terrestre. L'ornementation de la façade est la plus complexe à l'ouest : on reconnaît en plus des habituels masques superposés, des personnages trônant sous un dais et des guerriers en haut relief, le tout étant encadré par des serpents à plumes. Ci-dessous, détail de la façade ouest dessiné par Catherwood.

Pigeonnier

Ce palais résidentiel (ci-dessus), construit entre 700 et 800 de notre ère, appartient à un style qui précède celui du Quadrilatère des Nonnes. Malgré son mauvais état de conservation, on sait que les murs étaient couverts de formes et d'ornements en stuc. L'édifice doit son nom à sa longue crête faîtière ajourée de multiples perforations, qui évoquent nos pigeonniers.

PYRAMIDE DU DEVIN

Les temples visibles correspondent aux deux dernières étapes de construction de la pyramide. Sur sa face ouest se détache un temple de style Chenes, imitation d'un édifice antérieur au style Puuc. Au sommet de la pyramide, le temple le plus récent a été érigé à 26 m de haut sur un nouveau corps. La sculpture ci-contre, de la première phase de construction du temple de la pyramide du devin, montre un roi d'Uxmal émergeant d'un serpent.

Tête d'homme sortant de la gueule d'un serpent, Pyramide du Devin.

MAISON DES TORTUES

Remarquable par ses proportions et sa simplicité, la frise, qui consiste en un décor ininterrompu de colonnettes engagées, est comprise entre deux moulures caractéristiques du style Puuc, en queue d'aronde avec bandeau médian. Sur le bandeau supérieur, un rang de tortues, espacées régulièrement (ci-dessus), est sculpté avec beaucoup de réalisme. La tortue représente, chez les Mayas, l'un des animaux emblématiques de la terre.

MONUMENTS

Outre les quadrilatères et la Pyramide du Devin, Uxmal compte la Grande Pyramide, de taille considérable, un petit jeu de balle, et divers temples, dont certains sont encore enfouis dans la verdure.

EDZNÁ ♥

CENTRE URBAIN. Edzná est un bel exemple de ce que fut l'organisation des Mayas. Dans une vallée isolée des autres centres de peuplement, un groupe maya s'établit en 600 avant J.-C., où il vécut sans interruption jusqu'au Xe siècle. Un centre urbain s'y développa depuis le IIIe siècle après J.-C., qui concentrait le surplus agricole de la région. Celui-ci était expédié vers la région du Petén, au Guatemala ▲ *317*, d'où provenaient les objets rituels et l'artisanat, ainsi que les influences culturelles qui se remarquent dans l'art d'Edzná. L'aristocratie locale consolida son emprise sur la population rurale de la vallée qui, par son travail et les tributs, édifia les magnifiques temples et palais. Après le VIe siècle, d'autres provinces voisines (Río Bec ▲ *190*, Chenes et Puuc) se développèrent à l'est et au nord, ouvrant de nouvelles possibilités commerciales. Leurs influences se remarquent à Edzná où, peut-être, un quartier de marchands venus de la région Puuc, formait un comptoir commercial.

NI PUUC NI CHENES. Parfois classé dans la région Chenes, d'autres fois dans la région Puuc, Edzna paraît cependant conserver une certaine autonomie et une personnalité différente, tout en restant, au milieu de tous les changements culturels de la région, un petit royaume indépendant (quoique perméable aux influences de ses puissants voisins). Seul un autre site de petite importance est enregistré dans la vallée, Lubná. Après l'effondrement de la grande civilisation maya au IXe siècle, Edzná perdit son importance et fut abandonné comme toutes les autres villes classiques et les agriculteurs se réfugièrent, peut-être par mesure de sécurité, au pied des collines qui entourent la vallée, construisant les villages qui existent encore : Tixmucuy, Nohyaxché, Hontún, Bolonchencahuich. Lubná fut peut-être l'un de ces villages.

GROUPE DU CENTRE CÉRÉMONIEL. Formé autour d'une vaste place centrale, il est dominé par la Grande Acropole à l'est, en partie restaurée, la Nohol Na située en face de la plate-forme des Couteaux (*Cuchillos*) au nord et le Temple de la Maison du Sud (*Casa del Sur*). Un *sacbé* conduit de l'Acropole vers un groupe d'habitations situé entre le Temple des Couteaux et la Nohol Na, autour duquel existent d'autres constructions. Cet ensemble reproduit le modèle des ensembles du Petén, de Tikal ▲ *322*, par exemple.

PLAZA MAYOR. Rectangulaire, mesurant 170 m sur 96 m, autrefois couverte de stuc, la grande place est légèrement inclinée vers le sud pour évacuer les eaux de pluie par le canal.

DEUX ENSEMBLES
Les anciennes constructions d'Edzná forment deux ensembles, reliés par un *sacbé*. Celui à l'est, appelé «Groupe du Centre Cérémoniel» formé des bâtiments qui dépendaient de la Grande Acropole, et l'ensemble de l'ouest, non restauré, dominé par une grande construction, appelée La Vieja.

Situé au nord d'Edzná, le site d'Iturbide, de style Puuc, a été dessiné par Catherwood.

ANNEXE DES COUTEAUX
En partie explorée, cette annexe était formée d'une place centrale de 40 m de côté, entourée de constructions de différentes périodes. Un arc, encore visible, faisait communiquer la place avec le *sacbé*. À l'ouest de la place, le grand bâtiment appelé Nohol Na, de 120 m de façade, n'est pas encore restauré.

PETITE ACROPOLE
Située au sud de l'Acropole, elle est composée d'une plate-forme de 75 m de côté sur laquelle quatre constructions entourent une cour. Au pied des ruines d'un temple situé à l'ouest, on a trouvé sur la plate-forme des stèles datées de 672 à 810.

«QUELLES QUE SOIENT LES CIRCONSTANCES AYANT CONCOURU À FAVORISER CETTE FLAMBÉE [DE LA PÉRIODE] CLASSIQUE, RIEN D'AUSSI RAFFINÉ NI D'AUSSI VARIÉ N'AVAIT JAMAIS ÉTÉ PRODUIT DANS LE MONDE PRÉCOLOMBIEN.» PAUL GENDROP

ACROPOLE. Sur une plate-forme de 160 m sur 148 m et 6 m de haut, située au sud de la place, se dresse l'imposant ensemble de l'Acropole. Le bâtiment des Cinq-Étages est composé, à chacun des quatre étages de 4,60 m de haut, de rangées de cellules et sur le sommet d'un temple couronné d'une crête de 6 m de haut. La hauteur totale est de 31 m et un escalier central conduit de la grande place jusqu'au temple, passant par une cour où se dressait un autel. Certaines marches portent des glyphes. Au premier étage, l'entrée des sept chambres (une sous l'escalier) conserve les restes de piliers de pierre cimentés de style Río Bec, alors qu'au quatrième étage les colonnes monolithiques sont de style puuc. Cet édifice est superposé à un autre plus ancien, de style Puuc ▲ *220*. Le bâtiment des Cinq-Étages recouvre en partie un temple plus ancien de style Petén. Au sud de la cour, une base de 40 m sur 30 m soutient un temple auquel on accède par un escalier de 17,50 m de large. Cette construction en coiffe aussi une autre plus ancienne. À l'angle sud-ouest de la plate-forme, se dresse un temple d'influence Petén et une annexe plus récente qui bloque en partie l'escalier central. Une construction similaire existait à l'autre extrémité de l'escalier, ne laissant qu'un étroit passage vers la cour. D'autres bâtiments existent sur l'Acropole, tels le Temazcal (bain de vapeur), le temple Nord-Ouest, la plate-forme Puuc et la plate-forme du Nord.

PATIENCE... De longues années seront encore nécessaires pour explorer, fouiller et restaurer Edzná dont les secrets sont conservés sous les amas de pierres.

PILLAGES
Le Yucatán était sans cesse exposé aux attaques des pirates, flibustiers, corsaires et navires de guerre ennemis qui cherchaient refuge sur ces côtes désertes et attaquaient les villages pour se ravitailler. Campeche, le seul port de la péninsule, fut pillé par les corsaires français en 1559.

Fondée en 1540, par Francisco de Montejo, dit El Mozo, Campeche est la plus ancienne ville espagnole de la péninsule du Yucatán et le seul port d'exportation et d'entrée des produits de la région. Située sur une côte plate, ouverte sur le large, Campeche était exposée aux attaques des aventuriers des mers qui pouvaient pénétrer dans la ville par le port ou par les campagnes. Entourée de murailles de 8 m de haut, protégée par des bastions et des batteries côtières, elle s'enferma dans une coquille rigide de pierre qui, à partir de la fin du XIXe siècle, éclata pour laisser la ville s'étendre librement. Face à l'ancien périmètre, de vastes terrains furent gagnés sur la mer et les constructions modernes font oublier les époques glorieuses.

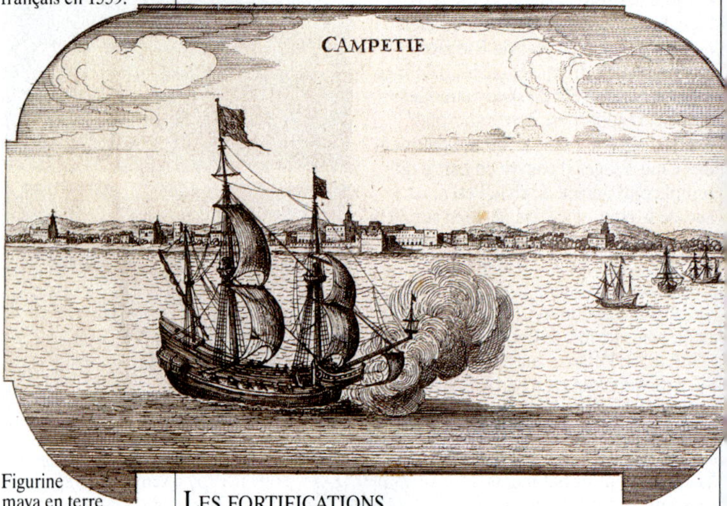

Figurine maya en terre cuite, provenant de l'île de Jaina ▲ *230* et conservée au musée national d'Anthropologie.

LES FORTIFICATIONS

Une tour fut bâtie au XVIe siècle, équipée d'une petite artillerie. Ce fut le début de la fortification du port, qui ne fut conclue qu'au XIXe siècle. Les bâtiments qui allaient former ces fortifications furent édifiés progressivement, modifiés, démolis et reconstruits. Au XVIIe siècle, quand Campeche fut prise et brûlée plusieurs fois par les pirates, aucune protection effective ne fut donnée à la ville et ce n'est qu'au XVIIIe siècle qu'on édifia de véritables fortifications.

VAUBAN EN AMÉRIQUE. Après le sac du port en 1685, le projet de Martín de la Torre de construire une muraille autour de la ville, comme celles de La Havane et de Saint-Domingue, fut accepté par le roi d'Espagne et l'Allemand Johannes Franck commença les travaux. La paix entre la France et l'Espagne, signée à Ryswick, permit la collaboration entre les deux nations et l'ingénieur Louis Bouchard de Bécour proposa certaines modifications, ainsi que des mesures complémentaires de protection. Le style Vauban faisait son entrée en Amérique. Pendant le reste du XVIIIe siècle et le début du XIXe, certaines petites modifications furent introduites ainsi que des œuvres complémentaires, sans rien apporter de nouveau à l'ensemble. Elles formaient un hexagone irrégulier, avec un bastion à chaque angle, un autre au milieu du rempart qui faisait face à

Statuette maya
de la région de Campeche.

la mer, et un bastion au milieu du rempart côté terre. Devenue inutile, la muraille de 2 720 m de long et de 8 m de hauteur fut peu à peu abattue à partir du XIXe siècle ; seuls les bastions subsistent, transformés en musées.

Musées et jardin. La Porte de Mer, ouverte sur le port, était protégée par le bastion de La Soledad, actuellement transformé en MUSÉE DES STÈLES MAYAS. Vers l'ouest, le bastion de San Carlos, utilisé comme MUSÉE DE LA VILLE, protégeait des attaques venues de la mer. Vers l'intérieur, le bastion de Santa Rosa (Bureau de tourisme) et celui de San Juan (ballet folklorique) protégeaient la ville des attaques venues du sud, ainsi que ceux de San Francisco, près de la Porte de Terre (son et lumière) et de San Pedro (artisanat). Celui de San José, au nord, a été démoli et celui de Santiago, en partie détruit, est occupé par le JARDIN BOTANIQUE Xmuch Haltún. Au nord-est de la ville, des marécages offraient une défense insuffisante et plusieurs forts surveillaient les intrus qui venaient de l'île de Jaina. Celui de San Matías était situé sur le haut des collines, près de la plage ; celui de San José El Alto dominait la côte et la mer.

Autour de la Plaza Mayor ♥

Cathédrale. La cathédrale de la Concepción, la plus ancienne église du Yucatán, fut bâtie entre 1540 et 1705. Une des tours s'appelle la tour Espagnole, l'autre, terminée après l'Indépendance, la tour de Campeche.

Maisons coloniales. Derrière la cathédrale, la MANSIÓN CARBAJAL (en bas), transformée en bureau et magasin d'artisanat, est un excellent exemple des riches demeures coloniales avec son sol de marbre, ses colonnes et arcs mozarabes. D'autres maisons coloniales sont visibles de l'extérieur dans les rues 55, 57 et 59.

Musée régional. Une autre demeure coloniale d'intérêt est celle du lieutenant du Roi, transformée en Musée régional où sont exposés des objets mayas.

Couvent de San José. Comme dans toutes les villes coloniales, il existait à Campeche un couvent de San José, bâti par les Jésuites en 1700. La belle église baroque du couvent est devenue un centre d'artisanat. L'église fut aussi, au cours de l'histoire tourmentée de la ville, utilisée comme caserne.

Autres églises. Deux autres églises anciennes attirent les voyageurs : celle du couvent de San Francisco (démoli), fondée en 1546 et qui conserve sa magnifique chapelle ouverte, et celle de San Román, bâtie hors des murs, au sud de la ville, dans les quartiers indiens, en 1565. On y vénère un Christ noir, sculpté

Les bastions de la péninsule
Tous les ports de la péninsule furent fortifiés au XVIIIe siècle, et les vestiges subsistent

à El Carmen, Champotón, Lerma, Sisal, Mérida et Bacalar, ce dernier transformé lui aussi en musée. Au sud de la ville, la batterie de San Luis (ci-dessus, au premier plan) braquait ses canons au large, protégée par le fort de San Miguel (ci-dessus, au second plan).

La cathédrale
L'édifice (ci-dessous) domine la place centrale de la ville où une fanfare offre, le dimanche, un concert public.

Cimetière de Champotón.

Le fort de Champotón (ci-dessous) et Ciudad del Carmen (en bas).

«L'eau s'épuisa. Il fallut toucher terre près de la ville ; c'était un dimanche, jour de saint Lazare, et c'est pour cela que nous donnâmes ce nom à la localité, quoiqu'il vînt à notre connaissance que les Indiens l'appelaient Campeche. Afin d'aller tous en un seul convoi, nous résolûmes de monter notre plus petit navire et les trois canots, bien sur nos gardes [...] Nous laissâmes nos navires mouillés à plus d'une lieue de distance de la terre et nous fûmes débarqués près de la ville, au passage d'une eau potable dont les naturels faisaient usage pour leur consommation.»

Bernal Díaz del Castillo, *Histoire véridique de la conquête de la Nouvelle-Espagne*

au Guatemala. La foire de San Román s'y tient du 14 au 28 septembre. L'église de San Roque, bâtie en 1654, conserve cinq beaux retables en bois.

ENVIRONS DE CAMPECHE

ÎLE DE JAINA. Elle est renommée pour sa nécropole de la période Classique. L'île, d'origine corallienne, fut surélevée par les Mayas, qui y transportèrent des matériaux calcaires (*sascab*) sur lesquels ils bâtirent les structures. Jaina a été visitée en 1843 par Norman, puis décrite en 1886 par Désiré Charnay ● *53*. Située à 30 km au nord de Campeche, elle mesure 1 km sur 750 m et n'est séparée du continent que par un étroit canal de 81 à 100 m de large. Parmi les offrandes, les splendides statuettes polychromes, souvent appelées «tanagres d'Amérique», font la renommée de cette île. Elles représentent divers personnages, vêtus et armés, et forment un témoignage direct des costumes et des objets rituels de l'époque Classique. Un lot de statuettes de Jaina est exposé au musée de Hecelchakán ▲ *218.* Deux ensembles de constructions, en partie restaurés, sont ouverts à la visite (permis délivré par l'Office du tourisme, Plaza Cohuo, à Campeche).

CHAMPOTÓN. Vers le sud, le long de la côte, la route conduit à Champotón, petit village colonial qui conserve un fort, El Moro, et une église du XVIIe siècle. Deux routes conduisent vers l'État du Tabasco. La route intérieure conduit à Escárcega, où elle rejoint celle qui vient de Chetumal ▲ *188.*

SILVITUK. À 30 km d'Escárcega, on arrive à Silvituk, près du lac Noh, où gisent les ruines d'un ensemble de constructions : deux stèles de la période Classique y furent découvertes. Au sud de cette route qui conduit à Chicanná, Becán, Hormiguero, Xpuhil et Río Bec ▲ *190*, l'épaisse forêt recèle des vestiges mayas inexplorés, en particulier le gigantesque ensemble de CALAKMUL qui, sur des dizaines de kilomètres, forme l'un des sites les plus grands du monde maya. Difficile d'accès et en cours d'exploration, il a déjà révélé des constructions splendides et des objets extraordinaires. D'Escárcega, la route conduit sans interruption vers Palenque ▲ *243* et Villahermosa.

CIUDAD DEL CARMEN. Revenant à Champotón, la belle route côtière conduit à Ciudad del Carmen, île fermant l'entrée de la Laguna de Términos et reliée au continent par le Puente de la Unidad (3 222 m de long). Ciudad del Carmen est actuellement une ville commerciale et un port de pêche, mais son économie dépend surtout du pétrole. Seul vestige de l'époque coloniale, le FORT DE SAN FELIPE rappelle les combats livrés contre l'occupation anglaise ● *38.* Traversant l'île, la PÉNINSULE DE XICALANGO marquait la frontière occidentale du monde maya et divers petits sites ont été explorés dans cette région. En continuant vers l'ouest, on arrive dans l'État du Tabasco.

Chiapas

André Aubry

Enseigne en langue tzotzil à San Cristóbal.

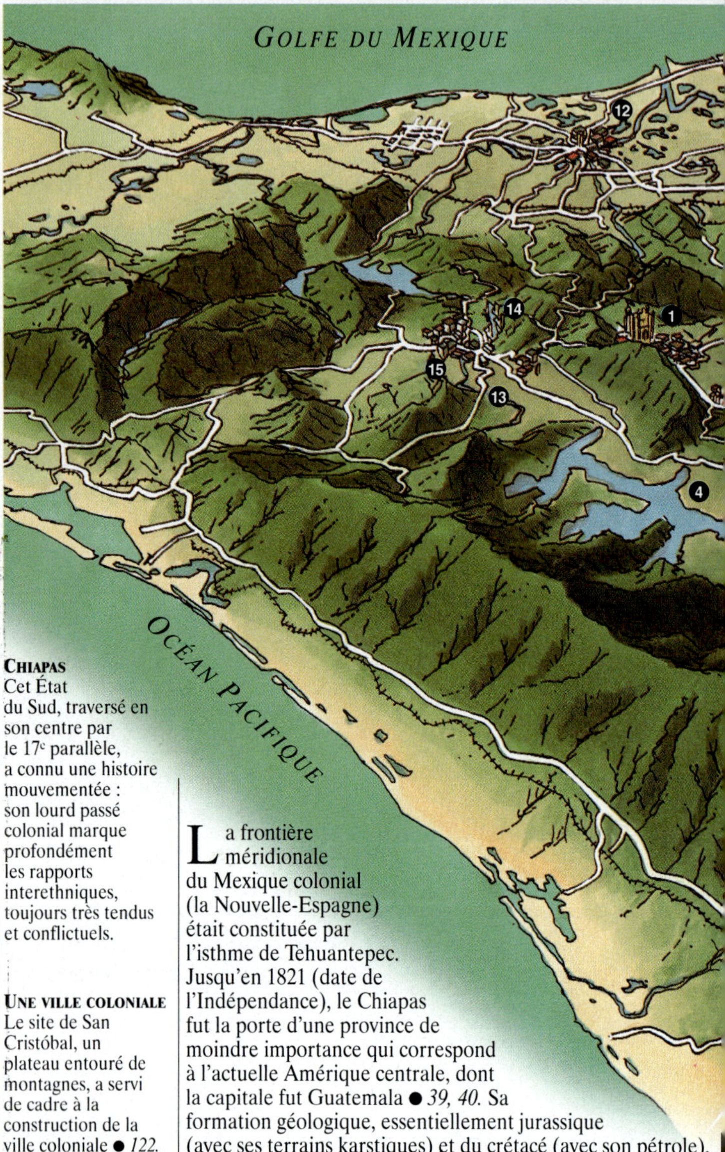

CHIAPAS
Cet État du Sud, traversé en son centre par le 17e parallèle, a connu une histoire mouvementée : son lourd passé colonial marque profondément les rapports interethniques, toujours très tendus et conflictuels.

UNE VILLE COLONIALE
Le site de San Cristóbal, un plateau entouré de montagnes, a servi de cadre à la construction de la ville coloniale ● *122.*

La frontière méridionale du Mexique colonial (la Nouvelle-Espagne) était constituée par l'isthme de Tehuantepec. Jusqu'en 1821 (date de l'Indépendance), le Chiapas fut la porte d'une province de moindre importance qui correspond à l'actuelle Amérique centrale, dont la capitale fut Guatemala ● *39, 40.* Sa formation géologique, essentiellement jurassique (avec ses terrains karstiques) et du crétacé (avec son pétrole), préfigure sa géographie : la Sierra Madre, dont le point culminant est le TACANÁ (4 100 m), marque le début de la longue enfilade de volcans de la côte Pacifique ; les Hautes Terres, avec le TZONTEHUITZ comme point culminant (3 000 m), se prolongent vers les Cuchumatanes ▲ *284* : le grand arc de ses montagnes moyennes du Nord et de l'Est en constitue les contreforts. La jungle lacandonne ▲ *258* marque le

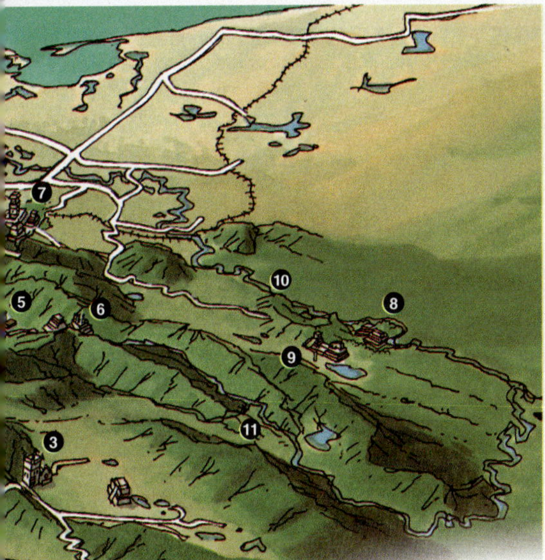

début de la grande forêt tropicale du Petén ▲ *317* et du Belize ▲ *335*. Cet État, avec ses 75 000 km^2 (un sixième de la France), concentre les traits de la plupart des pays latino-américains, avec plusieurs étages thermiques ou climatiques caractérisés par des bandes côtières torrides, des massifs montagneux frais séparés par des vallées chaudes, et les jungles tropicales humides.

San Cristóbal de Las Casas ♥

L'écrin de San Cristóbal, à 2 120 m d'altitude, est une profonde dépression entre les massifs de trois volcans éteints.

Historique. Cette ville hispanique des débuts de la colonisation est l'une des plus anciennes du continent. Rêvée en 1524 par Bernal Díaz del Castillo ● *152* au cours d'un long combat avec Chamula, qui occupait alors son territoire, elle devint réalité en 1528 grâce au capitaine Diego de Mazariegos, qui n'y vécut que quelques mois. Partagé entre la peur de soulèvements indiens (rébellions en 1712 et 1869) et la nécessité de compter avec cette population (aujourd'hui 35 % de ses habitants), problèmes résolus par la solidification d'une société duale, la cité s'est édifiée à l'intérieur du bouclier humain de ses *barrios* ▲ *237* d'autochtones ralliés, au sein desquels ses habitants se sont peu à peu «deshispanisés». La nouvelle population créole coupa les ponts avec l'Espagne en 1821, hésitant au début entre le statut de pays libre et souverain, et son rattachement au Mexique, voté en 1824. Mais elle eut à se battre fréquemment pour maintenir son statut fédéral.

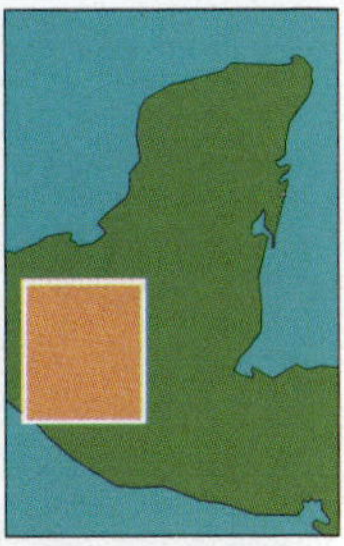

◷ 4 journées

Un climat de montagne
Matinées et soirées sont fraîches, comme les jours de pluie ou sans soleil. En hiver (décembre-janvier), les brouillards ou de très brèves gelées au petit matin sont les meilleurs garants d'un ciel bleu imperturbable.

Le pin thérébinthe
Répandu au Chiapas, cet arbre (*ocote*), absent en dessous de 800 m, a donné son nom à plusieurs localités de l'État, comme, par exemple, Ocosingo.

Le bois noble de ce conifère est la matière première de bien des meubles et retables du Chiapas et du Guatemala ; ses aiguilles, qui jonchent le sol de toute fête populaire, en constituent le tapis odoriférant. Fabriquée à partir de ce pin, une encre servait aux codex ● *42*.

SAN CRISTÓBAL DE LAS CASAS

La ville a pris le nom de Bartolomé de Las Casas, protecteur des Indiens (peinture de Félix Paira en 1875).

Le Chiapas a toujours lutté pour son autonomie dans le cadre de la Constitution mexicaine : avec Joaquín Miguel Gutiérrez jusqu'en 1838, puis avec Angel Albino Corzo (1854-1864), pour résister au centralisme des conservateurs et de Maximilien, enfin avec Miguel Utrilla, pour la transparence électorale (1866-1876). Dans chacun de ces cas, les armes ont parlé. Le choix de San Cristóbal par l'Armée Zapatiste de Libération Nationale (AZLN), comme théâtre du soulèvement du 1er janvier 1994, obéit en partie à cette tradition insurrectionnelle. Le poids social de ses éleveurs et propriétaires terriens (qui bloquèrent la révolution de 1910) a perpétué la marginalisation de San Cristóbal, sans que les bénéfices de sa richesse agricole, du pétrole, des barrages hydro-électriques, du café et du tourisme ne profitent à la majorité de sa population. Les exclus construisent, au nord et au sud, une ville nouvelle et anarchique, à l'ombre de la ville historique. La population de San Cristóbal de Las Casas, qui a doublé entre 1982 et 1992, compte près de 100 000 habitants.

«ZÓCALO»

CATHÉDRALE ♥. Dominant la place centrale (*zócalo*), la cathédrale n'a cessé d'être remaniée. Au XVIe siècle, l'édifice n'était qu'une grande chapelle dont l'entrée (au sud) donnait sur la place actuelle. Deux énormes gargouilles qui perforent sa façade ouest actuelle, et le clocher carré (mudéjar, tronqué par plusieurs tremblements de terre) qui était séparé à l'origine de l'édifice, subsistent. La façade ouest fut terminée en 1696. Ses couleurs originales (réalisées avec colorants naturels, chaux, sel et bave de cactus), restituées en 1993, lui redonnent son aspect de *huipil* architectural : son tissu donne les couleurs dominantes (l'ocre jaune de la terre de Chamula et l'ocre rouge de celle de Cuxtitali) qui, à l'époque, étaient aussi celles du revêtement des rues de l'ensemble urbain ; les «broderies» blanches sont rendues par le stuc (moulages de chaux, sable et blanc d'œuf) et ressortent grâce à deux panneaux et deux colonnes noirs (laine de Chamula).

ÉGLISE SAN NICOLÁS. Elle fut successivement celle des esclaves noirs de la ville (quand la population indienne déclinait à cause des épidémies), celle des chanoines (chapelle capitulaire), prison lors des guerres de la Réforme, et enfin église paroissiale. On y accède par un porche baroque, l'ancienne entrée des jardins de l'évêché. La façade est typique des églises mudéjares.

LES «PORTALES». À l'est du *zócalo*, sous les *portales* (arches) reconstruits après les combats de 1863 ● *40*, les badauds venaient se détendre dès le XVIIe siècle, selon Thomas Gage ● *153*. Un manuscrit du XVIIIe siècle relate que les coursiers

CONFIGURATION DE LA VILLE ● *118*
La structure urbaine de San Cristóbal consiste en un axe nord-sud qui comporte trois ensembles architecturaux : au nord, le complexe monumental de Santo Domingo, au centre le *zócalo* et, au sud, le Carmen. L'ancienne Calle Hidalgo relie ces trois ensembles. Autour de cet axe sont nés plus tard des centres secondaires entre lesquels s'élèvent de belles demeures. Les *barrios*, ou

anciens quartiers indigènes, sont au-delà ; plus loin, aux quatre coins cardinaux, sont dispersés les moulins qui alimentaient jadis la ville.

Détail d'un retable de la cathédrale représentant un chérubin au visage basané des indigènes. Il porte une perruque blonde et un pectoral préhispanique ainsi que des ailes de plumes de quetzal.

des grandes haciendas y accouraient pour leurs opérations commerciales. Ils chantaient : «À tant un esclave noir, à tant chacun de mes ânes, mes juments ou mes lots.»

RÉSIDENCES. L'hôtel *Santa Clara*, une riche résidence au XVIIe siècle, présente des motifs de style plateresque sur sa façade est ; l'hôtel *Ciudad Real* est néoclassique et la banque *Bancomer*, avec sa façade au goût «français», rappelle l'époque de Diaz (juste avant la Révolution de 1910) ● *41*.

PALACIO MUNICIPAL. Construit pour être le palais du gouverneur, cet édifice est l'œuvre de Carlos Flores. Afin d'initier les maçons aux dessins et proportions du style néoclassique, cet ingénieur local termina en 1895 cet échantillon composite de fenêtres doriques ou ioniques, de denticules, corniches et frontons, qui furent reproduits par la suite, dans le cadre de la nouvelle mode urbaine.

AUTOUR DE SANTO DOMINGO

Ce complexe monumental du nord de la ville disperse ses monuments dans les jardins de LA ALAMEDA, dont les étages constituaient des fortifications, dès 1863, lors des guerres de la Réforme ● *40*. L'aigle à deux têtes de la famille d'Autriche de la façade de Santo-Domingo avait en effet invité les partisans de Maximilien ● *41* à s'y réfugier comme dans un fortin d'où ils dominaient la ville.

COUVENT. Fondé en 1546 par les moines fondateurs de Las Casas, qui en avaient fait une «maison de l'Indien», son prieur le plus célèbre fut Fray Matías de Córdoba, auteur du «cri» de l'Indépendance (1821). Remodelé avant 1712, le couvent abrite un musée d'histoire régionale et un cloître.

ÉGLISE SANTO DOMINGO ♥. L'édification de l'église, attenante au couvent, a été commencée à l'extrême fin du XVIIe siècle par la façade. L'intérieur était encore en construction en 1735.

CATHÉDRALE
L'intérieur, baroque, possède des retables de cèdre, fabriqués et assemblés au temps de l'évêque indien Moctezuma (1754-1766). Les deux retables de pin (en haut des nefs latérales) et la chaire qui repose sur un aigle mexicain (1708) furent transférés de l'église des Jésuites. Le plafond de bois sculpté a été reconstitué, sans l'or du plafond qui avait fait la célébrité de cette cathédrale au XVIIIe siècle.

ÉGLISE SANTO-DOMINGO
Les statues mutilées rappellent les violents combats, quand le général Utrilla tirait depuis la Calle Real de Mexicanos sur les impérialistes.

Le marché de San Cristóbal.

ÉGLISE SANTO DOMINGO ♥

Littéralement tapissé de l'or, de l'argent et des peintures de ses treize retables au XVIIIe siècle, l'intérieur de l'église possède huit retables intacts aujourd'hui. Pour créer un effet de continuité ininterrompue, ceux de la nef sont insérés entre des panneaux verticaux de bois sculpté et doré (ci-dessus), dont le motif répété confère à l'ensemble rythme et unïté.

ÉGLISE DE CARIDAD. Sur la terrasse du bas, au sud, l'église de Caridad (Charité) (1714) est le mémorial de la rébellion indigène de Cancuc (1712) ● *38.* La patronne des Tzeltals, Notre-Dame du Rosaire, dirigeait les troupes indiennes contre celle des Espagnols, Notre-Dame de la Charité (ou de la Présentation). Comme la victoire de San Cristóbal eut lieu le 21 novembre, fête de la Présentation, la Vierge de Caridad fut proclamée «générale» (à sa statue, on ajouta après 1647 son bâton de maréchal) et protectrice de la ville. Sa façade est une expression plus sobre mais aussi mouvementée du baroque colonial.

CHAPELLE DU SÓTANO. Attenante à la Caridad, la chapelle du Sótano (Christ au cachot) fut édifiée entre 1831 et 1839 par les Indiens du quartier, en réaction contre la construction du mémorial de la rébellion. Les maçons de la chapelle, qui restaurèrent la cathédrale en 1815, imitèrent ses gargouilles et son portail sud néoclassiques.

KIOSQUE À COUPOLE NÉOCLASSIQUE. Il a été construit par le premier gouvernement pacifique du XIXe siècle, celui du général Miguel Utrilla (1879-1883), pour glorifier la constitution libérale (fédéraliste) de la Réforme, en 1857.

AUTOUR DU CARMEN

ÉGLISE DU CARMEN. Ruinée par un incendie en 1993 qui a notamment consumé ses retables et ses peintures anciennes, l'église du Carmen a conservé sa double façade en équerre (de 1744 et 1764), fermant l'axe monumental nord-sud qui traverse la vieille ville. En cours de restauration, l'édifice reste néanmoins un échantillon du baroque vernaculaire et polychrome. À proximité subsiste la ruine d'un monastère féminin, celui des moniales franciscaines de l'Incarnation. Celles-ci ont joué un rôle important à l'époque coloniale auprès de la population féminine nettement majoritaire en ville, puis, lors des soulèvements de l'Indépendance, quand elles soutenaient les insurgés.

TOUR-PORCHE. Une restauration anarchique de la toiture de l'église du Carmen a accolé par erreur cet édifice avec la tour-porche de 1677 et occulté sa façade ouest, éminent souvenir de la première urbanisation de San Cristóbal, par son style (géométrie mudéjare, arabesques de stuc, polychromie naïve sous l'arche) et par sa fonction de porte de la ville.

RETABLE DE L'ÉGLISE SANTO DOMINGO
Dans la chapelle du Rosaire, ce détail représente un personnage baroque.

MAISON DE LA CULTURE. Installée dans l'ancienne ferme (*casa de labor*) qui alimentait le couvent, dont les ruines se devinent en face, cette maison (XVIIe siècle) avec ses jardins et son ample *corredor* représente un exemple de l'art de vivre local.

GRANDES DEMEURES ♥

HÔTEL MAZARIEGOS. Datant du XVIIIe siècle, il se trouve à un bloc au nord du *zócalo*. Le bâtiment est comporte un grand *corredor* de bois. L'édifice ouest (annexe), de l'autre côté de la rue, ex-évêché de Moctezuma (1754-1766), descendant du dernier roi aztèque, possède des moulages et des frises en stuc.
PLAZA REAL. Située un demi-bloc à l'est du *zócalo*, construite à la fin du XVIIIe siècle, cette maison fut le siège des députés locaux au XIXe siècle. Elle est devenue galerie commerciale.
PASAJE MAZARIEGOS. Voisin de la précédente, ce passage abrite une enfilade de patios avec boutiques et cafétéria.
HÔTEL FRAY BARTOLOMÉ. Cette demeure abritait la curie épiscopale au XIXe siècle. Elle possède toujours un joli patio entouré d'un beau *corredor.*
LA ENSEÑANZA. À l'angle des rues Belisario Domínguez et Adelina Flores, cette maison constitue une expérimentation architecturale de Carlos Flores, urbaniste de la ville (1880-1920) où s'est essayé le «néoclassique d'adobe».
HÔTEL CASA MEXICANA. L'ex-résidence des pères de Saint-Jean-de-Dieu qui tenaient l'hôpital a été transformée en hôtel de luxe. Un bronze du sculpteur Zuñiga orne le patio.
CASA NA BOLOM. Située au sommet des rues Chiapa de Corzo et Comitán, cette belle demeure de la fin du XIXe siècle, avec jardin écologique, bibliothèque, musée et une intéressante chapelle néoclassique de 1903, fut la propriété de l'anthropologue Frans Blom.

LES «BARRIOS»

C'est dans ces anciens quartiers indigènes que s'apprécie le mieux cette ville d'adobe : Mexicanos, Cerrillo, San Antonio avec sa colline, CERRITO, mirador de la ville et sa vallée, Cuxtitali avec son PONT COLONIAL (toit de tuiles et bancs) à péage, *El Peje de Oro*, et le MOULIN «Miguel Utrilla». Ces quartiers se sont identifiés par rapport à leur origine ethnique (aztèque, tzotzil, zapotèque, quiché, etc.), l'ordre religieux qui en avait la charge (Dominicains, Franciscains) et leur spécialisation artisanale (bois, fer forgé, pétards, teinture, charcuterie, etc.). Les rues, souvent aveugles parce que leurs maisons traditionnelles ne s'ouvrent guère que sur le patio, contrastent avec les artères du centre «éclairé» où la modernisation néoclassique a percé de solennelles fenêtres à édicule d'adobe. Au sud de la vallée, l'HÔTEL DE LA ALBORADA offre une belle vue sur le moulin, la ville et sa grande ceinture naturelle. Les autres moulins se découvrent sur les sentiers. Vers l'est, dans les bois (après le quartier dit «de la Garita», à 5 km), se trouve l'arche naturelle de l'ARCO TETE. On peut continuer avec un guide jusqu'à la QUINTA DE LOS OBISPOS : ce petit ensemble baroque du XVIIIe siècle fut la résidence de campagne des évêques et la ferme de l'hôpital.

LA «GALERIA»
Occupée maintenant par des commerces, la maison du fondateur de la ville, la plus ancienne des lieux (1528), se trouve rue Hidalgo (n°7).

D'autres églises (ci-dessous) sont ouvertes au public : Santa-Lucia, San-Felipe Ecatepec, San Francisco et l'église du Carmen, ainsi que La Merced et l'église de la Guadalupe.

«Ennemis»
Lors des rituels du carnaval de Chamula, les «ennemis», c'est-à-dire les Juifs (responsables de la mort de Soleil-Jésus), les conquérants espagnols, les *Ladinos* et les singes, qui représentent les forces de la nuit et du mal, envahissent l'espace villageois. Des batailles rituelles, ponctuées de phases d'échanges, de libations et de repas, les opposent aux *pasiones*, autorités traditionnelles chargées de les vaincre ou de les apprivoiser, et culminent dans une course des différents acteurs sur un tapis de braises incandescentes. Rite de purification rendu nécessaire par le contact des créatures malfaisantes, ce parcours simule en même temps l'ascension du nouveau soleil à travers le ciel et son triomphe sur les forces obscures et mortifères.

Rancho Nuevo

Champ de bataille en janvier 1994 (révolte des zapatistes ● *40*), ce site a été fermé au public. Vingt hectares de cette forêt restent cependant ouverts aux promeneurs (entrée à 10 km de San Cristóbal, à droite en direction de Comitán). C'est une haute vallée (2 300 m) sans autre rivière que son talweg sec qui se transforme en torrent à la saison des pluies (juin-septembre) et se «perd» dans les grottes (visitables sur 500 m illuminés) dont le prolongement est la barrière montagneuse creuse (Cerro hueco) qui ferme la dépression de San Cristóbal vers le sud.

Un site naturel. Ce site calcaire, semé d'éboulements karstiques, couvert de conifères, percé de petites pertes en forme d'entonnoirs pour approvisionner la nappe phréatique qui alimente sa forêt, est caractéristique des paysages jurassiques de la région. Il est animé par une faune de bouquetins, de blaireaux (*zorrilla*), de tatous, d'écureuils, de piverts et de serpents.

Villages Tzotzils ♥

À proximité immédiate de San Cristóbal de Las Casas, les villages tzotzils de Chamula et Zinacantán sont parmi les plus visités et leurs autorités municipales ont mis en place de sévères procédures pour réglementer le tourisme (accès payant aux églises, autorisations et droits à acquitter pour photographier les rituels, etc.). Les cérémonies de passation des charges (au jour de l'An) ● *68*, les fêtes patronales (San Juan, San Lorenzo et Santo Domingo), le Carnaval (*k'in tajimoltik*) donnent lieu à d'importants rituels. Ceux-ci sont aussi l'occasion de renouer les liens distendus entre les membres de la communauté-mère et ses migrants (colons de la forêt lacandone) qui constituent aujourd'hui une importante diaspora. Ces villages ont été et sont encore des lieux de conflits exacerbés entre «catholiques»

et «protestants» (notamment à Chamula où un grand nombre de ces derniers a dû s'expatrier vers les nouveaux bidonvilles qui ceinturent San Cristóbal). De tout temps, ces communautés se sont constituées et affirmées dans le conflit, soit parce qu'elles étaient victimes d'enjeux politiques régionaux ou nationaux, soit parce que les pressions religieuses ou administratives exercées par le pouvoir colonial étaient vécues comme une atteinte insupportable à leur propre existence.

RÉBELLIONS INDIENNES ● *38.* C'est notamment dans ces mêmes communautés que sont nées les grandes révoltes du début du XVIIIe siècle, en réponse à l'extorsion de trop lourds tributs et aux efforts déployés par le clergé espagnol (et surtout par l'évêque Francisco Núñez de la Vega) pour éradiquer l'idolâtrie et briser le pouvoir des prêtres nagualistas (ou chamanes) qui perpétuaient les anciennes pratiques. Leurs idoles condamnées et détruites par l'Église, c'est vers les christs, les vierges et les saints catholiques que les Indiens se tournèrent alors pour porter leurs revendications et défendre leur projet d'une autre société, plus juste et équitable. L'apparition d'une vierge salvatrice à Zinacantán dès 1708, puis à Santa Marta en 1711, sont les signes avant-coureurs de la grande révolte de 1712-1713 qui, depuis Cancuc, enflamma une grande partie du Chiapas. En tout, trente-trois communautés tzotzils, tzeltals et chols se soulevèrent et vinrent grossir les rangs des «soldats de la Vierge», mais elles eurent très vite à faire face à une terrrible répression suivie de longues années de misère et de disette. Ces espoirs de société alternative ne se sont pas pour autant éteints ; ils ont emprunté longtemps d'autres modes d'expression moins spectaculaires pour ressurgir brusquement en janvier 1994 sous une forme organisée et dont la portée fut, pour la première fois dans l'histoire, internationale.

CARNAVAL DE CHAMULA. Correspondant aux cinq jours de transition de l'ancien calendrier maya, le carnaval est une mise en scène ritualisée d'une série d'événements historiques où se téléscopent toutes sortes d'intrus, d'«ennemis», dont l'incursion est synonyme de désordre du monde et de péril pour la société (ci-contre).

L'église de Chamula aujourd'hui. Le village porte aussi, accolé à son toponyme maya, le nom de San Juan, héritage de la période coloniale.

San Juan Chamula au début du siècle. Les croix et les pâturages d'alors ont été remplacés par une place entourée de bâtiments, où se tient le marché.

DISQUE DIT DE CHINKULTIC
C'est en fait l'un des marqueurs d'allée ● *112* du jeu de balle d'un site mineur de la région de Chinkultic. En calcaire sculpté, il est daté de 590 après J.-C.

PROMENADE EN FORÊT
Dans la région des lacs de Montebello, les brumes matinales de la jungle, à une

altitude variant de 200 à 700 m, montent avec le soleil, puis retombent sur les lacs au cours de l'après-midi, quand l'air se refroidit. L'exposition du site à l'est et son altitude de 1 400 m constituent une barrière qui bloque les alizés, en créant les conditions nécessaires à la forêt humide d'altitude. Les espèces les plus courantes sont les conifères odoriférants, les chênes (avec broméliacées, épiphytes et orchidées) et le liquidambar (sève et feuillage comparables à l'érable) au-dessus d'un sous-bois touffu de fleurs, plantes aromatiques, fougères géantes et arbustes.

TEOPISCA

En 1626, l'ampleur de cette église-cimetière et l'écho de sa musique perpétuelle avaient déjà attiré l'attention du voyageur anglais Thomas Gage ● *153*. La nef de l'église n'était pas destinée en effet aux fidèles mais aux morts, pour mieux contrôler les rites funéraires mayas qui se pratiquaient encore au XVIIe siècle. Pour les offices, les paroissiens se réunissaient dans le chœur. Il ne reste que trois des dix retables baroques qui ornaient autrefois l'église. Deux d'entre eux, transférés au XIXe siècle, proviennent de l'église des Jésuites de San Cristóbal ▲ *233*. Celui du chœur (1706), en bois doré, vient d'être restauré. Derrière lui, les travaux ont mis au jour les vestiges polychromes d'un autre retable installé en 1688, hélas de nouveau à l'abandon.

TENAM PUENTE

10 km après Comitán, une piste sur la droite (5 km) conduit à ce site archéologique. L'exploration en cours fait apparaître un grand site du Classique Récent sur l'un des sommets qui bordent le plateau de Comitán, avec un panorama qui va du massif du Tzontehuitz aux Cuchumatanes ▲ *284*. Cette cité maya s'étend sur trois niveaux, chacun d'eux avec un jeu de balle et plusieurs pyramides, souvent disposées autour d'un patio en contrebas. Son architecture présente deux états successifs du Classique Récent, qui parfois se superposent. Une stèle à bas-relief, datée, a été trouvée (exposée au musée de Tuxtla Gutiérrez ▲ *260*), alors que les autres sont lisses.

LACS DE MONTEBELLO

Il faut prendre l'embranchement sur la gauche, 15 km après Comitán, juste avant Trinitaria, et suivre cette route pendant 30 km. À une altitude moyenne de 1 500 m, on traverse un long plateau légèrement incliné vers les lacs, bordé à droite par le massif central du Chiapas, et à gauche par les collines qui soulignent son rebord sud avant de chuter vers la jungle et la dépression centrale. Toutes les pistes qui partent de cette route conduisent à des *fincas* historiques (aujourd'hui terrains communaux pour la plupart) qui ont appartenu d'abord aux premiers habitants de San Cristóbal, puis parfois aux Dominicains, et enfin à Comitán, à partir du XIXe siècle. Elles sont situées dans une zone clé : en bordure du territoire lacandon (insoumis pendant la période coloniale) ▲ *258*, et à la frontière du Guatemala (refuge de combattants ou arsenal des guerres civiles

de la Réforme : 1855-1864 ● *40*). Plusieurs ont été le théâtre de combats, soit pour occuper une position stratégique, soit pour ravitailler les troupes (maïs, haricots, élevage et produits laitiers).

Le site ♥. Les lacs sont le déversoir de la vallée endoréique de Comitán, c'est-à-dire des pertes de son réseau de rivières qui ne débouchent dans aucun fleuve. Leur coloration est due au sol : sables (eaux turquoises), roches (fond calcaire), et à leur exposition : à l'ombre (couleur d'encre) ou au soleil (eaux bleu opale). L'enfilade d'étangs commence 20 km avant les lacs. L'eau s'engouffre dans les bassins puis chute vers la jungle qui commence vers la Cañada (les premiers contreforts des Cuchumatanes) à environ 20 km à l'est. Par la route, l'embranchement situé 800 m avant l'arrivée au premier lac conduit vers plusieurs autres lacs dont celui du village-frontière de Tziscao. Attention ! ne pas s'approcher du bord car les sables sont mouvants.

Chinkultic

Pour atteindre ce site archéologique (ci-dessus), il faut tourner sur la gauche 7 km avant d'arriver aux lacs de Montebello. Une piste d'un kilomètre mène aux ruines. Le site couvre une longue période puisqu'il révèle des relations évidentes avec Toniná ▲ *242* (dont la dernière date est 909) et des manuscrits coloniaux semblent attester son occupation au XVIe siècle. Les sculptures les plus intéressantes, bien que détériorées par un long abandon, se trouvent vers le jeu de balle. Elles sont marquées par des symboles mayas de la guerre et de la mort. En haut, de l'autre côté du ruisseau, la montagne recèle un ensemble monumental avec deux petites plates-formes : l'une au pied de la pyramide et l'autre au bord du profond *cenote* dont l'exploration a identifié plusieurs cavités avec offrandes mortuaires. Du haut de la pyramide, on bénéficie d'un point de vue sur l'enfilade des lacs, le lac de Chinkultic (à gauche) et la vallée endoréique, sa végétation dense et ses orchidées.

«Finca Santa María»
Cette ancienne *finca* transformée en hôtel, *Posada Museo Santa María*, se trouve à 20 km de Trinitaria. Elle comporte un bâtiment principal (*casa grande* et restaurant), une chapelle (reconstituée), les écuries (où l'on peut louer des chevaux), une grande cour, un potager (où l'on pourra choisir ses salades) et un verger. Toutes les pièces sont meublées avec mobilier, tableaux, sculptures et lampadaires d'époque (XVIIIe et XIXe siècles).

Coneta ♥
À 40 km de Comitán, près du site maya de Tenam Rosario (ne se visite pas), une piste (sur la gauche) conduit à Coneta. Cette fondation dominicaine (ci-dessous) est attestée depuis le XVIe siècle, mais le village s'est éteint au milieu du XIXe siècle. Les ruines de l'église du XVIIe siècle subsistent au milieu des prés. Sa façade, atypique, est rythmée par des sculptures aux motifs préhispaniques. Son niveau inférieur est orné de cinq arcades percées de niches dans lesquelles des saints sont peints. Le porche polychrome représente un champ de maïs.

L'Institut national d'Anthropologie et d'Histoire du Mexique explore encore le site maya de Toniná.

Ce parcours débute par le passage sur la faille d'Ocosingo, qui sépare deux plaques tectoniques : au sud, celle d'Amérique centrale (Hautes Terres), au nord, celle d'Amérique du Nord (montagnes du Nord) ■ *16*. Le mouvement de leurs falaises évolue de 2 cm par an. Les pâturages fertiles du fond de la vallée recouvrent les alluvions de méandres fossiles d'une rivière souvent déviée par les secousses sismiques.

OXCHUC

Ce village tzeltal est le siège d'un pèlerinage agricole le jour de la saint Thomas (21 décembre), auquel se rendent aussi les Tojolabals ● *62*. Son église est l'une des rares à posséder encore dans son atrium trois de ses quatre *capillas posas* (chapelles-reposoirs) où des peintures sont encore discernables. Dans le chœur (fenêtre sud), une sculpture à motif préhispanique, encastrée dans la paroi, fut mise au jour ; elle représente les trois coquillages, signes distinctifs à la fois du toponyme en tzeltal et de Quetzalcóatl. En 1687, l'évêque Núñez de la Vega confisqua calendriers et codex mayas et demanda aux fidèles de chanter le *credo*. Aujourd'hui encore, Oxchuc est un foyer de résistance maya.

TONINÁ ♥

À 900 m d'altitude, le site est à la frontière des Hautes et des Basses Terres mayas, mais appartient à la tradition des Basses Terres.

HISTOIRE. La vallée d'Ocosingo et le site ont été occupés dès le Préclassique Récent, mais Toniná connut son apogée au Classique Récent. Sans doute à cause de sa situation géographique, la ville-frontière a-t-elle résisté plus longtemps que d'autres à l'effondrement de la civilisation maya ● *34*. C'est là en effet que la stèle la plus récente (909) a été érigée. Au Postclassique Ancien, ses statues et ses inscriptions ont été détruites. Puis les ruines de la ville ont été de nouveau sporadiquement habitées, et les tombes du Classique réutilisées. Le centre de Toniná a été construit à flanc de colline, aménagée en sept terrasses, dont l'ensemble reproduit une pyramide. Le site a été brièvement décrit et certaines de ses statues illustrées, grâce à une expédition de l'université de Tulane dans les années vingt. Des chercheurs français, Pierre Becquelin, Claude-François Baudez et Éric Taladoire, ont consacré plusieurs campagnes de fouilles à Toniná dans les années soixante-dix.

SCULPTURES. Un captif nu et décapité en haut-relief, une tête-trophée colossale et de nombreux panneaux de scènes de capture et de sacrifice décoraient temples et pyramides. La sculpture dans les ouvrages réalisés en stuc a également pour thème la guerre et le sacrifice. Un relief de grandes dimensions, découvert au pied de la sixième terrasse,

STATUAIRE DE TONINÁ
Les statues en ronde bosse, de taille équivalente ou inférieure à la stature humaine, sont pourvues d'un tenon vertical destiné à être fiché dans un socle en maçonnerie.
Les autels de Toniná sont des disques minces, généralement sculptés d'inscriptions.
Les souverains portent un manteau long, tiennent la barre cérémonielle ou laissent reposer leurs mains sur la ceinture.
Leur coiffure consiste en un étagement de masques.

offre une des images les plus terrifiantes du monde maya : des scènes infernales avec têtes de mort, têtes coupées et créatures fabuleuses sont mises en scène.

AGUA AZUL
Avant d'arriver à Palenque, une route mène aux cascades, dont la couleur de l'eau varie selon la saison.

TERRITOIRE CHOL

Les groupes chols ● *62* occupaient, avant la conquête espagnole, le vaste territoire des Basses Terres compris entre l'Usumacinta ▲ *333* et le lac Izabal ▲ *313*. Dès le XVIe siècle, ils furent victimes de déportations vers les Hautes Terres, décimés par le froid et les maladies, assimilés par d'autres groupes. Tila et Tumbalá ainsi que quelques hameaux de Palenque abritent d'autres représentants de ce groupe linguistique, établis là par tradition ou par contrainte au moment de la Conquête.

PALENQUE ♥

La cité est installée au pied et sur le flanc de collines aménagées, et comprend trois étages : la plaine au niveau de la mer, un niveau intermédiaire à environ 100 m et l'étage supérieur entre 120 et 150 m d'altitude. L'ensemble s'étend sur près de 16 km^2.
Seul le centre, appelé aussi Groupe Principal et qui couvre environ 15 ha, est déboisé et accessible aux visiteurs. Les fouilles, réalisées surtout par des archéologues mexicains, ont été complétées par les travaux de chercheurs d'origines diverses, qui ont analysé images et inscriptions sculptées ou modelées dans le site.

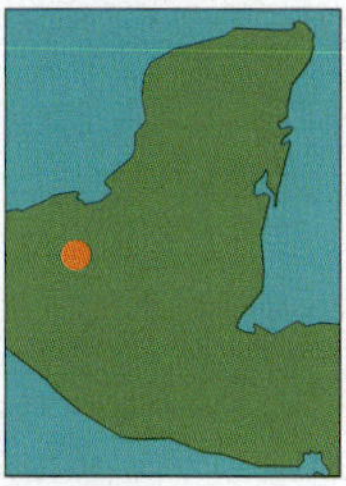

PALENQUE
1. Palais
2. Temple des Inscriptions
3. Temple Nord
4. Temple de la Croix
5. Temple du Soleil
6. Temple de la Croix Feuillue
7. Jeu de balle

HISTOIRE
Si le site est occupé dès 100 avant J.-C., il faut attendre le VIIe siècle pour assister au développement de la ville dont nous admirons aujourd'hui les vestiges. La période d'apogée se termine au début du IXe siècle, quand cessent les nouvelles constructions et les inscriptions.

De tous les sites mayas, Palenque est celui dont la découverte est la plus ancienne. C'est aussi l'un des mieux conservés, et il possède une remarquable sépulture royale. Palenque eut recours aux plus inventifs et aux plus fameux architectes de la civilisation maya, mais aussi aux meilleurs scribes. On pourra, donc, y admirer la calligraphie la plus belle.

WALDECK
À partir de 1784, le gouverneur du Guatemala mande successivement plusieurs personnes pour enquêter *in situ* sur le bien-fondé des rumeurs qui couraient sur des «maisons de pierre» enfouies dans la forêt. Jean-Frédéric Waldeck ● *56, 130,* artiste néo-classique d'origine autrichienne naturalisé français, passera plus d'un an, en 1832, dans les ruines de Palenque à observer l'architecture, dessiner les sculptures et effectuer quelques fouilles. Parmi ses œuvres figure cette *Vue du temple de la Croix.* Les fruits de ses recherches attendront plus de trente ans leur publication et ce sera Stephens ● *56* qui, en 1841, révélera Palenque. Nombreux sont les voyageurs, artistes, savants et touristes qui, depuis lors, ont visité le site.

Le premier roi de la dynastie palenquéenne, Chaacal Ier, accède au trône en 501 ; le règne de Kuk, le dernier souverain, se termine après 784 et les plus récentes des dates inscrites remontent à l'extrême fin du VIIIe siècle.

Groupe de la Croix
La référence à des êtres mythiques est ici clairement exprimée. Le Groupe de la Croix comprend trois temples sur pyramide autour d'une place ouverte au sud. Le Temple de la Croix est le plus grand et le plus haut placé (ci-contre, en haut) ; le Temple du Soleil (ci-contre, au milieu) occupe la position la plus basse, sur une pyramide à quatre degrés ; le troisième est le Temple de la Croix-Feuillue (ci-contre, en bas). Construits sous le roi Chan Bahlum entre 683 (date de la mort de son père Pacal dont le masque funéraire en jade figure ci-dessus) et 692, ils figurent un parcours cosmique à trois «stations», définies chacune par une orientation et un environnement spécifiques. Le Temple de la Croix, la première station, représente le lieu d'origine du surnaturel et du monde des hommes. On descend ensuite dans le monde souterrain, lieu de

passage du Soleil nocturne, symbolisé par le jaguar. La dernière station, dans le sanctuaire de la Croix-Feuillue, est une renaissance dans la fertilité des couches supérieures de la terre. La richesse de sens du Groupe de la Croix réside dans les divers éclairages et les correspondances entre les différents cycles.

«Palacio»
Ce qui, à Palenque, est connu sous le nom de *Palacio* (palais), consiste en une plate-forme haute de près de 10 m, longue de 75 m et large de 55 m, qui supporte une quinzaine d'édifices (appelés conventionnellement maisons et désignés par une lettre), dont l'arrangement forme trois cours. L'ensemble constitue le résultat de près de deux siècles d'activité architecturale répartis sur au moins six règnes. Les premières constructions ont été entreprises au début du VIIe siècle par Pacal (615-683 de notre ère). Ce n'est pas une résidence royale, comme son nom actuel pourrait le laisser penser, mais un complexe religieux réservé au roi et à ses prêtres-délégués, composé d'édifices destinés à la célébration de diverses cérémonies rituelles.

Maison D
Cette reproduction ancienne d'un des bas-reliefs en stuc qui ornent les piliers de la maison D montre un personnage présentant au souverain un serpent foudre-tonnerre. La maison D est liée à un rite agraire.

Tête en stuc du Classique Récent trouvée dans la tombe.

PYRAMIDE DES INSCRIPTIONS ● *108*
Cet édifice constitue le monument funéraire de Pacal, premier grand roi de Palenque. Avant la découverte, en 1952, de la tombe qui se trouve sous le temple en bas d'un long escalier, on pensait que les pyramides n'étaient rien d'autre que des soubassements de temples. Celui-ci recèle trois panneaux sculptés de glyphes qui constituent l'une des plus longues inscriptions mayas connues (six cent dix-sept blocs glyphiques).

LE SARCOPHAGE
Il contenait la dépouille royale, entourée d'une riche collection de bijoux de jade. Il était recouvert d'une grande dalle sculptée (à droite) figurant le souverain défunt tombant dans la gueule décharnée du monstre terrestre. Sur le masque qui représente l'«inframonde» se dresse un des arbres sacrés des quatre coins de l'univers. Le serpent bicéphale est une image du ciel ; l'oiseau quetzal au sommet de l'arbre figure le Soleil diurne, au zénith. Les parois du sarcophage sont sculptées de dix personnages émergeant de terre à mi-corps représentant quelques-uns des aïeux royaux de Pacal.

YAXCHILÁN ♥

HISTORIQUE. La région de l'Usumacinta et de ses affluents acquit une grande importance avec le développement de Yaxchilán, son principal centre, dès le début du VIe siècle. Ce site, niché dans une boucle du fleuve, connut son apogée au Classique Récent avec la dynastie Jaguar, dont les règnes et les conquêtes sont mentionnés sur les nombreux monuments sculptés du site : stèles, autels et linteaux. Les dernières inscriptions datent du début du IXe siècle.

MONUMENTS. Une partie des édifices occupe une terrasse bordant la rive gauche du fleuve, les autres sont étagés sur les versants et la plupart réunis en deux acropoles auxquelles on accède par de longs escaliers (ci-dessous). L'architecture comprend surtout des édifices rectangulaires allongés, à une ou deux rangées de pièces, et à la façade percée de trois portes. Leurs soubassements sont peu élevés, et leurs crêtes faîtières, de grande taille mais ajourées, sont moins massives que celles du Petén.

SCULPTURES. La partie supérieure des façades est souvent très ouvragée en mosaïque de pierre avec l'ajout de sculptures en ronde-bosse et de motifs modelés en stuc. Ainsi la frise de la Structure 33 présentait des statues de dignitaires assis sur des masques de monstres terrestres ou apparaissant dans des lucarnes en forme de T inversé, et le centre de la crête était occupé par la colossale statue en stuc du souverain assis. Les linteaux des trois portes sont entièrement sculptés, et une stèle accompagnée d'un autel était érigée devant la porte centrale. Le style de sculpture de l'Usumacinta, et en particulier celui de Yaxchilán, est justement célèbre par sa liberté d'expression. La sculpture architecturale et les monuments extérieurs, stèles et autels, sont souvent

PROFIL MAYA
Le musée national d'Anthropologie de Mexico ▲ *376* exhibe des linteaux provenant de Yaxchilán. Ci-dessus, le linteau 26, daté de 719, et un détail de visage. Le profil maya si typique des sculptures et peintures précolombiennes apparaît ici très nettement. L'aplatissement caractéristique du front était obtenu en comprimant le crâne du nouveau-né entre deux planches de bois maintenues attachées pendant plusieurs jours.

abîmés ; par contre la plupart des linteaux ont conservé tous leurs détails. L'iconographie donne toute son importance aux rites exécutés par le roi et un membre de son entourage immédiat, épouse, mère, fils ou lieutenant. Les scènes d'autosacrifice, où une femme fait passer une cordelette garnie d'épines à travers sa langue, sont décrites de façon explicite ● *46*. Parfois, le rituel est évoqué par son résultat, matérialisé par un panier rempli des instruments du sacrifice (aïguillons de raie, lancettes et cordes à épines) accompagnés de bandes de papier d'écorce sur lequel on recueillait le sang obtenu pour l'offrir aux puissances bénéficiaires du sacrifice. Les sculptures montrent aussi plusieurs scènes de capture dans lesquelles sont mentionnés le nom du vainqueur et celui du vaincu, parfois écrit sur sa cuisse. D'autres rites font intervenir des objets dont certains sont rares ou peu connus ailleurs. Outre le célèbre sceptre-figurine ● *52*, les rois de Yaxchilán et leurs acolytes exhibent des sceptres en forme d'arbre directionnel surmonté d'un oiseau, des torches, de longs bâtons prolongés d'une construction en vannerie, d'autres plus larges et ornés de croix en partie mobiles, des pattes de jaguar, des paquets sacrés, etc.

GUERRIER ET CAPTIF
Ce détail de la Stèle 15 (680 ap. J.-C.) de Yaxchilán montre un guerrier et son prisonnier saisi aux cheveux.

BONAMPAK ♥ ● *128*

Il est fort probable que dans tous les sites mayas les murs intérieurs des édifices les plus prestigieux étaient couverts de peintures qui complétaient le décor sculpté ou modelé à l'extérieur. À cause du climat tropical humide, très peu de ces peintures sont parvenues jusqu'à nous.

MONUMENTS. Bonampak, qui a conservé l'ensemble le plus complet de toute la peinture monumentale maya, est un site d'importance moyenne découvert en 1946. Il se situe à quelques kilomètres au sud de l'Usumacinta et de Yaxchilán, en bordure de la forêt lacandone ▲ *258*. Le centre comprend une acropole, c'est-à-dire une colline aménagée en terrasses, sur lesquelles se dressent plusieurs petits temples, et qui domine une place bordée d'édifices sur trois côtés. La sculpture sur pierre, sous forme de stèles et de linteaux, est de qualité. L'édifice aux peintures (Structure 1) et les trois stèles sont du règne de Chaan Muan, monté sur le trône en 776 et encore au pouvoir en 790.

PEINTURES ▲ *250*. La Structure 1, sur la première terrasse de l'acropole, comprend trois pièces qui ne communiquent pas entre elles, et dont les murs et les voûtes ont conservé l'essentiel de leurs peintures originales. Les linteaux des trois portes sont des scènes de capture où un roi saisit par les cheveux son ennemi tombé à terre. Les peintures des trois pièces illustrent trois moments d'une même histoire : avant, pendant et après la bataille.

ACROPOLE DE BONAMPAK
Au premier plan, figure la première terrasse de l'acropole, avec une stèle protégée des intempéries ; derrière elle, à droite, la Structure 1 conserve les célèbres peintures.

Dans la première pièce, des diginitaires se tiennent à l'intérieur d'un édifice (sur fond rouge), au pied du trône royal. Le roi, que l'on habille en vue de l'exécution d'une danse, qui se déroule au centre du registre inférieur (sur fond bleu), à l'air libre, est représenté au-dessus de la porte. À gauche des danseurs, se déroule une procession de musiciens et de personnages masqués et, à droite, une cohorte de dignitaires assiste à la cérémonie. Face à l'entrée de la deuxième pièce, une autre fresque décrit une bataille dans laquelle les guerriers de Bonampak, armés et richement costumés, triomphent d'adversaires désarmés et presque nus. Le jugement des prisonniers ainsi que leur supplice figurent sur le linteau de la porte. La scène principale de la troisième pièce est une danse, accompagnée de musique, exécutée au sommet et au pied d'une pyramide. Dans les pièces 1 et 3, les voûtes s'ornent d'images du monstre cosmique céleste, remplacées dans la pièce 2 par celles des captifs et des symboles de constellations.

UNE DANSE DE FERTILITÉ
Encadré par des musiciens (trompettes, tambours, carapaces de tortue et hochets) et des porteurs d'éventails, un groupe de six danseurs masqués et costumés s'apprête à entrer en action. L'un d'eux figure un crabe et dresse ses pinces. On distingue également un crocodile, en position assise. Les autres personnages portent, à une exception près, des masques de créatures fantastiques, et plutôt reptiliennes. Tous les danseurs représentent sans doute des esprits des eaux et de la végétation, participant à un rite de fertilité.

"Cet art est animé d'un souffle qui balaie les conventions de l'art théocratique ou aristocratique. Il ne recule pas devant la brutalité, la cruauté des scènes guerrières, mais se complaît aussi à montrer des aspects de la vie quotidienne, le vêtement et la parure."
Jacques Soustelle

CONSTELLATIONS
Deux des cartouches figurant dans la zone céleste représentent des constellations : la première est illustrée par deux pécaris s'accouplant, la seconde, à l'extrémité opposée, par une tortue.

AUTRE SACRIFICE HUMAIN
Au centre de la pyramide, sous le roi dansant (à gauche) un homme nu au corps arqué, pieds et poings liés, est tenu par deux prêtres. Au-dessus d'eux, on croit identifier le sacrificateur, armé d'un couteau, qui s'apprête à ouvrir la poitrine de la victime pour en arracher le cœur et l'offrir aux puissances surnaturelles.

PROCESSIO
Une foule serrée port en triomphe sur une litièr un curieux personnag Son attitude hiératiqu et ses traits caricaturau semblent désigner plut une statue qu'un personne réell Il n'est pa impossib qu'il s'agis d'un portra d'ancêtr (le fondateu du lignage que l'on convi au rituel fina

Jugement des prisonniers ● *128*
La bataille s'achève par la défaite des ennemis, leur jugement et leur supplice. Chaan-Muan, qui occupe le centre de la composition, au sommet de la pyramide, est accompagné de notables, de capitaines, de courtisans et de femmes de la cour. Les ennemis vaincus ont été dépouillés de tous leurs bijoux et vêtements (à l'exception d'un pagne) et leur coiffure est défaite. Un cadavre gît aux pieds du roi. Partout, des prisonniers torturés, qui attendent leur exécution, tendent des mains ensanglantées. À l'extrême gauche, on devine un bourreau tenant sa victime par le poignet. Une tête coupée repose sur un lit de feuillage. D'autre guerriers assistent à la scène, du bas de la pyramide.

FORÊT LACANDONE
À l'est du Chiapas, dans ce territoire mexicain qui, sur les cartes, s'avance dans le Guatemala, la forêt lacandone (Selva Lacandona) couvre environ 5 000 km^2, au sud de Yaxchilán et Bonampak. La région, classée Montes Azules Biosphere Reserve, est protégée depuis quelques années seulement de l'agression des compagnies forestières qui ont opéré depuis le XIXe siècle sur son sol, en quête du précieux acajou. Village lacandon (ci-contre), photographié au début du XXe siècle.

LES LACANDONS

Les quelque quatre-cents Lacandons qui survivent dans les forêts du Chiapas ont été, bien malgré eux, au centre d'une polémique scientifique qui n'est pas encore tout à fait éteinte. Longtemps considérés comme les descendants directs des Mayas de

l'époque classique, héritiers en droite ligne de ceux qui avaient édifié la cité de Yaxchilán ▲ *248* et peint à la fresque les parois des temples de Bonampak ▲ *250*, de nombreux travaux ethnohistoriques montrent que les Lacandons d'aujourd'hui sont en fait issus de mouvements de populations en provenance du sud de la péninsule yucatèque et du Petén au cours du XVIIIe siècle. S'ils se nomment eux-mêmes *Hach Winik* («les Vrais Hommes»), ils héritèrent de l'étiquette péjorative de *Caribes* («cannibales») ou *Lacandones*, terme qui dérive probablement de Acam Tun, nom d'une île du lac Miramar qui, dès le XVIe siècle, fut étendu à toute la région forestière de l'est du Chiapas, alors peuplée de groupes insoumis à l'autorité espagnole et craints par les Indiens christianisés des Hautes Terres.

VERS L'OUBLI ? Des pans entiers de leur mythologie et de leurs pratiques cérémonielles sont tombés dans l'oubli : de leur panthéon complexe commandé par Hachakyum le Créateur, du culte des encensoirs, de l'usage rituel du *balché* (boisson fermentée), des savoir-faire liés à la chasse et à la pêche, il ne reste que des bribes. Les hommes aux longues tuniques ne sont plus que l'ombre d'eux-mêmes, une caricature de «derniers bons sauvages» dont profite encore un commerce touristique juteux. En quelques années, la ferveur des pasteurs évangéliques, l'avidité des compagnies d'extraction de bois précieux, la colonisation sauvage de la forêt lacandone par des milliers de paysans sans terre ont eu raison de cette culture originale. Comme le rapporte Didier Boremanse :

ESPRIT-ANIMAUX
Les petits objets en terre cuite fabriqués par les Lacandons représentent les esprits-animaux de la forêt, à la fois vénérés et craints, comme l'est la forêt, elle-même source de vie et de dangers pour les hommes.

«[Les *Hach Winik*] témoignent d'un monde englouti, d'une époque à jamais révolue durant laquelle [ils] vivaient libres, en communion avec la nature, perdus et oubliés dans les profondeurs de la forêt vierge. Certes, leurs conditions d'existence étaient dures, voire cruelles ; mais la forêt tropicale est plus clémente à l'homme que la civilisation industrielle. Et si l'on devait comparer leur vie d'antan à leur lot présent et à venir, on exagérerait à peine en concluant que les "Vrais Hommes" ont été chassés du paradis.» (*Contes et mythologie des Indiens Lacandons*, 1986)

Les encensoirs. Seuls les Lacandons de Nahá perpétuent aujourd'hui ce culte : les encensoirs en argile portent l'effigie modelée d'un dieu. Rangés dans un sanctuaire à l'écart des habitations, ils sont les messagers permanents des divinités parmi les hommes. Lors des cérémonies, on les dispose en file sur un tapis de palme et des offrandes d'encens et de *balché* leur sont faites, à l'appui d'une requête ou pour rétribuer une action divine bénéfique touchant à l'agriculture, à la santé, à une naissance.

Le rituel du «balché». Préparé dans une pirogue, le *balché* est une boisson fermentée de jus de canne à sucre ou de miel dilué dans l'eau où sont mises à tremper vingt-quatre heures durant des bandes d'écorce. Sa fabrication et sa consommation rituelle répondent à différents objectifs et échappent donc à tout calendrier. Appel ou rétribution des dieux, à titre personnel ou collectif, le rituel du *balché* est une occasion fréquente de réunir les hommes du *caribal* (groupe d'habitat lacandon) qui, en l'absence des femmes, discutent, boivent et chantent tout le jour durant. Cette cérémonie propiciatoire et de partage est aussi une mise à l'épreuve de ceux qui auraient transgressé certaines règles de vie ou d'éthique communes : le vomissement résultant de l'ingestion d'une grande quantité de boisson est en effet censé désigner les coupables tout en contribuant par ailleurs à les purifier.

"Tous portaient le même vêtement ; c'est une espèce de large tunique à manches courtes, faite d'une toile de coton fort grossière, mais très souple, filée et tissée par les femmes. Ces tuniques étaient maculées de taches rouges, que je pris pour des taches de boue ; mais elles avaient été faites à plaisir comme ornements et tirées de la baie de l'arbuste dont j'ignore le nom."

Désiré Charnay, *Voyage au Yucatán et au pays des Lacandons*, 1882

FONTAINE DE CHIAPA DE CORZO
D'importants travaux hydrauliques effectués pendant la période coloniale sont à l'origine de la monumentale fontaine mudéjare de briques taillées en diamant, construite en 1562 par le dominicain Fray Rodrigo de León. Aujourd'hui, c'est plus un kiosque qu'une fontaine.

CHIAPA DE CORZO

Une gravure olmèque datée de 36 av. J.-C. fut retrouvée sur ce site, occupé vers l'an mil par les Chiapanèques, puis au début du XVIe siècle, par les Aztèques. Ce fut la première ville de la région conquise par les Espagnols, et, jusqu'au XVIIIe siècle, la plus importante de la province. Son ancienne richesse agricole (canne à sucre, élevage, fruits tropicaux), qui survit dans ses *fincas,* est remplacée par une activité industrielle intense.
MONASTÈRE DOMINICAIN. Les deux cloîtres soulignent deux constructions successives. Au rez-de-chaussée, un mural en stuc (écussons dominicains et couples de braques) évoque l'ordre des Frères Prêcheurs, «chiens de Dieu», c'est-à-dire à la fois gardiens de la foi et des droits indiens.
ÉGLISE SANTO-DOMINGO. Ce gigantesque édifice n'était que la chapelle du monastère. Construite au XVIe siècle, l'église a été très endommagée par des catastrophes naturelles et mal restaurée dans les années 1960.
ÉGLISE DE SAN-SEBASTIÁN. Sur la colline de l'Atalaya, colonnades et murs d'adobe, couchés par une tornade en 1989, sont les vestiges de l'église abandonnée au XIXe siècle.

TUXTLA GUTIÉRREZ

Territoire olmèque, puis garnison aztèque ● *37*, cette bourgade coloniale ne prit de l'importance qu'en 1892 lorsqu'elle devint la capitale du Chiapas ● *40.* Un MUSÉE RÉGIONAL retrace l'histoire précolombienne de la région. Avec J. M. Gutiérrez (1796-1838), fils d'immigré espagnol né à Tuxtla, qui fut militant de la cause fédéraliste puis tour à tour député, gouverneur et guérillero, la cité est devenue un foyer libéral avec une variante mapache pendant la Révolution ● *41.* Avec ses 300 000 habitants, c'est la seule ville de l'État qui soit dotée d'une urbanisation moderne : parcs, rocades, monuments du XXe siècle dont les architectes sont des célébrités du Mexique contemporain. Le JARDIN ZOOLOGIQUE, dont la végétation est caractéristique des Basses Terres, est un observatoire de la faune du Chiapas.
CAÑON DE SUMIDERO ♥ ● *36.* Pour découvrir le cañon, situé au nord de Tuxtla Gutiérrez, deux parcours sont possibles en voiture depuis Tuxtla ou en bateau, depuis Chiapa de Corzo ou Cahuaré. Le cañon offre des parois rocheuses dont les sommets culminent à 1 500 m. Le Grijalva est le second fleuve du Mexique. Ses eaux, assagies par trois grands barrages hydro-électriques, ont sans cesse changé de cours.

LE CAÑON
Depuis Tuxtla, prendre la rocade nord vers l'est dans la direction de Sumidero. La montée s'effectue en lacets à travers le bidonville de La Granja, puis sur les rampes de la montagne ; la route se termine en cul-de-sac, à 1 300 m d'altitude. Le second parcours (40 km), depuis Tuxtla, suit la rocade nord vers l'ouest ; suivre le boulevard jusqu'à une gloriette, et prendre à droite en direction de Chacona, San Fernando et Chicoasen. Après le tunnel, la route domine le barrage.

HAUTES TERRES DU GUATEMALA

JEAN-LUC BRACONNIER

▲ Hautes Terres du Guatemala

1. Guatemala-Ciudad
2. Lac Amatitlán
3. Mixco Viejo
4. Antigua Guatemala
5. Santiago Sacatepéquez
6. Chimaltenango
7. Escuintla
8. Sololá
9. Lac Atitlán

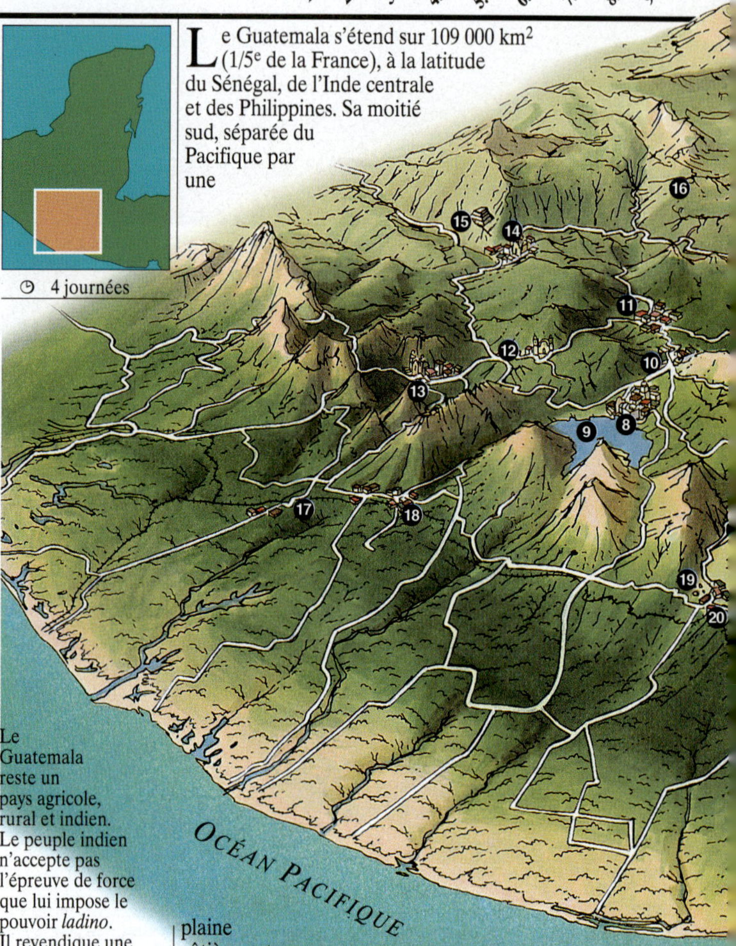

◷ 4 journées

Le Guatemala s'étend sur 109 000 km² (1/5e de la France), à la latitude du Sénégal, de l'Inde centrale et des Philippines. Sa moitié sud, séparée du Pacifique par une plaine côtière, est traversée d'ouest en est par une chaîne montagneuse (Sierra Madre) faisant partie du système andin, ponctuée de trente-trois volcans ◆ 370. Au nord, la plaine du Petén est coupée du Chiapas mexicain ▲ 231 par le grand fleuve Usumacinta et constitue le prolongement du Yucatán. Le Guatemala est placé au point de rencontre de trois plaques tectoniques : la plaque Pacifique, la plaque Nord-Amérique et la plaque Caraïbe. Leur déplacement provoque régulièrement des tremblements de terre.

Climat. Compte tenu de sa situation intertropicale, le pays bénéficie d'un climat chaud et humide dans les régions basses, et d'un climat tempéré en altitude, où se trouvent les principales villes.

Population. En fort accroissement (2,9 % par an), la population de dix millions de Guatémaltèques se répartit très inégalement sur le territoire, dans une mosaïque ethnique héritée de l'histoire. La moitié indienne de la population, majoritairement

Le Guatemala reste un pays agricole, rural et indien. Le peuple indien n'accepte pas l'épreuve de force que lui impose le pouvoir *ladino*. Il revendique une spécificité essentielle, vitale, qui lui est niée. Mais la situation est particulièrement complexe et souvent conflictuelle.

10. Chichicastenango
11. Santa Cruz del Quiché
12. Totonicapán
13. Quetzaltenango
14. Huehuetenango
15. Zaculeu
16. Massif des Cuchumatanes
17. Retalhuleu
18. Mazatenango
19. Finca El Baúl
20. Santa Lucía Cotzumalguapa
21. La Democracia
22. Puerto San José
23. Salamá
24. Cobán

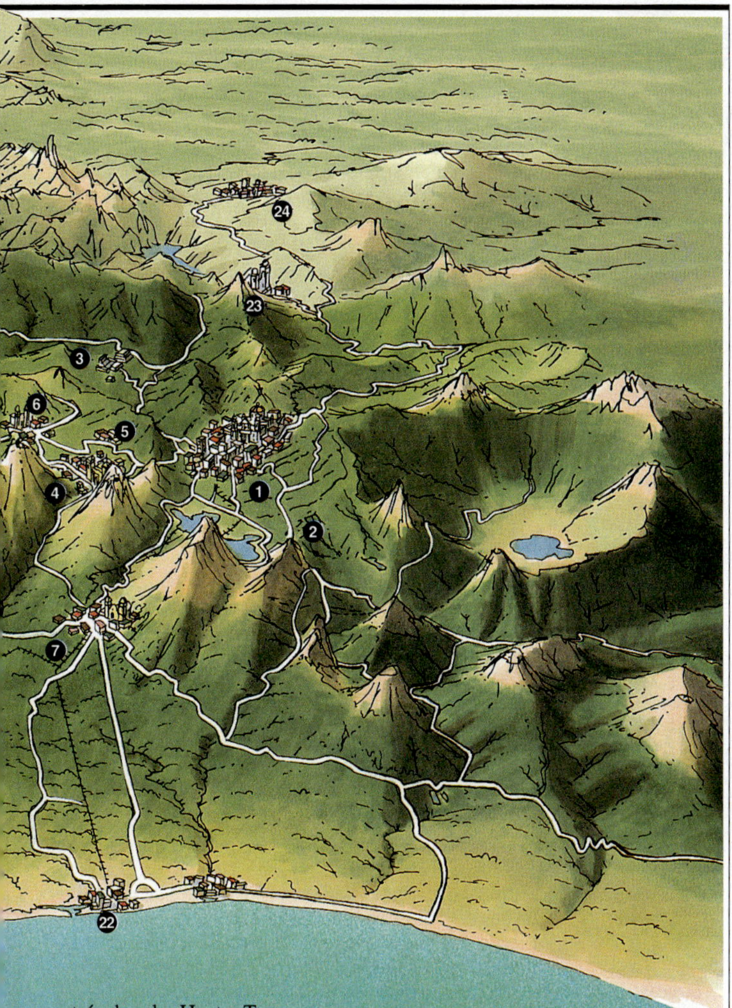

concentrée dans les Hautes Terres, se compose de vingt-deux ethnies ● *62*. L'autre moitié est constituée de métis (*ladinos*), soit racialement mélangés, soit Indiens acculturés qui ont quitté leurs communautés d'origine pour la capitale, les grandes villes et les régions de colonisation (Verapaz ▲ *292* et Petén ▲ *317*). Les Blancs (3 %) sont les descendants non mélangés d'Espagnols et d'Européens.

Économie. Elle repose principalement sur l'agriculture, qui produit café, canne à sucre, banane, coton, élevage. Le reste des exportations est constitué de produits industriels vendus aux pays centre-américains. Bien qu'importantes, les ressources du sous-sol sont mal connues et peu exploitées (pierres semi-précieuses, plomb, marbre). Seule exception, le pétrole est extrait depuis 1978 en Verapaz et dans le Petén.

Les Indiens, après des siècles de domination de type colonial, sont encore loin d'accéder à la citoyenneté dans ce pays où règne une certaine forme d'«apartheid».

Les armes de la capitale, trois volcans et un cavalier.

De création récente, la capitale, dont le nom officiel est Guatemala-de-la-Asunción, mais que l'on appelle plus volontiers «la capitale», «Guate» ou «Guatemala-Ciudad», ne présente pas d'attraits majeurs. Pour ne pas y perdre trop de temps, il faut la visiter à l'occasion des différents passages obligés, avant ou après une excursion dans le Petén ▲ *317* ou, de préférence, juste avant de quitter le pays, pour l'intérêt que présentent les musées, après avoir visité les sites archéologiques.

HISTORIQUE

FONDATION DE LA VILLE. La ville fut officiellement fondée au cours d'une messe solennelle, le 2 janvier 1776 et placée sous le patronage de la Vierge. Adoptant le plan traditionnel de l'urbanisme colonial ● *122*, on retient cependant un style néoclassique rompant avec les habitudes. Après la révolution de 1871, le style français domine, mais les destructions provoquées par les tremblements de terre de décembre 1917 et janvier 1918 n'en laissent que peu de traces.

Après avoir porté des noms espagnols (les plaques subsistent), les rues de la capitale sont maintenant numérotées ◆ *360* (ci-contre).

GRANDS TRAVAUX. Le style Belle Époque, qui dure un temps, est balayé à son tour (l'immeuble du musée national d'Histoire, le siège du Banco Agrícola Mercantil et l'hôtel Fénix en sont de beaux exemples). Une vague de grands travaux donne naissance à des édifices publics qui sont toujours debout : le Palais national, la poste centrale, le siège de la police, les musées de La Aurora ▲ *267*, et, voisins de ceux-ci, les sièges de la direction générale des Chemins et du ministère des Communications, dans un style plus austère. Quelques influences Arts déco sont perceptibles au cinéma *Lux* (6e avenue), au siège de la direction de la Santé publique (9e avenue) et à la résidence officielle du chef de l'État, derrière le Palais national.

DÉVELOPPEMENT ANARCHIQUE. Le type de construction qui prédomine aujourd'hui n'a que peu d'intérêt. Le cadre retenu au XVIIIe siècle, un plateau insulaire entouré de ravins qui devaient offrir un obstacle naturel aux ondes telluriques, a éclaté. Sur une population estimée à deux millions et demi d'habitants pour l'agglomération, un cinquième vit dans les bidonvilles qui tapissent les flancs des ravins (*barrancos*).

PALAIS NATIONAL
Sur la façade figure l'écusson national, un quetzal juché sur un parchemin portant la date de l'Indépendance (15 septembre 1821), encadré de rameaux d'olivier et de fusils, symboles respectifs de la paix et de la défense du pays. Un style composite a présidé à la conception du bâtiment, mais on s'est inspiré de l'Andalousie pour les patios intérieurs : fontaines et carreaux de faïence égaient la majesté des lieux.

PARQUE CENTRAL

PALAIS NATIONAL. Sur le côté nord de la place Centrale, le palais présidentiel (Palacio nacional) a été construit entre 1938 et 1943. Il héberge maintenant les bureaux du président et de certains ministres, alors que les services sont dispersés dans les maisons avoisinantes. À l'étage, le salon d'apparat est décoré de vitraux. Son parquet est constitué des essences de bois les plus résistantes de la forêt tropicale. Le grand lustre de cristal est surmonté de quetzales de bronze indiquant les points cardinaux. La salle des banquets donne sur la place Centrale. Sous des caissons de style mudéjar, deux tapisseries aux tons pastel rappellent l'arrivée des Conquérants. Les vitraux célèbrent, quant à eux, les vertus cardinales.

CATHÉDRALE. Construite de 1782 à 1865, elle est située sur le côté est de la place. De style baroque, elle

Mosaïque sur un banc public.

«UNE VILLE COLONIALE. DANS LES RUES SABLEUSES, VOIX D'ECCLÉSIASTIQUES MARMONNANT DES AVE MARIA, ET DE CHEVALIERS ET DE CAPITAINES QUI SE DISPUTENT EN PRENANT DIEU À TÉMOIN.» MIGUEL ANGEL ASTURIAS

MARCHÉ CENTRAL
En contrebas de la place Centrale, le marché Central réunit sur trois niveaux une section artisanale, une section de fruits et légumes, ainsi qu'une section souterraine qu'il ne faut pas manquer de parcourir. On y vend des objets artisanaux d'usage quotidien. Ci-contre, des vues de la capitale au début du XXe siècle, avec, de haut en bas, le marché en plein air, l'entrée du marché couvert, la calle Oriente et le palais du Centenaire.

LE PRÉSIDENT BARRIOS
D'inspiration eiffelienne, la Torre del Reformador (tour du Réformateur), tour métallique de 75 m, enjambe la 7e avenue dans la zone 9. Elle fut construite en 1935 en l'honneur du général Barrios, qui entreprit de nombreuses réformes à la fin du XIXe siècle.

LES ARTÈRES DU CENTRE
Les 6e et 7e avenues, parallèles, traversent aujourd'hui la ville de bout en bout. Le passage Rubio, entre la galerie du Commerce et la 6e avenue, a été construit à la fin du XIXe siècle sur le modèle des galeries parisiennes.

CARTE EN RELIEF ♥ Réalisée en 1905, cette maquette géante du Guatemala, incluant le Belize, est un chef-d'œuvre unique. Développée en plein air sur 1 800 m², la carte est orientée comme le pays lui-même. Sur un socle de pierre, l'orographie a été réalisée en ciment (13 tonnes), strié par les courbes de niveau (tous les 500 m). Les voies ferrées reposent sur leur propre socle, et les rails sont en plomb nickelé. L'eau des rivières provient d'un réservoir situé sous le pic Xemal, point culminant du massif des Cuchumatanes.

La place Centrale de Guatemala-Ciudad, est dominée par la cathédrale depuis le XIXe siècle. Le Palais national lui fait face.

a souffert des séismes de 1917 et 1976. Outre des sculptures et des autels dorés à la feuille, elle abrite une Vierge, Notre-Dame du Bon-Secours. Il s'agit de la plus ancienne statue réalisée dans le pays. À l'entrée, à gauche, une réplique du Christ noir d'Esquipulas ▲ *298* est vénérée par les fidèles.

CENTRE-VILLE

ÉGLISE SAN-FRANCISCO. Construite dans un style néoclassique italianisant, avec une verrière en dôme, elle dispose d'un petit musée contenant des peintures représentant divers martyrs. Une statue de saint Benoît de Messine, en bois noir, est l'objet d'une dévotion populaire.

ANCIENNE UNIVERSITÉ SAN CARLOS. Face au Congrès des députés, sur la 7e avenue, la construction actuelle, de style néoclassique, est le fruit de plusieurs campagnes (années 1810, 1850, 1870, réparations entre 1918 et 1925). Bien qu'édifiés dans le but de recevoir l'université, les lieux furent affectés, entre 1823 et 1831, à l'Assemblée nationale constituante des Provinces-Unies d'Amérique centrale ● *39*, puis à la Chambre des représentants de la république du Guatemala. L'université, sous le qualificatif de nationale, se fractionne ensuite en plusieurs facultés indépendantes. Les locaux sont alors dévolus à la Faculté de droit. Depuis les années soixante, les locaux universitaires sont rassemblés sur un campus du sud de la ville.

MUSÉE D'HISTOIRE. Installé dans un vieil immeuble du centre, ce modeste musée possède un caractère provincial et désuet qui n'est pas sans charme. C'est le seul lieu qui restitue quelques informations générales, de manière anecdotique, sur les événements considérés par les Guatémaltèques comme les temps forts de leur histoire. On y trouvera donc des meubles et des objets de la période coloniale, puis des souvenirs de l'Indépendance (1821).

Les transports en commun sillonnent la capitale. Au Guatemala, on réutilise souvent les bus scolaires américains ◆ *354*.

QUARTIERS SUD

ÉCOLE POLYTECHNIQUE. Les bâtiments de l'ancien siège de l'Académie de guerre, aux créneaux médiévaux, datent en fait de la fin du siècle dernier. Sur le même trottoir, mais de l'autre côté du carrefour, la résidence du ministre de la Défense présente les mêmes caractéristiques architecturales, mi-médiévales, mi-Renaissance.

MUSÉE IXCHEL ● *89*. Du nom de la déesse maya du Tissage, le musée Ixchel a inauguré son nouveau siège au début de l'année 1994. Dans des locaux spacieux mais en cours d'aménagement, une partie seulement des collections est visible. Des expositions complètent le riche panorama des textiles traditionnels du Guatemala. On peut aussi y admirer les œuvres de Carmen Petersen, qui a peint les vêtements mayas.

MUSÉE POPOL VUH ♥. L'intérêt de ce musée, qui doit naturellement son nom au livre sacré des Quichés ● *146*, réside surtout dans sa collection exceptionnelle d'urnes funéraires peintes, provenant de Nebaj ▲ *289*, et dans les pièces de céramique. Des sections d'art colonial religieux et ethnologique complètent l'ensemble.

QUARTIER DE LA AURORA

MUSÉE NATIONAL D'ARCHÉOLOGIE ♥. Installé dans un édifice de style néo-colonial des années trente, il se compose de deux ailes, où sont exposées les plus belles pièces provenant des différents sites archéologiques du pays, d'une troisième aile, qui abrite les collections ethnologiques, surtout textiles, et d'un joli patio central regroupant des stèles du Classique provenant du Petén.

MUSÉE D'ART MODERNE. À l'exception de quelques œuvres, on trouvera de meilleurs témoignages de la créativité contemporaine dans les galeries privées.

CENTRE CIVIQUE
Quartier édifié dans les années soixante, il rassemble des ministères, l'Institut du tourisme (INGUAT), la Banque centrale et le Crédit hypothécaire national. Édifice sans grâce, la mairie est également bâtie dans ce périmètre.

THÉÂTRE NATIONAL
Achevé en 1978, le complexe culturel Miguel Angel Asturias est la dernière construction d'envergure réalisée dans la capitale (ci-dessus).

AQUEDUC DE PINULA
Les Espagnols construisirent à la fin du XVIIIe siècle un aqueduc acheminant l'eau vers la nouvelle capitale. Des vestiges subsistent à La Aurora, au sud de la ville.

NOMS DE LIEUX
Au Guatemala, les toponymes actuels sont généralement composés. Un nom de saint ou de sainte, imposé par les Espagnols, précède l'appellation indienne. On retrouve fréquemment le suffixe *tenango* («le lieu de», «l'endroit où abonde»). Composés, ils sont longs, et quelque peu difficiles à retenir. Aussi a-t-on pour habitude de les abréger : la ville de Guatemala devient «Guate», la «ciudad» ou encore la «capitale» ; Chichicastenango, «Chichi» ; Panajachel, «Pana»; Totonicapán, «Toto». Mais, au sein d'une ethnie, le nom indien du lieu prévaut.

KAMINALJUYÚ

Lieu de passage traditionnel depuis le nord, la vallée de Guatemala-Ciudad a connu des vagues d'occupations diverses. Situés dans la banlieue nord, les vestiges de Kaminaljuyú (recouverte par la capitale) témoignent de l'importance de la cité dès le Préclassique. L'apogée viendra en même temps que la splendeur de Teotihuacán ● *33*, dans les premiers siècles de notre ère, et Kaminaljuyú joue alors un rôle de relais entre la grande civilisation du Mexique central et les Basses Terres du Petén ▲ *317*. Il reste peu de choses de cette époque : l'urbanisation anarchique a recouvert les vestiges. Curieusement, un tertre, ancienne pyramide ruinée, s'élève parfois entre deux maisons. Un jardin public à l'abandon offre cependant la possibilité de parcourir ce qui fut une grande métropole maya. Un secteur, en périphérie de la ville (30e avenue, zone 7), vient d'être aménagé pour la visite autour du plus élevé des monticules. De nombreux objets provenant de Kaminaljuyú sont exposés au musée national d'Archéologie ▲ *267*, tel ce vase du Ve siècle (ci-dessous).

VERS MIXCO VIEJO

SAN PEDRO ET SAN JUAN SACATEPÉQUEZ. La région Sacatepéquez est tournée de plus en plus vers la production de fleurs – roses, œillets, chrysanthèmes, glaïeuls – destinées à l'exportation. La route sinueuse traverse les serres, couvertes de plastique noir. Les habitants de ces villages les plus indiens des environs de la capitale, se consacrent aussi à la céramique, au tressage de paniers, et à la fabrication de meubles de bois. À San Juan, le marché est quotidien et l'activité commerciale débordante.

MIXCO VIEJO ♥ ● *114*. Datant essentiellement du Postclassique Récent (appelé aussi Protohistorique), c'était la capitale des Pokomams au moment de la Conquête ● *36*. Ce site défensif comprend au moins douze groupes de bâtiments établis sur les sommets nivelés de collines ou sur des éperons bordés de profonds ravins. La population villageoise était installée sur les pentes et trouvait refuge sur les sommets en cas d'alerte. L'architecture comprend : des édifices disposés autour de grandes places bien pavées, avec des autels en leur centre ; des

«JAMAIS NOTRE PEUPLE NE SERA DISPERSÉ. SON DESTIN TRIOMPHERA DES JOURS FUNESTES QUI DOIVENT VENIR EN UN TEMPS INCONNU. IL AURA TOUJOURS UNE PLACE SÛRE SUR LA TERRE QUE NOUS AVONS OCCUPÉE.» POPOL VUH

bâtiments rectangulaires allongés, à plusieurs pièces ; des temples jumeaux construits au sommet d'un même soubassement pyramidal, gravi par un large escalier, flanqué d'importantes balustrades, et divisé en son milieu par une rampe en pente, redressée à la verticale peu avant d'atteindre le sommet ; des plates-formes destinées à supporter plusieurs temples côte à côte et gravies par de multiples escaliers. On a trouvé enterrées dans le sol des maisons, des jarres-magasins de grande taille. Les Pokomams incinéraient leurs morts : les cendres étaient déposées dans de grandes jarres polychromes, à décor blanc sur rouge ou monochromes pourvues de trois anses.

CHINAUTLA

Au nord de la capitale, ce village pokomam est le centre de production d'une céramique de couleur rouge ou crème, peu cuite, non peinte mais pastillée et à pièces rapportées, avec laquelle sont confectionnés cache-pots, grands ou petits, en forme d'oiseaux, et de jolies crèches de Noël, couramment utilisées dans les familles.

VERS ESCUINTLA

AMATITLÁN. Le «lieu des Amates» (ficus) est à la fois une ville et un lac, de 15 km², le plus proche de Guatemala. Ses bords sont depuis longtemps un lieu de villégiature. Malgré l'inquiétant taux de pollution (le traitement des eaux usées n'existe pas au Guatemala), la plage et ses gargotes sont envahies le dimanche par une foule venue de la capitale. Au nord et à l'est, l'altitude (1 300 m) et le climat permettent encore la culture du café, du tabac et de la canne à sucre, traitée à proximité dans les raffineries.
VOLCÁN PACAYA ♥ ◆ *370*. Plusieurs jeunes cônes de ce massif volcanique complexe témoignent d'une activité permanente, particulièrement celui du sud-ouest, culminant à 2 600 m. Si l'accès en est aisé (deux heures de marche facile) depuis le hameau de San Francisco de Sales, on recommandera la plus grande prudence : les recrudescences soudaines d'activité conduisent souvent à l'évacuation des villages environnants, et des émanations de gaz toxiques sont régulièrement signalées.
PALÍN ♥. La réputation de ce village pokomam tient à l'immense fromager (il daterait du début de la colonisation), dont la ramure spectaculaire couvre la place et à l'ombre de laquelle se tient le marché.

ESCUINTLA
Son statut de centre commercial de premier plan dans la plaine Pacifique ▲ *290*, au pied des montagnes (ci-dessus) se conforte d'un rôle de carrefour non négligeable puisque la route du Pacifique (vers le Mexique et vers El Salvador) et l'axe reliant la capitale aux ports de San José et Puerto Quetzal s'y croisent. La voie ferrée, de même, se divise en deux tronçons dont l'un file vers l'ouest, et l'autre, vers le sud pour desservir les ports. Au sud de la ville se dresse la seule raffinerie de pétrole du pays (*Texaco*), et dans les environs, plusieurs raffineries produisent de l'huile de coton.

MIXCO VIEJO
Les terrains de jeu de balle sont creusés

et en forme de I. Dans l'un d'eux, fut retrouvé un marqueur à tenon horizontal ; la partie sculptée est une gueule de serpent ouverte sur une tête humaine.

Au cœur de la vallée de Panchoy, à 1 530 m d'altitude, entourée de collines et des volcans Agua (3 750 m), Acatenango (3 960 m) et Fuego (3 800 m), l'ancienne capitale de la capitainerie générale apparaît comme un joyau colonial, un peu trop apprêté au goût de certains. Après avoir été le siège des pouvoirs métropolitain, religieux et civil à l'époque coloniale, Antigua est aujourd'hui une ville de vingt-cinq mille âmes, en général somnolente mais très visitée les fins de semaine. De son premier nom Santiago de los Caballeros, Antigua Guatemala fut fondée en 1543 et resta capitale pendant deux cent trente-deux ans, jusqu'au transfert du pouvoir, à la suite du tremblement de terre de 1773, vers la vallée de l'Ermitage où se trouve la capitale actuelle ▲ *264*.

HISTORIQUE

CAPITALE ADMINISTRATIVE. La région administrative qui s'étendait entre la vice-royauté de Nouvelle-Espagne, au nord (aujourd'hui le Mexique) et celle de Nouvelle-Grenade, au sud (l'actuelle Colombie), portait ainsi les appellations de royaume du Guatemala ou capitainerie générale. Le territoire était administré par un capitaine général, gouverneur dont tous les pouvoirs, égaux à ceux d'un vice-roi, étaient tempérés par la présence d'une audience royale, en l'occurrence celle «des Confins» ● *37*, institution créée en 1543, à la fois législative et judiciaire, ainsi que par l'existence, que la mairie matérialisait, d'un pouvoir local, celui des *criollos*, Guatémaltèques blancs de souche espagnole.

LE POUVOIR RELIGIEUX. L'épiscopat jouait un rôle déterminant dans la vie politique, économique, sociale et culturelle de la colonie. Les ordres religieux fleurirent à Antigua : franciscains, dominicains, mercédaires et jésuites, carmélites, dominicaines, clarisses et capucines disposaient, en 1773, de trente-huit monastères et couvents, de quinze chapelles et oratoires et de plusieurs ermitages. L'université de Saint-Charles-Borromée, fondée en 1676, était la troisième du continent, après celle de Mexico et de Lima. En 1773, la population atteignait soixante mille habitants intra-muros et trente mille dans les villages environnants.

ARCHITECTURE ♥

L'évolution architecturale de la ville ne se comprend qu'en fonction des séismes qui la secouent périodiquement. Ceux qui suivirent sa fondation, entre 1590 et 1650, eurent des conséquences telles que l'on construisit peu pendant cette

PAISIBLE VILLÉGIATURE
Les destructions provoquées par les séismes des deux derniers siècles ont sans doute moins modifié Antigua que la construction d'une voie express en 1983. D'accès dorénavant plus facile, la petite cité exerce un grand attrait sur les couches aisées de la population ou parmi les retraités nord-américains, qui consacrent des moyens importants à la décoration de leurs demeures. Autant que les visites proprement dites, les flâneries en ville sont l'occasion d'en effleurer les mystères, de pénétrer l'intimité des *panzas verdes* (les «ventres verts», surnom donné aux Antigueños, à cause de leur consommation d'avocats), de remonter le temps. Reconnue en 1944 comme «monument national», Antigua figure aussi depuis 1979 sur la liste du Patrimoine culturel de l'humanité de l'UNESCO.

SCÈNES DE RUES
Les Indiens, qui vendent leur artisanat, les artères pavées, les monuments et les couleurs des maisons contribuent à l'ambiance si particulière d'Antigua.

période. Conceptions et techniques s'appuyèrent toujours sur la recherche de la solidité. Compte tenu de cette histoire mouvementée, on a aujourd'hui le plus grand mal à établir une chronologie exacte des constructions, destructions, réfections et reconstructions des monuments de la ville. Paradoxalement, le séisme de 1773 et le transfert qui s'ensuivit contribuèrent à préserver la ville d'une évolution qui l'eût probablement dénaturée.

Plaza Mayor

C'est à partir de la grande place que l'architecte italien Antonelli dessina, en 1543, le tracé en damier de la ville. Ses jardins ont été remodelés à la fin de 1993, mais la fontaine des Sirènes (1739) en occupe toujours le centre.

Mairie. Inaugurée officiellement en 1743, sa sobre façade de pierre de taille présente une double arcature. La vue sur la place depuis le balcon vaut le coup d'œil.

Musée de Santiago. Au rez-de-chaussée de la mairie, autour d'un patio qu'agrémente une fontaine, sont exhibés des objets de l'époque espagnole, quelques tableaux, des armes, dont certaines utilisées pendant la révolution de 1871, tandis que d'autres proviennent du château de San Felipe ▲ *313*.

Musée du Livre Ancien. Il a été aménagé dans les locaux où fonctionna la première presse, importée en 1660 par l'évêque Payo Enríquez de Rivera et dont une réplique est exposée. Les collections d'imprimés s'étalent du XVIe au XIXe siècle.

Palais archiépiscopal. De ce palais bâti de 1706 à 1711 sur deux niveaux (on y accède par la cathédrale), seuls subsistent les vestiges du cloître et quelques colonnes. Le siège fut élevé au rang archiépiscopal par Benoît XIV en 1743. En façade, une salle restaurée abrite la maison de la Culture.

Cathédrale. Consacrée vers 1565, elle subit de graves dégâts à la suite de plusieurs séismes. Après celui de 1773, la façade, restaurée en 1986-1987, au tympan creux et aux nombreuses niches de saints, et les trois premières travées purent seules être sauvées, et servent aujourd'hui d'église paroissiale.

Palais des capitaines généraux. Résidence et bureaux du capitaine général, le palais abritait aussi l'audience royale, la maison de la Monnaie, l'autorité militaire et le cantonnement des dragons, la chapelle royale ainsi que des geôles. Construit à partir de 1549, il fut remanié et agrandi à plusieurs reprises. Restaurés au milieu du XIXe siècle, les bâtiments abritent aujourd'hui l'office du tourisme, les locaux de la police et de la préfecture du département du Sacatepéquez, dont Antigua est le chef-lieu.

Galerie des marchands et des boulangères. Bordant la place à l'ouest, cette galerie symbolisait autrefois la prospérité des commerçants. De disgracieuses constructions y ont été ajoutées.

Cinq périodes
Antigua connut cinq grandes périodes de constructions. La première (XVIe siècle) fut ponctuée par des tremblements de terre ainsi que par l'éruption du volcan Fuego (1581). Les bâtiments sont en adobe, et les toits à deux pentes sont d'abord couverts de paille, puis de tuiles. Les maçons et architectes espagnols

introduisent la voûte de maçonnerie. Les contraintes de résistance mèneront vite à surbaisser le profil des voûtes et des arcs vers la forme de l'anse de panier. La deuxième période commence après le séisme de 1651 : on bâtit couvents et églises, dont la cathédrale. La troisième période s'étend de 1680 à 1717 (de nouvelles églises, des couvents et le palais archiépiscopal). La quatrième période, de 1717 à 1751, témoigne d'une activité intense : églises, couvents et mairie. La dernière phase constitue, durant vingt ans, l'apogée du baroque.

SEMAINE SAINTE
Spectaculaire dans son décor colonial, la célébration de la Semaine Sainte mobilise les habitants d'Antigua et attire les foules ● *74*. De magnifiques tapis de sciure colorée et de pétales de fleurs couvrent le pavé sur le passage des processions ▲ *271*, au son des marches funèbres. Le dimanche des Rameaux est célébré au milieu d'une frondaison de palmes. Les processions se succèdent à partir du jeudi Saint.

CROIX ET FONTAINE DE LA MERCED
La croix qui fait face à l'église porte deux dates : celle de 1688, inscrite sur un blason en forme de cœur, tandis qu'à la base, on lit 1765. Une fontaine située à droite de la façade, probablement de la fin du XVIIe siècle, appartenait autrefois au cloître des Franciscains.

AUTRES MONUMENTS

MUSÉE D'ART COLONIAL ♥. Antigua s'enorgueillit de posséder la troisième université fondée en Amérique espagnole : celle de San Carlos (1676). Elle occupa d'abord le collège Saint-Thomas-d'Aquin avant son achèvement en 1763. Les tremblements de terre de 1773 n'affectèrent pas outre mesure ses murs épais, mais elle dut déménager en 1776. Quatre galeries courent autour d'un patio unique, dont les arcs composés rappellent le style mudéjar. Le musée d'Art colonial y élut domicile en 1936 et conserve une collection de peintures et de sculptures polychromes du pays, provenant des églises de la ville.
COUVENT DE SANTA CATALINA MÁRTIR. Inauguré en 1613, il était le plus petit des onze couvents existant à cette date, et le deuxième pour femmes. Un arc fut jeté au-dessus de la rue lorsqu'en 1694 on voulut le réunir à un terrain nouvellement acquis de l'autre côté. L'église fut achevée en 1647.
ÉGLISE DE LA MERCED. Les frères mercédaires furent les premiers à créer un couvent après la Conquête. D'abord installés à Ciudad Vieja ▲ *275*, ils passèrent là deux siècles avant que leur couvent ne soit construit à Antigua. Instruit par le séisme de 1751, l'architecte commença à édifier une structure trapue, aux parois particulièrement épaisses, aux fenêtres haut placées et de petite taille, inaugurée en 1767. Six ans plus tard, des tremblements de terre infligèrent de sérieux dommages à l'ensemble. Flanquée de deux clochers bas, restaurée, l'église présente aujourd'hui la même façade stuquée à la décoration foisonnante. Du monastère, seuls demeurent un énorme bassin et des fragments de murs.
MONASTÈRE DE SAN JERÓNIMO (DOUANE ROYALE). Le vaste collège construit par les Mercédaires entre 1739 et 1745 sur deux niveaux pour n'avoir pas reçu au préalable une autorisation royale fut confisqué en 1761 et transformé en douane puis en caserne.
COUVENT DE LA RECOLECCIÓN. Restauré en 1978, il en reste peu de choses : une belle cuisine, une fontaine, un réfectoire. Il servit peut-être d'infirmerie et d'orphelinat.
COUVENT DES JÉSUITES. Il occupait tout un pâté de maisons, où habita notamment Bernal Díaz del Castillo ● *152*. Au-delà du parvis encombré d'éventaires de produits artisanaux, la façade porte encore des traces de motifs floraux et géométriques peints.
COUVENT DE SAN AGUSTÍN. L'église et le monastère, inaugurés en 1657, détruits par un séisme, furent réédifiés en 1735.

Pedro de Betancourt

Enterré dans le transept de l'église San-Francisco, le frère Pedro de Betancourt (1626-1667) est l'une des figures religieuses les plus révérées en Amérique centrale. Ayant mené une vie exemplaire de dévotion et de charité, il a été béatifié en 1981. Les ex-voto, autour de son ancienne sépulture, témoignent du véritable culte dont il est l'objet.

San José el Viejo. Exemple d'architecture parasismique achevé en 1761, les murs bas de cet ermitage sont étayés de nombreux contreforts. Les tours, petites et basses, sont intégrées à la façade.

Couvent de Santa Clara. Commencée en 1700, sa construction s'acheva en 1715, alors que le capitaine général fournit les fonds pour l'église, consacrée en 1734. Celle-ci, contrairement à l'usage, ne donne pas sur la rue, mais vers l'intérieur du monastère. Sa façade est ornée de sculptures, mais on manque de recul pour l'admirer car on y a construit une auberge sur le parvis. Le cloître à deux niveaux est l'un des plus vastes de la ville.

Couvent de San Francisco. Installé à cet emplacement depuis 1543, le monastère franciscain fut achevé en 1625 et l'église dut être reconstruite à plusieurs reprises. Sa façade, décorée comme un retable, avec ses colonnes stuquées, est enserrée entre deux clochers massifs. Utilisant de nombreux symboles bibliques, les autels de l'entrée latérale illustrent plus particulièrement des scènes de l'Ancien Testament. Les retables et les angelots du plafond sont des joyaux du baroque local.

Couvent de Santo Domingo. Construit en 1642, le monastère le plus vaste et le plus opulent de la capitale en était aussi le centre intellectuel. Les ruines ont été transformées en hôtel-restaurant de prestige (*Casa Santo Domingo*) où sont conservés mobilier et œuvres d'art.

Couvent de las Capuchinas. C'est le dernier couvent construit à Antigua. L'essor de l'ordre des Capucines fut interrompu par la catastrophe de 1773, et les vastes bâtiments ne furent occupés que par vingt-huit professes. Au-delà du cloître principal, aux colonnes massives et aux arcs surbaissés, et du cloître de service, la *Torre del retiro* est constituée de dix-huit cellules destinées aux retraites spirituelles et aux novices. Un escalier mène à une pièce souterraine, dont le pilier central soutient le sol de la cour circulaire ; on suppose qu'elle servait de garde-manger (seul exemple connu : il n'existait pas plus de caves à l'époque coloniale qu'aujourd'hui).

Église du Carmen. Cette façade à deux niveaux et à nombreux ressauts, qui gagne à être admirée dans la lumière du matin, est l'une des plus belles de la ville. On notera les paires de piliers stuqués de motifs géométriques trahissant parfois la brique. L'église fut consacrée en 1728.

Ville religieuse
De haut en bas : l'église de San Francisco, celle d'un village voisin, l'église de Los Remedios, l'arc de Santa Catalina Mártir, l'église de la Merced et la cathédrale d'Antigua.

Antigua offre au visiteur nombre de boutiques, parmi lesquelles des ateliers de travail du jade (bijoux, objets) et des galeries de peinture.

«FINCAS» DE CAFÉ
La visite des environs d'Antigua permet de mesurer l'importance de la culture caféière ■ *22* dans le fond de la vallée et sur les pentes. Quelques belles maisons de maître se nichent au milieu de ces grandes *fincas,* sous les gravilées, arbres aux feuilles légères ombrageant les arbustes. L'activité industrielle se réduit à une usine de conditionnement de fruits (jus et confitures) appartenant à *Nestlé,* à la sortie vers Ciudad Vieja et, en ville, à la filature de coton *Hunapú*.

MAISONS D'ANTIGUA GUATEMALA♥

Si elles n'ont pas la majesté des constructions religieuses, les maisons particulières doivent leur charme à l'absence d'étage, à leurs façades aux tons pastel et leurs hauts murs, souvent chaulés, qui débordent d'arbustes en fleurs. Quelques éléments architecturaux caractérisent le paysage urbain, tels les portes cochères massives, les clochetons, les hautes fenêtres à grilles de fer ou de bois tourné. À l'intérieur, les patios ont souvent été convertis en jardins, bordés de galeries et de piliers de bois. Antigua présente plus d'une similitude avec San Cristóbal de Las Casas ▲ *233*.

CASA DE LOS LEONES. Une belle porte à entablement, encadrée de lions, a été ajoutée à cette maison patricienne de la fin du XVIIe siècle. L'hôtel qui l'occupe aujourd'hui est formé de la réunion de trois demeures restaurées.

CASA POPENOE. Construite durant la première moitié du XVIIe siècle, cette maison privée que l'on peut toutefois visiter, a été restaurée et meublée d'époque.

MUSÉE DE LA MUSIQUE (CASA K'OJOM). C'est une petite exposition d'instruments préhispaniques (conques, sifflets, carapaces de tortues) et espagnols, de marimbas à caissons de résonance de calebasses (*tecomates*) et simples (en bois). On y voit aussi une reproduction du Maximón de Santiago Atitlán ● *72* ▲ *281*.

CERRO DEL MANCHÉN (CERRO DE LA CRUZ)
Une statue équestre de saint Jacques, patron de la Reconquête, de la conquête de l'Amérique et de la ville, donnée par l'Espagne, se dresse au sommet de cette colline. De là, le regard embrasse l'ensemble de la vallée d'Antigua.

ENVIRONS D'ANTIGUA

SAN JUAN DEL OBISPO. Au pied du volcan Agua, le village s'est étendu autour de la résidence construite au XVIe siècle pour l'évêque Marroquín. L'ensemble, église et couvent, a conservé son aspect original.
SANTA MARÍA DE JESÚS. Ce village fut fondé à la fin du XVIe siècle par des Indiens amenés de Quetzaltenango ▲ *282*. Les habitants acheminaient en ville le bois de leurs forêts, d'où son ancien nom d'El Aserradero (La Scierie). C'est le point de départ pour l'ascension du volcan Agua.
SAN ANTONIO AGUASCALIENTES. Le village est réputé pour la qualité du travail de ses tisserandes. Les motifs géométriques, floraux et animaliers (paons et oiseaux) des *huipiles* ● *94* ornent l'envers comme l'endroit du tissu.
ALOTENANGO. Ce village, dont le nom signifie «le lieu du maïs tendre» et où l'on parle encore pipil, était situé sur la route qui, entre les volcans Agua et Fuego, reliait la capitale coloniale à Escuintla ▲ *269*. L'église baroque date de la fin du XVIIe siècle.
SAN FELIPE DE JESÚS. L'église de ce village fondé en 1430, rebâtie en 1850 dans un style néogothique avec des pierres de récupération de l'église de La Merced ▲ *272*, abrite un anonyme Christ gisant. On y vient en pèlerinage de toute l'Amérique centrale, le premier vendredi de Carême et pendant la Semaine Sainte.

CIUDAD VIEJA
Une controverse persiste sur la localisation exacte de la première cité espagnole : en contradiction avec la version faisant de Ciudad Vieja, au pied du volcan Agua, l'emplacement de l'ancienne capitale (1527-1541), des fouilles récentes conduiraient à la situer 2 km plus à l'est, à San Miguel Escobar.

D'ANTIGUA VERS CHIMALTENANGO

Une route secondaire sortant d'Antigua par la rue Ancha de los Herreros conduit vers Chimaltenango. Elle traverse le village de JOCOTENANGO, avec, sur la place, une belle église baroque de la fin du XVIIe siècle.
SAN ANDRÉS ITZAPA. À 3 km de la route, ce village s'honore d'un sanctuaire consacré à Maximón ● *72* ▲ *281*, vénéré aussi bien par les Indiens que par les *ladinos*. On s'y rend en famille pour demander à la divinité aide, remède ou grâce en échange de bougies, alcool, encens et cigarettes.

PATZÚN
Les Franciscains s'y établirent en 1540, et saint Bernard de Sienne, dont ils apportèrent la statue, devint le saint patron du village. À la Fête-Dieu, les rues de Patzún (ci-dessous) se couvrent de fleurs et de sciure de couleur formant de magnifiques motifs, que le passage de la procession réduit en poussière. Des arcs végétaux sont dressés aux carrefours.

Cet enfant de Sololá porte le costume local : un pantalon rayé, un tablier de laine et une curieuse chemise de coupe «far-west».

SUMPANGO
L'église paroissiale (XVIe siècle), durement éprouvée par le tremblement de terre de 1976, a été restaurée. De gros contreforts, des tours et un fronton bas, un plan carré, n'avaient pas suffi. Le 1er novembre, à Sumpango, comme à Santiago Sacatepéquez, de grands cerfs-volants sont lancés dans les airs.

SANTIAGO SACATEPÉQUEZ. Ce petit village de quelque cinq mille âmes est réputé pour sa célébration du jour des Morts. Tradition ancienne, la confection et l'envol de cerfs-volants géants, le 1er novembre, s'appuieraient sur une légende selon laquelle des démons envahissaient autrefois le cimetière, troublant le repos des défunts. Un vieux sage du village suggéra que le bruit produit par le froissement de papier les éloignerait. Il fut alors décidé de lâcher des cerfs-volants dans le vent naissant du mois de novembre : c'est ainsi que naquit la coutume. Les explications objectives doivent être recherchées plutôt dans les connaissances astronomiques mayas, l'utilisation traditionnelle des couleurs vives dans le vêtement, l'art et l'artisanat, ainsi que dans les changements climatiques des Hautes Terres à la fin du mois d'octobre, caractérisés par la fin des pluies, des vents puissants, un ciel clair et une chute de la température. Les cerfs-volants sont confectionnés plusieurs semaines à l'avance, en famille ou par des groupes d'amis, indiens ou métis, en utilisant le bambou pour les nervures et du papier. Leur diamètre peut varier de 2 m à 8 m.

CHIMALTENANGO ▲ *275*. Chimaltenango, la «ville aux Murailles» en langue nahuatl, Ɓocob («Bouclier») pour ses habitants cakchiquels ● *62*, a été ravagée, comme tous les villages des hauts plateaux du Centre, par le tremblement de terre de 1976, et reconstruite avec les matériaux fournis ou financés par l'aide étrangère, bon marché et plus résistants aux secousses sismiques, mais moins confortables et moins esthétiques que l'adobe et la tuile traditionnels.

COMALAPA. Le couvent que les clarisses y fondèrent au XVIIe siècle leur servit de base de repli lors des tremblements de terre de 1717 et de 1773 : elles s'y réfugièrent et y entreposèrent leurs biens. Seule subsiste l'église à la belle façade baroque, gravement endommagée en 1976 puis restaurée. Une tradition de peinture primitiviste ● *132* traite les thèmes des us et coutumes et de la vie quotidienne du village. On peut admirer ces œuvres sur place ou dans les galeries d'Antigua et de Guatemala.

IXIMCHÉ. La capitale cakchiquel est aussi devenue, pour trois courtes années (1524-1527), la première capitale espagnole, après la trêve conclue avec Alvarado ● *36*. Exemple typique de centre cérémoniel postclassique, restauré dans les années soixante par l'archéologue suisse Guillemin, ce site maya engazonné occupe un promontoire étroit entre deux profonds ravins. Le promontoire est coupé transversalement par un fossé artificiel qui séparait le centre cérémoniel et aristocratique, à l'est, de la zone étendue occupée par les «plébéiens». Quatre grandes places cérémonielles qui constituent des groupes séparés se suivent sur la partie haute du promontoire ; deux groupes possèdent un terrain de jeu de balle. Il reste peu de chose des superstructures, car les colonnes et les murs étaient faits d'adobe ; sur ceux qui sont conservés, on a relevé parfois des peintures polychromes étendues sur une couche de stuc. Le sacrifice humain ● *46*

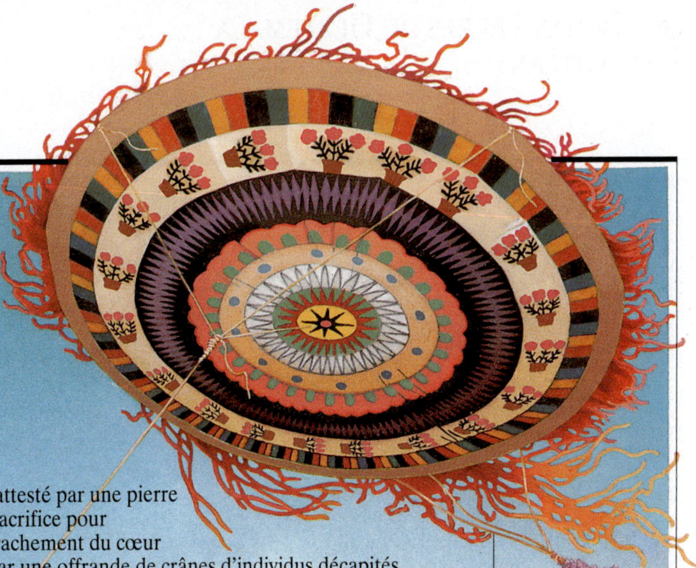

est attesté par une pierre de sacrifice pour l'arrachement du cœur et par une offrande de crânes d'individus décapités.

Santa Apolonia. Au-delà de ce petit village où l'on fabrique des céramiques, la route serpente dans les vallées, puis épouse les reliefs accidentés de la Sierra Madre avant de reprendre de l'altitude (mirador du lac Atitlán). On arrive ainsi au grand carrefour (Los Encuentos, km 126) d'où se détache à droite la route du pays quiché ▲ *286*, puis, 3 km plus loin, la route de Sololá et du lac Atitlán.

Sololá. À la frontière de la région cakchiquel et du pays quiché, cette ville constitue un important point de jonction entre l'économie de montagne et les productions tropicales de la côte Pacifique ▲ *290*. Outre les productions vivrières habituelles, on cultive aussi les légumes des zones tempérées (pommes de terre, carottes, radis, betteraves) et on récolte pêches et pommes. La visite de l'important marché couvert, divisé en sections, donne une idée exacte des modes de vie et de consommation de la population rurale : ustensiles, objets industriels, viandes, produits de base, habillement.

Les motifs des cerfs-volants du jour des Morts sont des plus divers : ils peuvent s'inspirer de la symbolique et des divinités mayas, évoquer des scènes de la vie quotidienne ou encore camper des personnages de l'actualité.

LAC ATITLÁN ♥

ORIGINES. Selon certains géologues, la formation du lac est due à l'apparition, il y a environ quatre-vingt mille ans, d'un volcan situé à l'ouest de l'actuelle dépression. Du fond des eaux ayant rempli le cratère, les trois volcans actuels ont ensuite surgi, donnant au lac cette forme en haricot que l'on voit aujourd'hui, puis, au pied du Tolimán, le Cerro de Oro, petit volcan en formation, où la tradition veut que les Tzutuhils, à l'arrivée des Espagnols, aient caché leur trésor. Si la profondeur figurant sur les cartes est de 320 m, des investigations réalisées dans les années soixante-dix évaluent à 600 m les fonds du côté de San Lucas Tolimán. On suppose que l'écoulement des eaux s'effectue vers la plaine Pacifique, par des infiltrations souterraines. Lors du tremblement de terre de 1976, les failles du sud-est du lac se seraient élargies, provoquant depuis lors une baisse du niveau d'environ 5 m.

CHANGEMENTS CLIMATIQUES. Le vent dominant du lac, le *xocomil,* souffle l'après-midi, du sud-est. À la fin de l'année, les vents froids du nord dégagent le ciel, lui conférant une pureté appréciée des photographes. Les *tumberías,* tourbillons formés de vents opposés provoquant parfois des creux de 2 m sont très dangereux et redoutés des pêcheurs.

VÊTEMENTS BLEUS
À Santa Catarina Palopó, les vêtements des habitants ont des teintes à dominante bleue. Ces couleurs sont assez rares parmi les textiles mayas ● *89.* Il semble que cette évolution soit due aux nouvelles techniques et aux matériaux artificiels.

Poissons et barques
Les poissons du lac, abondants, sont cependant peu variés : le *blackbass* carnivore, introduit dans les années soixante, a exterminé les autres espèces, excepté la *mojarra,* petit poisson à chair blanche, aux arêtes fines et nombreuses. Il est servi grillé ou frit dans tous les restaurants.

De nombreuses légendes se rapportent à ces phénomènes météorologiques, comme celle relatant l'existence d'un géant malfaisant dont les villageois ne purent venir à bout qu'en unissant leurs forces. Les membres du géant dépecé furent répartis sur les places publiques. Lorsque le village détenant la tête se lassa du trophée, il fut rejeté à l'eau. Depuis lors, tous les après-midi, le géant se venge en soufflant puissamment depuis les profondeurs, menaçant les fragiles embarcations.

Économie. Les villages de la rive orientale du lac se trouvent sur la frontière de l'aire cakchiquel ● *62*. Comme pour leur homologues tzutuhils, au sud et à l'ouest, le relief escarpé et le manque de terres ne leur permettent pas une production vivrière suffisante. Devant s'approvisionner en produits industrialisés indispensables, les familles restreignent leur autoconsommation pour pouvoir vendre davantage et obtenir ainsi des revenus supplémentaires. Grâce en partie au reflux des eaux, des terres fertiles sont gagnées sur les rives.
La culture de l'oignon, introduite dans les années soixante, s'est ainsi développée, complétant la traditionnelle pêche à la *mojarra* et au *blackbass,* vendus sur les marchés ou, directement, aux restaurants de Panajachel. Il faut mentionner l'importance croissante des revenus liés au tourisme, soit par les salaires distribués aux personnels des hôtels et restaurants, soit par la confection d'articles artisanaux ● *84* qui sont vendus soit sur place, sur les bâtis le long des rues des villages, soit dans la capitale ou encore à l'étranger.

La pêche s'effectue au fil, tôt le matin, à partir des *cayucos,* petites embarcations taillées dans un tronc auquel sont adjointes, pour en rehausser les bords, cinq planches latérales (en haut). L'arrière est muni de poignées pour les remonter sur les plages, et un petit banc, à mi-longueur, offre un peu de confort au pêcheur. On voit ces barques stationnées sur toutes les rives, le fond recouvert de feuilles afin d'en maintenir l'humidité.
Ci-dessus, lessive à San Lucas Tolimán.

ARTISANAT VARIÉ
Les *huipils* de Santiago Atitlán, de même que les pantalons, sont brodés, sur fond blanc, de motifs animaliers (oiseaux, lapins, poissons) agencés entre des rayures verticales et horizontales (en haut à droite).

La peinture primitiviste de portraits ou ayant pour thème la vie quotidienne (le marché, la cueillette du café et du coton, les ruelles du bourg) fait de nombreux adeptes, à l'initiative du maître Juan Sisay, assassiné en 1992 pour s'être trop intéressé au développement communautaire de son village et au sort de ses habitants. Plus récemment, le travail du bois produit des figurines (le pêcheur, la tisserande, le portefaix, la cuisson des tortillas), des sculptures de volatiles, de poissons et de crabes (la *jaiba*), et d'élégantes petites boîtes aux formes imprévues et munies de mystérieux tiroirs.

RANDONNÉE PÉDESTRE
Il est possible de faire le tour du lac à pied. Divers guides et voyagistes organisent des randonnées ◆ *366*.

AUTOUR DU LAC

SAN JORGE LA LAGUNA. Dans le courant du XIXe siècle, la population troquait le maïs et les légumes, acheminés jusqu'à la plaine Pacifique, contre le cacao et la mélasse de canne. Le village possède toujours, lui aussi, son Maximón ● *72*.

PANAJACHEL. Pour celui qui aura la curiosité de monter jusqu'au centre du village, vers le marché et l'église (ci-dessous), Panajachel révèle sa physionomie de village cakchiquel traditionnel. L'autre «Pana», tant décrié par les visiteurs, ceux-là mêmes qui contribuent à lui donner son aspect si artificiel, est en effet devenu un centre touristique. On peut y prendre les navettes qui traversent le lac.

SANTA CATARINA PALOPÓ ET SAN ANTONIO PALOPÓ. Les activités agricoles, culture de l'oignon et horticulture irriguée notamment, s'effectuent sur des parcelles minuscules. On remarquera l'orientation de la plupart des constructions, avec la porte sur un côté nord ou sud, et une petite fenêtre donnant sur le lac. Avec le tissage, d'usage domestique ou revendu sur les marchés touristiques des environs, et la pêche, le tressage du jonc (le *tul*) en nattes ou coussins (*petates*) constitue l'une des principales activités locales.

SAN LUCAS TOLIMÁN. Cet important village a le double avantage d'être relié au réseau routier de l'*altiplano*, et à la côte Pacifique, ce qui en fait la porte d'entrée de Santiago Atitlán.

Santiago Atitlán. Petit chef-lieu de la région tzutuhil, ce terme signifiant la «Fleur des Nations», c'est aussi l'héritière de la capitale de l'ancien royaume du même nom, Chuitinamit, située de l'autre côté de la baie et dont il ne subsiste rien aujourd'hui. Le village est certes devenu très touristique, mais l'on peut y apprécier la richesse et la diversité de l'artisanat. La divinité locale, Maximón ● *72*, tient la dragée haute à l'Église catholique. Son apparition ne remonterait au plus tôt qu'à la fin du XVIIIe siècle, et plusieurs mythes fondateurs racontent sa création. Longtemps mystérieux, car il n'apparaissait aux fidèles qu'à l'occasion de la semaine Sainte, éclipsant toujours le Christ, au cours de rituels spectaculaires dans le village, Maximón est devenu une source appréciable de revenus pour les membres de la confrérie de la Sainte-Croix, qui l'expose, entre un christ gisant et des crucifix. Santiago est un haut-lieu de la résistance indienne et, comme bien d'autres villages du pays, a subi dans les années récentes une répression féroce. Le village, si riche sur le plan des croyances religieuses, détient peut-être un autre record, celui des chapelles évangéliques : une trentaine s'y font concurrence. Plus de quatre-vingt-dix sectes, souvent fondamentalistes, sans parler des confessions traditionnelles, se disputent au Guatemala l'endoctrinement et la main-mise sur les âmes, étayant la catéchèse d'un discours qu'on croirait destiné à des enfants de maternelle.

San Pedro la Laguna. Ce village ressemble beaucoup à Santiago : ce sont les mêmes maisons de pierre de lave, aujourd'hui couvertes de tôle ; les mêmes bains de vapeur (le *temascal*) dans la cour, où la famille procède à des ablutions aussi hygiéniques que rituelles ; les mêmes demeures à étages des nouveaux riches, commerçants, transporteurs ou d'émigrés revenus avec des dollars en poche ; enfin, la même population qui s'ouvre progressivement aux influences extérieures, nationales et étrangères. San Pedro est aussi le refuge de hippies, qui considèrent Panajachel décidément trop polluée par le tourisme.

San Juan la Laguna. Bourgade somnolente, San Juan apparaît comme une annexe de San Pedro, sur le territoire duquel beaucoup de paysans louent des terres. Plus que l'église, moderne, la maison paroissiale attenante conserve le charme de ses vieux piliers de bois ouvragés, tous différents. Les patios de séchage de café, à côté desquels trônent les dépulpeuses et leurs trémies, parsèment le paysage.

San Pablo la Laguna. Curieux village que celui-ci, où ne se tient aucun marché hebdomadaire ! Les maisons, construites en adobe et coiffées de chaume pour beaucoup d'entre elles, ont maintenu leur homogénéité. Sur les flancs des collines, les agaves sont la matière première pour l'activité principale du village, spécialisé dans la confection des cordages.

San Marcos la Laguna
Au bord du lac, le village s'étale, partagé par le terrain de football et l'école publique, sur un plateau assez vaste et sur les pentes. La vieille église d'adobe vient d'être abattue, sans doute pour laisser place à un temple tout neuf. Sur la plage, un projet de reboisement aligne ses semis de pins et d'avocatiers.

Maximón est porté dans le village, puis exposé dans une salle par la confrérie.

Nahualá
À quelques kilomètres au nord-ouest du lac, Nahualá se consacre à la taille du basalte, utilisé ensuite dans la confection des pierres à moudre (*metates*). La fabrication de meubles de pin simplement décorés et de sculptures de bois peintes dans un style naïf, qui veut rappeler l'art colonial, sont les autres spécialités.

TOTONICAPÁN

SAN MIGUEL TOTONICAPÁN, gros village industrieux situé à 2 500 m d'altitude, est le chef-lieu du département dénommé Totonicapán, sis au centre d'une vallée très densément peuplée. L'artisanat ● *84*, dont San Miguel Totonicapán est à plusieurs titres une petite capitale, et le commerce, y sont actifs. L'église de SAN CRISTÓBAL TOTONICAPÁN s'enorgueillit de peintures du XVIIe siècle. Le *huipil* conserve comme dans tout le bassin de Totonicapán, le col de dentelle apporté par les Espagnoles ● *97*. Les maisons de SAN ANDRÉS XECUL, blotti au pied de la colline, ont conservé leurs murs d'adobe et leurs toits de tuiles. Si l'attrait particulier du village est la naïve façade ripolinée de son église (à la coupole multicolore), décorée d'angelots, de fruits inconnus ici, et des lions de la couronne d'Espagne (ci-dessus), on ne manquera pas d'être aussi sensible au charme de ses ruelles pavées qui montent jusqu'à la chapelle du calvaire, jouxtée d'un sanctuaire maya ● *66*. Au-delà, dans la forêt, une grotte sacrée, où des prêtres indigènes officient, bée à mi-pente. Un Maximón est aussi vénéré à San Andrés ● *72* ▲ *281*.

CARREFOUR DE CUATRO CAMINOS
Cet important carrefour dessert, vers le nord, à 15 km, Totonicapán, et à l'ouest, Quezaltenango ainsi que sa vallée. En direction de l'ouest la route continue vers Huehuetenango ▲ *284* et le poste frontière de La Mesilla, au Mexique, vers le Chiapas ▲ *231*. Des producteurs de fruits (pommes, poires et *duraznos*, ou petites pêches, garanties biologiques) et pâtes de fruit très sucrées y tiennent des éventaires.

QUETZALTENANGO

Xelajú, le nom quiché de la ville, est toujours en usage, mais plus encore sous l'abréviation de Xela (prononcer «chéla»).

LA DEUXIÈME VILLE DU PAYS. Sans attraits particuliers, Xela n'en est pas moins pleine de charme. Entre l'architecture imposante des monuments en pierre de lave (et de taille) de la place (mairie, musée d'Histoire et d'Histoire naturelle, *Banco de Occidente*), et la modestie des rues avoisinantes, encore souvent pavées et bordées de petites maisons d'adobe, le contraste est saisissant : les opulentes constructions datant de l'âge d'or de la culture caféière à la fin du siècle dernier sont toujours serties dans un traditionalisme de caractère rural.

HISTOIRE. La ville fut fondée par Pedro de Alvarado ● *36*, le 15 mai 1524. Après la proclamation de l'Indépendance et le bref rattachement des États nouvellement créés à l'Empire mexicain

SALCAJÁ
À droite, en retrait de la rue principale du village de Salcajá, situé entre San Cristóbal Totonicapán et Quetzaltenango, la toute première église fondée au Guatemala se dresse sur une jolie place. Quoique remaniée, sa façade présente toujours les décorations naïves d'origine.

de Agustín de Iturbide, l'ouest du Guatemala forma, de 1828 à 1840, l'État des Altos, sixième de la Confédération centre-américaine. À la fin du siècle, la culture du café appela un développement des infrastructures (routes et ports) : la banque la plus ancienne du pays, la *Banco de Occidente,* fut fondée à Quetzaltenango en 1883 (ci-dessous, vue de la ville en 1896).
MONUMENTS. Le beau PARQUE DE CENTROAMÉRICA (place centrale) est bordé de bâtiments néoclassiques en pierre de lave, comme la cathédrale, la mairie et la maison de la Culture. Le passage Enríquez, conçu en 1900 sur le modèle des passages parisiens, débouche sur la place. Rebâtie en 1899, coiffée de six coupoles, la CATHÉDRALE conserve, légèrement décalée, la façade de l'ancienne cathédrale de l'Espíritu Santo, édifiée en 1535, et détruite par un tremblement de terre. La MAISON DE LA CULTURE abrite au rez-de-chaussée un petit musée d'Histoire et, à l'étage, des galeries d'histoire naturelle. De style néoclassique, le THÉÂTRE offre une belle façade à colonnades.

ENVIRONS DE QUETZALTENANGO

CERRO EL BAÚL. On jouit d'un beau panorama sur Quetzaltenango et la vallée depuis le sommet de cette colline.
ZUNIL. Dans le chœur de la grande église, le devant d'autel et le tabernacle d'argent repoussé datent de l'époque coloniale. Le travail agricole, où la culture de l'oignon prédomine, se fait dans le lit de la rivière, jonché de gros blocs basaltiques projetés par le volcan Zunil. Lorsque la brume n'a pas encore envahi la vallée, on peut admirer les volcans CERRO QUEMADO et SANTA MARÍA. En bas, procession du Jeudi Saint à Zunil.
FUENTES GEORGINAS. Des flancs du volcan Zunil sourdent des sources, dont l'une fut captée et aménagée. Mais la température de la source, autrefois élevée, décroît pour n'atteindre plus, aujourd'hui, que 35°C. La baignade et le gîte y sont possibles.

VERS SAN MARCOS

SAN JUAN OSTUNCALCO. Patrie du compositeur pour marimba ● *78* Jesús Castillo, ce village a pour spécialité locale la fabrication de meubles d'osier.
SAN MARTÍN SACATEPÉQUEZ. Au pied du volcan Chicabal, ce village mam, jadis bourg de quelque importance, a subi, comme le voisin CONCEPCIÓN CHIQUIRICHAPA, le pire désastre naturel de son histoire en 1902, lorsque, après le tremblement de terre d'avril, l'éruption du volcan Santa María, le 24 octobre, couvrit ses terres arables d'un mètre de pierre ponce.
VOLCÁN CHICABAL. On atteint le sommet de ce massif trapu, au sud du village, en deux heures de marche, avec un guide.
SAN PEDRO SACATEPÉQUEZ ET SAN MARCOS. Les deux villes, la première plutôt indienne, la seconde majoritairement métisse, sont reliées par une large avenue et forment une seule agglomération.

ALMOLONGA
Qualifié localement de «verger de l'Amérique centrale», ce gros centre de production de magnifiques légumes tient un marché quotidien rehaussé autant par les odeurs parfumées des montagnes (on dit ici «volcans»), que par les couleurs des *huipiles* brodés de chevrons orange, jaune et rouge ● *94*, et des négociations murmurées, caractéristiques des marchés indiens ◆ *374*.

CANTEL
La fabrique textile, créée en 1883, qui porte le nom du village, est la plus ancienne installation industrielle du Guatemala. Elle a employé jusqu'à plusieurs milliers de salariés. Un atelier de verre soufflé produit de jolies pièces utilitaires et décoratives.

FÊTE DE TODOS SANTOS ♥
La fête patronale est l'occasion de réjouissances spectaculaires, durant plusieurs jours. La journée du 31 octobre s'achève par une nuit de musique et de danse, dans le costume qui sera utilisé par les cavaliers le lendemain, lors des courses à cheval, menées à un train d'enfer. Dans la rue principale, l'exploit consiste à rester sur le dos de la monture le plus longtemps possible. Mais l'exploit, c'est surtout d'avoir pu louer un cheval pour participer à un défi, entraînant d'autres frais que l'on peut qualifier de représentation. Car la participation à la course du 1er novembre n'est rien d'autre aujourd'hui qu'un acte social, un geste «gratuit» accordant aux cavaliers un prestige symbolique, évidemment inquantifiable selon les normes occidentales. Quant au jour des Morts, il se déroule au cimetière ● 70.

DE QUETZALTENANGO À HUEHUETENANGO

SAN FRANCISCO EL ALTO. Le marché du vendredi est l'occasion de s'animer pour ce village assoupi, occupé au travail artisanal à domicile. Le plus grand marché aux bestiaux de l'*altiplano* s'y tient le 4 octobre, sur la vaste esplanade qui domine la place.
MOMOSTENANGO. Ce bourg (en bas au centre) est un centre d'élevage ovin et du travail de la laine : couvertures (*colchas* ou *frazadas*), ponchos, vestes et blousons de laine blanche, grise ou marron sortent en série de ses ateliers pour être vendus sur tous les marchés du pays .

CUCHUMATANES

HUEHUETENANGO. Au pied du massif des Cuchumatanes, la dernière bourgade importante sur la route de la Mesilla et de la frontière du Chiapas ▲ *231* est l'héritière de l'ancienne capitale des Mams, Zaculeu, la «terre blanche». L'intéressant marché couvert de Huehuetenango permet d'y rencontrer des habitants venus de tout le département.
ZACULEU. Sur un plateau entouré de ravins et donc facile à défendre, Zaculeu, site archéologique (ci-contre), a été habité depuis la fin du Préclassique. Son apogée se situe cependant au Postclassique, et plus spécialement durant la seconde partie de celui-ci, quand il devint la capitale des Mams jusqu'à l'arrivée des Espagnols, en 1525. Après l'an 1000, les temples ont été construits en pierre et non en adobe. La Structure 1, édifiée au Postclassique Ancien, comprend une seule pièce rectangulaire. Un autel en maçonnerie est appuyé contre le mur du fond. Au Postclassique Récent, la plupart des temples possédaient également une seule pièce, règle à laquelle il est des exceptions : ainsi la Structure 4 en a trois. Les portes sont presque toujours au nombre de trois, formées par deux colonnes placées dans une longue ouverture. Les soubassements sont généralement carrés et composés de degrés verticaux. Des escaliers se trouvent sur un, trois ou quatre côtés, flanqués de rampes qui deviennent verticales près du sommet. D'autres édifices, allongés, reposent sur des plates-formes basses. Le terrain de jeu de balle, comme celui de Mixco Viejo ▲ *268*, est en forme de I. Les restaurateurs de Zaculeu ont pris le parti de revêtir uniformément de stuc les édifices restaurés, choix contesté… Bien que l'aspect actuel des constructions soit sans doute assez proche de l'original (les couleurs en moins), il déplaît surtout parce qu'il ne correspond pas à l'idée que l'on se fait de ruines, avec leurs pierres apparentes, une végétation exubérante poussant dans les murs, etc.
CHIANTLA. Une Vierge de la Candelaria, revêtue d'une mante d'argent est l'objet de la dévotion de pèlerins venus des pays voisins.

MASSIF DES CUCHUMATANES. De puissantes forces géologiques ont fait surgir du fond des mers ce massif qui culmine, au pic XEMAL, à près de 3 900 m (on y trouve des fossiles marins en abondance). Les reliefs abrupts, les vallées, les pentes plissées, les méplats et les sommets de rochers enchevêtrés ont valu à ce causse karstique l'appellation de «cordillière à étages». Les résineux qui le couvraient autrefois ont été remplacés par une végétation chétive de chardons et d'herbe sèche, mais une faune de coyotes, de pumas et quelques jaguars y survit, sous le vol d'oiseaux de proie. C'est dans ses vallées latérales, moins froides mais souvent humides, que sont installés les villages.

TODOS SANTOS ♥. Niché dans une vallée orientée au nord, enfoui toute l'année dans la brume dès le début de l'après-midi, ce village, mam ● *62* à quatre-vingt-dix pour cent, a connu ces dernières années des transformations dues tant aux phénomènes de migration vers le Nord qu'à une fréquentation touristique croissante. Les hommes y portent l'un des costumes les plus intéressants du pays : les chemises rayées sont agrémentées de longs cols brodés, des surpantalons de laine noire réchauffent les hanches, recouvrant les pantalons rouge et blanc rayés verticalement ● *98*. Hommes et femmes portent un chapeau de paille rigide. Le petit commerce de l'artisanat local prospère. Les ruines postclassiques de TECUMANCHÉ surplombent le village et servent encore de lieu de culte. Autour de deux croix (la croix est également un symbole maya, celui des quatre chemins, c'est-à-dire des directions cardinales) ● *66* se pratiquent des sacrifices de dindons.

VILLAGES DES MONTAGNES ♥. On n'accède à SAN JUAN ATITÁN, village isolé, qu'en véhicule tout-terrain, au terme d'un parcours escarpé, ou à pied, après une randonnée de six heures environ. SAN PEDRO SOLOMA, village de vallée, a subi tous les désastres imaginables. Détruit par les séismes de 1773 et 1902, il fut encore la proie des flammes en 1884. Un an plus tard, la variole décima sa population. SAN MATEO IXTATÁN s'étage sur le flanc d'une vallée déshéritée.

La marimba, instrument national du Guatemala, participe à toutes les fêtes indiennes et métisses ● *78*.

La place centrale de Huehuetenango.

SOURCES SACRÉES
Au fond de la vallée de San Mateo Ixtatán, des sources d'eau salée aménagées sont exploitées l'après-midi. Il s'agit d'une véritable collecte sacrée accordée par les puissances surnaturelles, et la descente dans les entrées de mines est précédée et conclue par des cérémonies rituelles sur les *quemaderos* (autels) proches. L'eau est remontée vers le village dans de grandes jarres puis évaporée dans d'immenses marmites.

«POPOL VUH» ● *146*
C'est dans le couvent franciscain adjacent à l'église Santo Tomás que le père Ximénez a retrouvé le manuscrit du *Popol Vuh.* L'un de ses successeurs, l'abbé

français Brasseur de Bourbourg, localisera l'exemplaire en Espagne, en 1860, et le publiera à Paris en 1866 ▲ *292.*

SANTO TOMÁS
L'église Santo Tomás, dont les hauts murs sont chaulés à neuf dès qu'approchent des festivités patronales, à la voûte reconstruite après le tremblement de terre de 1976, aux retables obscurcis par la fumée – mais les paroissiens refusent toute idée de nettoyage –, a été édifiée vers 1540 par les Dominicains.

CHICHICASTENANGO

Malgré l'afflux des touristes, le bourg conserve la physionomie caractéristique des villages de montagne, avec ses murs de brique crue, mais aussi sa vie propre de communauté ● *64, 68.*
MARCHÉ ◆ *374.* Dès la veille, les marchands itinérants envahissent la place et y installent les armatures de leurs éventaires. Le spectacle nocturne des familles dormant sur leurs ballots, enveloppées dans de vieilles couvertures, confère aux lieux un aspect fantomatique. Dans ce capharnaüm qui rassemble un échantillonnage susbtantiel de la production artisanale de tout le pays, la discrète rumeur qui monte, de négociations menées à voix basse, est surprenante. On aura soin d'avancer jusqu'au milieu de la place, une fois franchie la muraille d'artisanat touristique de qualité parfois douteuse qui l'encadre. C'est en effet autour de la fontaine que se tient le marché indigène, lieu d'échange des villageois.

ÉGLISE SANTO TOMÁS. Le grand escalier d'accès à l'église (ci-dessus, lors de la fête de Santo Tomás) recouvre l'antique lieu de culte, et des prêtres indigènes brûlent l'encens sur le petit autel installé à sa base. Devant la porte d'autres *chuchkajau* balancent interminablement leur modeste encensoir ● *70.* Afin de respecter le caractère sacré du lieu, on évitera de stationner sur le parvis et de pénétrer dans l'église par la porte principale.
RITUELS INDIGÈNES. L'intérêt architectural et artistique de l'église est éclipsé par celui des rites qui s'y déroulent. Après avoir présenté au pied du maître-autel les baluchons contenant l'ensemble des offrandes – pétales de roses, bougies, alcool et parfois maïs – les familles, accompagnées du prêtre indigène, les disposent sur les autels placés tout au long de l'allée centrale. Un seul genou au sol, ce dernier murmure les suppliques à l'adresse des divinités, mais parfois – il s'agit alors d'une réclamation – s'engage une discussion à voix haute. Ces dévotions expriment la foi multiforme et complexe d'une population «évangélisée» de gré ou de force. Il est probable, par ailleurs, que les Indiens soient plus sensibles aux aspects dialogiques et sacrificiels de la religion importée, qu'à l'ábstraction des grands mystères d'une théologie qui leur est étrangère.

SYNCRÉTISME RELIGIEUX. Le curé n'est donc maître de l'église que pour la durée des offices, bilingues et accompagnés de marimba, flûtes et tambours, ou lors des baptêmes collectifs.

«NOUS AVONS TOUJOURS VÉCU ICI : IL EST JUSTE QUE NOUS CONTINUIONS À VIVRE LÀ OÙ IL NOUS PLAÎT ET OÙ NOUS VOULONS MOURIR. CE N'EST QUE LÀ QUE NOUS POUVONS RESSUSCITER.»

POPOL VUH

ETHNIES DIVERSES
Les Hautes Terres, à la population très majoritairement indienne, sont un mélange d'ethnies, de traditions et de couleurs. Ci-dessous, Rigoberta Menchu, prix Nobel de la Paix 1992, est originaire du village quiché de Chimel ▲ *289*.

PASCUAL ABAJ
Sur l'une des collines qui surplombe Chichicastenango, se trouve l'autel dédié à Pascual Abaj, le Dieu-Monde de la région : on y vient de fort loin recevoir une bénédiction, ou solliciter la bonne fortune, les faveurs et les guérisons ● *70*.

CIMETIÈRE
Le joli cimetière de «Chichi», avec, à l'entrée, ses mausolées imposants ses simples tombes colorées et ses nombreuses sépultures d'enfants reflète la structure sociale du village. Au fond, dans la chapelle, la tombe du père Rossbach, curé dans les années trente et fondateur du petit musée Archéologique, voisine avec celles des prêtres espagnols du département, assassinés au cours de la vague de violences des années quatre-vingt.

VESTIGES MAYAS
Des fouilles effectuées dans l'est de la région quiché ont permis d'exhumer de nombreux objets. Parmi ceux-ci, deux urnes funéraires du Classique Récent (ci-dessus et ci-contre) ; un vase en céramique représentant un crâne humain (ci-dessous) ; une céramique du Classique Ancien à l'aspect monstrueux (au centre) ; et une plaque de jade gravée (en haut à droite).

UTATLÁN
Bâtie sur un éperon rocheux, la cité maya d'Utatlán appartient aux sites défensifs tardifs des montagnes guatémaltèques. Les ruines se trouvent à quelques kilomètres à l'ouest de Santa Cruz del Quiché, capitale du département.

Le cimetière de Chajul, village ixil ● *62*, avec ses tombes blanchies à la chaux, est représentatif des cimetières de la région.

Le sanctuaire appartient à la communauté, et lorsqu'un prêtre se mêla, plus d'une fois, d'en chasser les rites païens, c'est lui qui en fut expulsé. Les plus récents des desservants, indigènes pour certains, sont apparus très proches de leurs ouailles et engagés à leurs côtés.

VERS L'EST

SAN ANDRÉS SAJCABAJÁ, LA LAGUNITA. Ces villages mixtes, où Indiens et ladinos coexistent, sont situés au cœur d'une région dramatiquement touchée par la violence politique des années quatre-vingt. Les fouilles archéologiques franco-guatémaltèques effectuées à LA LAGUNITA sous la direction d'Alain Ichon, à quelques kilomètres du chef-lieu municipal, ont conduit à la découverte d'une trentaine de stèles ou pierres sculptées, d'urnes de céramique à couvercle, à l'effigie du jaguar, symbole du soleil nocturne, ainsi que de quatre sarcophages monolithiques. Des offrandes, dont plus de trois cents poteries, ont été retrouvées dans une vaste cavité artificielle située sous la place flanquée de quatre pyramides. Datée de 400 après J.-C., elle correspond à l'apogée du centre cérémoniel, occupé de 600 av. J.-C. à 600 après J.-C.
ZACUALPA ET JOYABAJ. Les intenses couleurs mauves et rouges du *huipil* ● *95* de ZACUALPA sont maintenant utilisées pour de grands couvre-lits. À JOYABAJ, la blouse à fond mauve a un très large col brodé, orné de fleurs stylisées en rosettes. Le village, placé sous le patronage de la Vierge de l'Assomption, célèbre sa fête le 15 août : on y pratique encore le *palo volador* ● *76* précolombien, christianisé sous le nom de danse de saint Michel.

VERS LE NORD

SACAPULAS. Le village, dont les premiers habitants vinrent du nord en remontant le río Negro, ou Chixoy, est, depuis longtemps un carrefour. Le río Negro coule ici d'est en ouest, avant de monter vers le nord.

CUNEN ET USPANTÁN. Situés dans la vallée du río Chixoy, ce sont des étapes sur la route qui relie Huehuetenango ou le Quiché à la Verapaz ▲ *292*. À la lisière de la zone tenue, au nord, par la guérilla, entre 1979 et 1983, Uspantán a été martyrisé par le feu croisé des rebelles et de l'armée. Le témoignage de Rigoberta Menchú ▲ *287*, originaire d'un hameau isolé du nord de la commune, CHIMEL, sur la vie quotidienne dans les campagnes, et son récit sur la féroce répression qui s'abattit sur la population durant ces années sinistres, autant que son action en faveur du respect de l'identité indienne, lui ont valu l'attribution du prix Nobel de la Paix en 1992.

RÉGION IXIL. NEBAJ, CHAJUL et COTZAL, trois villages de montagne qui ont en commun une langue voisine, sont traditionnellement rangés sous l'appellation de «triangle ixil». Dans la zone de contact avec le nord forestier et inaccessible du Quiché, où la rébellion s'était installée dans les années soixante-dix, la région, avant-poste de l'armée, a souffert. Au cœur du dispositif de reconquête par la force de 1980 à 1982, mettant en œuvre une stratégie de terre brûlée, accompagnée de la création de «patrouilles d'autodéfense civiles» et de «villages-modèles», la population s'est trouvée être l'enjeu d'un conflit au cours duquel les conditions de vie sont devenues intenables. Là plus qu'ailleurs, on a fui vers le Mexique (près de cent mille réfugiés en 1985) ou vers les massifs montagneux inaccessibles à la troupe, pour s'y terrer. Le rôle de l'armée restant prépondérant, le retour à un régime dit civil en 1985 n'a pas apaisé les craintes, et les Communautés de population en résistance (CPR) de la Sierra, soit plus de dix mille personnes, encerclées de fait par les militaires, n'ont pu commencer à gagner les régions destinées à les accueillir qu'en mars 1994, sous contrôle international. Pendant ce temps, la survie de la population ixil et la reconstruction de la région sont soutenues à bout de bras par l'aide étrangère, et notamment les organisations internationales.

LE SEL DE SACAPULAS
Dans un élargissement de la vallée, des filons de sel gemme sont exploités depuis très longtemps, et la vente du sel assura la prospérité du village. Considérable durant la période coloniale, la production a diminué depuis le milieu du XXe siècle.

L'église de Chajul, dans la région Ixil.

À Canillá, village ladino (ci-dessous) voisin de La Lagunita et San Andrés, les vestiges mayas, du Classique Récent, ont été restaurés.

La récolte du café par une Indienne venue des Hautes Terres.

UN LITTORAL HOSTILE
Un décor de sable gris s'enfonçant brutalement sous l'eau, les rouleaux, très violents, les courants parallèles à la grève, les puissants jusants et les requins constituent les charmes de l'océan Pacifique : toute baignade est vivement déconseillée.

«FINCAS» DE CAFÉ

Le triangle Quetzaltenango-Retalhuleu-Mazatenango fournit quatre-vingt-dix pour cent de la production nationale de café. Le pays est le cinquième exportateur du monde et, en dépit des fluctuations des cours, le café assure, pour trois cent millions de dollars en moyenne, avec les mandats des travailleurs émigrés et le tourisme, l'essentiel des revenus en devises. Bien que le Brésil et la Colombie soient de plus gros producteurs, c'est ici que l'on trouve les plus vastes plantations privées d'Amérique latine.

TRAVAIL SAISONNIER. La cueillette, qui a lieu d'août à novembre dans la région, requiert une main-d'œuvre supplémentaire et nombreuse, celle des *cuadrilleros*. Ces travailleurs saisonniers, généralement des Indiens, proviennent des villages de l'*altiplano*. Les grands propriétaires terriens les font venir pendant plusieurs semaines et travailler pour un salaire dérisoire.

PLAINE ET CÔTE PACIFIQUE

Au piémont proprement dit (la *boca costa*), caractérisé par une végétation tropicale de basse altitude, succède la savane humide. L'axe appelé route du Pacifique (CA-2) emprunte le piémont, à une distance moyenne de 40 km du littoral. La plaine est coupée de rivières, à sec la moitié de l'année, torrentielles le reste du temps.

UNE ZONE DE PASSAGE. Le couloir formé par la plaine alluviale qui borde l'océan Pacifique a toujours été une voie de circulation, depuis le peuplement du continent. Tous les groupes humains qui ont peuplé l'Amérique du Sud et l'Amérique centrale l'ont parcouru d'ouest en est, et ceux qui s'y sont établis l'ont marqué culturellement, sans qu'il soit possible d'évaluer au juste leur influence. Les habitants de la côte sud de la Mésoamérique étaient de simples et primitifs chasseurs vivant de la cueillette, jusqu'à ce que les Olmèques ● *31* y apportent leur «culture-mère».

Sculpture datant de 700-900 ap. J-C. et provenant de la région de Santa Lucía Cotzumalguapa.

LE MODÈLE AGRO-EXPORTATEUR. Longtemps après l'arrivée des Espagnols, les villages des montagnes détenaient dans la plaine de vastes terrains communaux. La région fut ensuite occupée par les bananeraies, dès le début de ce siècle : la United Fruit ▲ *307* y possédait des plantations autour de TIQUISATE. Elle a enfin connu une diversification agricole importante dans les années cinquante et soixante. Derrière la canne à sucre (en haut), l'élevage et le coton et, dans une moindre mesure, le sésame et le soja règnent aujourd'hui en maîtres de la frontière mexicaine à celle du Salvador ▲ *314*.

RETALHULEU. Cette petite cité est le pendant côtier de Quetzaltenango ▲ *282* : l'histoire des deux villes dans les dernières décennies du XIXe siècle et au début de celui-ci, lors de l'essor du café, présente bien des similitudes. Le splendide palais du gouvernement, qui abrite la préfecture et la mairie, témoigne de cette époque dorée.

ABAJ TAKALIK. Sur la commune d'EL ASINTAL, le vaste site d'Abaj Takalik («la Pierre Levée» en quiché) s'étend sur plusieurs *fincas.* De nombreux archéologues avaient parcouru les vestiges dès la fin du siècle dernier. L'occupation primitive du lieu se serait produite au Préclassique Moyen, avec l'aménagement de la première place, caractérisé par une architecture de terre dans le style de Kaminaljuyú ▲ *268.* Une seconde phase d'édifications, au Préclassique Moyen et Tardif, de type maya, se poursuit au Classique. Des fouilles approfondies sont menées depuis 1987 par l'Institut national d'anthropologie, mais les difficultés de l'analyse sont dues au mauvais état de conservation des structures fragiles, soumises à une pluviosité importante.

SANTA LUCÍA COTZUMALGUAPA. À l'image de La Gomera et de Nueva Concepción, communes voisines issues du partage de terres étatiques, Santa Lucía est une «ville-champignon» qui a crû dans les années soixante-dix.

EL BAÚL. Le propriétaire d'une *finca* de canne à sucre a rassemblé sous un toit de chaume les sculptures éparses retrouvées sur ses terres, datant du début et de la fin du Classique : notamment une stèle avec deux joueurs de balle vêtus de peau de bête et un jaguar de pierre.

«FINCA» EL TARRO. Sur une colline, émergeant des champs de canne à sucre et, à côté d'une stèle, une tête sculptée dans une grosse pierre (300 avant notre ère ?) fichée en terre, est décorée d'un bandeau frontal à plaquettes géométriques. On y procède régulièrement à des rituels mayas pour demander de bonnes récoltes.

BILBAO. On peut admirer les sculptures qui ornent les faces plates d'énormes pierres couchées disséminées dans une plantation de canne, intransportables du fait de leur poids.

«LAS ILUSIONES». Cette ferme a entreposé dans sa cour des monolithes représentant des personnages et des serpents. Un petit musée privé peut être visité.

LA DEMOCRACIA. De volumineuses pierres provenant de plusieurs fermes des environs ont été rassemblées sur la place du village. D'autres, intransportables, sont toujours en place. Le PETIT MUSÉE contient des pièces de même origine, mais de dimensions modestes (25 à 35 cm), ainsi que divers objets trouvés dans la région.

PUERTO SAN JOSÉ ET PUERTO QUETZAL. Depuis la construction de Puerto Quetzal entre 1978 et 1982, le vieux port de San José est presque toujours à l'abandon. San José offre à la population de Guatemala les plages les plus proches, envahies les fins de semaines et les jours de congé. La mer présente les mêmes dangers que sur tout le littoral et les noyades y sont fréquentes. À l'est se trouve la RÉSERVE NATURELLE DE MONTERICO, où la mangrove domine ■ *20.*

MAZATENANGO
Ville-carrefour de croissance rapide, elle est aujourd'hui au cœur d'une région d'élevage, de culture de cacao et d'hévéas. Un des rares carnavals du pays, comprenant sarabande et combats de coqs, s'y déroule en février.

MONOLITHES
Les sculptures de La Democracia (au centre), qui utilisent la forme naturelle du rocher, sont datées du Préclassique Récent. Ce style, diffusé jusqu'au Salvador, est dérivé de l'Olmèque. Il comprend surtout des têtes humaines de grande taille et des hommes pansus que l'on surnomme *Dioses Gordos* (gros dieux) ; il s'agit sans doute de têtes trophées et de statues d'ennemis sacrifiés. Ci-dessous, statue trouvée à La Concepcíon (300 av. J.-C., 250 de notre ère).

L'abbé Brasseur de Bourbourg (1818-1874)
Cet abbé français occupa la cure de Rabinal en 1855. Il apprit la langue quiché et entreprit la traduction du *Popol Vuh* ● *146* et du *Rabinal Achi*, «pièce scénique de la ville de Rabinal, transcrite pour la première fois par Bartolo Ziz, ancien de cette même ville», comme l'indique l'édition française de 1862. Brasseur fut ensuite curé de San Juan Sacatepéquez, où il découvrit le texte connu comme *Memorial de Sololá* ou *Anales de los Cakchiqueles.* Ces récits de tradition orale, écrits après la Conquête, comptent parmi les rares sources sur lesquelles repose l'étude et la compréhension du passé historico-mythique des royaumes existant à l'arrivée des Espagnols.

Le «torito»
Ce rite pratiqué dans certains villages indiens lors des fêtes patronales est représenté au festival du Paabanc.

Historique

De 1524 à 1530, les Espagnols réduisent par la force les royaumes rencontrés sur leur chemin, du Chiapas jusqu'aux Hautes Terres centrales du Guatemala ● *36*. Après 1530, ils tentent malaisément de continuer vers le nord et l'est. La région située à l'est, soumise depuis un demi-siècle aux pressions expansionnistes du royaume quiché, est surnommée «terre de guerre» jusqu'en 1537, les conquérants se heurtant à une farouche résistance de la part des Kekchis et des Chols ● *62*.

Conquête évangélique. En 1537, l'évêque Marroquín et le gouverneur Maldonado signent à contrecœur avec Bartolomé de Las Casas ▲ *234* un accord qui confie aux Dominicains l'exclusivité de la pénétration espagnole dans ce qui deviendra la Verapaz. Pratiquant une politique similaire à celle expérimentée quelques années plus tôt dans le nord et l'est du Quiché ▲ *286*, ceux-ci s'appuient dès 1542 sur des noyaux durs convertis en priorité, des marchands mais surtout des chefs locaux (*caciques*). À ces derniers, l'Église consent la préservation de leur pouvoir sur les populations. En 1545, sept villages, dont Rabinal, Cobán et Chamelco, sont christianisés. Par la suite, des conflits opposeront la population aux autorités religieuses de tutelle qui voulurent reprendre le contrôle d'une région redevenue trop libre à leur goût.

Basse-Verapaz

Sierra de las Minas. À cheval sur les départements de Haute et Basse-Verapaz, d'El Progreso, de Zacapa et d'Izabal, la sierra doit son nom à ses richesses minérales, cependant mal connues et peu exploitées : si les anciens Mayas en extrayaient le jade, la tradition se perdit à l'époque coloniale et il n'y a guère qu'un quart de siècle que le travail du jade a été remis à l'honneur dans les ateliers d'Antigua. Un peu de marbre est exploité et exporté. La forêt, en revanche, est progressivement mutilée par un abattage outrancier, situation qui a conduit à déclarer réserve naturelle un massif désormais soumis à la loi de 1989 sur les régions protégées.
Salamá. L'église possède un maître-autel, un retable et des statues du XVIIe siècle. Dans le village voisin de San Jerónimo, on peut voir une église du XVIIe siècle et bientôt un musée des Arts et Traditions populaires, qui est actuellement en cours d'aménagement dans l'un des premiers moulins à sucre du continent.

Rabinal. La transformation de calebasses et de *morros* (fruits à écorce épaisse et dure) en récipients (*guacales*) incisés ou peints est l'une des spécialités artisanales, avec la poterie et la fabrication de bougies.
Kajyub. Le territoire des Rabinaleb, eux-mêmes successeurs des Poq'omab dans la vallée, fut menacé par les visées expansionnistes des Quichés au cours du demi-siècle qui précéda

l'arrivée des Espagnols. À 1 km au nord de Rabinal, l'ancienne ville fortifiée de Kajyub dresse son enceinte de pierres à 1 260 m d'altitude.

Des ouvertures donnent accès à une cour contenant une double structure de 120 m au sol, dotée de plusieurs escaliers et dominée par une grande pyramide coiffée d'un temple bâti en lauzes.

Biotope du quetzal ■ *24.* Dans cette réserve (1 150 ha, culminant à 2 300 m) située au cœur de la Sierra de las Minas, prolongement oriental du massif des Cuchumatanes et habitat de prédilection du quetzal, la préoccupation principale est de préserver la forêt humide d'altitude. Des températures et une pluviosité constantes y maintiennent tout au long de l'année des conditions biologiques qui en font un réservoir génétique unique. Si les probabilités de voir un quetzal sont faibles (l'aube est le moment le plus favorable), la visite est l'occasion d'une agréable promenade dans une forêt à la faune et la flore variées.

Haute-Verapaz

De Salamá à Cobán. Village aux activités artisanales variées (bijoux d'argent, chapeaux de paille, produits laitiers), Tactic est célèbre pour la qualité de ses broderies et de ses tissages, de même que pour les larges jupes resserrées à la taille et les colliers de corail rouge qui y sont portés. Le Christ de Miséricorde du sanctuaire de Chixim, qui domine le village, est un but de pèlerinage le 15 janvier. Santa Cruz Verapaz, fondée en 1543, possède une église à abside extérieure, sur un plan rare dans le pays et San Cristóbal Verapaz,

Paabanc
La fête traditionnelle de la région se déroule à Cobán aux alentours du 4 juillet. Depuis une vingtaine d'années, un festival folklorique ouvre ces festivités. Si l'aimable philosophie qui préside à cette manifestation de bon ton ne dépasse pas le stade de la promotion des aspects extérieurs d'une certaine réalité indigène, il n'en suscite pas moins un certain intérêt dans les communautés.

Quetzal
La taille de ses plumes caudales l'oblige à se ménager, dans des troncs pourris, à une hauteur de 3 à 5 m du sol, des nids en forme de tunnel. Ses longues plumes vertes peuvent atteindre un mètre de long chez le mâle. Très décoratives, elles sont utilisées pour la parure. Prisées par les Mayas des Basses Terres qui les importaient, elles font l'objet d'un commerce de longue date. Aujourd'hui, le quetzal est menacé tant par la disparition de son milieu naturel que par le trafic dont il est victime. Le *Pharomachrus mocinno* est aussi connu en français comme le «couroucou resplendissant».

▲ Hautes Terres du Guatemala Verapaz

plus à l'ouest, est connu pour sa célébration du Vendredi Saint.

Vallée de Cobán. Dépression au cœur de la Sierra de Chamá, cette vallée (1 320 m) est très arrosée. On peut y visiter des pépinières d'orchidées qui trouvent là un climat idéal ■ *24*. Mais la région est avant tout une terre de cardamome et de café. Encouragée depuis 1845 dans les régions centrales, la culture du caféier s'étendit à la Verapaz vers 1860 avec l'arrivée d'immigrés allemands ● *88* ayant fui la crise qui sévissait alors en Europe. Fondée par les Dominicains, Cobán reçut de Charles Quint le titre de «ville impériale» et son blason, en 1558. La grand-place est dominée par la façade baroque de la cathédrale Santo-Domingo. Le village de San Pedro Carchá est connu pour ses tanneries, la confection de masques en bois et ses orfèvres. Un musée Régional de la Verapaz est installé dans le collège Don Bosco. À l'est, on peut visiter les Grottes de Lanquín, dont les stalactites ont pris des formes étonnantes.

Vers l'Ixcán et le Petén

Au nord de la Sierra de Chamá, le relief perd de l'altitude.

On atteint ainsi une région qui fut le cadre d'un vaste projet de développement agricole dans les années soixante-dix, la *Franja Transversal del Norte*. Il fallait soulager les hauts plateaux d'une trop forte pression démographique par la colonisation des terres sous-occupées du nord, en s'appuyant sur l'octroi de titres de propriété gratuits des terres étatiques.

Rivière et grottes de Candelaria. Découvert en 1971, cet ensemble a été étudié par l'archéologue Patricia Carot en 1975. Le réseau souterrain de la rivière, qui fait 12 km de long, est formé d'une succession de pertes et de résurgences sous les collines karstiques érodées. La plus vaste salle de Candelaria mesure 200 m de large et autant de long, sous une voûte à 60 m. Loin d'être des habitations ou des sites défensifs, ces grottes avaient une fonction religieuse : symboles de vie, ce sont des lieux de culte aux divinités de la terre et de la pluie ; mondes souterrains, elles sont le domaine de la mort et de l'au-delà.

Ixcán. Cette région très reculée est surtout connue pour avoir été, à partir des années soixante-dix, la base arrière de la guérilla. La violente répression qui s'ensuivit poussa plus de 100 000 paysans à se réfugier au Mexique. Depuis l'instauration d'une constitution et le retour d'un gouvernement civil en 1985, la situation est en voie de normalisation.

Lac de Lachua. Au centre d'un parc national de 10 000 ha s'étend un lac à la forme circulaire profond de 220 m. C'est un paradis pour la faune de la forêt tropicale.

Barrage du Chixoy
Entre 1978 et 1983, un vaste barrage hydroélectrique fut construit aux confins des départements du Quiché et de la Basse et Haute-Verapaz, formant un vaste lac de retenue qui remonte les vallées du río Chixoy et de ses affluents (Salamá, Quixal et Carchelá). Avec une puissance de 300 megawatts, les cinq turbines de Quixal fournissent dorénavant la quasi-totalité de l'électricité du pays. L'étude archéologique réalisée avant la mise en eau a révélé un peuplement très ancien et assez dense à l'époque préhispanique.

Cubulco
À l'ouest de Rabinal, Cubulco est l'un des rares villages du pays où se pratique la danse rituelle du *Palo volador* ● *76*, le 25 juillet. Un grand escalier mène à l'église du Calvaire (ci-dessus à droite).

Cimetière maya des Hautes Terres.

Sud-Est maya

Jean-Luc Braconnier

Vers la côte caraïbe

1. Guatemala-Ciudad
2. Salamá
3. Jalapa
4. Vallée du Motagu…

Faille du Motagua
On franchit au kilomètre 140, sur la route de la capitale à Esquipulas, cette faille qui sépare la plaque continentale nord-américaine de la plaque centre-américaine. Un violent tremblement de terre, en février 1976, fit jouer les plaques tectoniques, à tel point que la ligne centrale de la route est restée décalée d'un mètre environ. Sur la droite, un monument rappelle le désastre (24 000 morts).

Le monde maya s'étend à l'est du Guatemala jusqu'au Honduras et au Salvador, où plusieurs sites archéologiques sont encore visibles. Cette zone, qui inclut la partie orientale du Guatemala (Oriente), de la côte Pacifique au littoral caraïbe, comprend l'extrême ouest du Honduras, où se trouve l'un des sites les plus remarquables, Copán ▲ *299*, et la moitié occidentale du Salvador, le plus petit pays d'Amérique centrale. La région se situe donc au sud-est de l'ensemble de la route maya.

Vallée du Motagua

Le grand axe (CA-9) qui relie Guatemala-Ciudad à l'océan Atlantique a été construit dans les années cinquante, sous le gouvernement du président Árbenz. Il a remplacé la route traditionnelle de l'époque coloniale (Río Dulce-lac Izabal-

Verapaz-Antigua), qui lui est parallèle au nord et qui est tombée en désuétude à la suite de la création du grand port atlantique de Puerto Barrios ▲ *310* et du développement de la culture bananière, à la fin du XIXe siècle. Mais la nouvelle route visait surtout à briser le monopole du transport détenu par l'IRCA, filiale ferroviaire de la compagnie bananière United Fruit ▲ *307*.

Vers l'Oriente. Au kilomètre 24, au lieu-dit El Chayal, la route traverse une COLLINE D'OBSIDIENNE (des débris gisent sur le bas-côté, au pied de la paroi) ; cette roche, constituée de verre naturel volcanique, était la matière première de l'outillage maya. Avant d'atteindre le fond de la vallée du fleuve Motagua, la route épouse la topographie chahutée de la sierra. Les flancs désertiques des collines se hérissent de cactus chandeliers. Au kilomètre 136, une route conduit vers Zacapa, Chiquimula, la piste du Honduras et Copán, enfin Esquipulas.

Oriente

Lacs et volcans. Délaissé par les visiteurs de passage parce que sa population, métisse, paraît moins typique que les Indiens de l'altiplano occidental, l'Oriente, terme qui désigne les contrées situées à l'est de

Ci-dessous, culture du cacao dans l'Oriente.

Projets industriels
Du pont enjambant le fleuve Motagua, on aperçoit sur la droite les vestiges d'une énorme papeterie (qu'un contentieux

politico-financier entre l'Espagne et le Guatemala empêcha de jamais fonctionner), appartenant à la vague de grands projets d'infrastructures des années soixante-dix, avec le barrage hydro-électrique du Chixoy ▲ *294*, plus au nord, l'oléoduc vers Santo Tomás et le nouveau port de la côte Pacifique ▲ *291*. Un peu plus loin dans les virages de la route CA-9, vers le kilomètre 40 (sur la gauche), la grande cimenterie du Guatemala, *Cementos Progreso,* favorise maintenant le reboisement de ce territoire, après avoir ravagé la région pour entretenir son activité industrielle.

VERS LA CÔTE CARAÏBE

La basilique d'Esquipulas abrite un Christ noir sculpté en 1594 dans du bois d'oranger par le Portugais Quirio Catano. La renommée de la cité repose sur la vénération portée à ce christ.

Guatemala-Ciudad, vers El Salvador et le Honduras, n'en est pas moins une terre de paysages grandioses et variés, où les volcans alternent avec des lacs de montagne.

«ROSARIO PARK». Près de Chiquimula, sur la commune d'IPALA, surplombée par un volcan contenant un lac de cratère, un gisement paléontologique est en cours de fouilles depuis avril 1994. Malheureusement abîmé – les os ont été utilisés pour les fondations des maisons ou réduits en poudre pour engraisser le bétail –, il a néanmoins révélé des ossements de grande taille ayant appartenu à des mammouths et des ancêtres des ours, les paresseux géants pouvant atteindre 3 m, contemporains des premiers Américains, entre 30 000 et 8 000 ans avant notre ère.

ROUTE DE COPÁN
Pour rejoindre Copán, tourner à gauche dans le hameau de Vado Hondo, au kilomètre 178 de la CA-9.

Attention, Copán est mal indiqué et il ne faut pas confondre, sur les cartes, Copán, auquel on adjoint «Ruinas», et Santa Rosa de Copán, qui se trouvent tous deux au Honduras sous peine d'un très long détour, certes par une très belle route de montagne ! Les 50 km séparant Vado Hondo de la frontière de El Florido se parcourent en 2 h. Copán se trouve à 14 km au-delà de la frontière guatémalteco-hondurienne. L'entrée au Honduras pour visiter le site se fait sans problème, les autorités délivrant un visa de 48 h à cet effet ◆ *356*.

ESQUIPULAS. Située dans l'orbite de Copán à l'époque Classique, puis royaume payaqui sous l'influence de Mitlán avant l'arrivée des Espagnols, Esquipulas fut politiquement et militairement affaiblie à l'arrivée de ces derniers et se soumit définitivement en 1530. La vallée est baignée par les eaux de la rivière Lempa qui traverse le Salvador avant de se jeter dans l'océan Pacifique. Dominée au loin par le pic Miramundo (1 695 m), la ville est le siège officiel, bien que peu de sessions s'y tiennent, du Parlement centre-américain, instance à rôle consultatif créée par les accords d'Esquipulas de 1986 sur le modèle du Parlement européen. Elle est aussi la petite capitale du *Trifinio,* zone qui regroupe les confins des trois pays (Guatemala, Honduras et El Salvador) et qui fait l'objet de projets de développement trinationaux. Une vaste basilique de style néoclassique (ci-dessus), achevée en 1759, après vingt ans de travaux, est fréquentée par des fidèles affluant de tous les pays voisins ; elle est littéralement envahie autour du 15 janvier, date du pèlerinage annuel en l'honneur du Christ noir. Le signe distinctif de l'événement est une guirlande chatoyante (*toquilla*) portée autour du chapeau de paille ou décorant les véhicules. Du couvent franciscain qui coiffe la colline de Belén, en vis-à-vis, et que l'on atteint en dépassant la jolie église paroissiale du XVIIe siècle, une très belle vue embrasse la ville et l'ensemble de la vallée.

VERS COPÁN

ESTANZUELA. Un petit MUSÉE PALÉONTOLOGIQUE rassemble des ossements d'animaux préhistoriques découverts dans

la région, dont un beau squelette de mastodonte, et diverses curiosités locales. Une sépulture précolombienne y est aussi reconstituée.

ZACAPA ET CHIQUIMULA. Ces deux villes sans charme particulier et écrasées de chaleur concentrent leurs activités sur l'élevage, et, plus récemment, sur les cultures sous serres, installées dans le fond des vallées et peu visibles de la route. Peu à peu, les grandes propriétés modifient les paysages de l'Oriente, fiefs ancestraux des familles *ladinas*.

VERS LE HONDURAS. La piste qui mène à la frontière d'El Florido et de Copán traverse les villages chortis de JOCOTÁN («là où poussent des prunes») et CAMOTÁN («là où poussent des patates douces»). Les paysans portent ici chemises et pantalons blancs. La terre est répartie en petites propriétés individuelles consacrées à l'élevage et aux cultures vivrières, parfois irriguées.

COPÁN

Le fond de la vallée de Copán, au Honduras, est tapissé de plants de tabac et hérissé de séchoirs en bois peu à peu remplacés par des constructions en parpaings. Les cigares locaux ont une réputation de qualité. Le café est l'autre richesse notoire, et l'on voit, à la saison de la cueillette, les grains qui sèchent au bord des chemins et dans les cours. Le village a conservé son caractère traditionnel, murs chaulés et toits de tuiles, ruelles en damier autour de la place de l'église. Un ravissant musée met en valeur les objets significatifs (céramiques et petits objets) découverts lors des fouilles.

SITE DE COPÁN ♥
À la sortie du village, il se cache dans une forêt sèche derrière laquelle coule la rivière Copán, dont on a suivi le cours depuis Zacapa. Un musée, qui ouvrira ses portes fin 1994, abritera la sculpture mobilière et monumentale, remplacée *in situ* par des répliques.

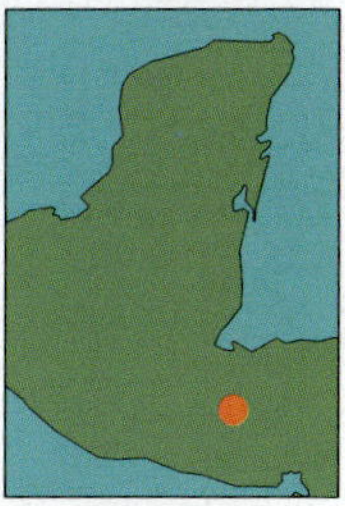

1. Grand-Place
2. Jeu de balle
3. Cour de l'escalier hiéroglyphique
4. Temple 22
5. Cour Est
6. Cour Ouest

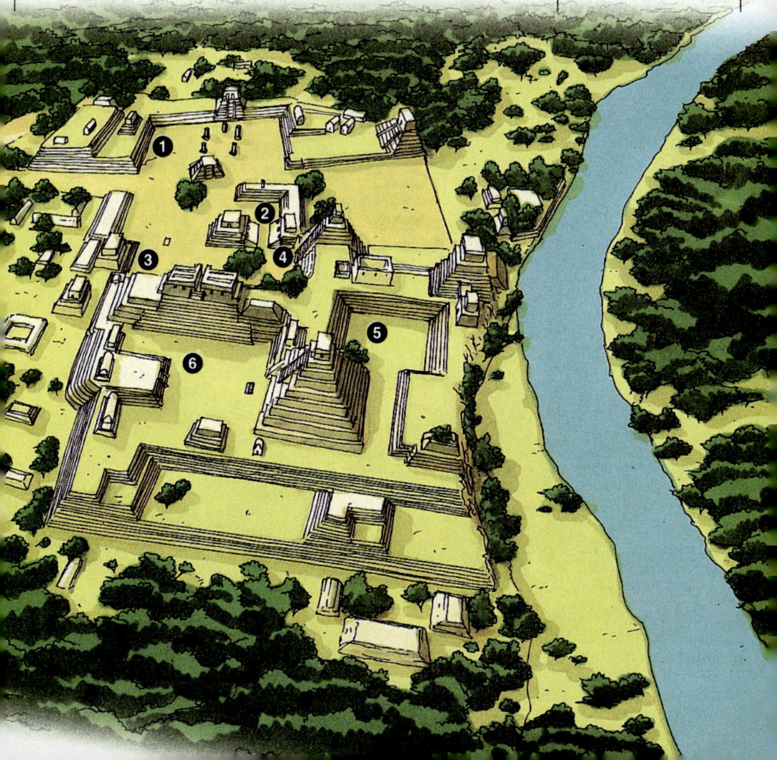

Proche de la frontière guatémaltèque, le site archéologique de Copán est l'un des rares sites mayas du Honduras. Il constitue l'une des cités majeures de l'aire maya par la richesse de ses monuments, notamment par ses nombreuses stèles très décorées. Rivale de Quirigua, à une cinquantaine de kilomètres au nord, Copán connut son apogée entre le Ve et le IXe siècle de notre ère.

JEU DE BALLE ● *112*
Le terrain situé près de la grand-place présente une forme en I. Ouvert au sud, le jeu de balle est fermé au nord par des gradins que surmonte une stèle. L'aire de jeu est divisée par trois marqueurs placés dans l'axe de l'allée. Trois têtes d'ara, volatile symbole du soleil diurne, sont plantées en haut de chacun des talus qui la bornent. Tenant plus du rituel que du sport, ce jeu, où s'affrontaient deux équipes, symbolisait la lutte victorieuse des forces vitales sur celles de la mort.

RECHERCHES
Les ruines furent décrites pour la première fois en 1576, dans une lettre, restée inédite jusqu'en 1860, adressée au roi d'Espagne par un haut magistrat colonial, Diego de Palacio. Mais c'est Stephens et Catherwood ● *56* qui, en 1841, les feront connaître au

monde. En 1885, Alfred Maudslay ● *56* photographia le site (ci-contre, la face orientale de la Stèle C, écroulée et, depuis, reconstituée). Copán, lieu de nombreuses recherches, constitue, avec Tikal, le site maya le plus fouillé et le mieux connu. Cette tête de *bacab*, ci-dessus, sur la façade du Temple 11, soutenait le ciel.

Musée de la Sculpture
Créé récemment, ce musée abrite des sculptures originales du site (monuments indépendants et façades ainsi que le moulage du temple baptisé Rosalila, recouvert par la Structure 16 du Groupe Principal).

Sculpture

Elle comprend des éléments associés à l'architecture et des monuments indépendants (stèles et autels). La plupart des stèles présentent le portrait du roi en pied sur l'une de leurs grandes faces tandis que le reste du monument est sculpté d'inscriptions hiéroglyphiques. Les plus anciennes stèles, légèrement évasées vers le haut, sont sculptées en bas-relief. Le relief s'accentue vers 700. Ci-contre, la Stèle P, datée de 623 après J.-C., et la Stèle C, de 782.

Autels ● *110*
Sauf pour les plus récents, ils accompagnent généralement les stèles. Les seize rois de la dynastie copanèque sont représentés tout autour de l'Autel Q (776 après J.-C.) ci-dessus.

HISTOIRE
La vallée de Copán est habitée au moins dès les débuts du premier millénaire avant notre ère, mais ne devient maya qu'à partir de 400 environ après J.-C. La dynastie copanèque, fondée à cette époque, s'éteindra au début du IXe siècle à la mort du seizième souverain.

STÈLES ● *110*
Frederick Catherwood ● *56, 130* a dessiné plusieurs stèles de Copán, parmi lesquelles la H, datée de 731, représentée ci-dessus. La Stèle B ▲ *304* (détail ci-contre) illustre l'accession au trône du roi Dix-Huit Lapin, comme une émergence hors de la gueule du monstre terrestre, assimilant ainsi le jeune souverain au soleil levant. Tout le monument représente la terre sous la forme d'un monstre bicéphale. Sur la face orientale se trouve la tête antérieure vue de front, de laquelle sort le roi (ci-contre). Sur la face ouest, la tête postérieure du monstre figure comme un masque vu de dessus ; d'autres masques sont empilés sur les petits côtés nord et sud de la stèle qui en forment le corps. À gauche : encadrement de la porte intérieure du Temple 22, et la Stèle D précédée de son autel sculpté en forme de monstre bicéphale.

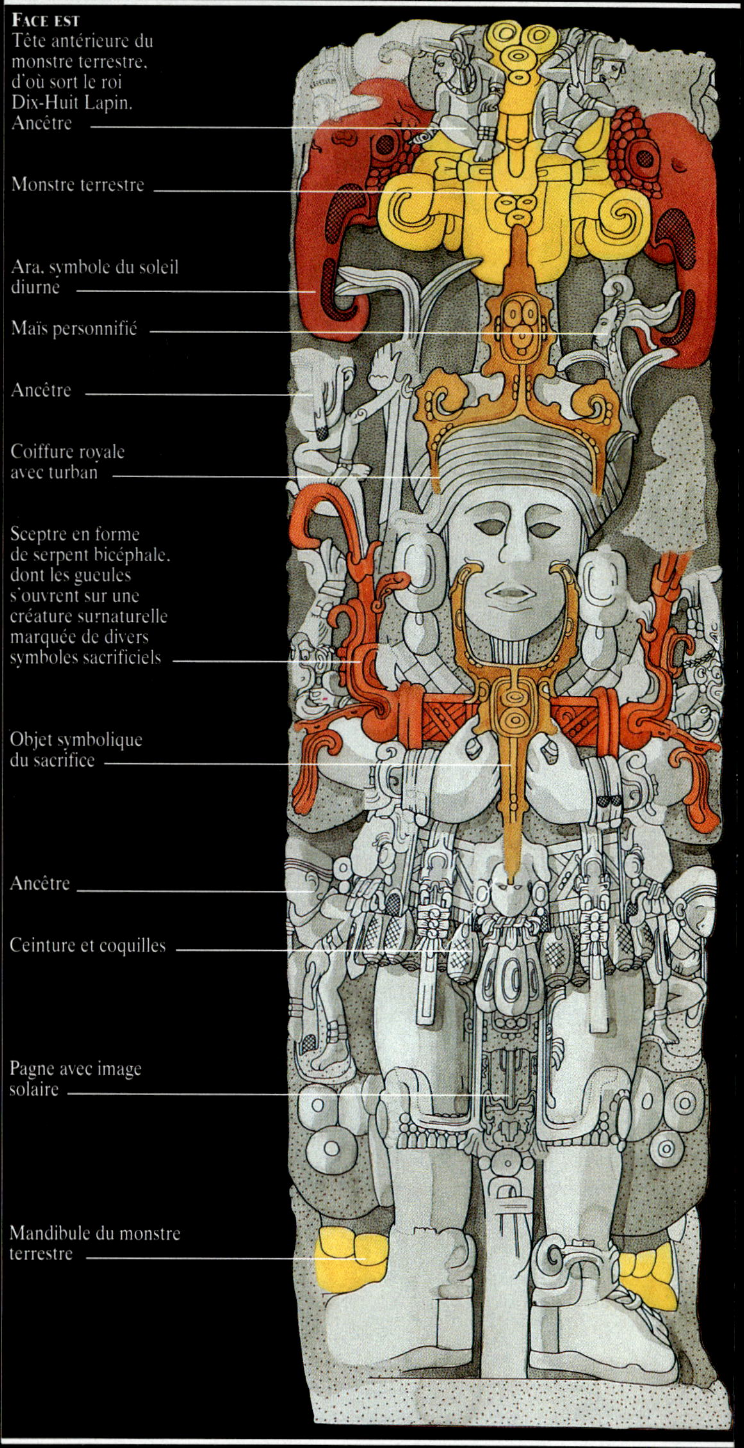
FACE EST
Tête antérieure du monstre terrestre, d'où sort le roi Dix-Huit Lapin.
Ancêtre
Monstre terrestre
Ara, symbole du soleil diurne
Maïs personnifié
Ancêtre
Coiffure royale avec turban
Sceptre en forme de serpent bicéphale, dont les gueules s'ouvrent sur une créature surnaturelle marquée de divers symboles sacrificiels
Objet symbolique du sacrifice
Ancêtre
Ceinture et coquilles
Pagne avec image solaire
Mandibule du monstre terrestre

«La taille directe, en ronde bosse, revêt ici une luxuriance baroque et un raffinement qui ont provoqué l'admiration, tout en exerçant sur les archéologues un irrésistible attrait.» Henri Stierlin

❝Dans la ville de Copán, le Roi promène ses chevreuils au pelage d'argent dans les jardins du palais. Ornée de bijoux, la plume de Nahual brille sur l'épaule du souverain. Il porte sur la poitrine des coquilles magiques enfilées sur des fils d'or...

...Ses avant-bras ont des bracelets de bambou si poli qu'il pourrait rivaliser avec l'ivoire le plus fin...

...Sur son front, se dresse, magnifique, une plume de héron.❞
Miguel Angel Asturias, *Légendes du Guatemala*

LES STÈLES DE QUIRIGUA ● *110*
Elles ne sont pas accompagnées d'un autel, et les quelques sculptures rondes que l'on a ainsi désignées semblent, à cause de leur forme et de leur taille, avoir eu d'autres fonctions. Il est clair également que l'on ne peut qualifier d'autels les «zoomorphes». Ces grands blocs de grès, de 3 à 4 m de long, représentent un animal fabuleux tout en conservant en partie la forme originelle du rocher. On y reconnaît souvent le monstre bicéphale terrestre ; le souverain sort de la gueule béante du monstre, symbolisant ainsi son accession au trône royal. Les zoomorphes O et P ont à leur pied un rocher plat sculpté où se poursuit l'inscription du monument principal ; il porte aussi l'image d'un personnage dansant, au visage caché par le masque de jaguar qui l'identifie au soleil nocturne, et qui va s'enfoncer dans les entrailles de la terre. L'ensemble des deux monuments célèbre une succession dynastique : le roi défunt s'enfonce en terre, et son successeur, sous la forme d'un oiseau, image du soleil diurne, en émerge.

QUIRIGUA ♥

Malgré sa petite taille, Quirigua possède une des sculptures les plus originales et les plus belles du monde maya. Située dans la basse vallée du Motagua, le site ne se trouve qu'à une quarantaine de kilomètres à vol d'oiseau de Copán ▲ *299*, dont son histoire est inséparable. Les immenses stèles et les énormes rochers sculptés, dits zoomorphes, ont été décrits brièvement par Stephens, puis photographiés, dessinés et moulés par Maudslay à la fin du siècle dernier ● *54*. Le site a été fouillé par plusieurs expéditions, la plus importante étant celle de l'université de Pennsylvanie de 1974 à 1979.

HISTOIRE. La ville a été fondée au Classique Ancien, comme le montrent deux stèles datées du Ve siècle. Les occupations anciennes du site sont aujourd'hui recouvertes par plusieurs mètres d'alluvions. Longtemps dépendante de Copán, Quirigua s'en est libérée quand son roi Ciel-Cauac a capturé et mis à mort le roi copanèque 18 Lapin en 737. Commença alors une période d'apogée pour Quirigua qui dura plus d'un siècle. 810 est la dernière date sculptée du site, sur la façade de l'un des édifices du roi Ciel-Jade.

LA PLUS GRANDE STÈLE MAYA. Le plan du groupe principal rappelle, en plus petit, celui de Copán, avec une Acropole au sud et une Grand-Place au nord, contenant de nombreux monuments. Les stèles (à gauche et au centre) atteignent ici des hauteurs impressionnantes : avec ses 10,66 m de haut, la Stèle E, érigée en 771, est le plus grand monument de ce type. Sur les stèles, le souverain est représenté de face, debout sur un masque de monstre terrestre ou de jaguar, et tenant dans ses mains un sceptre-foudre et

un bouclier circulaire. Sa coiffure comprend un ou plusieurs heaumes, couronnés d'un masque et d'un panache de plumes. La calligraphie est ici superbe : l'élégance du texte de la Stèle F (dédiée en 761) et des glyphes de figure entière sur la Stèle D (de cinq ans plus récente) suscite l'admiration ● *44*.

La United Fruit Company

Les plantations de bananes qui s'étendent de Quirigua à la côte caraïbe étaient, jusqu'aux années soixante, le fief de la *Frutera* (United Fruit). En 1880, la concession de terres par l'État au profit d'une société de Boston qui, par fusion et concentration, deviendra la United Fruit Company (UFCO), entraîne l'emprise de celle-ci sur toutes les sphères de l'activité économique, au point d'en faire, par la grâce des gouvernements successifs, un État dans l'État. En 1904, Estrada Cabrera l'autorise à s'emparer des chemins de fer, construits depuis 1884 par diverses sociétés sous étroite influence nord-américaine. Ce qui mène à la constitution d'un

❝L'architecture lourde et somptueuse de Quirigua fait penser aux villes orientales. L'air des tropiques effeuille l'indéfinissable bonheur des baisers d'amour. Baumes qui font défaillir. Bouches humides, larges et chaudes. Eaux tièdes où dorment les lézards sur le corps des vierges. Le Tropique est le sexe de la terre ! Dans la ville de Quirigua, à la porte du temple, attendent des femmes qui portent aux oreilles des perles d'ambre. Le tatouage laisse leurs seins libres. Des hommes peints en rouge, dont le nez s'orne d'un étrange anneau d'obsidienne. Et des jeunes filles teintes d'une eau d'argile crue, qui symbolise la vertu de la grâce. Le prêtre arrive ; la foule s'écarte. Le prêtre frappe à la porte du temple avec son doigt d'or ; la foule s'incline. La foule lèche la terre pour la bénir.❞

Miguel Angel Asturias
Légendes du Guatemala

Le zoomorphe P, surnommé (à tort) la «Tortuga» (tortue).

EXPORTATION DE LA BANANE
L'usine Bandegua située à quelques centaines de mètres de l'entrée du parc de Quirigua permet d'observer le processus de conditionnement du fruit : réception des régimes acheminés sur des filins, tri des bananes (le rejet, destiné à la consommation locale, est chargé en vrac dans des camions, parfois à plaques minéralogiques salvadoriennes). Une fois lavés et pesés (en haut, à droite), les fruits sont emballés sous protection chimique dans des caisses portant des marques différentes suivant la qualité : United Brands pour le premier choix, Chiquita pour la qualité inférieure. Ces caisses sont transportées par chemin de fer ou camions vers le quai bananier de Barrios, qui vient d'être privatisé.

complexe économico-financier intégrant près de 88 000 ha de bananeraies, 245 km de voies ferrées (l'IRCA, International Railways of Central America), le quai de Puerto Barrios ▲ *310* et le transport maritime des bananes par la «grande flotte blanche», l'ensemble étant exonéré du paiement de droits d'exportation et de taxes portuaires.

LA «PIEUVRE VERTE». En 1924, la «pieuvre verte», comme on allait surnommer la United Fruit dans le pays, obtint la légalisation de ses cultures sur les rives du Motagua, terres domaniales, mais fut alors assujettie au règlement de 14 000 $ pour la location des terres et un cent par régime exporté. En 1928, la guerre faillit éclater entre le Guatemala et le Honduras, la Cuyamel Fruit Company, concurrente installée de l'autre côté de la frontière, cherchant à étendre ses possessions en la repoussant ! 1928 est aussi l'année où la Compañía Agrícola de Guatemala, filiale de l'UFCO, commença ses opérations sur la côte Pacifique, autour de Tiquisate. Avec la crise mondiale, l'IRCA, en 1933, tomba entièrement sous la coupe de la United Fruit.

RÉFORME AGRAIRE. Décidée par le gouvernement Árbenz, votée le 17 juin 1952 et mise en application en janvier 1953, la réforme agraire (le fameux décret 900) consistait surtout à exproprier les terres non cultivées de la compagnie bananière et des grands propriétaires fonciers avant de les redistribuer aux paysans. L'UFCO fut donc dépouillée de près de 70 000 ha, soit 80 % de ses terres d'Izabal, et de 88 000 ha sur la côte sud. Dès 1951, la compagnie bananière, la plus grande entreprise du pays, menait une offensive de déstabilisation contre un régime accusé de communisme. Elle réagit violemment et, avec un actionnaire secrétaire d'État, John Foster Dulles (dont le frère était patron de la CIA), elle n'eut aucun mal à faire prévaloir ses intérêts.

REPRISE EN MAIN. Árbenz refusant de se plier aux injonctions de Washington, le pays fut attaqué, depuis Copán, en juin 1954, par une petite bande de mercenaires armés aux ordres du colonel Castillo Armas. Le régime, perdant le soutien de l'armée, s'effondra en quelques jours, le colonel rebelle prit le pouvoir, et les terres confisquées furent rendues à la *Frutera*.

La fin d'une époque. En 1971, les plantations furent vendues à la firme Del Monte, qui fusionna plus tard avec l'UFCO pour devenir la United Brands. Entre-temps, la compagnie bananière qui, selon le ministère nord-américain de la Justice, contrôlait 85 % des terres aptes à la culture du fruit sur le continent, avait été condamnée aux États-Unis pour pratiques monopolistiques, et avait dû se défaire de l'IRCA. La United Brands, multinationale agro-alimentaire aux activités extrêmement diversifiées, a redéployé ses cultures en Amérique centrale – vers le Panama, le Costa-Rica et le Honduras – et s'est retirée du Guatemala à la suite de maladies contractées par le fruit. À l'heure actuelle, elle rachète à des propriétaires individuels, sociétés ou coopératives, une production qu'elle conditionne, transporte à Puerto Barrios et exporte.

Vers Puerto Barrios

Santo Tomás de Castilla. L'embranchement qui part sur la gauche, peu avant Puerto Barrios, mène au port moderne de l'Atlantique. Fondé en 1604, le port de Santo Tomás de Castilla, bien abrité au fond de la baie d'Amatique, a été modernisé dans les années cinquante pour faire pièce au port bananier de Barrios, alors détenu par la United Fruit. Remplaçant peu à peu, pour les marchandises, le quai de Puerto Barrios, il a été équipé de grues dans les années soixante-dix.
Réserve de Cerro San Gil. Réserve administrée par la fondation privée Fundaeco, le Cerro San Gil, massif le plus oriental de la Montaña del Mico, recèle une impressionnante faune de forêt tropicale humide : trois cent quarante espèces d'oiseaux, des salamandres et d'autres amphibiens endémiques, vingt-huit espèces de mammifères,

“La verte luxuriance de la bande côtière fit place, à mesure que nous gravissions en chemin de fer la vallée du Motagua, à la sécheresse et à la poussière. La rivière coulait entre de grandes montagnes arides, d'un ton d'or fauve sauf aux endroits où l'ombre des nuages les teignait en indigo. Çà et là, l'horizon était duveté de broussailles brunes effeuillées, ou encore garnies de feuilles flétries pendant aux branches. Sous le soleil cuisant, le paysage était étrangement hivernal. Sur les pentes dénudées, immédiatement au-dessus de la rivière, des cactus-cierges s'élevaient, rigides, vers le ciel. Nulle ombre : la poussière montait en tourbillons sur notre passage.”

Aldous Huxley
Croisière d'hiver en Amérique centrale

À Puerto Barrios, on trouve de nombreux exemples d'architecture de type caribéen. Les maisons sont en bois, dotées de larges vérandas et balcons.

Chapelle de Santo Tomás de Castilla au XIXe siècle.

▲ SUD-EST MAYA
VERS LA CÔTE CARAÏBE

Maison de Puerto Barrios.

Le Salaire de la peur réalisé, en 1953, par H. G. Clouzot, avec Yves Montand et Charles Vanel.

dont des jaguars, des tapirs, des singes araignées et hurleurs ■ *24*.

PUERTO BARRIOS. «Le Guatemala est un pays qui n'existe pas ; je le sais, j'y ai vécu», écrit Georges Arnaud en exergue de son roman *Le Salaire de la peur*. Point de départ du livre, le port créé par le président libéral Justo Rufino Barrios ▲ *265* a évolué depuis la description apocalyptique de l'écrivain. Si aucun nom de localité n'est cité, le roman, qui se réfère aux puits de pétrole existant dans le Petén dans les années cinquante, n'en est pas moins très documenté. Avec les villes de la plaine Pacifique, Barrios est de celles qui connaissent l'expansion démographique et économique la plus rapide. Sa population noire diminue relativement, mais elle conserve certains traits caraïbes et son ouverture sur le grand large. On y trouve aussi des curiosités, comme le petit monument érigé à l'entrée de la ville, sur un canal saumâtre, exaltant dans un poème gravé la noblesse de sentiments, l'abnégation et le courage du travailleur de la banane, actif de l'aurore au crépuscule ; comme le mausolée funéraire en forme de palais de maharajah d'un probable migrant hindou ; comme, au centre ville, le cinéma-hôtel-restaurant-laverie *A sus órdenes* abritant dans ses flancs de bois bien d'autres petits commerces ; comme, enfin, mais la liste n'est pas exhaustive, l'hôtel *del Norte*, témoin muet (mais hanté) des époques fastes du transport ferroviaire et de la marine marchande de temps révolus.

LA CUISINE DE LÍVINGSTON
Il ne faut pas manquer de goûter au *tapado,* soupe de poisson au lait de coco accompagnée de banane plantain, et, jetant aux orties tout remord (l'animal étant menacé) à l'agouti, petit mammifère rongeur de la forêt de la taille d'un gros lapin, appelé au Guatemala *tepezcuintle*.

LIVINGSTON

Livingston, qui se trouve sur la terre ferme, n'est, curieusement, accessible qu'en bateau depuis Puerto Barrios ou par le río Dulce, ou en avionnette, grâce à une courte piste d'atterrissage. Le nom local, La Buga, fait directement référence à la bouche, c'est-à-dire à l'estuaire du río Dulce. La population noire, originaire de Jamaïque, s'y serait installée vers 1800 et baptisa le lieu du nom du gouverneur de Louisiane Edward Livingston, auteur d'un code abolissant l'esclavage. Ces Garinagus ● *88*, cousins de ceux du sud du Belize ▲ *342,* région avec laquelle les liens familiaux, commerciaux, la

Le río Dulce (ci-dessous) débouche dans la mer des Caraïbes à Livingston (rue principale, à droite).

contrebande et les trafics en tous genres sont bien plus étroits qu'avec le reste du pays, pratiquent la langue garifuna, un mélange de créole des îles, d'anglais, de kekchi, au milieu duquel on reconnaît parfois quelques mots de français (notamment pour compter).

Matriarcat. Dans la société garinagu, l'influence des femmes, souvent décisive en matière éducative, politique et religieuse, est fondamentale. Elles interprètent les rêves, maintiennent les relations avec les ancêtres. La matrilinéarité traditionnelle est accentuée par le fait que les hommes émigrent aux États-Unis ou au Canada, où il existe d'importantes communautés. Les récentes maisons en parpaings ou à étages ont été construites par les nouveaux riches, avec les dollars gagnés au Nord.

Au bout du monde. La bourgade, petite, ne comporte que quatre rues, la principale montant du débarcadère, les trois autres perpendiculaires, et autant de véhicules, dont deux destinés à la distribution aux détaillants des deux principales marques mondialement connues de boissons gazeuses. Alors que les commerçants sont kekchis, les Noirs pêchent, mais ce sont leurs femmes qui vendent les poissons dans le village ou à Barrios. La fête de San Isidro, saint patron de ces excellents pêcheurs, coïncide avec le Yurunen, qui commémore leur arrivée sur le continent. Les attractions ne sont pas très nombreuses, mais le spectacle de la rue, le soir (déhanchements chaloupés au rythme du reggae et du calipso) lorsque la brise marine rafraîchit l'air ; les cascades de Siete Altares (à sec en saison sèche), qu'il est prudent d'atteindre en bateau et les rencontres plus ou moins fortuites avec les artistes du village qui se consacrent, dans des styles variés, soit à la peinture, soit à la fabrication de bijoux d'inspiration locale, ou encore à la gastronomie, agrémentent le séjour.

Plaquette de Leyde
La plaquette de jade dite «de Leyde» (musée de Leyde, aux Pays-Bas), célèbre pour porter la plus ancienne date maya longtemps connue (320 ap. J.-C.), fut découverte à Puerto Barrios, bien que provenant sans doute de Tikal ▲ *322*.

LE LAMANTIN
Les Mayas lui attribuaient des pouvoirs surnaturels mais n'hésitaient pas à boucaner sa chair à l'occasion de fêtes importantes. Christophe Colomb aperçut trois de ces «sirènes» en janvier 1493 : «Elles étaient aussi jolies qu'on les décrit, bien qu'elles aient quelque chose d'humain sur leur face.» Avec l'arrivée des conquérants, la chasse aux lamantins, nombreux dans la région, alla croissant. Le chroniqueur Fuentes y Guzmán atteste au XVIIe siècle (date de la gravue ci-dessus) que «non seulement dans le lac Izabal et le río Dulce, mais aussi tout au long de la côte depuis le Mexique jusqu'au Nicaragua, on peut en chasser toute l'année».

RÍO DULCE ♥

Si la population de Livingston est noire, celle des berges du fleuve est kekchi et vit dispersée dans des chaumières au bord de l'eau. Le río Dulce (ci-dessous) – 38 km de Lívingston au pont – est l'unique voie de communication, et la pirogue de transport en commun n'ayant qu'une fréquence hebdomadaire, le mardi, chaque famille dispose de son embarcation monoxyle (*cayucos* à rames ou à moteur). Dès l'embouchure, le fleuve s'enferme entre deux parois calcaires abruptes en formant de nombreux méandres. Puis le lit serpente entre des rives plus basses, dont jaillissent des sources d'eau chaude, avant de s'élargir en un lac, large de 5 à 7 km, long de vingt, le Golfete, bordé d'une mangrove de palétuviers.

BIOTOPE CHOCÓN-MACHACAS. Sur la rive nord, cette réserve naturelle, du nom des deux rivières qui la traversent, dépend de l'université nationale San Carlos. 7 200 ha couvrent une zone constituée de forêt tropicale humide, de mangrove, de lagunes et de rivières à lent débit. Dans ce dédale aquatique qui est leur habitat naturel, quelques lamantins subsistent encore. Familièrement appelé «veau de mer», ce mammifère marin serait à l'origine du mythe des sirènes. Son corps fusiforme, à la peau épaisse couverte d'un poil court, muni d'une queue en spatule, a des os denses et durs. Végétarien, le lamantin régularise la croissance des plantes aquatiques. Son habitat est aussi celui des tortues, des chiens de mer et de divers poissons. Un court parcours pédestre permet d'apprécier acajous, cèdres américains, sapotilliers, conacastes et palmiers corossoliers. Perroquets, toucans, oropendules et pics-verts y sont nombreux.

FORT SAN FELIPE

Dès le début du XVIe siècle, le commerce entre la capitainerie et la métropole espagnole se fait par ce qui s'appelait alors le

Golfo Dulce. Les attaques constantes de pirates écumant le golfe du Mexique et la côte du Belize, ainsi que leurs incursions croissantes sur le territoire à travers le río Dulce obligent à fortifier l'entrée du lac Izabal, à l'endroit où étaient installés les entrepôts de marchandises en provenance ou à destination de l'Espagne. En 1595, on entame la construction d'une tour, qui sera détruite, puis rebâtie en 1604. Au cours des années 1640, les pirates intensifient leurs attaques, qui endommagent l'édifice. Le fort est reconstruit par le magistrat Lara en 1651, qui le baptise château de San Felipe de Lara en l'honneur du souverain régnant, et pour que la postérité ne l'oublie pas lui-même.

Multiples reconstructions. Les périls diminuant, la bâtisse devient prison en 1655, mais retrouve sa fonction première dix ans plus tard, lorsque les «Frères de la côte», établis sur l'île de la Tortue, reprennent leurs pillages. Un pont-levis et des remparts sont adjoints à la vieille tour couverte de chaume et aux poutres endommagées. Pendant plusieurs décennies, pirates et Espagnols en découdront à de nombreuses reprises, entraînant de nouvelles transformations architecturales. Au XVIIIe siècle, l'amélioration des capacités défensives est menée à bien par l'ingénieur militaire Andrés Ortiz de Urbina, qui agrandit les remparts et porte à cent le nombre de postes de garde. Par la suite, bien que tombé en ruine, le petit fort conservera son plan.

Port d'Izabal, gravure du XIXe siècle.

Site touristique
Ruiné, le fort San Felipe (ci-dessous) a été rebâti à des fins touristiques en 1955 et 1956 par l'architecte Francisco Ferrus, qui a combiné des restes d'époques différentes. Situé à l'entrée du lac Izabal sur la rive nord, on le rejoint aisément en bateau depuis le pont. Un parc planté de cocotiers a été aménagé.

Lac Izabal ♥

L'origine de son nom est peu claire et on hésite toujours entre deux versions. Pour certains, Izabal serait un mot maya signifiant «où l'on sue constamment», tandis que pour d'autres, le lac porterait le nom que les conquérants espagnols lui auraient donné en l'honneur de la souveraine de Castille, Isabelle la Catholique. Quoi qu'il en soit, alimenté par le Polochic, ce lac est, avec ses 650 km², le plus vaste du pays. Entre 1978 et 1979, le nickel de sa rive nord a été exploité par la société Exmibal, filiale de la compagnie canadienne INCO. Après la construction à grands frais d'une installation de raffinage du minerai, les cours mondiaux se sont effondrés pour cause de surproduction, entraînant dans sa chute l'usine, qui ne tourna guère plus de six mois, de petites embarcations transportant ensuite le concentré vers le terminal de chargement, dont la carcasse métallique, à Livingston, sert encore de perchoir aux mouettes. On a toujours soupçonné l'INCO de s'être intéressé à ces gisements en raison de la présence de métaux plus stratégiques que le nickel… À proximité du lac, on pourra visiter la grotte de San Antonio.

Pont du Río Dulce
À l'approche de l'étranglement sur lequel a été jeté le grand pont du Río Dulce, inauguré en 1979, les résidences secondaires se multiplient. La région est très prisée des gens aisés de la capitale, et les piroguiers désignent volontiers les maisons d'anciens présidents de la République. On y pratique yachting, moto aquatique et ski nautique. L'oléoduc provenant de Rubelsanto (Verapaz) franchit en aval le río Dulce.

Après le marché d'artisanat (ci-dessous), à l'entrée de la ville, la statue du Salvador del Mundo (Sauveur du monde), patron de la capitale (festivités du 4 au 6 août), bénit un pays martyr.

TOURISME BALNÉAIRE Tout au long des 320 km de côte, de nombreux villages sont autant de stations balnéaires, à partir desquels on pratique la pêche (thon, mérou, espadon, poisson-voile) et les sports nautiques (surf sur la barre océanique, planche à voile). À l'ouest, de la plage de Zunzal à celle de Mizata, la côte, très découpée, est ourlée de roches : huîtres et coquillages y abondent. Au-delà, proche de la frontière guatémaltèque, se trouve le port moderne d'Acajutla, le plus important d'Amérique centrale.

SAN SALVADOR Dans le centre, ravagé par le tremblement de terre de 1986, au milieu de la place de la Liberté (en haut, à droite), la belle architecture néoclassique du Palais national, inauguré en 1911, contraste avec la cathédrale en béton des années soixante-dix. D'une certaine élégance, le Théâtre national (1917), restauré en 1978, possède une fresque au plafond de la grande salle.

Une cathédrale pseudo-gothique (à droite) bâtie entre 1905 et 1936 est vouée à Santa Ana, dont la localité célèbre la fête du 18 au 26 juillet.

El Salvador occupe l'ancien territoire de Cuzcatlán («terre des bijoux»), où vivaient plusieurs ethnies : les Pipils ▲ *316* dans la plaine côtière, les Chortis à l'ouest de la rivière Lempa, les Lencas et les Uluas au nord et les Pocomams sur la frontière actuelle du Guatemala. La première tentative conquérante de Pedro de Alvarado, en 1524, se solda par une blessure et une défaite infligée par le chef Atlacatl. Une seconde tentative fut menée avec succès en 1528 par son cousin Diego. L'indépendance d'El Salvador, après le «cri» de révolte lancé par le prêtre José Matías Delgado le 5 novembre 1810, ne fut acquise qu'en septembre 1821. Par la suite, l'évolution politique du pays sera régulièrement ponctuée de coups d'État et de conflits sociaux ● *40*.

UN RELIEF TOURMENTÉ. Le pays présente les mêmes caractéristiques physiques que les régions méridionales du Chiapas et du Guatemala : du sud au nord, une plaine côtière, trois massifs montagneux culminant à 2 418 m, un haut-plateau central et des chaînes intérieures. Vingt-cinq volcans s'alignent sur la cordillère. Le río Lempa, dont le cours est domestiqué par quatre usines hydro-électriques, traverse le pays sur 350 km. Le village colonial de Suchitoto se trouve sur le bord du LAC SUCHITLÁN (135 km^2). Plusieurs réserves naturelles comme le CERRO VERDE, EL BOSQUE, EL IMPOSIBLE, MONTECRISTO (forêt humide), le lac EL JOCOTAL, le PARC WALTER DEINNINGER, des sentiers de randonnées aménagés, et autres sites plus modestes (rivières, lacs, piscines de sources chaudes) constituent des buts de promenades très variées.

SOCIÉTÉ. Pays très densément peuplé (5,5 millions d'habitants sur 21 000 km^2), à la population entièrement métisse (dans l'acception culturelle du terme) et aux structures sociales trop polarisées, El Salvador émerge d'une longue guerre interne avec la ferme intention de tirer un trait sur un passé récent trop sanglant et de résoudre, dans un esprit «positif», ses problèmes sociaux et politiques par un développement plus équitable.

ÉCONOMIE. Le café (65 %), le sucre, le coton et la crevette sont les principaux

«LES CIVILISATIONS AMÉRINDIENNES EXPRIMENT TOUTES CETTE SACRALISATION DE LA TERRE. DU NORD AU SUD DE L'IMMENSE CONTINENT, LA TERRE-MÈRE EST LE COMMENCEMENT DE LA VIE.»

J. M. G. LE CLÉZIO

produits exportés. Les transferts des travailleurs émigrés (ils sont plus d'un million dans la seule Californie), l'aide financière américaine, quoique en diminution, et les recettes provenant du tourisme sont des ressources invisibles mais bien réelles. L'industrie salvadorienne, principalement la transformation de produits agricoles, qui avait bien tiré son épingle du jeu dans les années d'expansion économique qui ont suivi la création, en 1963, du marché commun centre-américain, est la seconde de l'isthme, après celle du Guatemala.

SAN SALVADOR

San Salvador fut l'une des capitales régionales des Espagnols pendant la Conquête. Concentré des contradictions du pays, la capitale oppose ses quartiers élégants installés sur les collines du nord (Escalón, Miramonte) à un centre ville laissé à l'abandon où les séquelles du tremblement de terre de 1986 sont encore visibles. La démobilisation n'a fait que renforcer une délinquance latente favorisée par une grave situation sociale. La peur permanente des agressions, des enlèvements et des cambriolages n'empêche pas la classe aisée et la classe moyenne de faire leurs courses sur le boulevard de Los Héroes et de se distraire, les fins de semaine, dans les restaurants en terrasse et dans les boîtes de nuit de la Zona Rosa.

JOYA DE CERÉN ♥

Ce petit site, découvert inopinément en 1976, se trouve dans la VALLÉE DE ZAPOTITÁN, non loin du centre cérémoniel de San Andrés ● *316*. Il s'agit d'un village qui fut recouvert par les cendres lors d'une éruption du VOLCAN CALDERA vers 600 ap. J.-C., ce qui lui vaut le surnom de «Pompéi d'Amérique centrale». L'intérêt de ces vestiges, très bien conservés par la lave, est d'avoir révélé de nombreux aspects de la vie quotidienne des paysans mayas à la fin du VIe siècle. Les humbles demeures d'adobe et de torchis entourées de leurs champs de maïs et de haricots ont été ensevelies sous la première couche de lave. La cendre (575 °C) qui a ensuite recouvert la lave s'accompagna de gaz toxiques qui asphyxièrent les habitants des lieux. Grâce à des sondages par radar, les archéologues ont mis au jour les restes d'habitations, divisées en plusieurs pièces à sol d'argile durcie et coiffées de palme, avec leur équipement domestique (meules à maïs, vaisselle de terre cuite, outils d'obsidienne, banc) et des débris alimentaires. Un codex trouvé dans une armoire, qui est toujours à l'étude, constitue la découverte majeure. Peu spectaculaire, ce site présente néanmoins un grand intérêt.

CHALCHUAPA

Au cœur de la région caféière, SANTA ANA, deuxième ville du pays, n'offre pas d'attrait particulier. Un peu plus à l'ouest se trouve Chalchuapa, vaste zone fouillée entre 1954 et 1970 par l'université de Pennsylvanie. Elle comprend plusieurs groupes de monticules connus sous le nom d'EL TRAPICHE,

ESPACES VERTS

Dans les environs de San Salvador, on trouve les parcs suivants : à Planes de Renderos, le parc Balboa, et la Puerta del Diablo, avec ses falaises ; le jardin botanique la Laguna, au fond d'un cratère ; les cascades de Los Chorros ; au sud-est, le parc Saburo Mirao, le musée d'Histoire naturelle et le jardin zoologique, enfin à l'est, le lac d'Ilopango. Le massif forestier de l'ancien volcan Izalco (un demi-million d'années ?) abrite des orchidées et de nombreux oiseaux, dont dix-sept espèces de colibris. Du sommet (2 030 m), la vue embrasse la plaine pacifique, le volcan Santa Ana et les pentes grises du volcan Izalco, qui, dans un mouvement d'humeur, cessa ses éruptions. Cône jeune, formé en 1770, dénudé et rugissant toujours, il avait connu une activité continuelle, expulsant fumerolles et laves toutes les demi-heures jusqu'en 1957.

Vase trouvé au Salvador.

PENATE, CASA BLANCA, LAS VICTORIAS, LAGUNA SECA et TAZUMAL. Les plus anciens vestiges sont des fragments de poterie datés du Préclassique Ancien (1200-900 av. J.-C.), qui proviennent des abords des sources d'El Trapiche et des bords de la lagune Cuzcachapa. Les premiers habitants de la zone venaient sans doute de la côte Pacifique. La période suivante (900-500 av. J.-C.) est caractérisée par des contacts avec la zone olmèque ● *31,* qui sont illustrés dans la poterie, et aussi dans la sculpture (personnages du rocher de Las Victorias).

EL TRAPICHE. De cette même époque date une première version de la pyramide d'El Trapiche, qui est alors l'une des plus grandes (20 m) de la Mésoamérique. Il est vraisemblable que Chalchuapa était alors un comptoir commercial olmèque chargé de fournir les denrées en demande dans la zone du golfe, comme le cacao, l'hématite ou l'obsidienne. Au Préclassique Récent (400 av. J.-C. -200 de notre ère), Chalchuapa fait partie, comme Kaminaljuyú, des Hautes Terres mayas. Avec d'autres ouvrages de grande taille, la pyramide d'El Trapiche est alors reconstruite avec de nouvelles plates-formes à son sommet et des rampes d'accès en adobe. Le Monument 1 a un long texte hiéroglyphique (érodé), avec un glyphe calendérique, qui montre une nouvelle fois la précocité en ce domaine de la zone sud-est de l'aire maya. Au cours du IIIe siècle, le site est dévasté et rendu inhabitable pendant plusieurs générations à cause de l'éruption du volcan Ilopango, situé à 75 km.

TAZUMAL. Le petit centre de Tazumal, au Classique Récent, est dominé par la Structure 1, de 15 m de haut, qui consiste en deux plates-formes pyramidales superposées ; il n'y a guère de traces du temple au sommet. La fouille a révélé six phases de construction pour la plate-forme basse et trois pour la supérieure. On accédait au temple, sur la façade ouest, par un escalier flanqué de rampes. Les plates-formes étaient construites en briques d'adobe ou en pierres, maçonnées dans l'argile, l'ensemble étant stuqué. Le groupe comprend aussi un terrain de jeu de balle avec deux monticules parallèles est-ouest, la zone terminale ouest étant fermée par un mur bas. Malgré ces efforts, il ne fait pas de doute que la Chalchuapa du Classique Récent apparaît marginale en comparaison de celle de la période Préclassique.

PEUPLES PIPILS. Le Postclassique, après l'an mille, est marqué par l'arrivée de peuples Pipils (parlant nahua), dont la présence est attestée par tout un ensemble de traits d'origine du Mexique central tant dans l'architecture que dans la sculpture (*Chac mool* en pierre, statue grandeur nature du dieu de l'Écorchement Xipe Totec). Au Postclassique Récent, les groupes de Laguna Seca et de Tazumal sont abandonnés et l'occupation limitée au groupe Penate comprenant surtout des monticules bas. Au temps de la Conquête, la zone était occupée par des populations parlant pokomam ● *62.*

SITE DE SAN ANDRÉS
L'intérêt de Joya de Cerén éclipse de loin la visite du centre cérémoniel de San Andrés (ci-dessous), dont les quinze structures, édifiées au VIIIe siècle, ont été outrageusement restaurées.

UNE PÉRIODE DRAMATIQUE
Dans l'histoire d'El Salvador, les années quatre-vingt resteront celles d'une guerre civile meurtrière. Deux mouvements de guérilla s'opposèrent aux groupes de la junte soutenus par les États-Unis. Menées par le président Duarte, des négociations aboutiront à un accord en 1987, dans le cadre du plan de paix en Amérique centrale signé à Guatemala. Le pays, après quelques soubresauts, tente d'oublier ce drame, et joue la carte du développement et du tourisme.

Petén

Jean-Luc Braconnier

1. FLORES
2. LAC PETÉN ITZÁ
3. TIKAL
4. UAXACTÚN
5. RÍO AZUL

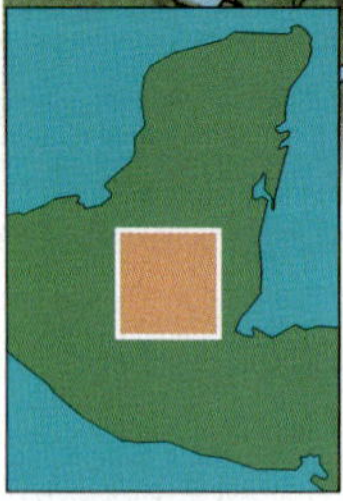

◷ 4 journées

PILLAGE
Les excavations de ruines archéologiques et les pillages d'objets (notamment bijoux et céramiques) revêtent la forme d'expéditions à caractère militaire. Les pilleurs utilisent hélicoptères, explosifs, canots.

Couvrant 30 000 km² au nord du Guatemala, soit un tiers du territoire total, le Petén est tout ensemble la terre par excellence du passé maya et la «nouvelle frontière», zone d'avenir du pays. Davantage soumis aux influences du Belize et du Mexique (produits et chaînes de télévision) qu'à celles du Guatemala, le Petén, lointain et oublié, constitue une autre facette du pays, à tel point que ses habitants souhaitent parfois son rattachement au Mexique, voire la sécession pure et simple.
PEUPLEMENT DE LA JUNGLE. Pratiquement déserte jusqu'à ces dernières décennies, la région représente depuis trente ans la terre promise pour les paysans démunis des hauts plateaux surpeuplés ▲ *261* et des terres déshéritées de l'Est ▲ *295*. Pour désamorcer la pression démographique, les gouvernements successifs ont favorisé, dès les années soixante, par octroi de titres de propriété et de crédits, un flux migratoire. À travers les vicissitudes de l'histoire récente, les nouveaux occupants, au nombre de trois cent mille, y ont fondé des hameaux, des villages, des *fincas* et des coopératives agricoles, au prix du massacre écologique de la deuxième forêt tropicale du continent après l'Amazonie. L'espace vierge de la

6. El Mirador 7. Yaxhá 8. Melchor de Mencos 9. Belmopán 10. Caracol 11. La Libertad 12. Sayaxché 13. Ceibal 14. Petexbatún 15. Aguateca 16. El Naranjo 17. Altar de Sacrificios 18. Usumacinta 19. Piedras Negras

forêt connaît un cycle inexorable où l'essartage succède à l'abattage et conduit à la culture sur brûlis de maïs et de haricots. Après deux ou trois ans, lorsque les rendements chutent, l'humus fragile (30 cm d'épaisseur) est abandonné au profit de l'élevage extensif du bétail ■ *22*.

Un enjeu économique. Les petits cultivateurs sont souvent dépouillés de leur titre de propriété par de grands propriétaires ou des militaires sans scrupule. Sur cette terre, qui fut celle de la riche civilisation maya classique, les mythes d'une époque révolue restent vivaces : ceux liés à l'abattage des bois précieux, à la collecte de la gomme à mâcher (chiclé ▲ *330*) ou, plus récemment, la coupe des plantes tropicales ornementales et de palmes diverses (*xate),* destinées à l'exportation. L'enjeu annuel se chiffre à dix millions de dollars d'exportation de bois précieux (7 à 10 000 $ par acajou) et à 50 000 ha de forêts détruits.

Une protection tardive. En dépit d'intérêts économiques privés évidents, les autorités ont fini par réagir sous la pression d'un mouvement de protection de la nature. Afin de préserver ces milieux fragiles et menacés, elles ont procédé, surtout depuis

«El Mundo maya» L'institution américaine *National Geographic Society* suggéra, en 1988, aux gouvernements qui se partagent les territoires de l'ancien empire maya, un projet commun de développement touristique afin de préserver la nature et la richesse culturelle.

Vase polychrome à décor d'oiseaux, provenant du Petén et conservé au musée Popol Vuh ▲ *267*, à Guatemala-Ciudad.

l'avènement d'un régime civil en 1985, à la classification en parcs et réserves de certaines parties du territoire du Petén. Aux zones archéologiques déjà répertoriées par l'Institut d'anthropologie et d'histoire – où toute installation humaine est en principe interdite – est venue s'ajouter la liste des parcs naturels administrés par la Commission nationale des zones naturelles (CONAP), dans lesquels des programmes de reboisement et de protection des ressources doivent être mis en œuvre.

LA BIOSPHÈRE MAYA. Constituée par le tiers nord du Petén et la zone limitrophe mexicaine, soit un vaste rectangle de un million et demi d'hectares, son statut a été promulgué en 1990. Toute activité économique y est en principe soumis à autorisation, mais l'application des mesures de contrôle et de sanctions est en fait inopérante, faute de réelle volonté politique.

LAC PETÉN ITZÁ ♥

Une pluviosité croissante est observée depuis quinze ans, et les habitants sont confrontés à une situation difficile que seul le percement d'un canal artificiel écoulant les eaux vers la rivière San Pedro, au nord-ouest, pourrait résoudre. Or, ni les autorités locales ni le gouvernement central n'ont, à ce qu'il semble, les moyens de le financer. À terme, l'aéroport tout proche est menacé. Mais là comme ailleurs, c'est de l'aide internationale que l'on attend le salut. La digue qui dessert Flores depuis Santa Elena est périodiquement rehaussée, les maisons riveraines sont peu à peu abandonnées et la principale rue recouverte. Sur certains tronçons, on circule sur des planches qui font office de trottoirs. Le lac est resté très poissonneux et des espèces comme le *blanco,* à la chair blanche savoureuse, et l'*aletón,* sont particulièrement appréciées.

FLORES ♥

Surmontée de sa petite cathédrale, l'île de Flores émerge (pour combien de temps encore ?) des eaux du lac Petén Itzá. Si l'agglomération de Flores, Santa Elena et San Benito accuse une croissance importante et anarchique depuis les

EL REMATE
Le lac Petén Itzá (ci-dessous et en haut, à droite).
El Remate, à l'est du lac, est le point de départ de la route qui fait le tour du lac par la rive nord, vers la réserve du Cerro Cahuí et San Andrés ▲ *329*.

années soixante-dix, Flores, chef-lieu de la province dès le XIXe siècle, est engoncée sur un territoire que les eaux du lac menacent. C'est un joli bourg aux maisons basses, aux murs d'adobe ou de planches peinturlurées de couleurs vives, même si son survol offre surtout des vues sur les toitures de tôle ondulée... La place centrale est décorée de stèles provenant des environs. L'intérêt international pour la protection de la forêt tropicale a entraîné l'installation sur l'île de bureaux de nombreuses organisations de sauvegarde.

Tayasal. L'emplacement de l'ancienne capitale itzá, Tayasal, se trouve à l'extrémité ouest de la péninsule qui coupe le lac en deux, face à Flores. C'est au cœur du Petén que les Itzás achevèrent leur longue migration : originaires du Mexique central, ils s'établirent au Yucatán au Xe siècle (renaissance de Chichén Itzá ▲ *205*) pour plus de deux siècles, avant de poursuivre leur périple vers le sud. La tradition rapporte que Hernán Cortés ● *36*, qui traversa la région en 1525, en route vers le Honduras, laissa son cheval blessé à Tayasal. Les Itzás, qui n'avaient jamais vu semblable animal, le divinisèrent et lui offrirent les meilleurs mets, dont des pétales de fleurs. Le cheval ne résista guère à ce traitement de choix et mourut. Les Indiens construisirent une effigie en son honneur que plus tard les Franciscains, scandalisés, détruisirent. L'éloignement de la capitale espagnole et la géographie préservèrent les Indiens de la forêt jusqu'à la fin du XVIIe siècle. Tayasal tomba devant Martín de Ursua le 13 mars 1697. Ce fut la chute du dernier royaume indien. Les guerriers itzás, épouvantés et fuyant dans la panique vers le lac s'y noyèrent : on raconte qu'en raison de la teneur en calcaire des eaux, leurs squelettes s'y seraient pétrifiés. Le mirador situé à la pointe de la presqu'île, appelé du nom du dernier roi, Canek, offre une belle vue.

Grotte d'Actún Can. La pénétration des eaux pluviales dans les collines karstiques (*mogotes*) au sud de Flores a favorisé une érosion interne, créant des grottes. La plus proche de Flores est la grotte dite d'Actún Can, à la lisière sud de Santa Elena. Les salles ont reçu des noms évocateurs à l'image des stalactites et stalagmites les décorant.

Route de Tikal

Goudronnée depuis 1983 (la seule du Petén), cette route traverse maintenant des pâturages verdoyants et même un site archéologique, Ixlú, dont on remarque les pyramides en ruine sur le côté droit. Trente kilomètres après Flores, une route bifurque vers Melchor de Mencos ▲ *334* et mène à la frontière du Belize ▲ *335*. À El Remate, village de la rive est du lac Petén Itzá, des artisans se consacrent au travail de bois précieux, tel le cèdre américain (*jobillo*).

Réserve du cerro Cahuí. Cette réserve de 650 ha est dite «zone boisée humide de type subtropical chaud». Administrée par le Centre d'études et de conservation de l'université nationale, elle est destinée à la protection de ce type de milieu naturel et des animaux qui y vivent.

Le braconnage
La jungle couvre 10 à 15 % du territoire centre-américain et représente 10 % de la biodiversité mondiale : le jaguar, l'ocelot et le *tigrillo* y sont chassés sans vergogne pour leur magnifique pelage, tandis que le coati et le chevreuil le sont pour l'approvisionnement des restaurants de Flores.

Île de Petencito
On accède facilement en bateau à l'île de Petencito qui abrite un jardin zoologique, où ont été rassemblés alligators, jaguars, coatis (*pisotes*), belettes (*comadrejas*), pécaris (*coches de monte*), aras et perroquets.

Santa Elena et San Benito

Sur la terre ferme, face à Flores, les deux villages de San Benito et Santa Elena, reliés par une avenue est-ouest qui les traverse de part en part, forment une seule agglomération. L'aéroport international est installé à l'extrémité est, sur la route de Tikal. À proximité de San Benito se trouvent les grottes de Nojojnaj. De grandes stèles préhispaniques ont été placées dans le parc central de Santa Elena.

PATRIMOINE Le site a été déclaré monument du Patrimoine mondial de l'humanité (UNESCO) en 1979.

TIKAL ♥

Avec Copán ▲ *299,* Tikal est l'un des sites mayas les mieux connus. Un grand nombre de ses monuments furent photographiés à la fin du siècle dernier, par Alfred Maudslay (ci-dessous) et Teobert Maler ● *56*. Plus tard, on commença à établir la cartographie du site, puis à étudier ses inscriptions. C'est en 1956 que l'université de Pennsylvanie entreprit un programme de fouilles systématiques qui, en 1970, laissèrent la place à des chantiers guatémaltèques de fouilles et de restaurations.

HISTOIRE. Tikal a été occupé dès le Préclassique Moyen (900-600 av. J.-C.), et connut son apogée au Classique Récent, entre 550 et 950 de notre ère. La Stèle 29, la plus ancienne, porte la date équivalente à 292 de notre ère ; la Stèle 11, la dernière, est datée de 869. On estime qu'au temps de sa splendeur, Tikal comptait environ 10 000 habitants pour la zone accessible en trente minutes à partir du centre. Mais on a retrouvé des vestiges au-delà, notamment des fossés et des talus, qui servaient de défense. La ville se trouvait presque au centre du monde maya, sur le trajet entre la côte du Campeche et celle du Belize, ce qui peut expliquer son prodigieux développement.

PLAN DE LA VILLE. La cité compte les plus hauts temples de l'aire maya, comparables à ceux du site d'El Mirador ▲ *329*. À Tikal, le Temple 4 est le plus grand (70 m). Ces pyramides se caractérisent par la raideur de leurs escaliers et, surtout, par leurs crêtes faîtières décorées de stuc modelé ● *108*. Les monuments s'organisent autour de la Grand-Place bordée par les Temples 1 et 2, et par l'Acropole Nord. De nombreux groupes d'édifices sont aujourd'hui dispersés dans la forêt, parfaitement

remis en état et reliés par des sentiers ou de larges allées qui reprennent le parcours des anciennes chaussées mayas. Les noms de plusieurs archéologues leur ont été octroyés.

Musée Sylvanus-Morley. Outre la belle céramique d'époque classique, le musée, aménagé à la suite des fouilles effectuées par l'université de Pennsylvanie, abrite des bijoux de jade, de coquillage et d'os, ainsi que des sculptures. La plus intéressante est la Stèle 31, qui représente sur sa face principale le roi Ciel Orageux, intronisé le 28 janvicr 428. Les glyphes qui forment son nom peuvent être vus dans sa coiffure. Dans le creux de son bras gauche, il porte comme sceptre le jaguar solaire coiffé du glyphe de Tikal. Sur les côtés, des guerriers tenant l'un un bouclier, l'autre un propulseur de javelots, présentent des caractéristiques physiques et vestimentaires qui ne sont pas mayas, mais de style Teotihuacán. Une belle inscription glyphique couvre toute la face arrière. Dans le musée, on peut également voir, reconstituée, la Tombe 116, du roi Ah Cacao, enseveli sous la pyramide du Temple 1.

Musée des Stèles. Dans un vaste bâtiment en béton, il rassemble les stèles sculptées provenant du site (dynastie de Patte-de-Jaguar et souverains du Classique). Les stèles lisses, qui étaient probablement peintes ont été laissées *in situ*.

Une visite écologique. Du fait de l'immensité et de la qualité des lieux, il faut prévoir plus d'une journée pour se promener, admirer les monuments et observer aussi la faune et la flore.

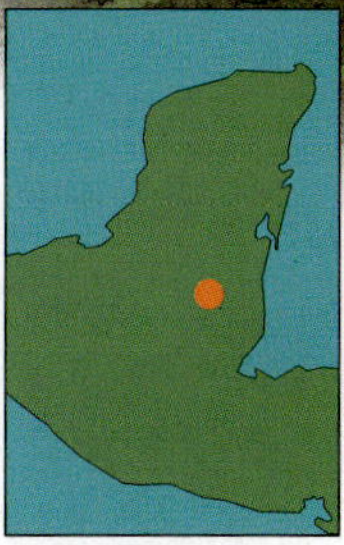

1. Place Centrale
2. Temple 1
3. Acropole Centrale
Réservoir du Temple
4. Temple 3
5. Temple 2
6. Place Ouest
7. Acropole Nord
8. Place Est
9. Allée Maler
10. Pyramides Jumelles du groupe Q
11. Piste d'aviation
12. Réservoir de Tikal
13. Allée Méndez
14. Temple des Inscriptions
15. Temple 5
16. Acropole Sud
17. Place des 7 Temples
18. Pyramide du Monde Perdu
19. Allée Tozzer
20. Temple 4
21. Allée Maudslay
22. Groupe H

Le centre de la cité est installé sur une succession de collines, à une altitude d'environ 50 m au-dessus des dépressions marécageuses qui s'étendent à l'est et à l'ouest du cœur du site. La plupart des constructions datent du Classique Récent, période d'apogée de Tikal, mais certaines, plus anciennes, n'ont pas été postérieusement remaniées : ainsi en va-t-il de la Pyramide du Monde Perdu, du Préclassique Récent, et de nombreuses pyramides de l'Acropole Nord qui datent du Classique Ancien. On trouve aussi à Tikal des ensembles architecturaux appelés Groupes aux Pyramides Jumelles, particuliers au site et à Yaxhá. Ils accueillaient les célébrations de fin de *katun*.

MASQUE EN JADE
On a trouvé à Tikal, notamment dans les tombes, quantité d'objets (masques, figurines, bijoux...) parmi lesquels ce masque datant du Classique Ancien (527 ap. J.-C.) en jade, pyrite et coquille.

PYRAMIDES JUMELLES
Chaque groupe comprend quatre édifices entourant une place (1) : au nord, une enceinte abritant une stèle et son autel (2) ; à l'est et à l'ouest, une pyramide à quatre escaliers (3) ; au sud, un bâtiment rectangulaire allongé percé de neuf portes (4). Ci-dessus, le Groupe A E-4 (anciennement Q) a été construit par le roi C pour célébrer la fin du dix-septième *katun* (771 ap. J.-C.) ● *44*.

L'enceinte nord contient la stèle 22 et son autel ● *111* (ci-dessus et ci-contre). Ces éléments sont presque toujours sculptés.

Une multitude d'édifices
Tikal est composé d'un grand nombre de structures, des temples de la place centrale aux groupes reliés par les *sacbeob*. Les plus grands édifices du centre-ville sont ainsi rassemblés autour du triangle formé par les chaussées Maler, Maudslay et Tozzer.

Acropole Nord
Au moment de l'abandon du site, cette énorme plate-forme de 100 m sur 80 m supportait huit temples funéraires, fruits d'une activité architecturale de trois cents ans. Sous cette plate-forme, on a trouvé des vestiges plus anciens, datant parfois du IIIe siècle avant notre ère.

Interprétation des pyramides jumelles
Ces ensembles, construits pour célébrer la fin d'une période de vingt ans, possèdent certainement une signification cosmologique car, dans un plan invariable, les différents types de constructions sont toujours à la même place et ont une même orientation. Ainsi, bien que l'on ignore l'emploi exact qui était fait de ce groupe d'édifices, ni quel rituel s'y déroulait et quels en étaient les acteurs, on peut penser que l'ensemble figurait un microcosme que le roi ou ses délégués parcouraient pour résumer la marche du temps. Cette déambulation garantissait l'ordre universel avant d'entamer une nouvelle période pleine d'incertitudes.

Rituel
La stèle 22 représente le roi C au cours des rites de la célébration de la fin du *katun*. Il laisse tomber de sa main droite des perles ou des grains. De l'autre, il tient un sceptre. Au-dessus de sa tête, plane une créature surnaturelle.

Nez Retroussé est représenté sur la Stèle 4. Détail ci-dessous.

Le glyphe Ciel Orageux comprend l'élément «ciel», surmonté de la hache fumante représentant la foudre, flanquée de deux bras (glyphes jaunes).

Les plus anciennes stèles de Tikal connues présentent déjà le portrait du roi accompagné d'une inscription où le nom du souverain apparaît comme le sujet principal. Le premier roi identifié est Patte de Jaguar, qui a régné dans la première moitié du IVe siècle et dont le successeur reste inconnu. Viennent ensuite Nez Retroussé (379-426 ap. J.-C.) et son fils Ciel Orageux (426-457). La stèle 31, inaugurée en 445, présente sur sa face principale le portrait de Ciel Orageux surmonté de la figure protectrice de son père. Au dos du monument une longue inscription établit sa filiation et mentionne, outre son nom, ceux de Nez Retroussé et de Patte de Jaguar.

Le nom du père et prédécesseur de Ciel Orageux est Nez Retroussé comme l'indique le monstre dans sa coiffure.

Nez Retroussé est mort, comme le montre la main qui remplace sa mâchoire et se trouve au ciel.

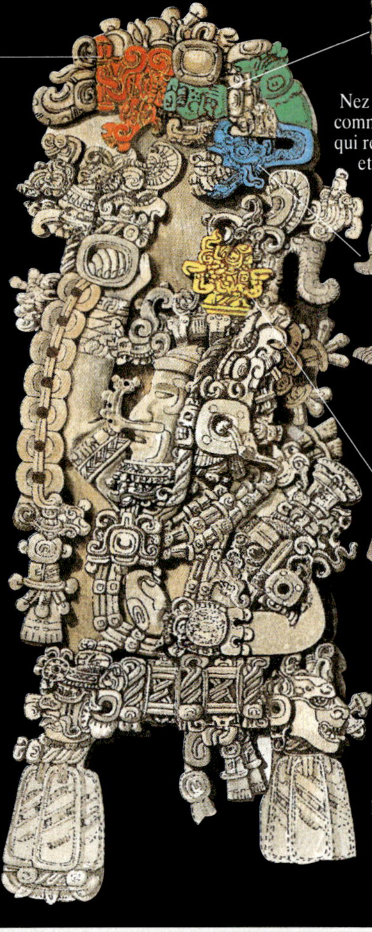

Il serre contre sa poitrine un serpent, insigne du pouvoir royal.

Ciel Orageux brandit de sa main droite un emblème royal, constitué d'une chaîne de disques de jade prolongée d'une tête de serpent et d'une guirlande. Dans le creux de son bras gauche se trouve un sceptre fait d'une tête de jaguar portant dans la coiffure un paquet noué, emblème de Tikal. Au-dessus du roi, dans le ciel, apparaît couché le portrait en buste de Nez Retroussé, ce qu'indique le glyphe de son nom porté dans sa coiffure.

Le nom du roi Ciel Orageux est constitué du glyphe du ciel surmonté du buste du personnage mythique qui représente la foudre. Dans le front est planté son signe distinctif : une hache fumante.

Le glyphe du premier roi identifié à Tikal est une patte de jaguar, surmontée de l'élément signifiant «os» et d'un autre affixe (glyphes orange).

Pour permettre de les repérer, les glyphes des noms sont ici soulignés par des couleurs qui n'apparaissent pas sur les vraies stèles.

Le nom du père de Ciel Orageux comprend la tête d'un animal au museau retroussé, au bout duquel se trouve l'affixe *yax* («nouveau»). Cette tête est surmontée d'un nœud (glyphes rouges).

PEINTURES MURALES Antonio Tejeda ● *128* a réalisé une reproduction (ci-dessous), en 1959, des peintures murales d'Uaxactún (ci-dessus).

UAXACTÚN ♥

Uaxactún («Huit pierres») a été habitée, comme Tikal (à 30 km au sud), au Préclassique Moyen et fut définitivement abandonnée au Xe siècle. Les recherches pionnières entreprises par l'Institution Carnegie entre 1926 et 1937 ont établi les fondations de l'archéologie des Basses Terres centrales mayas ; la chronologie a été établie à la fois grâce aux dates fournies par les inscriptions, la séquence céramique et l'histoire architecturale.

CINQ COLLINES. Des groupes d'édifices en maçonnerie construits sur cinq collines constituaient le cœur de la cité. Tout autour se trouvent disséminées des plates-formes de maisons. La reconnaissance du terrain autour du centre cérémoniel et politique par les archéologues a montré que les grands sites mayas étaient de véritables villes avec une population permanente importante.

MONUMENTS. Dans le Groupe E, la pyramide à degrés date du Préclassique Récent. Comme la pyramide du Monde Perdu de Tikal, elle possède un escalier sur chacune de ses quatre faces et des masques de créatures cosmiques. Un édifice en matériaux périssables, marqué par des trous de poteau, était construit sur ce soubassement recouvert d'une épaisse couche de stuc. L'ensemble a été recouvert au Classique d'une nouvelle pyramide, aujourd'hui disparue, qui, vers l'est, faisait face à une plate-forme rectangulaire supportant trois petits temples. Du sommet de la pyramide, on pouvait voir le soleil se lever derrière le temple central le jour des équinoxes de printemps et d'automne ; le soleil apparaissait derrière le temple gauche le 21 juin au solstice d'été, et derrière le temple droit le 21 décembre au solstice d'hiver. Ces positions astronomiques remarquables étaient sans doute célébrées par des rites prenant place sur la pyramide. Dans le Groupe A, une tour en bois permet une vue plongeante sur les ruines de la Structure A-5.

Colibri, fougère arborescente et opposum marsupial : trois éléments de la nombreuse faune et flore du Petén ■ *24*.

Río Azul

À 45 km à l'est de Dos Lagunas, accessible en véhicule tout terrain, le site a été pillé à plusieurs reprises après sa découverte en 1962. Ce qui n'a pas empêché qu'entre 1983 et 1987, de magnifiques objets soient exhumés par une équipe de la National Geographic Society et l'université du Texas, livrant de précieuses informations sur le Classique Ancien. Plus de cinq cents édifices, dont le plus haut atteint 47 m, se répartissent sur 3,5 km².

Trésor des tombes. Parmi les nombreuses sépultures de Río Azul (trente-deux d'entre elles ont été pillées), la Tombe 1 (417 ap. J-C.), était sans doute l'une des plus riches. Des glyphes peints ornent la Tombe 12 : les symboles des directions cardinales y figurent dans leur position exacte, accompagnés de leurs patrons : le Soleil (l'est), Vénus (le sud), l'Obscurité (l'ouest) et la Lune (le nord).

Déclin d'une ville. Río Azul semble avoir été abandonnée vers 535, probablement à la suite d'une guerre civile. Réoccupée au VIIIe siècle, sous l'autorité d'une famille portant le même nom que celle qui régnait deux cents ans plus tôt, elle aurait alors retrouvé son rôle de poste frontière pour Tikal. Mais vers 830, Río Azul fut victime d'un raid parti de la région Puuc et la cité redevint un avant-poste militaire.

Une région sauvage
À partir de Flores, les deux routes du Nord (vers Tikal ▲ *322* et vers San Andrés, au bord du lac Petén Itzá,

ci-dessus) s'enfoncent dans la biosphère maya, la plus sauvage région du Petén, où l'on approche les conditions de vie des *chicleros* ▲ *330*, des *xateros* ainsi que des pilleurs de tombes.

Vers El Mirador

En contournant par l'ouest le lac Petén Itzá, on atteint le village de San Andrés, dernière poche linguistique itzá ● *62*. Cette route fait le tour du lac, avec de beaux panoramas. S'en détache, plein nord, le chemin conduisant en quatre ou cinq heures minimum à Carmelita (90 km).

Expédition. De Carmelita, une excursion exceptionnelle permet d'atteindre les ruines d'El Tintal, El Mirador et Nakbé (à n'entreprendre raisonnablement qu'entre février et avril). Renoncer à la randonnée à pied au profit d'une balade à dos de mule qui permet, avec une moindre fatigue, d'observer la forêt et d'apprécier une flore et une faune surprenantes ■ *24*.

El Mirador ♥. Le site d'El Mirador daterait du Préclassique Récent. Les énormes pyramides de cette zone (la pyramide du Tigre avec ses dix-huit étages atteint 60 m de hauteur) ont été édifiées avant les plus anciennes constructions en maçonnerie de Tikal ▲ *322* et Uaxactún. Tout l'art public visant à la consolidation de l'ordre social est traduit ici dans la taille impressionnante de l'architecture et non pas, comme ce sera le cas, plus tard,

Vase avec glyphe et nombre (ci-dessous, au centre) et vase représentant une scène d'audience (ci-dessous), provenant d'Uaxactún.

Dos Lagunas
À 50 km au nord d'Uaxactún, ce joyau naturel de la biosphère maya a vu s'établir plusieurs organisations non gouvernementales, pour mener des programmes de conservation de l'environnement tropical.

LE CHICLÉ
Les *chicleros* partent en forêt au plus fort de la saison des pluies, de septembre à janvier, lorsque la sève du sapotillier est la plus abondante. Ils construisent dans la jungle leurs campements sommaires de huttes de branchages abritant châlits, cuisines et installations de chauffage du latex. Rayonnant à partir de ces camps provisoires, les paysans (scènes de gauche à droite ci-dessus) escaladent les sapotilliers pour les inciser, puis lors de passages périodiques, en recueillir le liquide exsudé. Solidifié par cuisson et moulé en briques blanches, le latex est alors évacué par des convois de mules, qui reviennent chargées de ravitaillement. En dépit des gommes synthétiques, le chiclé naturel est exporté surtout au Japon où il dispose toujours de débouchés.

par l'exaltation des hauts faits et du caractère sacré des gouvernants. L'escalade de la pyramide du Tapir (*danta*), jumelle de celle du Tigre, mais plus haute, procure une grande émotion, car on domine alors l'immensité de la forêt, comme du haut des temples de Tikal.

NAKBÉ

Ce site, identifié dès 1930 par un groupe d'archéologues de l'université de Pennsylvanie lors d'un vol de reconnaissance, est situé à 13 km au sud-est d'El Mirador, auquel il est relié par une chaussée maya (*sacbé*) construite au Préclassique Moyen, entre 1000 et 400 avant notre ère. En 1962, Ian Graham, de l'université de Harvard, dressa un premier relevé cartographique et baptisa le site Nakbé, ce qui signifie «sur le chemin» en maya yucatèque. Les ruines ont été datées en 1987. Les plates-formes monumentales et les structures actuellement visibles, édifiées entre 500 et 300 avant notre ère, recouvrent des constructions antérieures de plusieurs centaines d'années. Le plus grand temple du groupe Ouest atteint 45 m de haut et celui du groupe Est, 30 m. Les bâtiments, construits en dur, sont dénués de pièces intérieures et reposent sur des soubassements de plusieurs mètres de roche.

QUATRE MASQUES GÉANTS. La découverte majeure des archéologues est celle de quatre énormes masques taillés dans la pierre et modelés en stuc, à la base de la Structure 1 du groupe Ouest. Trois d'entre eux ont été recouverts, faute de moyens de conservation, mais celui qui reste visible présente des dimensions et un travail admirables : large de 11 m pour 5 m de haut, il représente une tête ornée d'un nez surplombant un museau de plus de 1,50 m de long.
GROUPE «CORAIL». Cet ensemble est composé de cinq structures, dont deux sont coiffées de trois pièces aux parois couvertes de peintures et meublées de bancs maçonnés. De nombreux monticules recélaient des lieux de culte et des habitations. Un jeu de balle ● *112*, l'un des trois du Préclassique dans le Petén, se présente complet, et recouvrirait un terrain antérieur datant de 500 avant notre ère, ce qui en ferait le plus ancien connu à ce jour.

«ON A FERMÉ LES PORTES D'UN TRÉSOR ENCHANTÉ. ON A ÉTEINT LA FLAMME DES TEMPLES. TOUT EST COMME C'ÉTAIT. DANS LES RUES DÉSERTES VAGUENT DES OMBRES PERDUES ET DES FANTÔMES AUX YEUX VIDES.» MIGUEL ANGEL ASTURIAS

AU SUD-OUEST DE FLORES

L'autre liaison vers les Hautes Terres (après celle reliant le Petén au río Dulce ▲ *312*) utilise la piste entretenue par les compagnies pétrolières pour acheminer vers le sud le brut extrait dans la région du río San Pedro, par LA LIBERTAD, Sayaxché, YALPEMECH, la «frange transversale du Nord», avant d'escalader les contreforts de la Sierra de Chamá pour atteindre Cobán ▲ *294*. À partir de Sayaxché, des canots sillonnent les rivières.

SAYAXCHÉ. Ville-champignon, qui prit son essor à l'occasion des vagues migratoires touchant le sud-ouest du Petén, Sayaxché est devenue une petite capitale régionale, notamment avec le transport de pétrole brut depuis les champs d'El Naranjo. Au confluent des rivières Pasión et Petexbatún, elle est le passage routier obligé entre Petén et Verapaz ▲ *292*, et le point de départ des excursions vers les sites de CEIBAL, AGUATECA et ALTAR DE SACRIFICIOS. Outre le spectacle du transbordeur mû par une pirogue ridiculement disproportionnée, la seule curiosité locale est la stèle placée devant la mairie.

CEIBAL ♥

HISTOIRE. Au cœur de la région du río Pasión, lieu peu important au Classique, Ceibal (à gauche, la Structure A-3) connaît son apogée à partir de 830, probablement après l'arrivée des Putúns remontant l'Usumacinta. Ceibal est le site historique de Chakanputún, fondé par des Itzás, un groupe putún maya ayant adopté de nombreux traits mexicains. L'architecture et la sculpture révèlent des traits yucatèques et les nouveaux souverains de Ceibal sont étrangers (le type physique de ceux représentés sur les stèles n'est pas maya). Le rôle exceptionnel de Ceibal au IXe siècle, la plus importante cité des Basses Terres du Sud, est indiqué sur la Stèle 10, par la mention qui est faite de quatre cités, dont Ceibal, Tikal et Calakmul. Le site fut abandonné peu après 900.

UN STYLE NOUVEAU
L'influence des Putúns se fait sentir sur les stèles de Ceibal. Ainsi, sur les Stèles 10 et 11 (datées de 849), le personnage principal ne présente pas la déformation crânienne habituelle, le front n'est pas dans le prolongement de l'arête du nez, et il porte une moustache. Après 870, les monuments vont s'écarter davantage de la tradition classique. Par exemple, un personnage à cheveux longs, privé de la coiffure haute et compliquée caractéristique des Mayas, est sculpté sur la stèle 13.

Vase tétrapode (au centre) et bol (ci-dessous) du Classique Ancien, trouvés au Péten.

Personnage en buste de la Stèle 6, datée de 687, à Piedras Negras.

Piedras Negras Deux jours de navigation sur le río Pasíon et l'Usumacinta sont nécessaires depuis Sayaxché pour atteindre Frontera Echeverría, ville frontière mexicaine, puis Yaxchilán ▲ 248.

En aval, le site de Piedras Negras, au-delà de plusieurs zones de rapides dont le franchissement au retour est aléatoire, n'est accessible qu'en canot. Peu de vestiges subsistent, achetés par des collectionneurs ou déposés au musée d'Archéologie ▲ 267 à Guatemala-Ciudad.

L'ocelot (ci-dessus) fait partie des espèces protégées de la biosphère maya.

Monuments. Le site a été fouillé dans les années soixante. Le Groupe A, au centre du site, comprend deux places. Celle du nord dispose d'un jeu de balle. Au centre de la place sud se dresse la Structure A-3 : une plate-forme à quatre escaliers, avec une stèle au bas de chacun. L'architecture et la sculpture révèlent la pénétration des traits mexicains apportés par les Putúns mayas. Des édifices tardifs sont caractérisés par un revêtement de dalles minces qui évoque la maçonnerie Puuc ▲ *220*, et une structure ronde, précédée d'un autel en forme de jaguar, s'élève au bout d'un *sacbé* au sud du Groupe A.

Río Petexbatún ♥

À l'ouest de Sayaxché s'étend la région baptisée du nom de la rivière qui la traverse, voie de communication depuis les temps les plus reculés.
Architecture maya. L'installation des centres cérémoniels sur des élévations de terrain est une constante de la région, particulièrement évidente à Arroyo de Piedra, Aguateca, Quim Chilijan et Dos Pilas. Les archéologues y ont aussi observé la prédominance d'un plan de place consistant en un groupe de trois structures rectangulaires (ou plus), disposées symétriquement autour d'une cour. Mais, contrairement à ce qui se voit fréquemment dans le Petén central, il ne présente ici jamais de structure rituelle sur le côté est. Ce type de plan concerne surtout des groupes d'habitations, quoique il ait été aussi appliqué dans les quartiers réservés à l'élite. Les jeux de balle sont rares : seuls Dos Pilas, Punta de Chimino et Ceibal en disposaient ● *112*.

Dos Pilas

Histoire. Dos Pilas a dominé une vaste zone, puisque son territoire s'étendait sur le rectangle déterminé par le coude du río Pasíon et du río Salinas, et qui englobe aussi les villes de Cancuen et La Amelía. La cité fut fondée par un descendant d'une lignée royale, exilé de Tikal, vers 600. Les rois successifs (698-726 ; 726-740 ; 740-760) s'attachèrent avec succès à la consolidation militaire de la cité. Sous le règne du dernier d'entre eux, Dos Pilas fut défaite néanmoins par la ville satellite de Tamarindito, revers qui provoqua l'effondrement de la métropole, abandonnée dès 760. Deux murailles défensives concentriques, munies de pieux à leur sommet, construites au détriment des palais et des constructions maçonnées, n'ont pas pu éviter la chute de la ville.

Monuments. L'escalier hiéroglyphique, inachevé, fut interrompu vers 700. Si les motifs sculptés représentent un otage recroquevillé, la fin du texte est tronquée. Il s'agirait de la capture du roi de Ceibal, sacrifié dix-sept ans plus tard. Des enceintes funéraires, aux parois constituées de lauzes de faible épaisseur et couvertes de pierres formant un toit plat, ont été découvertes, ainsi que deux tombes dont l'une en 1991, qui contenait la dépouille du deuxième souverain. La sépulture recèlait en outre une coiffure de jade, de nacre et de coquillages, des poteries décorées de glyphes et des milliers de lames d'obsidienne.

L'Usumacinta
En aval du site d'Altar de Sacrificios, le río Pasíon se jette dans l'Usumacinta (ci-dessus, au XIXe siècle), qui constitue la frontière avec le Chiapas ▲ *248*.

Aguateca

Après une première phase d'occupation au Préclassique Récent, Aguateca (ci-dessus), située sur une falaise dominant le río Petexbatún, connut sans doute une renaissance, dont datent les structures et les stèles actuellement visibles. La famille royale résidait dans une sorte d'acropole située à l'est de la place principale, puis s'établit, à cause des conflits permanents, dans un lieu plus sûr stratégiquement ; cette construction bénéficia également d'une conception et de matériaux de type nouveau. Des murs de défense linéaires ont été construits ici avec plus de soin qu'à Dos Pilas. Leur densité est supérieure dans la zone affectée à la famille royale. Le cœur de la ville figurait le souverain divinisé et la protection de sa personne se révélait manifestement primordiale. Sur le côté ouest de la place principale, une acropole s'élevait sur une plate-forme artificielle. C'est l'un des rares cas d'ensemble de ce genre dans la région. La sculpture des stèles donne la chronologie suivante : le roi Bouclier-Tortue figure sur une sculpture datée de 640, la Stèle 8 (750) représente un souverain aux mains et aux pieds de jaguar ; la Stèle 13 (860) est décorée de sept serpents ; la Stèle 17 comporte un jaguar aux pieds du personnage principal ; la Stèle 4, datée de 800, porte le motif d'un homme revêtu d'une peau de singe, à moins qu'il ne s'agisse d'un singe. Comme tout le sud-ouest du Petén, la ville fut envahie au début du Xe siècle. Au musée d'archéologie de la capitale sont exposées les plus belles pièces ▲ *267*.

Techniques de construction ● *106*
Les escaliers hiéroglyphiques, de même que les panneaux sculptés qui flanquent les escaliers d'accès, l'un des traits caractéristiques de la région, sont présents dans les principaux sites, Dos Pilas, Tamarindito et Ceibal, alors que des panneaux lisses occupant la même position à côté de marches se trouvent à Aguateca. Après la chute de Dos Pilas, Aguateca et Ceibal utilisent une pierre de plus grande dimension, mieux ouvragée, et sur plusieurs faces. Ces deux villes ont employé des techniques et des plans semblables à ceux du centre du Petén, dans les constructions destinées à l'élite.

Stèles de Piedras Negras
Stèle 40 (au centre), datée de 746. Stèle 12 (ci-contre), datée de 795.

Épis de maïs mis à sécher dans un village du Péten.

YAXHÁ
Les temples et les stèles de la Place C (ci-dessous, une stèle cassée), édifiés aux IIIe et IVe siècles, sont des monuments astronomiques pour l'observation des solstices.

"Quant à l'architecture maya [...] c'est un ensemble de pyramides, de murs plans divisés en panneaux rectangulaires, de volées d'escaliers larges et régulières, et, comme tel, elle est une matérialisation de ce que l'homme imagine de plus caractéristiquement humain, de plus antinaturel."
Aldous Huxley, *Croisière d'hiver en Amérique centrale*

LAC YAXHÁ
À mi-chemin entre Flores et le Belize, une piste conduit au lac Yaxhá (ci-dessous), qui abrite des crocodiles. Son fond calcaire lui donne une couleur grisâtre.

DE FLORES VERS LE BELIZE

Depuis Flores, la route qui mène vers l'est et le Belize se transforme après Tikal en une piste que des fondrières peuvent, à la saison des pluies, rendre impraticable.

YAXHÁ. L'archéologue Teobert Maler explora le premier les ruines de ce site en 1904 et publia sa découverte en 1908. Peu de villes mayas révèlent, comme Yaxhá, un tel tissu urbain de rues, de ruelles et de trottoirs. Neuf acropoles regroupent cinq cents structures, encore peu rénovées. Sur la Place B, la Structure 90, promontoire qui supporte les restes de six piliers, est une construction originale. À l'est de cette place, sur une acropole, se dresse le Temple 216, qui offre une vue spectaculaire sur la forêt, sur les lacs Yaxhá, Sacnab et sur l'île de Topoxté. La Place A est, comme à Tikal, un complexe à pyramides jumelles ▲ *323*. Une énorme pierre de dix tonnes gît, mystérieusement abandonnée, sur l'un de ses côtés.

TOPOXTÉ. L'île est accessible en bateau ou à pied à la saison sèche. Construites au Postclassique, trois structures principales, une pyramide à plate-forme sans temple, au sud, la pyramide principale, dotée d'un escalier visible sur la face ouest, au centre, et une pyramide moins élevée, au nord, sont alignées sur un axe méridien. Leur font face, à l'ouest, des autels et des stèles, dont trois sont décorées de petits cercles.

NAKUM. À 19 km au nord de Yaxhá, par un chemin traversant des dépressions marécageuses inondées à la saison des pluies (*bajos*), des constructions étaient destinées aux observations astronomiques. On a relevé les dates de 771, 810 et 849. Sur une vaste place, bordée de structures massives, le Palais D est hors du commun car il compte quarante-quatre pièces. Les monolithes qui font face au Temple A, de calcaire tendre très érodé, ont été élevés pour célébrer solstices et équinoxes. La place et les autres bâtiments, à l'est et à l'ouest, forment le groupe dit de l'«observatoire du Solstice», qui rappelle ses homologues de Yaxhá et Uaxactún.

NARANJO. Les ruines s'étendent sur une large surface. Trente-six stèles sur quarante-sept sont sculptées.

MELCHOR DE MENCOS ET LA FRONTIÈRE DU BELIZE. Dans la zone limitrophe, enjeu elle aussi dans l'extraction illégale de bois précieux, les habitants de Melchor de Mencos, dernière localité guatémaltèque (à 64 km de Flores), signalent des incursions périodiques de soldats bélizéens tentant de déplacer les bornes frontières.

BELIZE

MICHEL ANTOCHIW

Longtemps dénommé Honduras Britannique, le Belize est indépendant depuis 1981 (ci-dessous, le drapeau national), et membre du Commonwealth.

«En se promenant dans les rues [de Belize City], on ne voyait que peu de traces de la terrible catastrophe de 1930, où un ouragan avait poussé un énorme raz de marée jusqu'en plein dans la ville. Un tas de brique, il est vrai, voilà tout ce qui subsistait de la principale demeure de Dieu ; mais Mammon, César et les Pénates s'étaient relevés, frais et reluisants, de leurs ruines. Presque toutes les maisons d'habitation particulières et tous les bureaux gouvernementaux, toutes les boutiques et les dépôts de marchandises, avaient été reconstruits ou réparés. La ville, dans son ensemble, avait l'air remarquablement propre et bien tenue. Il n'est pas jusqu'à un raz de marée qui n'ait son bon côté : il balaye du moins radicalement les quartiers pouilleux. Nos gouvernements et municipalités sont moins brutaux ; mais ils sont aussi, hélas, considérablement moins efficaces.»

Aldous Huxley, *Croisière d'hiver en Amérique centrale*

Bordé au nord par le Mexique et à l'ouest par le Guatemala, le Belize s'étire sur 290 km le long de la côte Caraïbe. D'est en ouest, le pays est large de 110 km en moyenne et couvre une superficie de 22 965 km^2, à laquelle il faut ajouter plus de deux cents îlots et récifs. Le Nord et la côte sont plats mais le Sud et l'Ouest sont couverts de montagnes qui dépassent 1 000 m d'altitude (le pic Victoria culmine à 1 122 m). Le climat varie légèrement d'une région à l'autre et la saison des pluies correspond à la période de juin-novembre. De septembre à décembre, les vents du Nord se transforment parfois en violents ouragans, comme ceux qui détruisirent Belize City en 1930, 1955 et 1961 et qui obligèrent à déplacer la capitale à Belmopán.

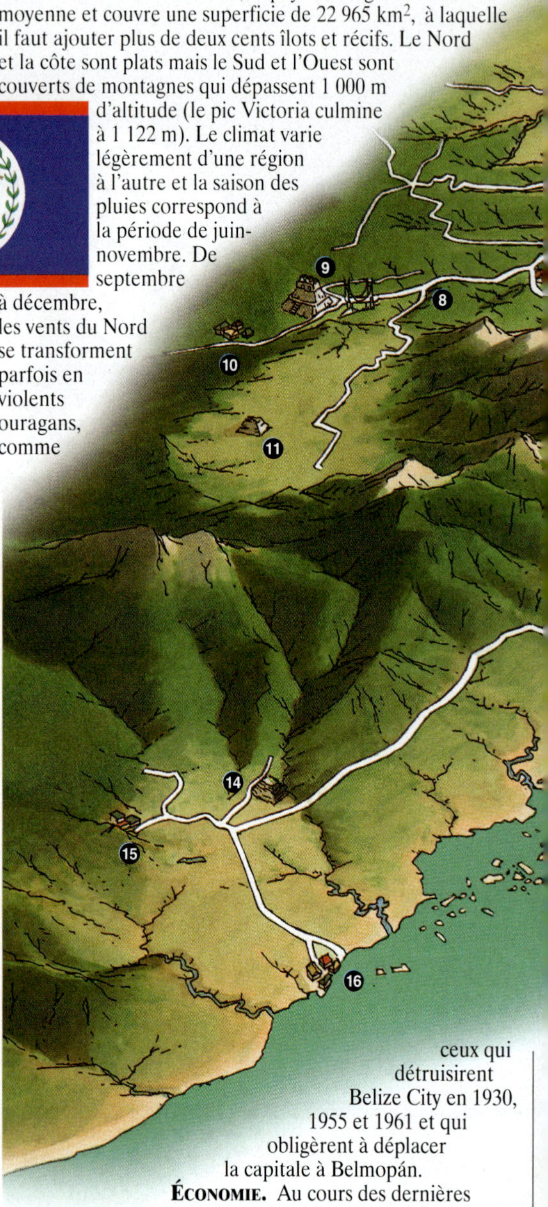

ÉCONOMIE. Au cours des dernières années, le marché du chiclé ▲ *330* a décliné comme l'avait fait celui des bois de teinture. Le Belize a diversifié son économie et exporte acajou et pin, cacao, fruits et tabac ainsi que langoustes, crevettes et huîtres. Il produit du maïs, du riz, des bananes et du bétail. Le tourisme est une source importante de revenus : la région côtière et certaines îles possèdent un

1. Belize City 2. Altún Ha 3. Lamanaï 4. Orange Walk 5. Santa Rita 6. Chetumal 7. Belmopán 8. San Ignacio 9. Xunantunich 10. Melchor de Mencos 11. Caracol 12. Dangriga 13. Big Creek 14. Lubaantún 15. San Antonio 16. Punta Gorda

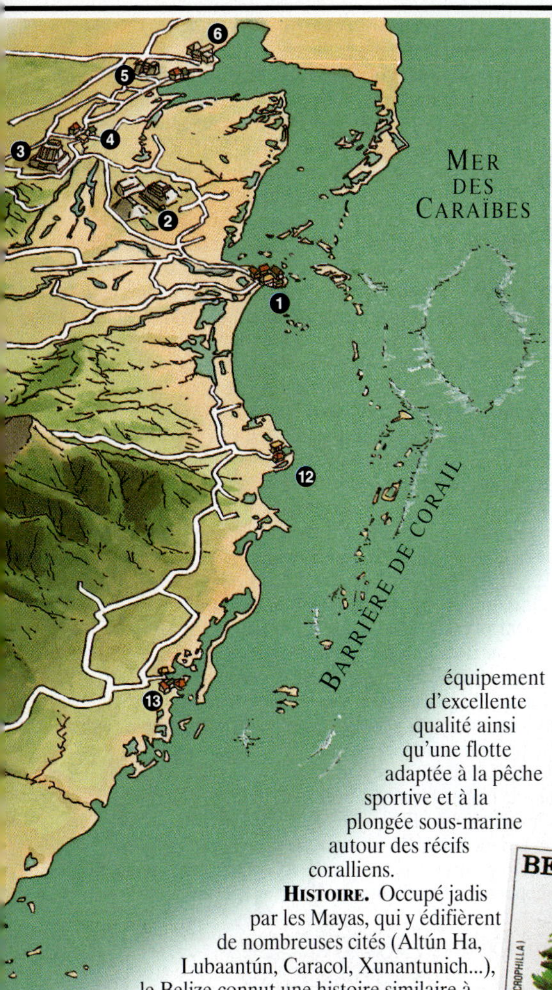

équipement d'excellente qualité ainsi qu'une flotte adaptée à la pêche sportive et à la plongée sous-marine autour des récifs coralliens.

Histoire. Occupé jadis par les Mayas, qui y édifièrent de nombreuses cités (Altún Ha, Lubaantún, Caracol, Xunantunich...), le Belize connut une histoire similaire à celle de l'ensemble du territoire maya. À la fin du IXe siècle, les centres urbains furent abandonnés et les connaissances avancées des hommes de science, oubliées. Un dernier renouveau au Postclassique ne fut que le prélude d'une débâcle provoquée par l'arrivée des Espagnols. Les migrations forcées, les incursions et les maladies européennes décimèrent les derniers survivants de la grande civilisation maya. Les missionnaires établis à Bacalar ▲ *185*, réalisaient sporadiquement, jusqu'au milieu du XVIIe siècle, des visites à Tipu, le village le plus important de la région.

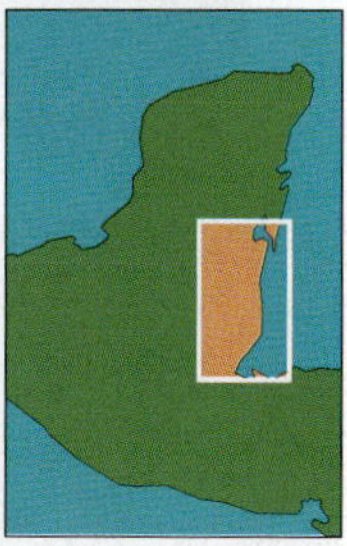

◷ 4 journées

De nombreuses rivières traversent d'ouest en est le territoire : les plus importantes sont le río Hondo, qui forme la frontière avec le Mexique ▲ *188*, la Belize River et la Sarstún River.

Routes et districts
Le pays se divise en six districts : Corozal, Orange Walk, Belize, Cayo, Stann Creek et Toledo. Les villes les plus importantes sont, après Belize City et Belmopán, Corozal, San Ignacio, Placencia et Punta Gorda. Le réseau routier, de 2 200 km, est formé par

la Western Highway (vers le Guatemala) ; la Northern Highway (vers le Mexique) ; la Hummingbird Highway et la Southern Highway. L'aéroport international se trouve à 16 km de Belize City.

VERS LES RÉCIFS
De Belize City, on peut atteindre par mer les principaux points d'intérêt de la côte ainsi que les Cayes pour les amateurs de plongée sous-marine.

UNE MOSAÏQUE ETHNIQUE

LES DERNIERS MAYAS. Les navires corsaires et pirates qui fréquentaient les côtes obligèrent les derniers Mayas à se réfugier dans les forêts de l'intérieur où, durant la guerre des Castes ▲ *186,* les rejoignirent les groupes mayas réfugiés du Yucatán. Actuellement, les Mayas forment au Belize trois groupes de langues différentes : les Kekchis, venus du Guatemala pour travailler dans les plantations de canne à sucre du sud du district de Toledo, les Mopans, dans la haute vallée de la Belize River, et les Yucatèques, dans le district de Corozal, au nord d'Orange Walk. Au total, ils représentent 10 % de la population ● *62.*

UN SECOND GROUPE LINGUISTIQUE. Avec les premiers Anglais qui s'installèrent sur les côtes du Belize pour exploiter les bois de teinture, vinrent des esclaves noirs d'Afrique, puis les Indiens Caraïbes, venus des Antilles. Les descendants des esclaves noirs, appelés Créoles, parlent le créole (mélange d'anglais, d'africain, de maya, de caraïbe et d'espagnol), en plus de l'anglais. Ils représentent 60 % de la population et se concentrent à Belize City. Les *ladinos*, ou *mestizos*, sont descendants des métis espagnols-mayas et parlent l'espagnol. Aux réfugiés de la guerre des Castes, se joignent les émigrants venus du Guatemala ou d'Amérique centrale.

RELIGIONS MULTIPLES ● *88.* Entre 1844 et 1917, les planteurs de canne à sucre firent venir des travailleurs des Indes dont les descendants vivent toujours dans les districts de Toledo et de Corozal. Ils parlent généralement espagnol, créole et anglais. Des commerçants venus par la suite d'Inde, vivent à Belize City (temple hindouiste ci-contre) et à Orange Walk, mais ne gardent aucune relation avec leurs compatriotes qui ne parlent plus la langue hindi. Au début du siècle, des émigrants chinois s'installèrent au Belize puis des Syro-Libanais qui forment un groupe solide de commerçants. Le dernier groupe d'immigrants est formé par les Mennonites, de langue allemande, agriculteurs et éleveurs.

GARINAGUS ● *88* ▲ *342*
Aux Antilles, des esclaves africains naufragés avaient constitué dans l'île Saint-Vincent un groupe indépendant, qui avait adopté la langue et les coutumes des Caraïbes. Soulevés aux côtés des Français

républicains, les *Garinagus,* de langue garifuna, furent exilés par les Anglais à Roatán en 1797. De là, ils s'installèrent le long de la côte du Honduras, du Nicaragua, du Guatemala et du Belize (dans le district de Stann Creek). Repoussés par les Bay Men, qui craignaient leur esprit rebelle et libertaire, ils ne furent reçus dans la communauté que le 19 novembre 1832, dont l'anniversaire est considéré comme fête nationale.

Port de Belize City à la fin du XIXᵉ siècle.

Belize City

Bâtie sur l'estuaire de la Belize River, Belize City est traversée par la Haulover Creek. Longtemps capitale d'une nation d'environ 200 000 habitants, Belize City a dû céder la place à Belmopán, au centre du pays, car la fréquence des cyclones menaçait la population et les infrastructures administratives. Avec 50 000 habitants, elle reste toutefois la principale ville du pays sur le plan économique et culturel.

Fort George. L'ancien fort anglais fut construit sur une île séparée du continent par un étroit chenal qui fut comblé au cours des années 1920 : un monument à la mémoire du baron Bliss, bienfaiteur du Belize y fut alors érigé. Sur l'emplacement du fort, se dresse le *Fort George Hotel,* bâti après la Seconde Guerre mondiale, devenu l'un des meilleurs hôtels de la ville.

Sud de la ville. Le secteur le plus caractéristique est situé au sud du Swing Bridge. C'est un vieux quartier aux rues étroites, avec des vieilles maisons de bois, des petits magasins et un marché de produits frais, le samedi. Regent et Albert Streets, seules rues rescapées de la Belize du XVIIIe siècle, abritent les grandes entreprises et le monde des affaires. L'horloge de la ville, sur son échafaudage métallique, indique sur ses quatre faces une heure différente et sur l'emplacement de l'ancienne Court House, détruite par un incendie en 1918, se tient un marché aux puces.

Government House. Délaissé depuis le cyclone Hattie et la fondation de Belmopán, cet édifice en bois bâti sur le Southern Foreshore entre 1812 et 1814 par l'architecte anglais Christopher Wren sert de résidence aux hôtes de marque.

St John's Anglican Cathedral
Cette église (ci-dessous) protestante, construction anglaise typique, fut bâtie en 1812 par des esclaves noirs, avec les briques utilisées comme lest par les navires venant charger du bois.

Hôtel Mona Lisa
C'est dans cet hôtel (ci-dessus) que fut tourné le film *Mosquito Coast* (1986), de Peter Weir, avec Harrison Ford.

Les ponts de Belize City
Les liens avec la terre ferme sont, en amont, le Belcan Bridge et, à l'embouchure, un vieux pont tournant, le Swing Bridge. De l'autre côté du pont, le secteur de Fort George offre une vue panoramique du port.

Jamaïcains
Appelés Rastafariens, les Jamaïcains, établis surtout à Belize City, croient à la rédemption de la race noire et à son retour en Afrique. Ils vénèrent le Négus Hailé Sélassié Ier sous son nom de Ras Tafari, et sont reconnaissables à leurs longs cheveux, que leur religion interdit de couper.

Lamanaï ♥
C'est l'un des lieux mayas dont l'occupation a été la plus longue, de 500 avant J.-C. jusqu'au XIXᵉ siècle. Pour l'atteindre (le site n'est pas entretenu), il faut remonter la New River en partant d'Orange Walk (environ 30 km). Durant la saison sèche, on y parvient aussi par une piste à partir de San Felipe. Les plus anciens tessons de poterie sur le site datent de 500 avant notre ère.

Sites archéologiques du Nord

L'absence d'un réseau routier rend difficile l'accès aux nombreux sites archéologiques qui ont été découverts mais encore peu explorés. Seuls sept d'entre eux sont ouverts au public, mais aucun n'est équipé : il est donc nécessaire d'emporter de l'eau potable. Il faudra souvent franchir des terrains couverts de hautes herbes et les chaussures montantes, les chaussettes roulées sur les pantalons, les chemises à manches longues et le chapeau pour le soleil tropical, sont indispensables.

Santa Rita. Dans l'extrême-nord du pays, la ville actuelle de Corozal est bâtie en partie sur le site de Santa Rita, occupé par les Mayas au moment de l'arrivée des Espagnols. Les structures mayas visibles se trouvent à 2 km de la ville. Le site fut habité au Classique Ancien et des décorations en stuc ainsi que deux sépultures de cette époque y ont été découvertes. Les bâtiments visibles sont du Postclassique Tardif (1350-1530). Diane et Arlen Chase y découvrirent en 1985 un tombeau et un squelette couvert de jades et de micas. Seule l'une des structures, reconstruite, peut être visitée.

Cerros. De l'autre côté de la baie, face à Corozal, le site de Cerros est accessible en bateau et par la route à la saison sèche (par Chunos, Progreso et Copper Bank). Ce fut un lieu important au Préclassique Tardif (350 av. J.-C.- 250 de notre ère). Des masques en stuc de 2,40 m de haut flanquaient les escaliers de deux structures. Le plus grand édifice atteint 22 m de haut, mais la zone d'habitation est souvent inondée à cause de la montée du niveau des eaux. Cerros contrôlait le commerce qui transitait par le río Hondo et la New River. Un canal fut creusé autour de la ville pour faciliter le cabotage des grandes pirogues.

Quatre siècles plus tard, on a élevé la plus haute (33 m) pyramide du monde maya de cette époque. On trouve un jeu de balle, du Classique Récent, des maisons sur des édifices cérémoniels, et des temples du Postclassique sur des maisons du Classique.

Nohmul. À 2 km de San Pablo, en direction d'Orange Walk, ce site majeur est composé de deux ensembles reliés par un

Altún Ha
Les archéologues de l'Ontario Royal Museum (Canada), qui fouillèrent le site (ci-contre) de 1964 à 1971, traduisirent le nom Rockstone Pond en maya, ce qui donna Altún Ha.

sacbé. Il fut occupé à la fin du Préclassique, puis à la fin du Classique (600-900). Près d'Orange Walk, subsistent des ruines mineures comme SAN ESTEBAN et SAN ANTONIO.

ALTÚN HA ♥. À 45 km au nord de Belize City, à 12 km de la côte, et accessible par la Northern Highway, Altún Ha est la cité maya la mieux explorée du Belize. Restauré dans les années 1970, le centre a été occupé dès le Préclassique Ancien (vers 1000 avant notre ère), mais la plupart des structures visibles datent du Classique Récent. Altún Ha devait abriter une population d'environ 10 000 habitants. Le centre consiste en deux places contiguës, l'une au nord, l'autre au sud. Il était alimenté en eau par un grand réservoir dont le fond était couvert d'argile ; à son extrémité sud, un barrage de pierre et d'argile servait à éviter qu'il ne déborde dans la zone marécageuse. Dans le TEMPLE DES AUTELS EN MAÇONNERIE (recouvert par une nouvelle construction), furent trouvées des pièces de jade ouvragé préalablement brisées. Dans une tombe, on a découvert près de trois cents objets de jade auprès des vestiges décomposés d'un codex. Comme Lubaantún ▲ *343*, Altún Ha ne possède ni stèles ni autels monolithiques.

CHAN CHICH. Accessible de Belize City par route ou par avion-taxi, Chan Chich, proche de la frontière guatémaltèque, est situé dans un endroit idéal pour observer faune (des oiseaux surtout) et flore tropicales ■ *22* et se reposer (bungalows et restaurant-bar). L'ensemble datant du Classique se compose de deux grandes places entourées de constructions. Les temples étaient en partie pillés au moment de leur découverte. Dans le sud d'Orange Walk, d'autres sites furent découverts entre Lamanaï et Chan Chich, tous difficiles d'accès : Las Milpas, El Infierno, Kakabish et San José, datant de la même période, n'ont pas encore été explorés.

XUNANTUNICH. La Western Highway, qui de Belize City conduit à Flores ▲ *320*, au Guatemala, traverse près de la

XUNANTUNICH
Le site fut occupé au Classique (entre 150 et 900). Face à la place centrale, le Castillo, avec ses 45 m de haut, est une construction maya monumentale. Sur la face sud, subsiste une frise de stuc restaurée en 1972. Il s'agit d'une composition cosmologique en plusieurs niveaux représentant la terre et le ciel sous la forme d'une bande céleste (détail ci-dessus).

Orchidée *Lemboglossum rossii.*

KINICH AHAU EN JADE
À Altún Ha, une tombe royale contenait la plus grande pièce sculptée de jade maya jamais découverte : la tête sculptée de Kinich Ahau, le Soleil.

UN SITE IMPORTANT
Une des particularités de Caracol est la présence d'inscriptions géantes (dates) gravées sur des pierres d'autels circulaires. Comme dans les sites les plus importants, tel Tikal, d'immenses réservoirs furent taillés dans la pierre pour conserver l'eau, et, dans le voisinage, un immense réseau de terrasses permettait une agriculture intensive. Les recherches réalisées dans ce site apportent tous les jours de nouvelles découvertes et permettent d'affirmer que Caracol fut l'un des centres les plus importants de la civilisation maya.

frontière une région qui fut fortement peuplée jusqu'au XVIIIe siècle. Xunantunich se situe à 13 km de SAN IGNACIO, la ville la plus importante du Belize occidental. Sur la place, se dressent trois stèles gravées. En 1959, Evan Mackie démontra que le site fut en partie détruit par un tremblement de terre au cours du Classique Tardif. Trois places entourées de constructions composent les lieux et, du haut du Castillo, on peut admirer la jungle du Petén ▲ *317*, les montagnes Mayas et le district de Cayo. Plusieurs sites peuvent être visités près de San Ignacio : BARTON RAMIE, EL PILAR et, au sud de la Western Highway, TIPU et MUCNAL TUNICH, tous à peine explorés et couverts de végétation.

CARACOL. Toujours dans le district de Cayo, à l'ouest du Belize, la cité maya de Caracol n'est accessible qu'à partir de San Ignacio ou de Georgeville. La piste qui pénètre dans la Pine Ridge Reserve (réserve naturelle) jusqu'à Augustine, continue vers le sud

par San Luis jusqu'à Caracol. On ne peut pénétrer dans ce secteur sans une autorisation préalable du Department of Archaeology ou du Forestry Department Western Division. Sur le plateau de Chiquibul (Chiquibul Forest Reserve), au cœur du pays, se dresse l'ensemble de Caracol, probablement le plus grand site du Belize. Le temple le plus élevé dépasse légèrement celui de Xunantunich, et sa base celle des temples de Tikal ▲ *321.* Tous deux d'époque Classique, Caracol et Tikal, situé à environ 70 km, étaient constamment en guerre. Après un conflit qui eut lieu en 562, Caracol domina la région durant plus d'un siècle.

CAHAL PECH
Les ruines de Cahal Pech occupent une colline qui domine la ville de San Ignacio. Les portes voûtées de ce palais sont une curiosité (ci-dessus). Certaines reconstructions récentes de Cahal Pech font l'objet de vives critiques de la part de spécialistes.

VERS LE SUD

DANGRIGA, VILLAGE GARIFUNA ● *88.* De Belmopán, une mauvaise route de montagne, la Hummingbird Highway, s'enfonce dans le sud du Belize jusqu'au village de Dangriga (ci-contre), «eaux stagnantes» en langue garifuna. En 1802, un village garifuna fut fondé à l'embouchure de Stann Creek River, auquel vinrent se joindre des esclaves marron. En 1823, d'autres Garinagus venus du Honduras sous le commandement d'Alejo Bani, s'installèrent dans le sud du Belize. Cultivateurs, ils vendaient leurs légumes à Belize City où ils n'étaient autorisés à séjourner que quarante-huit

CARAIBES ET GARINAGUS ● *88*
L'influence caraïbe se lit essentiellement dans les rituels religieux (culte aux esprits des morts dans les temples dugu) et dans les techniques liées à la transformation du manioc en fines galettes (*cassava bread*), par rapage, puis essorage de la farine dans de grands tamis cylindriques faits de palme tressée.

heures. Ils conservent toujours certaines traditions africaines, en particulier la musique, les danses et la cuisine, et pratiquent encore leur religion animiste, appelée *obeah*. Ils célèbrent le 19 novembre l'anniversaire de leur incorporation au Belize et cette fête, avec ses danses, sa musique et sa gastronomie, est très prisée.

RICHESSES INEXPLORÉES. Dans les forêts qui entourent Dangriga, de nombreux sites archéologiques sont encore inexplorés. La Southern Highway longe les sites de POMONÁ et de KENDAL, puis, plus au sud, celui d'Alabama, tous dans le district de Stann Creek (KUCHIL BALUM étant dans la Cockscomb Basin Forest Reserve).

ENVAHISSEURS. Après Dangriga, continuant vers le sud, la piste conduit au district de Toledo, jusqu'à Punta Gorda. Sans communication directe avec le Guatemala qu'elle jouxte, cette région, occupée jadis par les Mayas qui y laissèrent de nombreux vestiges, vit arriver des envahisseurs (Mosquitos du Nicaragua ?), puis des Américains confédérés qui venaient acheter des armes aux Anglais pendant la guerre civile. Après la défaite du Sud, des Américains y installèrent des plantations de canne à sucre. Mal adaptés au climat et aux conditions de vie, ils s'en retournèrent aux États-Unis, laissant ces terres à de nouveaux venus de toutes les origines : Garinagus et Hindous, Mayas kekchis et mopans, Chinois, Européens et Métis.

PUNTA GORDA. Perdu à l'extrême sud du Belize, Punta Gorda est accessible en avion de Belize et de Dangriga, ainsi que par bateau, depuis Livingston et Puerto Barrios, au Guatemala ▲ *309*. À Punta Gorda, le marché du samedi est remarquable par ses couleurs et les variétés de ses produits, parmi lesquels les tissus colorés ● *89* du Guatemala sont à l'honneur. Pour atteindre les sites archéologiques de ce district, il faut remonter

au village de SAN PEDRO, à environ 18 km au nord de Punta Gorda. Les habitants de San Pedro, San Antonio, Santa Cruz, Aguacate et autres, sont des Mayas kekchis et mopans ● *62* qui ont fui des plantations de café du Guatemala et conservent leurs langues et traditions indiennes, dont le tissage. Des guides conduisent les visiteurs aux GROTTES de Hokeb Ha et Blue Creek. La visite des ruines de HOKEB HA, PUSILHA et UXBENKA, est possible uniquement à cheval.

LUBAANTÚN ♥. À 2 km de San Pedro, Lubaantún («lieu des pierres tombées») est connu grâce aux archéologues, surtout britanniques, qui se sont succédés dans le site de 1903 à 1970, de Thomas Gann à Norman Hammond. Ce dernier a établi que le site a été fondé peu après 700 de notre ère et abandonné moins de deux siècles plus tard.

Forêt tropicale dans les environs de Lamanaï.

Grottes de Saint Herman
À 18 km de Belmopán en direction de Dangriga, les grottes de Saint Herman forment un réseau souterrain remarquable, occupé jadis par les Mayas. Ces labyrinthes où d'étroits passages succèdent à des salles de plusieurs dizaines de mètres de haut, offrent des vues d'une extraordinaire beauté, une féerie de stalagtites ou de stalagmites, de ruisseaux et de fenêtres par lesquelles des rayons de lumière pénètrent jusqu'aux entrailles de la terre.

Kinkajou
Ce singe est caractéristique de l'Amérique centrale. Il vit surtout la nuit, et se nourrit de fruits, d'œufs, de plusieurs variétés d'insectes ainsi que du miel des abeilles.

L'architecture y est très originale et consiste en plates-formes pyramidales pourvues d'escaliers, sur lesquelles étaient construits des édifices en matériaux périssables. La plus haute structure du site atteint 11 m. La voûte maya n'était pas ici utilisée, et l'on n'observe aucun décor de pierre. La maçonnerie était entièrement sèche : elle ne faisait usage d'aucun mortier, et était composée le plus souvent d'éléments de petite taille, parfaitement bien ajustés et d'un bel effet. On peut aussi y voir des terrasses, utilisant de gros blocs, dites mégalithiques. Aucune stèle sculptée, enfin, n'a été découverte à Lubaantún. Le site comprend plus d'une centaine de structures formant une vingtaine de places.

On distingue trois zones concentriques : la zone centrale, de fonction religieuse, puis une ceinture de structures cérémonielles avec des jeux de balle et des édifices d'usage indéterminé, et enfin, une zone résidentielle.
Les figurines-sifflets en céramique sont très variées et offrent un type original de personnages coiffés d'une sorte de casque n'ayant qu'une étroite fente pour unique ouverture. Le site n'est pas entretenu et il faut donc être correctement équipé (bottes et pantalons recommandés).

Uxbenka. Près de Santa Cruz, Uxbenka ne fut découvert qu'en 1984. On y a mis au jour vingt stèles dont sept gravées, datées du Classique Ancien.

Nim Li Punit. À mi-distance de Punta Gorda et de Dangriga, près d'Indian Creek, Nim Li Punit, découvert en 1970, est proche du site de Xnaheb. Lié à Lubaantún, il a produit une stèle de 3 m de haut, la plus grande du Belize. Vingt-cinq stèles y furent découvertes, datées de 600 à 800. Le site, comme presque tous les autres, fut pillé mais la tombe fouillée en 1986 par R. Leventhal était intacte. D'autres sites, sans doute quelques dizaines, se cachent encore dans les jungles du Belize et chaque nouveau vestige découvert vient enrichir la carte archéologique de ce petit pays à découvrir.

Informations pratiques

Un périple en Amérique centrale se prépare avec soin. Afin d'éviter un départ en catastrophe ou un retour anticipé, mieux vaut procéder dans l'ordre : visiter son médecin traitant et remettre à jour son carnet de vaccinations, puis obtenir les visas nécessaires. Enfin s'occuper de sa valise, avec une attention toute particulière si vous partez pendant la saison des pluies.

SANTÉ

Pour tout pays tropical, quelques précautions sanitaires sont indispensables avant le départ. Il est conseillé aux personnes âgées, aux enfants en bas âge et aux femmes enceintes d'être particulièrement vigilants ; une hospitalisation d'urgence peut être problématique hors des grandes villes.

VACCINS

Aucun vaccin n'est obligatoire. Il est cependant fortement conseillé de partir vacciné contre la poliomyélite, le tétanos, la typhoïde, la méningite ainsi que les hépatites A et B. Il s'agira le plus souvent d'actualiser son carnet de santé par une série d'injections, au minimum un mois avant le départ. Une remise à jour rigoureuse de l'ensemble de ces vaccins requiert un délai de trois mois.

PALUDISME

Le parasite responsable du paludisme est transmis par une piqûre de moustique et provoque des crises répétitives s'accompagnant de fortes fièvres. Un traitement prophylactique quotidien ou hebdomadaire, sur place (on le commencera une semaine avant d'arriver en région paludée et on ne l'arrêtera que plusieurs semaines après le retour), est indispensable. Les antipaludéens ne sont vendus que sur ordonnance. Il est sage de se protéger systématiquement des piqûres : manches longues, pantalons et produits antimoustiques.

PHARMACIE

Emportez : un anti-diarrhéique et un antiseptique intestinal, un antibiotique, un antipaludéen, un insectifuge, de l'aspirine, une lotion alcoolisée désinfectante, du collyre, un désinfectant pour l'eau, des pansements, une crème de protection solaire à écran total.

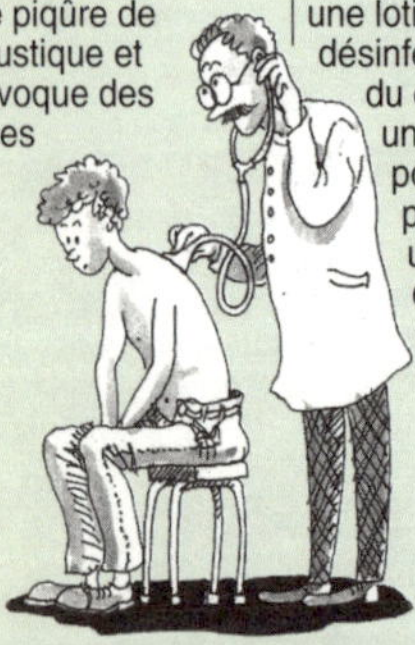

DÉCALAGE HORAIRE

Heure dans quelques grandes villes quand il est midi dans le monde maya.

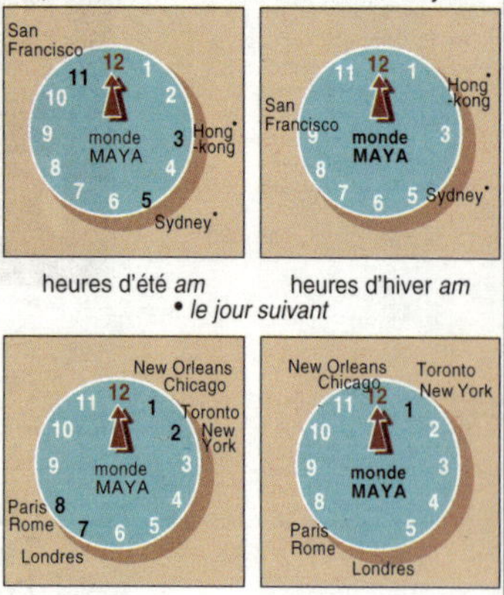

heures d'été *am* — heures d'hiver *am*

• *le jour suivant*

heures d'été *pm* — heures d'hiver *pm*

SUR PLACE

Si votre trousse de soins s'avère incomplète, procurez-vous (en pharmacie et non sur les marchés) du Lemotil pour arrêter les fortes diarrhées ou de l'Entocid contre les maux d'estomac (ces boîtes coûtent environ 2 $US). Les insectifuges locaux (*repelente*) sont souvent plus efficaces que les produits importés.

TRAITEMENT

Si vous suivez un traitement, emportez votre ordonnance et le nom scientifique de votre médicament, étant donné que le nom commercial varie souvent d'un pays à l'autre.

SIDA ET M.S.T.

Comme les autres pays de la ceinture tropicale, l'Amérique centrale enregistre une forte progression du virus du Sida.

CENTRES DE VACCINATION

Reçoivent sans rendez-vous (il n'est pas nécessaire d'être à jeun). Ne pas oublier son carnet de santé.

INSTITUT PASTEUR
209, rue de Vaugirard
75015-Paris
Tél. 01 45 68 81 98
Ouvert lun.-ven. 9 h-17 h, sam. 9 h-11 h 30.
Sans rendez-vous.

CENTRE AIR FRANCE
2, rue Robert-Esnault-Pelterie
75007-Paris
Tél. 01 43 20 13 50
Ouvert lun.-sam. 9 h-16 h 45
Renseignements : 36-15 VACAF

DEUX VISAS

Un visa est exigé pour l'entrée au Mexique et au Salvador. Il est préférable d'obtenir ceux-ci avant le départ, même si le séjour débute dans un pays tiers.
Aucun visa n'est demandé pour le Guatemala, le Belize et le Honduras.

MEXIQUE
Le visa est délivré en 48 h par le consulat du Mexique à Paris, sur place ou par courrier.
Pièces à fournir : passeport valable six mois après la date de retour prévue, certificat de transport aller et retour, photographie et 150 F en espèces (ou mandat postal).
CONSULAT DU MEXIQUE
4, rue Notre-Dame-des-Victoires
75002-Paris
(métro Bourse).
Ouvert 9 h 30-12 h 30 pour les demandes de visa, et 13 h 30-16 h pour les retraits.
Renseignements : répondeur interactif Tél. 01 42 61 51 80 ou 01 42 86 56 20.
L'office de tourisme est situé à la même adresse.

EL SALVADOR
Visa délivré en 48 h par l'ambassade d'El Salvador à Paris.
Les pièces à fournir sont les mêmes que pour le visa mexicain, plus une attestation de salaire (ou toute autre pièce permettant de garantir la solvabilité du voyageur).
Le prix du visa est de 200 F payables en espèces.
Il peut être délivré par courrier.
12, rue Galilée
75116-Paris
(métro Boissière).
Tél. 01 47 20 42 02.
Ouvert 9 h 30-13 h et 14 h-16 h 30.

GUATEMALA, BELIZE ET HONDURAS
Pour le Belize, le Honduras et le Guatemala, les droits de douane sont payables à la frontière ◆ *356*.
À l'entrée du Belize ou du Guatemala, une attestation de billet de retour peut être réclamée.
INGUAT (Office de tourisme du Guatemala)
Ambassade du Guatemala
73, rue de Courcelles
75008-Paris
Tél. 01 42 27 15 77
Fax 01 42 27 05 94
CONSULAT DU HONDURAS
8, rue Creveaux
75016-Paris
Tél. 01 47 55 86 45
Fax 01 47 55 86 48

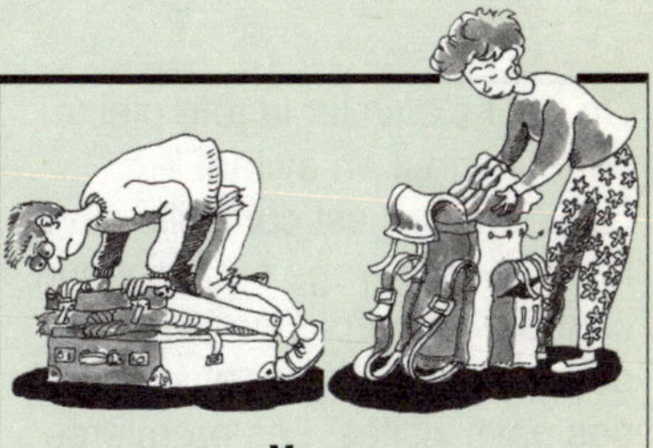

VALISE

Quelle que soit la saison, ne pas oublier, au moment de faire votre valise, qu'il peut faire frais la nuit ou en altitude. Emportez, en plus du maillot de bain et des vêtements légers, une paire de chaussures de marche et des sandales imperméables (pour les douches à la propreté douteuse et les éventuelles marches dans l'eau), un pantalon léger, un lainage, une cape imperméable pour la saison des pluies. Ajoutez à cela une lampe torche et un nécessaire de toilette complet (cosmétiques hors de prix sur place). Il est préférable d'utiliser un sac ou une valise étanche, qui puissent être verrouillés par un cadenas. Évitez d'emporter bijoux et objets de valeur.

MATÉRIEL PHOTOGRAPHIQUE

Le climat tropical humide requiert quelques accessoires : des capsules de silice qui absorbent l'humidité, à placer dans le sac-photo, une boîte isotherme pour la conservation des pellicules. Prévoir des pellicules et des filtres adaptés à la forte luminosité. Il est toujours possible de se réapprovisionner en film sur place, dans les grandes villes, mais contrôlez la date d'expiration et refusez ceux qui sortent d'une vitrine surchauffée.

BUDGET INDICATIF POUR DEUX PERSONNES ET TROIS SEMAINES DE VOYAGE

AVENTURIER
hôtels *, liaisons par bus et vol charter : entre 15 000 et 20 000 F
CONFORT
hôtels **, quelques liaisons aériennes internes, vol économique : entre 21 000 et 25 000 F
LUXE
hôtels ***, liaisons aériennes, vol plein tarif : entre 30 000 et 40 000 F
VOYAGE ORGANISÉ
par personne et pour un circuit de deux semaines : de 10 000 à 20 000 F selon les prestations offertes

PERMIS DE CONDUIRE INTERNATIONAL

Indispensable pour louer et conduire une voiture à l'étranger (mais pas obligatoire au Guatemala), le permis de conduire international s'obtient sans délai auprès de la Préfecture sur présentation du permis national, d'une justification de domicile, d'une pièce d'identité et de deux photographies. Prix : 17 F. Validité : 10 ans.

On peut s'envoler la tête pleine de rêves tout en évitant le cauchemar. Il est conseillé dans le cas d'un voyage en Amérique centrale de ne pas négliger les données climatiques et sociales des pays visités. Les premières vous aideront à faire votre valise, les secondes à revenir avec.

LE CLIMAT

Le climat tropical humide du monde maya permet de voyager dans des conditions agréables toute l'année. Durant la saison humide (de juin à septembre), les pluies ne se produisent qu'en fin d'après-midi et ne perturbent pas réellement la bonne marche des circuits touristiques.
Les températures ne varient pas tant en fonction de la saison que de l'altitude.
Sur la côte Caraïbe, prenez garde de ne pas sous-estimer la force du soleil, qui peut cacher son jeu derrière un vent tiède : de nombreux touristes en font les frais chaque année.

PÉNINSULE DU YUCATÁN (MEX.)
Il fait toujours chaud dans le Yucatán, et le thermomètre atteint souvent 40°C. Des orages brefs mais violents (*nortes*) peuvent éclater en fin d'après-midi, même pendant la saison sèche.

TABASCO (MEX.)
La basse altitude du Tabasco en fait un État chaud et humide toute l'année, plus agréable à visiter pendant la saison sèche.

CHIAPAS (MEX.)
Les régions montagneuses du Chiapas sont balayées par un vent frais. Il y fait froid la nuit, d'où leur nom de *tierra fría*.

GUATEMALA
Dans les Hautes Terres, les températures sont très fraîches la nuit, et parfois même le jour, pendant l'hiver. La côte Pacifique et surtout la jungle du Petén sont régies par un climat tropical chaud et humide.

BELIZE
Le climat de l'arrière-pays est similaire à celui du Yucatán. Les îles, balayées par les vents marins, sont agréables toute l'année.

COUP DE CŒUR
Partir en novembre, en raison des superbes fêtes de la Toussaint célébrées dans les Hautes Terres, de l'affluence touristique limitée et d'un ciel sans nuage.

De haut en bas : Mexique, Guatemala, Belize, Honduras, El Salvador.

QUAND PARTIR ?

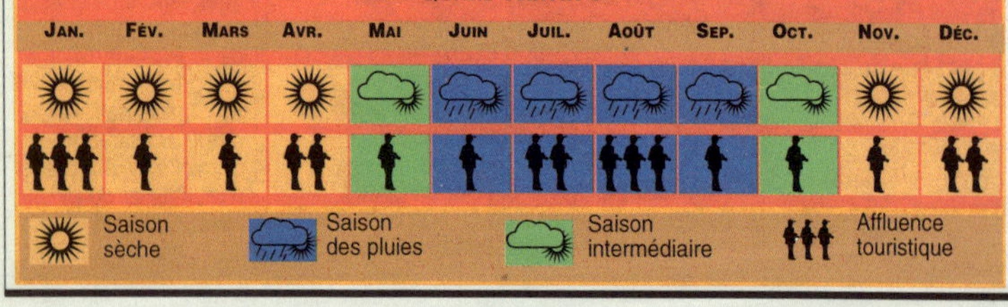

Généralités

Mexique
République fédérale, le Mexique a adopté un régime présidentiel.
La politique de rigueur menée ces dernières années semble porter ses fruits puisque l'inflation a été ramenée au début des années quatre-vingt-dix à 12 % environ.
Le Mexique se tourne maintenant résolument vers le grand marché nord-américain.

Guatemala
Après le Mexique, le Guatemala est le pays disposant des plus importantes richesses naturelles : café notamment, dont il est le sixième producteur mondial.
La guérilla qui sévissait dans les Hautes Terres est en voie de résorption.

Belize
L'ancien Honduras britannique reste très lié à son ancien colonisateur par le biais du Commonwealth : la reine d'Angleterre demeure le chef de l'État du Belize.
Son produit intérieur par habitant est le plus élevé d'Amérique centrale, Mexique excepté.

Honduras
Pays essentiellement agricole, il dispose des richesses traditionnelles de la région, c'est-à-dire le café et la production fruitière destinée au marché nord-américain.

El Salvador
Depuis 1992 ce petit pays a adopté une nouvelle constitution présidentielle et s'est engagé dans le chemin de la réconciliation nationale. Après douze années de guerre civile, le pays vit ses premières années de paix.

Sécurité

Les villes
Les bidonvilles qui ceinturent les capitales n'ont rien d'accueillant, non plus que les petites ruelles de Belize City : mieux vaut ne pas s'y aventurer, de jour comme de nuit.
Le centre des villes les plus touristiques (Mérida, Cancún, Flores et San Cristóbal) est sûr même la nuit. En revanche, il est fortement déconseillé de sortir à pied après la tombée de la nuit à Guatemala-Ciudad, Antigua, Panajachel, San Salvador...

Le banditisme
De nombreuses régions isolées ou très boisées sont réputées pour leurs bandits, aussi s'abstiendra-t-on de s'y hasarder seul surtout après le coucher du soleil.
Les offices de tourisme vous mettront en garde contre certaines expéditions qui s'avéreraient dangereuses.

La police
Une forme de racket «légal» se développe sur les routes où les véhicules particuliers peuvent être arrêtés par des membres indélicats de la police nationale. Un procès-verbal vertigineux est dressé pour des infractions imaginaires dont le conducteur est invité à se dédouaner par une «contribution volontaire» (*mordida*).
Si une telle mésaventure devait vous arriver, payez sans rechigner, et portez plainte ultérieurement, uniquement à l'office de tourisme ou à la police touristique.
Courant au Guatemala et au Mexique, ce type d'incident est plus rare dans les autres pays de la route maya.

Le pickpocket
Le risque le plus commun reste le classique pickpocket. Partez de préférence avec des traveller's cheques, conservez une photocopie des papiers (passeport et billets d'avion) dans un endroit sûr, ne prenez sur vous que la somme d'argent nécessaire pour une journée et laissez le reste à l'abri.

Identité du monde maya

	Belize	Guatemala	Honduras	Mexique	El Salvador
Capitale	Belmopan	Guatemala-Ciudad	Tegucigalpa	Mexico	San Salvador
Superficie (km^2)	22 960	108 890	112 090	1 967 183	21 040
Population (millions)	0,19	9,47	5,26	87,80	5,38
Densité (habitants au km^2)	8,5	86,9	47	44,7	255,8
Espérance de vie (années)	67	65	66	70	67
Alphabétisation (% de la population)	95	55,1	63,1	63	63

aeromexico

Cancún est la porte d'entrée la plus empruntée du monde maya, mais dans cette région morcelée chaque capitale possède son aéroport international. Les tarifs des liaisons aériennes varient sensiblement selon les saisons et les destinations. Les voyagistes proposent un choix très varié de séjours organisés, qui satisferont tous les appétits. Les «durs à cuire» et les flâneurs peuvent se rendre au Mexique depuis le sud des États-Unis, en train ou en bus : un voyage au long cours...

L'AVION

LES LIAISONS
Les principales portes d'entrée dans la région sont Cancún, Guatemala-Ciudad et Mexico. De là, des centaines de correspondances sont proposées vers un grand nombre de villes d'Amérique centrale. Belize City, Tegucigalpa et San Salvador, situées à la périphérie du monde maya, sont dotées d'aéroports internationaux. Pour les voyageurs disposant d'un temps limité, il est conseillé d'atterrir à Cancún, plaque tournante des circuits touristiques. Pour les moins pressés, qui désirent explorer le sud de la région, la plupart des compagnies qui survolent l'Amérique centrale (Taca en particulier) font escale à San Salvador.

LES PRIX
Les prix de «basse saison» sont pratiqués par les compagnies aériennes du 1er octobre au mois de mai. Ils coïncident avec la période climatique idéale pour visiter le pays maya. Les liaisons, moins fréquentes, avec le Belize, le Honduras et El Salvador ne permettent pas toujours d'obtenir des billets d'avion à bas tarif. Le prix moyen du billet Paris-Cancún aller-retour va de 4 000 F (basse saison) à 5 500 F (haute saison).

LES COMPAGNIES
Aeromexico est la seule compagnie aérienne à relier le Mexique à Paris en moins de 10 heures. Les vols sont sans escale jusqu'à Mexico et Cancún. La ponctualité des vols est irréprochable et le service de qualité.

AÉROMEXICO
12, rue Auber
75009-Paris
Tél. 01 47 42 40 50
Fax 01 47 42 02 35
Renseignements et réservations : 3615 Aéromexico.
Pour les plus petits budgets, une agence sérieuse proposant des billets sur ligne régulière à prix charter :
LA COMPAGNIE DES VOYAGES
28, rue Pierre-Lescot
75001-Paris
Tél. 01 45 08 44 88
Fax 01 45 08 03 69

DEPUIS LE NORD

EN TRAIN
Il est possible de se rendre dans le monde maya en train depuis les États-Unis d'Amérique ou à partir de Mexico. Au départ de Los Angeles ou de Houston, compter au minimum trente heures de trajet jusqu'à Mexico et entre vingt-quatre et trente heures de Mexico à Mérida. Renseignements et réservations :
Ferrocarriles Nacionales de Mexico, estación central de Buenavista
Tél. (5) 547 85 45 ou 547 58 19

EN BUS
Aux États-Unis, la compagnie Greyhound dessert toutes les villes-frontières du côté américain, où des bus mexicains prennent le relais à destination de Mexico ou de Cancún. Compter trois jours de voyage pour descendre en bus jusqu'au Guatemala à partir de Los Angeles.

LES VOYAGISTES

De nombreux voyagistes proposent différents circuits dans le pays maya
◆ *346*.
Compte tenu du nombre de possibilités qu'offre cette région du monde en matière de visites et de loisirs, le voyage organisé est une formule intéressante.
VOYAGEURS AU MEXIQUE
5, pl. André-Malraux
75001-Paris
Tél. 01 42 86 17 40
Fax 01 42 96 10 15
Circuits très originaux et liaisons aériennes à bas prix.
CLIO
34, rue du Hameau
75015-Paris
Tél. 01 53 68 82 82
Fax 01 42 50 49 79
Le spécialiste des circuits culturels organise notamment des conférences pour préparer son séjour.

À défaut d'être toujours enchanteurs, les moyens de transports mayas compteront certainement parmi les souvenirs les plus pittoresques du voyage. L'avion reste la façon la plus confortable et la plus rapide de se déplacer. Le bus, très utilisé par les autochtones, est par conséquent vivant et convivial. La voiture tentera les indépendants qui ne visitent qu'un seul des cinq pays. Enfin, seul le bateau permet l'accès à certains sites isolés tels que les villages au bord des lacs et les petites îles de la mer des Caraïbes.

LIGNES AÉRIENNES INTERNES

La région maya possède un réseau aérien très développé. La fréquence des vols est le plus souvent quotidienne et les prix raisonnables. Dans les cinq pays, de nombreux aéroports nationaux vous permettent d'aller presque partout et de gagner un temps précieux.

D'ÎLE EN ÎLE

Au Belize, les petits avions des compagnies locales assurent des liaisons quotidiennes entre l'île de Caye Caulker, l'île d'Ambergris Caye (San Pedro) et Belize City.

ISLAND AIR
À Belize City
Tél. (2) 31.140 ; 31.707
À Ambergris Caye
Tél. (26) 2180 ; 2484 ; 2435 Fax 2192
TROPIC AIR
À Belize City
Tél. (2) 45.671
Fax 32.794
À Ambergris Caye
Tél. (26) 2012 ; 3275/77 Fax 2338
À Caye Caulker
Tél. (2) 2040

LE «MAYAN AIRPASS»

Formule intéressante proposée par les compagnies aériennes du groupe Taca (Aviateca, Lacsa, Copa...), le *Mayan Airpass* permet de bénéficier des liaisons fréquentes pour circuler rapidement et à prix compétitifs à l'intérieur du monde maya.

MODE D'EMPLOI
Choisissez votre parcours en fonction des villes desservies par les compagnies. Chaque segment vaut un ou deux coupons. Additionnez les coupons nécessaires pour effectuer le parcours choisi. La somme doit être de quatre coupons au minimum pour constituer un *Mayan Airpass*. Calculez le prix de votre circuit aérien en multipliant le nombre de coupons par 65 US $ (pour quatre coupons le *Mayan Airpass* coûte donc 260 US $).

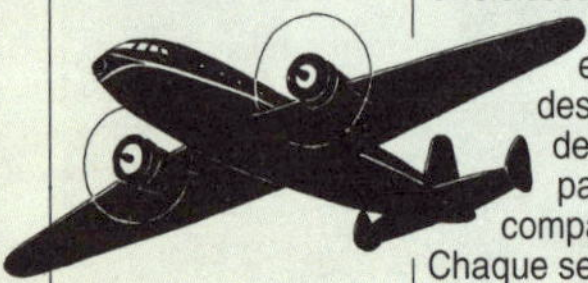

RENSEIGNEMENTS ET RÉSERVATIONS
3, rue Tronchet
75008-Paris
Tél. 01 44 51 01 64
ou 01 44 51 01 65
Fax 01 40 07 12 72

GOLFE DU MEXIQUE
MÉRIDA
CANCÚN
115 km
2 h 30
161 km
2 h
65 km
1 h
45 km
1 h
Chichén Itzá
Valladolid
Playa del Carmen
Cozumel
205 km
3 h 30
63 km
1 h
Tulum
CAMPECHE
456 km
8 h
Yucatán
251 km
4 h
MER DES CARAÏBES
556 km
10 h
10 h
(2 h)
(1 h)
udad del armen
CHETUMAL
MEXIQUE
160 km
3 h 30
San Pedro
BELIZE
BELIZE CITY
nque
222 km
4 h 45
Flores
291 km
8 h
339 km
8 h
Chiapas
Roatán
(1 h)
Punta Gorda
(1 h)
506 km
14 h
(1 h)
La Ceiba
Puerto Barrios
GUATEMALA
198 km
3 h
(1 h)
San Pedro Sula
342 km
7 h
(2 h)
307 km
6 h
198 km
4 h 30
444 km
6 h 30
(1 h)
(1 h)
280 km
7 h
Copán
Antigua
1 h
45 km
GUATEMALA -CIUDAD
HONDURAS
268 km
5 h
TEGUCIGALPA
(1 h)
(1 h)
SAN SALVADOR
EL SALVADOR
N PACIFIQUE

Les bus sont colorés et souvent ornés d'icônes et de porte-bonheur.

Des vedettes relient les îles de la mer des Caraïbes aux côtes.

LES BUS INTERURBAINS

Le réseau de bus, également très développé, permet de se rendre dans presque tous les villages (même les plus reculés) du pays maya. La durée des trajets dépend de la route, du véhicule et surtout du climat. Les prix varient de 20 à 30 F pour 100 km.

LES BUS DE PREMIÈRE CLASSE

Les bus de première classe appartiennent à des compagnies privées. Plus spacieux que les bus de deuxième classe (compagnie nationale), ils n'offrent pas nécessairement un grand confort. Ils assurent cependant les liaisons entre les principales villes, plus rapidement et pour un prix à peine supérieur à celui des bus publics. Le titre de transport se règle à l'avance au guichet de la compagnie où l'on pourra aussi, la veille du départ, réserver sa place. Les prix et les horaires y sont affichés et respectés. Ces bus circulent souvent la nuit, en particulier pour les longs trajets.

LES BUS DE DEUXIÈME CLASSE

Peu confortables et bondés, il s'agit d'anciens bus scolaires américains. Faites confiance au chauffeur, qui maîtrise son véhicule. Un jeune homme, étonnamment agile, se charge de faire monter les passagers – criant par la portière la destination du bus à chaque carrefour– puis de les faire descendre à bon port, sans omettre de hisser les bagages encombrants sur le toit ni de récupérer la taxe de transport (*tasa*) auprès de chacun. Le prix du transport étant variable, renseignez-vous auprès des passagers locaux. Ces bus circulent surtout le matin, à partir de 5 h. Ils sont moins fréquents l'après-midi.

SE DÉPLACER SUR L'EAU

LES FERRIES

Un service de ferries pour passagers dessert l'île Mujeres depuis Cancún (Puerto Juárez), l'île de Cozumel depuis Playa del Carmen ou Puerto Morelos, et relie Puerto Barrios et Lívingston (Guatemala) à Punta Gorda (Belize).

LES «LANCHAS»

Ces petits bateaux à moteur permettent d'atteindre les villages isolés en bordure des lacs ou les sites accessibles exclusivement par voie fluviale (environ 2 US $). Les services réguliers sont souvent interrompus en fin d'après-midi. Lorsque la fréquentation touristique n'est pas suffisante, il faut négocier sur place une *lancha privada*. Le prix, de préférence aller-retour, doit être convenu dès le départ. Il est jusqu'à dix fois supérieur à ceux des *lanchas* publiques.

LE TRAIN

Très peu utilisé par les voyageurs, le réseau ferroviaire est affecté davantage au transport des marchandises. Assez lent et dangereux (surveillez vos bagages), le train ne constitue donc pas le moyen de transport idéal.

LE RÉSEAU MEXICAIN

Seul le Mexique possède un réseau ferré étendu et efficace. Les places en première classe sont très bon marché, mais on évitera la deuxième classe. Attention aux vols la nuit, dans les compartiments des wagons-lits.

Les bus guatémaltèques sont souvent d'anciens autocars scolaires américains.

Curieux et typique tricycle, idéal pour se faufiler dans les ruelles de Belize City.

En ville

Les bus
Seules les grandes agglomérations telles que Guatemala-Ciudad, San Salvador, Mérida et Cancún possèdent un réseau de bus urbains. Le numéro indiqué sur les voitures correspond à l'itinéraire emprunté : on se renseignera auprès des offices de tourisme.
Il n'existe pas de stations fixes, sinon les carrefours où le bus a l'habitude de ralentir pour prendre ou déposer des passagers : il suffit de faire signe au conducteur.
Un parcours n'excède jamais l'équivalent d'un dollar US.
Le montant se règle dès la montée à bord.

Les «colectivos»
Ces minibus ou fourgonnettes, pouvant embarquer une dizaine de passagers, assurent principalement les liaisons entre les aéroports (ou le terminal portuaire) et le centre-ville.
Ce service, rapide, revient, pour la même course, en moyenne dix fois moins cher qu'un taxi.

L'auto-stop
Les véhicules assurant ce genre de service sont le plus souvent des fourgonnettes ouvertes à l'arrière que les autochtones appellent des *pick-ups*. N'embarquez à bord de ces joyeux convois qu'après avoir négocié le prix du transport que vous ne devrez régler qu'après être arrivé à bon port.

Quelques panneaux de signalisation
Stop : *alto*
Ralentir : *despacio*
Danger : *peligro*
Cédez la priorité : *ceda el paso*
Stationnement : *estacionamiento*
Hauteur maximale : *altura maxima*
Largeur maximale : *ancho libre*
Défense de tourner : *no virar*
Voie sans issue : *no hay paso*

Le taxi
Les fameuses coccinelles mexicaines et autres voitures chapeautées accessoirement du sigle «taxi» ont ceci en commun qu'elles brillent par leur rareté et par leur absence de compteur : négociez impérativement le prix de la course avant le départ.

La voiture

On peut louer une voiture dans toutes les grandes villes et dans tous les aéroports internationaux (où le tarif est plus élevé) des cinq pays du monde maya.

Louer une voiture
Se munir d'un permis de conduire international ◆ *346*.
Le paiement par carte bancaire (prévoir 5 % de taxes supplémentaires) est possible partout.
Laisser le véhicule dans une ville différente du lieu de location coûtera un supplément (prohibitif). Il est interdit de se rendre dans le Petén (nord du Guatemala) avec un véhicule loué ailleurs qu'à l'aéroport de Flores/Santa Elena.
Agence Koka
Tél. 50 12 33
ou 50 05 26
Le passage d'une frontière avec une voiture de location est interdit, sauf par les agences Dollar et Avis *qui*, moyennant un supplément de 20 US $, autorisent le passage au Honduras depuis le Guatemala.

Conduire sur la route maya

En dehors des grands axes routiers, les revêtements sont de qualité médiocre (en particulier au Guatemala), et la signalisation souvent inexistante.
Vous pouvez vous procurer de bonnes cartes à l'American Automobile Association (AAA), ainsi que dans les stations-service Texaco et Esso. Il est déconseillé de laisser des objets de valeur dans un véhicule.
Si vous circulez en ville, les avenues ont priorité sur les rues.
La vitesse maximale autorisée est de 50 km/h. L'essence est très bon marché dans les cinq pays (2 à 3 F le litre) et se paie au gallon (1 gallon équivaut à 3,8 litres). Les stations-service sont rares en dehors des grands axes ◆ *353*.

Passer d'un pays du monde maya à l'autre revêt parfois un caractère d'expédition : comme il est hasardeux, voire interdit, de franchir une frontière avec un véhicule de location, les transports en commun sont au programme. De nombreuses compagnies aériennes locales assurent des liaisons quotidiennes entre les villes principales. À la différence des bus de première classe, ceux de classe économique ne passent pas les frontières. Les formalités douanières effectuées, on peut continuer en bus ou en *pick-up* du pays d'accueil.

Transports locaux : bus, bateaux, trains, avions

Guatemala / Mexique

◆ Bus interurbains

De nombreux postes-frontières permettent le passage du Guatemala au Mexique. Les villes-frontières (et leur vis-à-vis au Mexique) sont : Tecún Umán (Ciudad Hidalgo), El Carmen (Talisman) et La Mesilla (Ciudad Cuauhtemoc), qui est la mieux desservie.

◆ Bateaux

On peut également passer directement du Petén (nord du Guatemala) au Chiapas (Mexique) en descendant, ou en remontant, le fleuve San Pedro ou le Río de la Pasion sur des *lanchas* à prix et fréquences variables. Expédition longue et «sportive», à prévoir plutôt en groupe.

◆ Trains

La ligne ferroviaire qui relie Puerto Barrios à Guatemala-Ciudad et à Tecún Umán (sur la frontière mexicaine) et qui rejoint les États-Unis en longeant la côte ouest du Mexique n'est pas en service actuellement.

El Salvador / Guatemala

◆ Bus

Le service de bus en 1re classe est direct entre San Salvador et Guatemala-Ciudad : bus King Quality depuis l'hôtel Presidente et bus Comfort Lines depuis l'hôtel El Salvador ; de Guatemala-Ciudad, bus depuis l'hôtel Las Américas. En classe économique, les bus partent du terminal de Occidente à San Salvador tous les jours. Certains ne vont que jusqu'à la frontière (où vous pourrez trouver des bus guatémaltèques pour Guatemala-Ciudad) ; d'autres vont jusqu'à Puerto Barrios (Guatemala) ou à la frontière mexicaine.

Guatemala / Belize

◆ Ferries

Un bateau quitte Puerto Barrios (Guatemala) tous les mardis et vendredis à 7 h 30 et fait escale vers 9 h à Lívingston (Guatemala), avant de repartir pour Punta Gorda (Belize). Le retour a lieu ces mêmes jours à 14 h 30. Les billets sont en vente le jour même avant de monter à bord. Arrivez au moins deux heures à l'avance, si vous voulez avoir une place assise et disposer de suffisamment de temps pour les formalités douanières d'immigration.

◆ Bus

Liaison quotidienne directe de Flores (Guatemala) à Chetumal (Mexique) *via* San Ignacio, Belize City et Orange Walk (Belize). Départ tous les matins depuis Flores à 5 h (réservations à l'hôtel San Juan, Santa Elena).

El Salvador / Honduras

◆ Bus

Le poste-frontière d'El Amatillo (à l'est d'El Salvador) est le plus sûr et le plus fréquenté pour le Honduras. Les bus pour El Amatillo arrivent et partent de San Salvador au terminal de Oriente. Les autres passages au sud du pays sont plus directs pour se rendre à Copán (Honduras). Il est tout de même préférable de se renseigner auprès des offices de tourisme car des troubles peuvent encore avoir lieu dans la région.

Mexique / Belize

◆ Bus

Chetumal (Mexique) est la ville de départ (ou d'arrivée) des bus à destination (ou en provenance) du Belize. Batty Brothers et Vénus sont les deux compagnies qui desservent le nord, depuis Belize City. Ils assurent quotidiennement, dans les deux sens, la liaison Chetumal-Belize City, *via* Corozal et Orange Walk.

◆ Avions

Liaisons quotidiennes depuis Belize City vers Cancún et Mérida.

Exercice pratique : visiter Copán (Honduras) depuis le Guatemala

De la façon la plus rapide : se rendre à Chiquimula à 169 km de Guatemala-Ciudad, en bus direct première classe Rutas Orientales (19 Calle 8-18, Zona 1 Guatemala-Ciudad) ; prendre le Transportes Vilma depuis le terminal de Chiquimula, pour la frontière, vers El Florido. Le dernier bus qui permet de passer la frontière (fermée à 17 h 30) est celui de 14 h 30. Pour traverser la frontière Guatemala-Honduras, ouverte de 6 h à 17 h 30 : empruntez un minibus (le dernier à 15 h 30) jusqu'à Copán. Si vous arrivez plus tard, vous pouvez prendre un *pick-up*.

Le chargement des marchandises est une opération des plus pittoresques.

El Salvador vous souhaite la bienvenue à la frontière avec le Guatemala.

Passer une frontière

Les formalités douanières sont effectuées au poste-frontière terrestre, en deux temps : présentation du passeport, pour lequel le douanier du pays que vous quittez délivre un tampon, à quoi s'ajoute le règlement de la taxe de sortie. Même scénario au poste du pays d'accueil, où vous payez un droit de douane. Il vous sera demandé également combien de temps vous comptez séjourner dans le pays (délai maximal de trois mois). La durée du passage varie toutefois en fonction du nombre de personnes qui s'y présentent (compter en moyenne vingt minutes) et de l'attente du bus qui vous permettra de poursuivre votre route.

	Droits de douane	Taxe d'aéroport
Belize	1 $ Belize (0,5 $ US)	10 $ US
Guatemala	10 quetzales (2 $ US)	10 $ US
Honduras	10 lempiras (1,5 $ US)	10 $ US
Mexique	6 pesos (2,5 $ US)	12 $ US
El Salvador	15 colones (2 $ US)	17 $ US

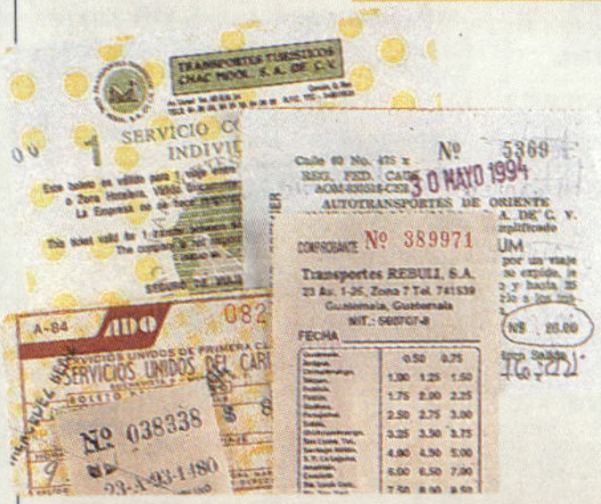

Principales compagnies aériennes dans les grandes villes du monde maya

* compagnies associées
** compagnies regroupées en corporaton

	Cancún	Chetumal	Mérida	Villahermosa	Guatemala-C.	Belize City	San Salvador	Tegucigalpa
Aérocaribe *	84 20 00		28 18 17	56 00 84				
Aéromexico	84 35 71	215-76	27 90 00	14 16 75				
Aérocozumel *	84 20 20		28 18 17					
Aviacsa	87 42 14	2 76 77	26 90 87	14 57 80				
Aviateca **	86 01 55		25 80 59		334 7722		298 5055	31 5047
Lacsa **	87 31 01		20 01 04		334 7722		298 5055	31 5047
Mexicana *	87 44 44		24 66 33	16 43 16				
Tropic Air						2 45 671		
Taesa	87 33 26		20 20 17					
Aérolitoral				14 36 14				
Aérovias					332 5686	2 75 445/6		
Avcom					331 5821			
Copa **					361 1567		271 2333	36 5760
Taca **					334 7722		298 5055	31 2469
Tapsa					331 4860			
Traslados (vols charters)					334 7783			
Tikal Jets					332 5070			
Island Air						2 31 140		
Maya Airways						2 35 794		
Sky Bird						2 32 596		

Des années d'inflation galopante ont appris aux habitants du monde maya à considérer leur monnaie avec circonspection. Dans cette région plus que partout ailleurs, le dollar est roi et il n'est possible de changer les devises européennes que dans les grandes villes.

LE PESO MEXICAIN

Depuis le 1er janvier 1996, suite à une forte inflation, le «nouveau peso» (N$), divisé en centimes (*centavos*), remplace «l'ancien peso» ($). Un nouveau peso vaut mille anciens pesos. Les nouvelles pièces sont bicolores, plus petites et plus légères que les précédentes. Depuis janvier 1996, les billets et pièces en circulation sont désignés en pesos, avec l'indication «nuevos pesos» sur les billets anciens et «pesos» sur les plus récents.

Les anciennes dénominations en vieux pesos de 10 000, 20 000, 50 000 et 100 000 ne sont plus en circulation. Tous les prix sont affichés en nouveaux pesos, et tous les chèques et justificatifs de cartes de crédit doivent être libellés en nouveaux pesos.

DOLLAR ET PESO

Le sigle du dollar américain (S barré deux fois) et celui du peso (S barré une fois) se ressemblent beaucoup.
Soyez vigilant avec les prix des grands hôtels, produits de luxe, etc. car ils sont souvent libellés en dollars américains, en particulier dans le Yucatán.

LE QUETZAL

Au Guatemala, l'oiseau multicolore, emblème du pays, a donné son nom à la monnaie locale qui se divise en cent *centavos*.

Les pièces de monnaies sont peu utilisées.

	MONNAIE LOCALE	1 $ US ÉGALE
BELIZE	Dollar-Belize	2 B$
GUATEMALA	Quetzal	6,10 Q
HONDURAS	Lempira	11 £
MEXIQUE	Peso	7,70 N$
EL SALVADOR	Colón	8 C

LE DOLLAR-BELIZE

Le Belize a baptisé sa monnaie le dollar-Belize.

Contrairement aux pays voisins, où le taux de change fluctue de façon plus ou moins importante, le Belize applique un taux de *one for two*, soit un dollar US contre deux dollars-Belize.

LA LEMPIRA

La monnaie du Honduras est la lempira, divisée en cent *centavos*.

LE COLÓN

La monnaie du Salvador est le colón, divisé comme les autres monnaies en cent *centavos*.

Le prix des choses

1 repas sur un marché : 1 $ US

1 chambre double : 50 $ US

1 semaine de cours d'espagnol : 65 $ US

1 journée de location de voiture (4x4) : 70 $ US

1 entrée dans un grand site maya : 6 $ US

1 beau «huipil» (tunique indienne brodée) : 30 $ US

1 chambre avec hamac : 5 $ US

1 sortie de plongée (tout compris) : 50 $ US

Le change

Le dollar US est la monnaie qui s'échange le plus facilement (billets de banque ou chèques de voyage). Le change s'effectue dans les banques (du lundi au vendredi de 9 h à 13 h), dans quelques rares bureaux (au Mexique surtout, ouverts la nuit) ou dans la plupart des grands hôtels (taux défavorable, mais très utile le soir ou le week-end).

Changer «au noir»
Il est possible de changer au noir (chèques de voyage compris) dans les rues du centre-ville des capitales et surtout aux postes-frontières. Cette pratique peu avantageuse vous permet de vous débarrasser de la monnaie du pays que vous quittez, alors que les banques du pays voisin ne la reprennent pas systématiquement.

Moyens de paiement

Le dollar US
On peut payer directement ses achats en dollars US au Belize. Dans les autres pays de la route maya, le dollar est la seule monnaie étrangère acceptée, mais il ne permet pas de régler les menus achats.

La carte de crédit (*tarjeta de crédito*)
Les distributeurs automatiques de billets qui acceptent la carte de crédit internationale sont assez rares. Mais il est difficile d'y retirer de l'argent après la fermeture des banques. Attention : les distributeurs gardent la carte après deux tentatives infructueuses de retrait.
Elle est utilisée très facilement comme moyen de paiement dans les hôtels, les grands restaurants et les magasins, mais implique souvent une majoration du prix de l'ordre de 5 %. Les cartes Visa, American Express et Diner's Club sont les plus couramment acceptées.

Le pourboire

Le pourboire d'usage est de l'ordre de 10 % dans les restaurants. Sur les factures ou notes de frais qui vous seront présentées, vous devrez remplir les cases *Tips* ou *Propina* et inscrire le total au bas de la feuille, si vous ne voulez pas que le commerçant le fasse à votre place. Dans les hôtels, vous serez juge du montant du pourboire, en fonction de la durée de votre séjour. Laissez un dollar au minimum à l'ouvreuse, à la femme de ménage ou encore à l'enfant qui garde patiemment votre véhicule sans que vous le lui ayez demandé.

Le coût de la vie

L'Amérique centrale est-elle une destination touristique bon marché ? C'est vrai surtout pour le Mexique (depuis la chute du peso), un peu moins pour El Salvador, le Honduras et le Guatemala ; beaucoup moins enfin pour le Belize.
Sur les sites et dans les grandes villes, les prix sont plus élevés que dans le reste du pays. Les tarifs des hôtels et des activités sportives baissent facilement de 15 % à 25 % lors de la saison des pluies. Votre façon de voyager déterminera le budget moyen à prévoir.

La TVA

Sur les notes à payer, ne pas confondre pourboire et TVA (*IVA*) qui est de 15 % (10 % au Guatemala) pour les produits de consommation courante dans tous les hôtels et restaurants), et de 20 % pour les produits de luxe.

Patience et discrétion sont deux qualités nécessaires, toujours récompensées, lors d'un périple dans le monde maya. Il faut prévoir une attente d'au moins une heure pour téléphoner depuis un centre d'appel international, et compter deux à quatre semaines pour qu'une lettre arrive en Europe. Si les communications sont lentes ou laborieuses, elles n'en sont pas moins chères : l'Amérique centrale, Guatemala en tête, applique à l'international des tarifs de télécommunication parmi les plus élevés du monde.

Téléphone

Les communications internationales (*larga distancia*) sont très onéreuses depuis l'Amérique centrale (en moyenne 25 US $ pour trois minutes). Il est possible d'appeler en PCV (*por cobrar*) depuis le Mexique (tél. 09) et le Belize (tél. 115), plus difficilement depuis le Guatemala, El Salvador et le Honduras.

Dans toutes les villes, des centres de télécommunications vous permettent d'effectuer des appels nationaux et internationaux, d'envoyer des télégrammes, des télex et des fax (l'envoi d'une page de fax coûte deux fois moins cher que trois minutes de téléphone). Les horaires d'ouverture sont généralement très commodes ; la plupart des centres restent ouverts jusqu'à minuit.

Au Mexique
Seul le Mexique possède des cabines à carte. Les cabines bleues s'utilisent pour les appels internationaux ; les cabines orange pour les appels nationaux. Les cartes téléphoniques sont de 10 ou 30 pesos.

De France
Le prix des communications téléphoniques vers les pays mayas est d'un peu plus de 18 F la minute. Tarif réduit de 21 h 30 à 8 h, uniquement vers le Mexique : 13 F la minute.

Poste

Recevoir du courrier
Le plus sûr est de le faire adresser en «poste restante» à la poste centrale de la ville (capitale ou grand centre de préférence) dans lesquels vous pourrez le plus facilement le récupérer.

Expédier du courrier
Le service postal d'Amérique centrale est très lent et très peu sûr. Il est préférable d'expédier tout son courrier depuis les postes centrales des capitales ou grandes villes, et de faire peser son pli avant l'expédition, en raison des multiples tarifs d'affranchissement.

Philatélie
Les timbres des cinq pays comptent parmi les plus beaux du monde. Les philatélistes trouveront un grand choix de timbres de collection en vente dans les postes centrales de Guatemala-Ciudad et surtout de Belize City.

R. DAVIDSON

Courant électrique

Le courant est de 110 volts et les prises nécessitent des fiches américaines plates ; emportez un adaptateur. Seuls les grands hôtels sont équipés en 220 volts. Dans certaines régions (Honduras, Hautes Terres du Guatemala, ou à Tulum au Mexique par exemple) les restrictions d'électricité sont fréquentes.

Codes téléphoniques depuis et vers la France

	Depuis la France	Vers la France
Belize	00-501	00-33
Guatemala	00-502	00-33
Honduras	00-504	00-33
Mexique	00 52	98-33
El Salvador	00-503	0-33

Se repérer en ville

La plupart des villes s'organisent autour d'une place centrale (Plaza Mayor ou Zócalo) et sont traversées du nord au sud par des avenues (avenidas), d'est en ouest par des rues (calles).

Désigner une rue

Les rues et avenues portent soit des noms, soit des numéros, parfois les deux. Le nom d'une rue peut être indiqué sur deux plaques superposées : l'une en espagnol, l'autre en maya.

«Dans le meilleur des cas»

Au Salvador, au Honduras et à Antigua Guatemala, les rues et les avenues sont numérotées à partir de la place centrale. Une rue située à l'est de celle-ci sera appelée (calle) Oriente, à l'ouest (calle) Poniente. De la même façon, une avenue située au nord, (avenida) Norte, au sud, (avenida) Sur. Par exemple : 3 Calle Oriente, n° 10, est l'adresse du numéro 10 de la troisième rue à l'est de la place centrale.

«In Belize...»

Seul le Belize échappe quasiment partout à ce découpage perpendiculaire des villes et utilise les appellations anglo-saxonnes (*street*, *avenue*, *lane*, etc.) pour désigner les axes tortueux qui longent souvent la côte ou y mènent. À vos boussoles !

Système de lecture des adresses à Guatemala-Ciudad

La capitale est divisée en plus de vingt zones (*zonas*) qui possèdent chacune la même numérotation de rues et d'avenues. Il faut donc tout d'abord se rendre dans la zone déterminée. Ensuite, le premier chiffre du numéro des rues indique l'avenue la plus proche ; de même pour les avenues, le premier chiffre indique la rue la plus proche. Le second chiffre mesure la distance en mètres qui sépare le lieu que vous cherchez du croisement avec l'avenue ou la rue la plus proche. Par exemple : l'Office du tourisme INGUAT
7a Avenida 1-17
Zona 4
est situé dans la zone 4, sur la 7e avenue, à 17 mètres du croisement avec la première rue. *¿ Claro ?*

Photographier

La photographie sur la route maya est avant tout affaire quotidienne de délicatesse et de respect. Un téléobjectif sera précieux afin de ne pas gêner les habitants. Il est encore préférable de leur demander la permission. Dans certains villages mayas et lors de certaines cérémonies, les photos sont strictement interdites ; respectez ces volontés, elles sont toujours clairement indiquées. Sur les sites, il est parfois nécessaire de s'acquitter d'un «droit à l'image» pour l'appareil photo, payable à l'entrée. Pour les caméras vidéo, ce droit est toujours obligatoire sur les sites archéologiques mexicains.

Sortir

Les bars ferment un peu après minuit. Au Mexique, où la vie nocturne est plus animée, ils pratiquent généreusement la formule des *happy hours* : deux consommations pour le prix d'une. Sur la côte Atlantique (à Cozumel, Playa del Carmen, Lívingston), quelques discothèques en plein air animeront vos soirées. Il est interdit de boire de l'alcool dans la rue au Guatemala. Les polices nationales n'ont pas la moindre sympathie pour les consommateurs de cannabis ou de marijuana. S'abstenir relève de la prudence la plus élémentaire.

La presse

La presse locale est rédigée en espagnol, sauf au Belize, où elle l'est en anglais. Lourds et épais, ces quotidiens traitent généralement bien de l'actualité internationale. On peut trouver le *Herald Tribune* dans les grands hôtels et consulter la presse étrangère dans les ambassades des pays concernés.

Les marchés sont aussi un régal pour l'œil et permettent de grignoter toute la journée.

Sur les côtes, achetez le poisson aux pêcheurs, dès leur retour sur les plages.

Variations sur un même thème : le maïs, le poulet et le haricot noir forment la base d'une cuisine qui plonge ses racines au cœur de la culture maya. Sans accéder à la haute gastronomie, elle reste suffisamment variée pour procurer de bons moments. Mais attention : l'alimentation est le vecteur privilégié de nombre d'infections, aussi est-il indispensable, sans pour autant bouder son plaisir, de respecter certaines précautions.

Maïs et «tortilla»

La base de la cuisine locale est le maïs, que l'on retrouve dans un grand nombre de préparations, par exemple, sous forme de *tortilla*. À mi-chemin entre la crèpe et la galette, celle-ci sert de pain, d'assiette, de cuillère et de serviette. Farcie de fromage ou de viande hachée (*enchiladas*), couverte de fromage fondu (*quesadillas*), farcie et frite (*tacos*), elle constitue un plat unique. On peut aussi la rouler et la tremper dans le *guacamole*, une purée épaisse d'avocat, de piment et d'oignon, aromatisé de coriandre. Au Salvador, la variante de la *tortilla* est la *pupusa* : galette plus petite, farcie au fromage, à la saucisse ou aux haricots noirs.

Haricots et poulet

Les haricots rouges ou noirs (*frijoles*) et le riz blanc (*arroz*) garnissent la plupart des plats. La viande de bœuf est un produit très rare dans la région ; seule la volaille est consommée en quantité. Le poulet (*pollo*) et la dinde (*guajolote*) sont servis dans une sauce brune aromatique (*mole*) à base de chocolat pimenté dans laquelle n'entrent pas moins de vingt ingrédients différents.

Poissons et crustacés

À l'honneur sur les côtes : écrevisses (*camarones*), huîtres (*ostiones*) de septembre à avril, langoustes (*langosta* ou *lobster*, en anglais) de juin à février. La salade de poisson cru (*ceviche*) mariné dans du jus de citron est aussi un grand classique. Parmi les nombreux poissons de mer, vous pourrez goûter du requin et surtout de l'excellent baracuda.

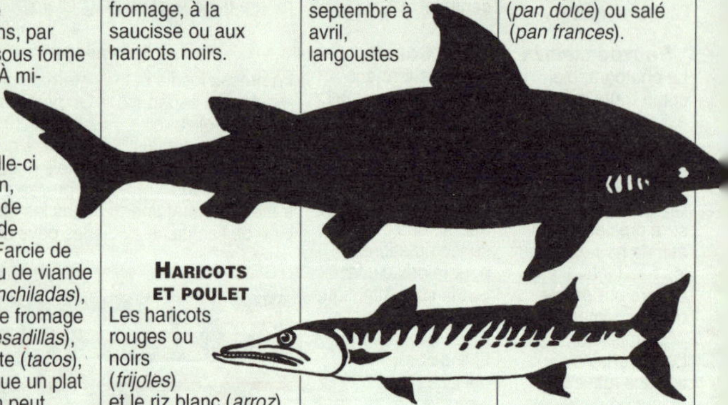

Le pain

Le pain est d'apparition plutôt récente, mais il en existe un grand nombre de variétés : petits pains (*bollilos*), pain bis ou pain noir (*pan negro*), pain à la noix de coco (*pan coco*), pain sucré (*pan dolce*) ou salé (*pan frances*).

Desserts

Ils se résument souvent à une salade de fruits ; pamplemousse, orange, banane, melon, mangue et papaye poussent en abondance. Les restaurants préparent aussi différentes variétés de flans (*flan*) et de glaces (*helados*). Méfiez-vous des *tortas* ; ce ne sont pas des tartes mais des sandwichs garnis !

Les bières locales sont légères. Le rhum, au contraire, devra être abordé avec précaution et modération.

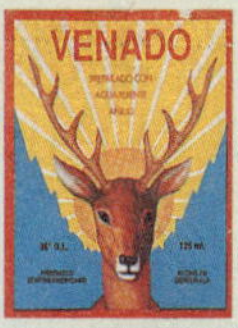

Les Mercados de la comida *sont une alternative conviviale et bon marché aux restaurants «touristiques».*

Les boissons

L'eau du robinet n'est pas potable. Demandez toujours des bouteilles d'eau minérale que l'on décapsulera devant vous. Dans certains hôtels, une carafe ou un container d'eau potable dans chaque chambre est à la

disposition des clients. Les délicieux jus de fruits vendus dans la rue, pressés sous vos yeux, sont parfaitement inoffensifs, ce qui n'est pas toujours le cas des boissons locales à base de fruits pressés, d'eau, de jus de maïs ou de coco. N'hésitez pas à utiliser des comprimés de purification ; il faudra attendre plusieurs heures avant que l'eau soit potable. Paradoxalement, dans ces pays grands producteurs de café, le café noir est souvent médiocre, léger et très sucré. Précisez si vous le buvez sans sucre (*sin azúcar*).

Quelques spécialités

Barbaco : morceau de mouton ou de chèvre enveloppés dans des feuilles de bananier et cuits sous la braise. *Carnitas* : petits morceaux de porc frit, mangés chauds. *Chicharron* : couenne de porc frite, mangée froide. *Ciles rellenos* : poivrons farcis de viande, poisson ou fromage. Les *tamales* que l'on mange au Mexique ne sont pas autre chose que de la polenta (semoule de maïs) à la viande.

Pour changer

Le *poc-chuc* se compose de tranches de filet de porc marinées dans du jus d'orange servies avec une sauce et des oignons relevés. Le *pollo pibil* est un plat de morceaux de poulets marinés dans une sauce non épicée (à base de graines de roucou, de jus d'orange, d'ail, de sel et de poivre), enveloppés dans des feuilles de banane et cuits au four.

Les précautions alimentaires

Les crudités et les fruits vendus dans la rue doivent être pelés ou bien lavés avant consommation. Ne mangez, si possible, que du porc déjà cuisiné : les préparations locales sont bien adaptées aux problèmes éventuels liés à certains aliments. L'eau, les glaces, les sorbets et les glaçons ne sont inoffensifs que dans les grands hôtels. Pour le lait, n'achetez que des bouteilles fermées et étiquetées «pasteurisé» (*pasterizada*). Sous ce climat tropical, la cuisine est épicée. Les mets très relevés sont désignés comme

«chauds» (*calientes*), les moins épicés comme «tempérés» (*templados*). Si le piment a des vertus antiseptiques reconnues, sa force peut être insupportable pour un palais occidental. Ne pas hésiter à préciser à la commande que vous désirez les plats sans épices (les restaurateurs ont l'habitude !).

Horaires des repas

Le petit déjeuner (*desayuno*), servi jusqu'à 10 h, est un repas très riche composé d'un choix de plusieurs plats d'œufs dont les *huevos rancheros* (œufs au plat à la sauce au *chile* sur une *tortilla*) ou les *huevos a la mejicana* (œufs brouillés à la tomate et au *chile*). Le déjeuner (*comida* ou *almuerzo*) peut se prendre jusqu'à 15 h et le dîner (*cena*) jusqu'à 22 h. Ce dernier est souvent remplacé par un goûter (*merienda*) avec des pains sucrés et du café. Si vous décidez d'adopter les coutumes locales : grignotez tout au long de la journée et ne prenez qu'un repas complet : le déjeuner.

Où manger ?

Dans chaque village, il existe un *mercado de la comida* où l'on peut prendre sur place un repas jusqu'à 15 h pour une somme dérisoire (environ 1 dollar pour un plat chaud, une boisson et un café). Pour varier : dans toutes les grandes villes, il est possible de manger facilement italien ou américain. Le Belize compte de nombreux restaurants chinois ; El Salvador plusieurs restaurants végétariens.

La vie locale n'ayant plus de secrets pour vous, ces parcours indicatifs ont pour mission de vous faire découvrir les sites principaux ou certaines facettes plus originales du monde maya, selon le temps dont vous disposez. Ils peuvent être combinés et réalisés dans le sens désiré. La durée minimale indiquée doit être majorée en saison des pluies. Le budget varie en fonction des pays visités, des moyens de transport et du type d'hébergement.

CIRCUIT CLASSIQUE (15 JOURS)

Départ et arrivée à Cancún. Étapes à Chichén Itzá, Mérida, Uxmal, Palenque, Chichicastenango, San Cristóbal de Las Casas, Panajachel, Antigua, Tikal, Belize City.
Ce circuit permet la découverte des sites majeurs du monde maya et de trois pays : Mexique, Guatemala et Belize. Vous pouvez l'enrichir des propositions ci-dessous.

CIRCUIT EXTENSION PLONGÉE (+ 5 JOURS)

Au départ de Belize City. Hébergement à Ambergris Caye et/ou Caye Caulker, avec diverses excursions en mer, pour explorer les grottes sous-marines du Blue Hole par exemple ou les hauts fonds de la Marine Reserve.
Ce circuit s'adresse aux passionnés de plongée ou de farniente, qui trouveront sur la côte caraïbe du Belize l'un des plus beaux récifs coralliens du monde.
Le coût de la vie à San Pedro (Ambergris Caye) est élevé et l'hébergement sur place à éviter si vous voulez consacrer votre budget à la plongée.

CIRCUIT EXTENSION EL SALVADOR

Au départ de Guatemala-Ciudad pour la visite du site de Joya de Cerén. L'incursion de deux jours au Salvador est possible aussi depuis le Honduras (incidents frontaliers minimes depuis la fin de la guerre civile).

CIRCUIT EXTENSION COPÁN, LÍVINGSTON ET POPTÚN (+ 7 JOURS)

Visite du site de Copán (Honduras), découverte du village de Lívingston et de son atmosphère caribéenne ; découverte de la *finca* Ixobel de Poptún (Guatemala), où vous pourrez participer à la cueillette du café au moment des récoltes. Ce circuit est réalisable en une semaine, mais le temps consacré à chaque lieu peut varier. On peut aller de Guatemala-Ciudad à Copán, visiter les ruines de Copán puis retourner au Guatemala dans la même journée ◆ *356*.
Prévoyez toutefois deux jours pour effectuer cette boucle en faisant escale à Copán, si vous ne voulez pas courir.

CIRCUIT SPORT ET DÉCOUVERTE (21 JOURS)

De Cancún à Cancún en passant par Tikal, Sayaxché, Bonampak, Palenque et Mérida.
Une aubaine pour les aventuriers ; un itinéraire physique, original, quoique coûteux. À travers la jungle, sur une pirogue, il permet la découverte de sites rarement visités en raison de leur accès difficile. Cet itinéraire peut s'entreprendre individuellement, mais son organisation est un peu délicate. Voyageurs Au Mexique ◆ *350* en a fait un de ses circuits vedettes sans dénaturer en rien cette aventure.

CIRCUIT SITES DU YUCATÁN (8 JOURS)

De Cancún à Cancún. Ce circuit traverse tout le Yucatán en passant par Chichén Itzá, Mérida, Uxmal et Palenque (Chiapas). Idéal pour ceux qui ne disposent que de peu de temps pour découvrir les sites majeurs du Mexique maya et souhaitent profiter des plages toutes proches de la côte des Caraïbes.

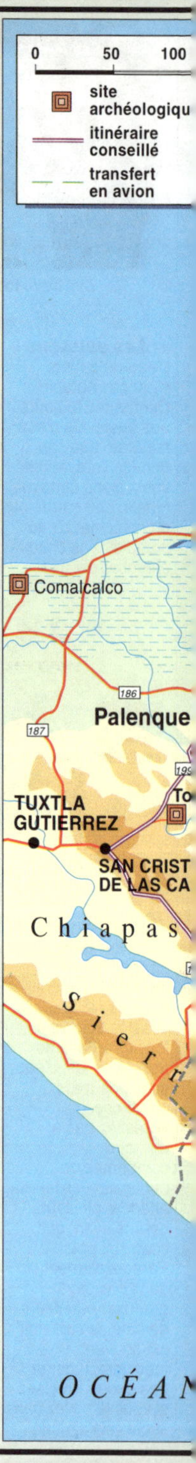

❤ Séjours Robinson

À ceux qui aspirent au calme et à une relative solitude, Punta Allen, le lac de Montebello (Mexique), le Río Petexbatún, le biotope de Monterico (Guatemala), le volcan Cerro Verde (El Salvador) et bien sûr les innombrables îles quasi désertes du Belize, réservent de petits paradis perdus du bout du monde maya où il fait bon vivre d'amour et d'eau fraîche.

Les innombrables lacs du monde maya sont autant de buts de promenades.

Coucher de soleil depuis les rives du lac Atitlán.

La terre du monde maya, ses volcans, ses chutes d'eau, ses réserves naturelles, ses lacs et les deux océans qui la baignent, offrent l'opportunité de découvrir sportivement ce pays aux mille facettes. L'écotourisme se développe, et les agences spécialisées, du Guatemala et du Belize en particulier, proposent des circuits de qualité associant sports et nature.

Randonnées

La marche constitue un moyen agréable de découvrir la région à son rythme, hors des sentiers battus. Les Hautes Terres du pays maya comptent parmi les plus volcaniques du globe. L'ascension des volcans ◆ *370* comblera les randonneurs, tandis que les marcheurs de fond pourront s'attaquer aux plaines et plateaux immenses qui, de village en village, offrent un paysage certes moins grandiose mais tout aussi pittoresque.

Fleuves et «rafting»

Des excursions sont organisées au Belize depuis San Ignacio et Belize City, au Guatemala depuis Flores, Antigua ou Guatemala-Ciudad. La plus longue rivière du monde maya, l'Usumacinta, s'écoule du Guatemala vers le golfe du Mexique. Elle fut autrefois une voie importante pour les Mayas, ce qui explique la présence de nombreux sites le long de ses rives. Bien loin de l'affluence des ruines les plus accessibles, vous ne serez dérangé que par les cris des singes. Les trois autres cours navigables importants sont le Grijalva, le Hondo et le Motagua.

La voile

Les amateurs de planche à voile navigueront sur les lacs (Atitlán, Petén Itzá et Izabal au Guatemala ; Coatepeque au Salvador) et près des côtes. Le matériel se loue à proximité de chaque *spot*. À Panajachel (lac Atitlán), s'adresser à Luis René Portillo. Il organise des journées en bateau autour du lac, des matinées nautiques (*mañana acuática*), et met à disposition du matériel (pédalos, barques, planches à voile et canoës) l'espace d'une matinée.

Spéléologie

Nombre de grottes et rivières souterraines accueillirent jadis des cérémonies sacrées mayas.

Poptún et ses environs

Les sites de spéléologie aux alentours de Poptún (à mi-chemin sur la route reliant Flores au Río Dulce) sont accessibles grâce aux excursions organisées depuis la *finca* Ixobel (Poptún et l'hôtel Villa de los Castellanos à Machaquilá ◆ *364*).

Candelaria

La grotte et la rivière de Candelaria forment un réseau souterrain de 12 km de long où la rivière peut atteindre jusqu'à 30 m de large. Il est recommandé de planifier la visite avec Voyageurs au Mexique ◆ *350*, ou avec l'agence Candelaria. La visite comporte un parcours à pied et en barque sur la rivière d'une durée minimale de deux heures.

Les agences spécialisées

◆ **Randonnée, équitation, volcans, excursions**
Turismo Ek Chuah
3a Calle, 6-24, Zona 2
Guatemala-Ciudad
0102
Tél. 232 0375
Fax 232 4375
(parlent français)

◆ **Saut à l'élastique et «rafting»**
Maya Expeditions
15a Calle 1-91
Zona 10
Guatemala-Ciudad
01010
Tél. 337 4666
Fax 594 7748

◆ **Voile (lac Izabal, Lívingston, Belize)**
Viareal
4a Calle Oriente,
n° 14 La Fuente
Antigua Guatemala
Tél. / Fax 832 3228
832 0082 (français)
Izabal Adventure
La Galeria,
7 Av. 14-44, Zona 10
Guatemala-Ciudad
01010
Tél. 334 0323/24
Fax 334 0341

◆ **Excursions dans le Petén**
Explore
À Flores (Guatemala) :
Av. Centroamérica,
Tél. 926 0655 / 0843
À Guatemala-Ciudad :
Avenida La Reforma
12-51, Zona 10,
Tél. 331 6243
Fax 334 1179

◆ **Spéléologie**
STP
2a Av. 7-78, Zona 10
Guatemala-Ciudad
01010
Tél. /Fax 334 6236

◆ **Équitation, canoë, bicyclette (Belize)**
Maya Mountain Lodge
3/4 Ml Cristo Rey Road
PO Box 46
San Ignacio, Cayo
Tél. / Fax 92 2164 et
92 2029 Appel gratuit :
1 800 344 MAYA

Un monde à part, qui mérite à lui seul un voyage : longeant la côte Atlantique depuis le Quintana Roo jusqu'aux îles de la Bahía (Honduras), la plus belle barrière de corail des Caraïbes offre près de 1 000 km d'un paradis écologique parsemé d'îles…

PLONGÉE

La plongée sous-marine (*scuba diving*) et la natation avec masque et tuba (*snorkelling*) sont pratiquées toute l'année sur la côte Caraïbe. Le long de la barrière de corail, la plus grande du monde après celle d'Australie, la faune et la flore sont d'une infinie richesse et les fonds marins, préservés. Il est d'ailleurs formellement interdit d'y prélever du corail.

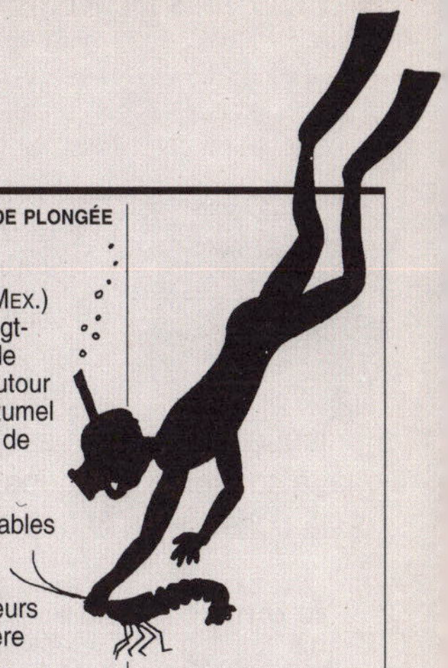

Masque et tuba

Sans brevet de plongée, on peut louer masque, palmes et tuba sur place (3 $ US la journée) afin d'admirer, à de faibles profondeurs, les coraux et les poissons.
L'île de Cozumel (ex. *Chankanaab Park*) abrite de nombreuses réserves naturelles aménagées pour les plongeurs. Des promenades en mer, d'une journée, en bateau à moteur, vous permettent de découvrir les hauts fonds. Le conducteur fournit masque et tuba pour plonger sur chaque site.
Prix : 25 $ US env.

Brevet de plongée

Vous pouvez passer votre brevet international de plongée à l'occasion de votre séjour : compter de trois à cinq jours pour l'obtenir (cinq plongées et test écrit).
Prix : moins de 150 $ US (brevet le moins cher du monde à Utila, Honduras) à 350 $ US.
Prix moyen pour deux plongées de 45 minutes (transport et équipement compris) : 50 $ US.

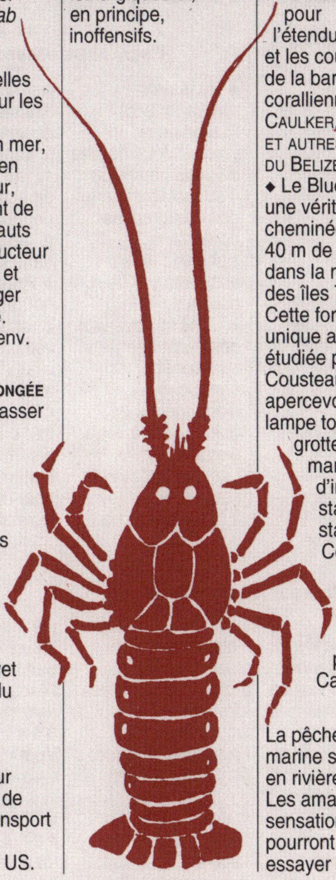

Cancún et Isla Mujeres
La Réserve des requins dormeurs est à 5 km au nord de l'île (à 23 m de profondeur). La faible oxygénation des grottes sous-marines y rend les requins léthargiques et, en principe, inoffensifs.

Les lieux de plongée

Playa del Carmen et Cozumel (Mex.)
Plus de vingt-cinq sites de plongée, autour de l'île Cozumel et au large de Playa del Carmen, remarquables pour l'étendue et les couleurs de la barrière corallienne.

Caulker, Ambergris et autres Cayes du Belize
◆ Le Blue Hole : une véritable cheminée plonge à 40 m de profondeur dans la mer, au large des îles Turneffe. Cette formation unique au monde, étudiée par J-Y. Cousteau, laisse apercevoir, à la lampe torche, des grottes sous-marines striées d'immenses stalagtites et stalagmites... Compter cinq heures de navigation pour se rendre sur place depuis Caye Caulker.
◆ Hol Chan Marine : ce canyon submergé à 30 m de profondeur est couvert de coraux et extrêmement poissonneux.
◆ Half Moon Caye (Lighthouse Reef) : À 113 km à l'est de Belize City apparaît un des trois atolls de l'hémisphère nord, une île corallienne formée d'un anneau de terre émergé autour d'une lagune.

Bay Islands : Roatán, Utila et Guanaja
La plongée sur les fonds du Honduras offre la même qualité de paysage sous-marin qu'au nord, pour des prix sensiblement inférieurs.

La pêche

La pêche sous-marine se pratique en rivière et en mer. Les amateurs de sensations fortes pourront surtout essayer la pêche sportive (*game fishing*) qui consiste à attraper au terme d'un long rapport de force, les poissons de mer les plus coriaces (tarpons, thons, espadons, pagres...) avant de les remettre à l'eau. Pour les moins téméraires, la pêche aux écrevisses, au Belize, à quelques mètres de profondeur, restera plus abordable.
Sur les îles, les restaurants cuisinent volontiers les fruits de votre pêche.
La période légale de pêche aux langoustes dure du 15 juin au 15 mars.

CALENDRIER DES PÊCHES

	J	F	M	A	M	J	J	A	S	O	N	D
Marlin bleu	○	○	◗	◗	●	●	●	●	●	○	○	○
Marlin blanc	○	○	◗	●	●	●	●	●	◗	○	○	○
Poisson volant	○	◗	●	●	●	●	●	●	●	○	○	○
Thon	○	○	●	●	●	●	●	●	●	○	○	○
Baracuda	●	●	●	●	●	●	●	●	◗	●	●	●
Bonite	○	◗	●	●	●	●	●	●	◗	◗	◗	◗
Pagre	●	●	●	●	●	●	●	●	●	●	●	●
Requin	●	●	●	●	●	●	●	●	●	●	●	●

● beaucoup ◗ un peu ○ pas du tout

Les hauts plateaux du Salvador et du Guatemala présentent une densité exceptionnelle de volcans. Le plus beau son et lumière que la terre puisse offrir a lieu au sommet de ces géants en activité, qui réservent de somptueux panoramas. Et puisque la marche n'est pas qu'une affaire d'altitude, le monde maya conserve quelques réserves naturelles ouvertes au public, où la richesse de la faune atteint elle aussi des sommets...

VOLCANS EN ACTIVITÉ

PACAYA
Le Pacaya (2 552 m) est le volcan en activité le plus connu du Guatemala. Il faut compter 2 h de minibus et 2 h 30 de marche pour arriver jusqu'au sommet. Alors, à la tombée de la nuit, le magma en ébullition crache sa lave dans un ciel noir et froid.

SANTIAGUITO ET FUEGO
sont les deux autres volcans en activité du Guatemala. Ce dernier accessible depuis Antigua.

DEUX GÉANTS

TAJUMULCO
Le volcan le plus élevé du Guatemala (4 220 m) est très apprécié des marcheurs en raison d'une grande facilité d'accès malgré sa hauteur impressionnante.

TACANA
À 4 092 m, c'est le second sommet du pays maya. Son nom signifie «la maison du feu». Il se trouve exactement à la frontière du Mexique et du Guatemala et compte parmi les rares volcans en activité de la région.

ESCALADER UN VOLCAN

◆ Ne jamais envisager seul l'ascension d'un volcan. Vous risquez de vous perdre ou d'être victime d'une des nombreuses agressions signalées tous les ans dans ces lieux périlleux.
◆ Dans chaque ville de départ des randonnées, un grand choix d'agences et de guides sont à votre disposition. Les descentes ont souvent lieu à la tombée de la nuit après avoir assisté au coucher du soleil depuis le sommet et, sur les volcans en activité, pour permettre d'admirer la lave lumineuse dans le noir.
◆ Prévoir de la nourriture, des boissons et des vêtements chauds : il fait très froid en altitude surtout la nuit (seule la terre, très chaude à proximité des cratères en feu, peut réchauffer les marcheurs).

VOLCANS D'EL SALVADOR

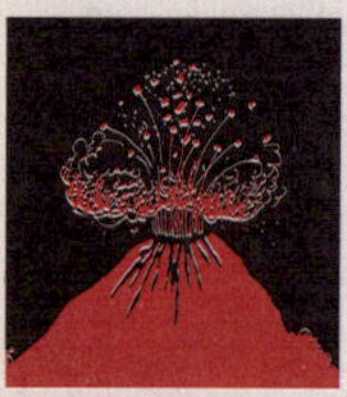

Au Salvador, l'ascension des volcans Izalco, Cerro Verde et Santa Ana s'organise depuis la ville de Santa Ana ou depuis San Salvador.

CERRO VERDE
Au-dessus du lac Coatepeque s'étend, sur les pentes de cet immense volcan éteint, l'un des plus beaux parcs nationaux du Salvador. De part et d'autre du Cerro Verde se trouvent le volcan Izalco et le volcan Santa Ana.

L'IZALCO
Le volcan Izalco est encore répertorié en tant que volcan en activité, sa dernière éruption datant de 1966. Son histoire est fameuse au Salvador : jusqu'en février 1770, seul un trou existait à la place de l'Izalco, d'où sortait une colonne de fumée sulfurique. Puis un cône a commencé à se former autour de la bouche de fumée, grandissant à une vitesse prodigieuse jusqu'à atteindre 1 870 m de hauteur. L'Izalco continuait à cracher un feu qui pouvait se voir à des kilomètres. Cela lui valut le nom de Phare du Pacifique. En 1957, l'activité du volcan a cessé soudainement. La petite éruption de 1966 est la seule survenue depuis lors. Depuis, ses pentes ont retrouvé fraîcheur et tranquillité et gagné une inestimable fertilité.

ESCALADER L'IZALCO
Depuis l'entrée du parc Cerro Verde (fléchage du chemin à suivre depuis le parking du parc), l'excursion aller et retour dure 3 à 4 h.

VOIR L'IZALCO
Le meilleur point de vue se trouve depuis le Cerro Verde, qui, à 2 030 m au dessus du niveau de la mer, vous permet de voir le cratère de l'Izalco en contrebas. La vue depuis l'*Hôtel de Montana* est aussi des plus fameuses. Cet hôtel, qui fut construit afin d'offrir à ses clients une vue imprenable sur un volcan en éruption, ne fut achevé qu'en 1957, date à laquelle, après deux siècles, le volcan cessa soudainement son activité !

Le lac Izabal permet d'admirer une concentration rare d'espèces tropicales.

Cahute sur les rives du Río Dulce, accessible depuis Lívingston ou le lac Izabal.

Ascensions difficiles (Guatemala)

San Pedro
Le volcan San Pedro (3 020 m) est l'un des trois volcans qui se mirent dans le lac Atitlán. En langue maya cakchiqueles on l'appelle «Choyjuyub», ce qui signifie «volcan de la lagune». Au sommet, le point de vue «le Mirador» offre un panorama unique sur le lac et les deux autres volcans, Tolimán et Atitlán.

Tolimán
Le volcan Tolimán (3 158 m) est couvert d'une végétation dense et abondante. La difficulté pour y tracer son chemin est récompensée par le plaisir de marcher dans une nature aussi sauvage.

Agua
Le volcan Agua ou «Hunapu» (3 776 m) possède un cratère très profond, dans lequel il est possible de descendre vers un refuge qui peut accueillir jusqu'à trente personnes.

Santo Tomás
L'ascension du volcan Santo Tomás (3 505 m) est sans doute une des plus ardues de la région. Deux chemins mènent au sommet : il faut compter 6 à 8 h de marche en empruntant le passage de *Las Georginas* et 8 à 10 h en passant par la *Cumbre de Alaska*. Guide obligatoire !

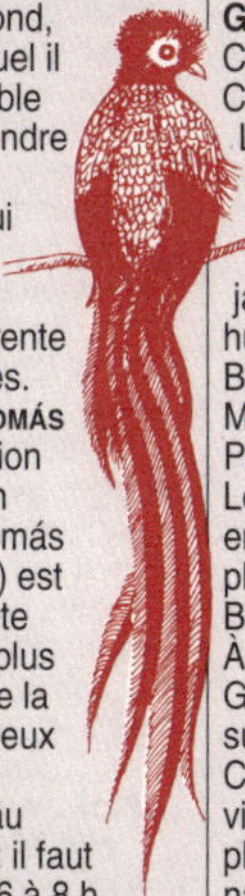

Les réserves naturelles

Guatemala

Cerro Cahui Conservation Park
La rive nord du lac Petén Itzá, accessible de Flores, recèle jaguars, singes hurleurs et pécaris...

Biotope Chacón-Machaca del Manati
Près de Lívingston. Le tapir et le jaguar en sont les hôtes les plus impressionnants.

Biotope del Quetzal
À 163 km de Guatemala-Ciudad, sur la route de Cobán, près du village de Purulhá. La plus grande réserve naturelle de l'oiseau sacré.

Mexique

Sian Ka'an Biosphere Reserve
110 km de récifs coralliens et 520 000 ha de jungles et de mangroves, peuplés de pumas, de jaguars et de tapirs. La plus grande diversité à l'intérieur d'une réserve de tout le monde maya. Accessible depuis Felipe Carrillo, sur la route entre Tulum et Chetumal.

Calakmul Biosphere Reserve
Jungles et savanes où vivent plus de cent quatre-vingts espèces d'oiseaux. La route Escarcega-Chetumal traverse l'extrémité nord de la réserve.

Belize

Cockscomb Basin Wildlife Sanctuary
41 000 ha, le plus riche sanctuaire de jaguars, accessible depuis Dangriga.

Half Moon Cay Reserve
Accessible depuis Caye Caulker. Un sanctuaire de lamantins.

El Salvador

Parc Cerro Verde
Sur les pentes du volcan du même nom, une forêt immense abrite de nombreuses espèces d'oiseaux et autres animaux sauvages. Une vue superbe sur le lac Coatepeque et le volcan Izalco.

Ascension de quelques volcans

Volcan	Hauteur	Difficulté	Ascension	Ville de départ
Pacaya	2 552 m	facile	3 heures	Antigua Guatemala
Fuego	3 763 m	difficile	4 heures	Antigua Guatemala
San Pedro	3 020 m	difficile	3 à 4 heures	Panajachel (Lac Atitlán)
Tolimán	3 158 m	très difficile	5 heures	Panajachel (Lac Atitlán)
Agua	3 776 m	difficile	3 à 4 heures	Antigua Guatemala
Santo Tomás	3 505 m	très difficile	6 à 10 heures	Quetzaltenango
Izalco	1 850 m	facile	3 heures	Cerro Verde (San Salvador)

La plupart des fêtes du monde maya célèbrent le saint patron de la communauté ou encore la fondation du village. L'ensemble des villageois participe aux processions religieuses et prend part aux danses traditionnelles, revêtu de magnifiques costumes d'apparat propres à chaque région. Les Hautes Terres guatémaltèques, où vit la plus importante communauté indienne d'Amérique centrale, offrent les fêtes les plus authentiques ●*72, 74, 76*.

PÂQUES À ANTIGUA GUATEMALA

Lors de la semaine sainte à Antigua, la passion du Christ est représentée avec ferveur par les fidèles. Les rues pavées se couvrent de fleurs et de longs rubans aux couleurs vives. Les mercredi et jeudi saints, les familles d'Antigua recouvrent la chaussée d'un tapis de sciure multicolore, réalisant au pochoir des figures géométriques et des motifs de fleurs et d'animaux de toutes sortes. Le vendredi saint, la grande procession regroupe des centaines de pénitents costumés. Les éphémères tapis de sciure colorée disparaissent à leur passage : place à la fête qui durera jusqu'à l'aube ▲*270*.

L'ASSOMPTION À SOLOLÁ

Le 15 août, les Indiens des communautés cackchiqueles et tzutuhiles de Sololá célèbrent l'Assomption de la Vierge. La journée débute avec le marché traditionnel de Sololá, ses femmes vêtues de *huipiles* fleuris rouges et de jupes rayées bleues. La messe est suivie d'une grande procession à 11 h en l'honneur de la Vierge Marie. Les membres de douze confréries défilent en costumes, accomplissant les rites religieux en musique et accompagnés de danseuses masquées.

LA TOUSSAINT À TODOS SANTOS

La fête de Todos Santos commence le 31 octobre par des danses masquées (danses de la Conquête) au son des marimbas sur la place de l'église. Une course à cheval se déroule le lendemain à la sortie du village : du lever du jour à la tombée de la nuit une quinzaine de chevaux (montés à tour de rôle par les habitants) vont parcourir une piste d'une centaine de mètres, jusqu'à épuisement. Le 2 novembre, les cérémonies religieuses sont suivies d'une procession costumée qui s'achemine dans l'ivresse jusqu'au cimetière, où les familles donnent libre cours à des manifestations qui mêlent les rires et les larmes.

On n'accède au petit village de Todos Santos, perdu dans les montagnes de la Sierra Cuchumatanes à plus de 2 500 m d'altitude, que par bus. Départ une fois par jour depuis Huehuetenango, à 14 h. Réservez impérativement votre place le matin. Ce même bus ne redescend que le lendemain matin à 5 h. Il faut compter trois jours pour le trajet aller-retour et la visite de Todos Santos ▲*285*.

NOËL AU PAYS DES MAYAS

Des semaines de processions, les *posadas* qui retracent la recherche d'un logis par Marie et Joseph, précèdent le jour de Noël. Cette fête est célébrée partout par des danses costumées et de la musique. La fête du village de Chichicastenango, au Guatemala, dont on célèbre le saint patron du 13 au 21 décembre,

est l'une des plus spectaculaires. Les danseurs, figurant des personnages du Popol Vuh, se hissent au *palo volador* et s'élancent dans le vide, tournoyant la tête en bas autour du mât. Cette épreuve plus spirituelle que physique simule la course des astres autour du Soleil ●*76*.

IMAGES DU GUATEMALA est une agence spécialisée, qui organise des circuits de découverte du pays maya à travers la fête. Elle propose les quatre manifestations décrites ici. Ces circuits permettent de participer aux fêtes, mais aussi de découvrir les sites environnants. Renseignements et réservations : 14, rue Lahire 75013 Paris Tél. 01 44 24 87 88 Fax 01 45 86 27 73 (groupes de onze personnes au minimum).

Janvier

1er — Nouvel an
Dans tout le pays maya.

6-10 — Rois mages, Épiphanie
Guatemala et Mexique.

7-15 — Fête du Christ noir
Dans tout le pays maya, et en particulier à Esquipulas, Guatemala.

15-31 — San Sébastián
Mexique, Honduras et El Salvador.

28-31 — Fête de la Candelaria
À Campeche, Mexique.

Février

1er-2 — Fête de la Candelaria
Mexique, Honduras et El Salvador.

1er-5 — San Felipe
Au Yucatán, Mexique.

11-23 — Carnaval de Campeche
À Campeche, Mexique.

21 — Fête nationale
Mexique.

Mercredi des Cendres-fin du mois (dates variables — Grand carnaval
Mexique (en partic. à Mérida) et Guatemala.

Mars

1er-6 — Fête régionale
Au Chiapas, Mexique.

9 — Baron Bliss Day
Belize.

16-21 — Fête du Printemps
Au Quintana Roo, Mexique.

19 — San José
À Copán, Honduras.

21 — Équinoxe de Chichén Itzá
Au Yucatán, Mexique.

24 — San Gabriel
Au Chiapas, Mexique.

Pâques — Semaine sainte
Dans tout le pays maya et en particulier à Antigua, Guatemala.

Avril

15 — Fête de l'Ascension
Au Yucatán, Mexique.

11-25 — Fête du Printemps
Commémoration de la fondation de la ville
San Cristobál de Las Casas, au Chiapas, Mexique.

25 — Saint Marc
San Marcos La Laguna, dans le Sololá, Guatemala.

29 — Fête des Trois-Croix
Au Yucatán, Mexique.

Mai

10 — Fête de Sainte-Hélène de la Croix
Dans tous les villages Santa Cruz du Mexique et du Guatemala.

24 — Commonwealth Day
Belize.

30 — San Ferdinando
Honduras.

Juin

22-29 — San Antonio de Padua
Au Yucatán, Mexique, et au Honduras.

22-29 — San Juan Bautista
Dans tout le pays maya.

22-29 — San Pedro et San Pablo
Mexique et Guatemala.

24 — San Juan Chamula
Fête de la Saint-Jean
San Juan Chamula, au Chiapas, Mexique.

29 — San Pedro La Laguna
Dans le Sololá, Guatemala.

30 — Anniversaire de la révolution de 1871
Guatemala.

Fin du mois — Fête du Corpus Christi
Guatemala.

Juillet

17 — Fête de San Cristóbal de Las Casas
Au Chiapas, Mexique.

19 — Fête de Sacré-Cœur de Jésus Puerto Barrios,
Dans l'Izabal, Guatemala.

25 — Santiago Apóstol
Dans tout le pays maya.

Aout

4 — San Domingo de Guzman
Cobán, dans l'Alta Verapaz, Guatemala.

4-6 — Fête de Dieu sauveur du monde
Divino Salvador del mundo
San Salvador.

10-16 — Fêtes mexicaines traditionnelles
Au Yucatán, Campeche et Tabasco, Mexique.

15 — Fête de Guatemala-Ciudad
Guatemala-Ciudad.

20-30 — San Juan Chamula, San Augustin et San Miguel
Au Chiapas, Mexique.

Septembre

10 — Fête nationale
Belize.

15-16 — Fête de l'Indépendance
Mexique, Guatemala.

14-20 — Semaine civique
Honduras.

Octobre

4 — Saint François d'Assise
Panajachel dans le Sololá et San Fancisco El Alto dans le Totonicapán, Guatemala.

12 — Fête de la Conquête
Dans tout le pays maya.

Novembre

1er — Fête de la Toussaint
Todos Santos (Huehetenango) au Guatemala.

1er-30 — Fête de la Vierge des Martyrs
Honduras.

2 — Fête des Morts
Dans tout le pays maya.

5 — Fête de l'Indépendance
El Salvador.

13 — San Diego
Au Yucatán, Mexique.

19 — Fête du jour des Fondateurs garifuna
Belize.

30 — Pèlerinage et fête de Xmatkuil
Mexique.

30 — San Andrés Apóstol
Au Chiapas, Mexique.

Décembre

1er — Fête de la Conception
Au Quintana Roo et Campeche, Mexique.

7 — Crémation du Diable
Dans tout le Guatemala.

8 — Saint-Nicolas
À Noche Buena Chiquita.

10-12 — Fête de Notre-Dame de Guadalupe
Mexique et Honduras.

21 — Fête de Saint-Thomas
Chichicastenango au Guatemala.

16-24 — Processions de las Posadas
Marie et Joseph en quête d'un logis
Dans tout le pays maya.

19-26 — Fête de la Nativité
Dans tout le pays maya.

Profusion de couleurs sur les marchés des fruits et légumes, où les femmes se retrouvent pour vendre la production de leurs terres.

Les plus beaux marchés de la route maya sont, à nouveau, ceux des Hautes Terres guatémaltèques. Vitrines colorées de l'artisanat local, les marchés de l'*altiplano* offrent l'occasion d'acquérir des vêtements traditionnels, des tissages et autres objets de la vie quotidienne à des prix raisonnables ● *82*.

UNE SEMAINE DE MARCHÉ AU GUATEMALA

	VILLE	DÉPARTEMENT
LUNDI	Antigua	Sacatepéquez
	Chimaltenango	Chimaltenango
	Zunil	Quetzaltenango
MARDI	Comalapa	Chimaltenango
	Patzún	Chimaltenango
	Sololá	Sololá
	San Lucas Tolimán	Sololá
	Santa Clara la Laguna	Sololá
	Tucuru	Alta Verapaz
MERCREDI	Huehuetenango	Huehuetenango
	Momostenango	Totonicapán
	Palín	Escuintla
	Patzicia	Chimaltenango
	Sacapulas	El Quiché
JEUDI	Antigua	Sacatepéquez
	Chimaltenango	Chimaltenango
	Chichicastenango	El Quiché
	Nebaj	El Quiché
	Patzún	Chimaltenango
	Sacapulas	El Quiché
	San Mateo Ixtatán	Huehuetenango
	San Miguel Ixtahuacán	San Marcos
	Santa Cruz del Quiché	El Quiché
	Tecpán Guatemala	Chimaltenango
	Totonicapán	Totonicapán
	Tucuru	Alta Verapaz
VENDREDI	Comalapa	Chimaltenango
	Palín	Escuintla
	San Andrés Itzapa	Chimaltenango
	San Lucas Tolimán	Sololá
	San Pedro Sacatepéquez	Guatemala
	Santiago Atitlán	Sololá
	Sololá	Sololá
SAMEDI	Patzicia	Chimaltenango
	Santa Cruz del Quiché	El Quiché
	Santa Clara la Laguna	Sololá
	Santiago Sacatepéquez	Sacatepéquez
	Todos Santos	Totonicapán
DIMANCHE	Chichicastenango	El Quiché
	Esquipulas	Chiquimula
	Momostenango	Totonicapán
	Rabinal	Baja Verapaz

Les marchés commencent tôt le matin. Il est préférable d'arriver la veille au soir dans le village pour être à pied d'œuvre aux premières heures du jour. Vous éviterez ainsi la masse des touristes qui arrivent généralement en fin de matinée. Est-il besoin de préciser que tous les prix sur les marchés sont négociables ? Divisez toujours par deux le premier prix annoncé, pour disposer d'une base de négociation.

Les marchés rythment la vie sociale et économique des Indiens. Ils sont l'occasion de se rencontrer, de faire la fête. Pour nombre d'entre eux, c'est même là l'unique occasion de descendre des montagnes.

Ces petites poupées sont vendues par les enfants en guise de porte-bonheur.

L'oiseau stylisé apparaît sur la plupart des textiles brodés.

Contrairement aux marchés mexicains, ceux de l'*altiplano* guatémaltèque ont gardé une grande authenticité : c'est-à-dire qu'ils restent avant tout fréquentés par les Indiens eux-mêmes.

Sept parmi les plus intéressants composent le circuit ci-joint : vous y trouverez une production d'une extrême variété :

◆ les textiles et vêtements aux couleurs vives, tissés à la main, dont les motifs et matériaux sont caractéristiques de leur village d'origine ;
◆ les céramiques (à Santa Cruz Chinautla, Jalapa, Huehuetenango, Totonicapán, Antigua) ;
◆ des bijoux en jade, pierre travaillée depuis l'époque Maya, que l'on trouve aujourd'hui dans de nombreuses bijouteries (Antigua) ;
◆ des chapeaux de paille cerclés de rubans colorés (caractéristiques à Todos Santos Cuchumatán, Huehuetenango) ;
◆ des instruments de musique et objets en bois décoré ;
◆ enfin les masques rituels, représentant des visages de dieux, de diables et d'animaux en bois peints.

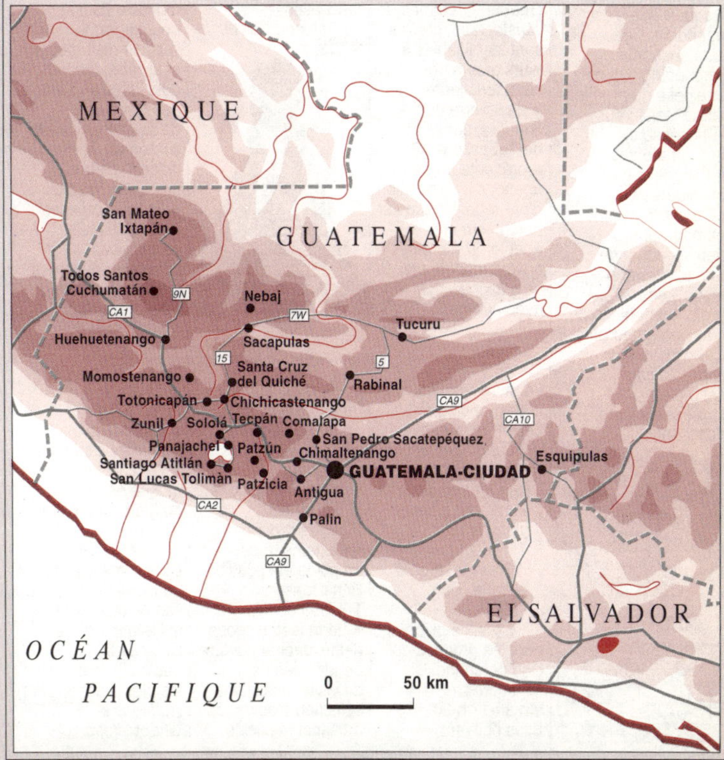

Le plus grand musée d'art précolombien d'Amérique latine se trouve à Mexico. Excellente introduction à la culture maya pour ceux qui commencent leur voyage par la capitale : une visite d'au moins une journée s'impose. Les musées des principales villes de la région méritent aussi l'attention. Enfin, pour préparer ou prolonger votre séjour, voici une sélection des collections d'art maya en Europe et en Amérique du Nord.

LE MUSÉE ANTHROPOLOGIQUE DE MEXICO

Le plus complet d'Amérique latine, il constitue une introduction parfaite à l'histoire et à la culture mayas, et plus généralement aux civilisations méso-américaines. À l'entrée de la salle du rez-de-chaussée, une maquette en relief représente l'aire de la culture maya, on découvre également une exposition des différents milieux géographiques dans lesquels elle s'est épanouie. Cette salle est consacrée à l'archéologie, tandis que celle du premier étage insiste sur la richesse et la diversité des traditions mayas considérées du point de vue ethnographique, depuis le monde maya classique jusqu'à ses prolongements les plus contemporains. La collection archéologique est d'une impressionnante richesse.

PIÈCES À NE PAS MANQUER

◆ La collection des figurines de Jaina ▲ *230*, île de la côte du Campeche, miniatures de terre cuite parfois polychromée représentant divers personnages de haut rang. Ces figurines sont l'un des témoignages les plus complets et les plus réalistes de la hiérarchie sociale et des costumes dans le monde maya. Guerriers, femmes de l'aristocratie, prêtres sont identifiables à leurs atours très caractéristiques.

◆ La «pierre de Jonuta», dans l'État de Tabasco ● *52*, représente un prêtre agenouillé en position d'offrande. Un ara est perché sur son épaule. Son profil typiquement maya se détache avec netteté.

◆ La collection des stèles et des linteaux constitue quant à elle un témoignage capital sur la vie sociale et religieuse. Remarquablement conservées, les stèles présentées sont les témoignages de l'art officiel, de propagande, des souverains mayas.

◆ La collection d'objets funéraires et de bas-reliefs du temple des Inscriptions de Palenque ●*108* ▲*243*.

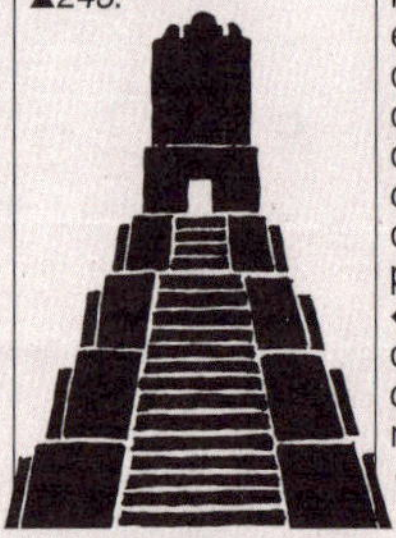

comprend plusieurs sculptures de stuc, la reproduction de la chambre funéraire et de son sarcophage, et le célèbre bas-relief du «Temple de la Croix» de Palenque ▲*243*.

◆ Dans les jardins, la reconstitution du temple principal de Hochob, dans l'État de Campeche, avec un grand masque du monstre terrestre dont la bouche forme la porte d'entrée, et la reproduction des salles du Temple des Peintures de Bonampak ▲*249* contenant les copies de ses célèbres peintures murales.

◆ Enfin la collection d'objets usuels, céramiques richement décorées et instruments de musique.

INFORMATIONS PRATIQUES

Le musée national d'Anthropologie : Ouvert mar.-sam. 9 h-19 h, dim. et jours fériés 10 h-18 h. Fermé lun. Vente des billets jusqu'à 18 h. Prix d'entrée : 16 pesos, gratuit dim. et jours fériés.

◆ Visites guidées pour les groupes de cinq personnes minimum : 9 h 30-17 h 30. Elles peuvent s'effectuer en français, en anglais ou en espagnol (gratuite en espagnol). Pas de visite guidée le dimanche. Pour les groupes importants, réserver un guide est possible.

RENSEIGNEMENTS : Tél. 553 63 86.

◆ Le musée dispose d'une librairie ouverte pendant les heures de visite : excellente sélection d'ouvrages, artisanat mexicain, à un prix un peu élevé, et reproductions d'œuvres exposées.

◆ La bibliothèque du musée est ouverte du lundi au vendredi de 9 h à 20 h.

COMMENT S'Y RENDRE ? Le musée est situé à l'angle du Paseo de la Reforma et de la Calzada M. Gandhi. Les stations de métro les plus proches sont *Auditorio* et *Chaputelpec*.

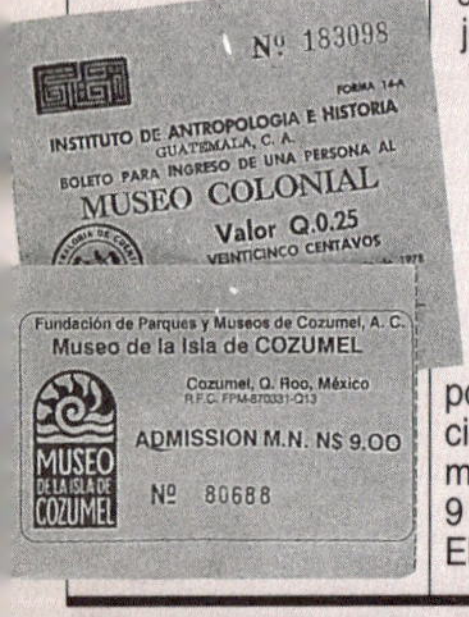

La cour centrale du musée et la colonne ornée de bronzes de Chavez Morado.

La façade du temple de Hochob, reconstituée dans les jardins du musée.

UNE MERVEILLE ARCHITECTURALE
Le musée national d'Anthropologie fut inauguré le 17 septembre 1964. Sa conception est l'œuvre de l'architecte Pedro Ramírez Vazquez. Un vestibule donne accès à la cour centrale, autour de laquelle s'ordonnent

les salles du musée. En son centre se dresse une colonne recouverte de bas-reliefs en bronze de Chavez Morado qui supporte un toit monumental d'une ligne très pure. Toutes les salles du rez-de chaussée s'ouvrent sur cette cour centrale, si bien que le visiteur peut organiser le sens de sa visite à sa guise. La peinture murale a fait la gloire de l'art contemporain mexicain : le hall d'entrée, les salles d'introduction à l'anthropologie et à l'aire culturelle méso-américaine sont décorées de fresques monumentales de Rufino Tamayo, Jorge Gonzalez Camarena et Raúl Anguiano.

COLLECTIONS MAYAS DANS LE MONDE

◆ **ÉTATS-UNIS :**
Les plus belles collections de pièces mayas sont présentées dans les musées d'Amérique du Nord.

METROPOLITAN MUSEUM OF ART
5th Avenue et E 82nd Street
New York

AMERICAN MUSEUM OF NATURAL HISTORY
Central Park West, 79th Street
New York

THE BROOKLYN MUSEUM OF ART
200 Eastern Parkway
New York

DUMBARTON OAKS
1703 32nd Street
Washington DC 20007

UNIVERSITY MUSEUM,
University of Pennsylvania
33rd and Spruce Streets
Philadelphie, PA 19104
Stèles de Piedras Negras ▲ 332.

PEABODY MUSEUM OF ARCHAEOLOGY AND ETHNOLOGY
Harvard University
Cambridge, Massachusetts

◆ **GRANDE-BRETAGNE :**
BRITISH MUSEUM, MUSEUM OF MANKIND
6 Burlington Garden
Londres
Détient la plus belle collection d'art maya d'Europe.

◆ **SUISSE :**
MUSEUM FÜR VÖLKERKUNDE
Augustiner Gasse 2
4001 Bâle
Linteaux de bois de Tikal ▲ 320.

LE LONG DE LA ROUTE MAYA

◆ **AU MEXIQUE :**
PARC DE LA VENTA
Av. Adolfo Ruíz Cortinez S/N, Villahermosa
T.l.j. 8 h-16 h 30
Statues olmèques.

MUSÉE D'HISTOIRE
angle de la Calle de Juárez et 27 de Febrero, Villahermosa
Ouvert t.l.j. 9 h-18 h

MUSÉE RÉGIONAL D'ANTHROPOLOGIE
511, Av. Carlos Pellicer, Villahermosa
Ouvert t.l.j. 9 h-20 h

MUSÉE DU PEUPLE MAYA
zone archéologique de Dzibilchaltún
Fermé le lundi

MUSÉE D'ARCHÉOLOGIE
Paseo de Montejo y Calle 41, Mérida
Ouvert 8 h-20 h
Lun. et dim. 8 h-14 h

MUSÉE D'ART MODERNE
près de la cathédrale, Merida.
Fermé le lundi

◆ **AU GUATEMALA :**
MUSÉE SANTIAGO DE LOS CABALLEROS
Plaza Mayor, Antigua
T.l.j. 9 h-12 h et 14 h-18 h

MUSÉE DU LIVRE ANCIEN
Plaza Mayor, Antigua
T.l.j. 9 h-12 h et 14 h-18 h

MUSÉE D'ART COLONIAL
6 Calle Final, Zona 10 (sur le campus de l'université Francisco Marroquin), Antigua

PALAIS NATIONAL
Zona 1, Guatemala-Ciudad
T.l.j. 8 h-16 h

MUSÉE NATIONAL D'ARCHÉOLOGIE
Edificio 5, La Aurora, Zona 13, Guatemala-Ciudad
Mar.-dim.9 h-16 h
Fermé lun. et w.-e. entre 12 h-14 h

MUSÉE NATIONAL D'ART MODERNE
Edificio 6, La Aurora, Zona 13, Guatemala-Ciudad
Mar.-dim.9 h-16 h
Fermé lun. et w.-e. entre 12 h-14 h

MUSÉE IXCHEL
6, Calle Final
Zona 10, Univ. F. Marroquin

MUSÉE POPOL VUH
Ave. La Reforma 8-60, Zona 9, Guatemala-Ciudad

◆ **AU HONDURAS :**
INSTITUTO HONDURENO DE ANTROPOLOGIA E HISTORIA
Villa Roy, Barrio Buenos Aires
Tegucigalpa DC

MUSEO REGIONAL
Site archéologique de Copán

Malgré la vivacité des langues mayas et le développement de l'anglais consécutif à l'affluence touristique, l'espagnol reste bel et bien la première langue parlée du pays maya. Un voyage en Amérique centrale offre l'opportunité de commencer son périple par une ou plusieurs semaines de cours. L'apprentissage de l'espagnol sur place peut être associé à un hébergement chez l'habitant et n'empêchera en rien la découverte du pays : une enrichissante entrée en matière.

Les villes de Quetzaltenango et d'Antigua, au Guatemala, de San Cristóbal de Las Casas, au Mexique, sont les pôles principaux d'apprentissage de l'espagnol. On peut cependant faire ses armes ou se perfectionner dans toutes les villes du Guatemala, du Mexique et du Honduras (deux écoles à Copán).
Le prix moyen pour 4 heures de cours particulier par jour pendant une semaine est de 65 $ US (cours et logement : environ 100 $ US). Pour ceux qui souhaitent suivre une telle formation, il faut prévoir une escale de sept jours minimum.
Vous trouverez dans le carnet d'adresses, pour les villes citées, les écoles d'espagnol les plus recommandées.
Il en existe bien d'autres : se renseigner auprès des offices de tourisme et des anciens élèves qui séjournent encore dans le pays.

Formules usuelles

Oui : *sí*
Non : *no*
S'il vous plaît : *por favor*
Merci : *gracias*
Pardon : *perdón*
Excusez-moi : *disculpe* ou *con su permiso*
À votre service : *a sus órdenes*
Bonjour : *buenos días*
Bon après-midi (soir) : *buenas tardes*
Bonne nuit : *buenas noches*
Bien sûr : *¡Cómo no!*
Aujourd'hui : *hoy*
Demain : *mañana*
Hier : *ayer*
Autorisé : *autorisado*
Interdit : *prohibido*
Je suis français, belge, suisse : *soy francés(esa), belgo(a), suizo(a)*
Je ne suis pas américain : *yo no soy gringo (norteamericano)*
Je ne comprends pas : *no entiendo*
Pouvez-vous m'aider : *me puedes ayudar*
Quelle heure est-il ? : *¿Qué hora(s) es(son)?*
Il est 3 h de l'après-midi : *son las tres de la tarde*

Les jours de la semaine

Lundi : *lunes*
Mardi : *martes*
Mercredi : *miércoles*
Jeudi : *jueves*
Vendredi : *viernes*
Samedi : *sábado*
Dimanche : *domingo*

Les mois de l'année

Janvier : *enero*
Février : *febrero*
Mars : *marzo*
Avril : *abril*
Mai : *mayo*
Juin : *junio*
Juillet : *julio*
Août : *agosto*
Septembre : *septiembre*
Octobre : *octubre*
Novembre : *noviembre*
Décembre : *diciembre*

Les chiffres

Un : *uno*
Deux : *dos*
Trois : *tres*
Quatre : *cuatro*
Cinq : *cinco*
Six : *seis*
Sept : *siete*
Huit : *ocho*
Neuf : *nueve*
Dix : *diez*
Cent : *cien*
Mille : *mil*

Les gens La famille

Métis : *ladino*
Indien : *indígena* (le terme *indio* est péjoratif)
Femme : *mujer*
Homme : *hombre*
Nom de famille : *apellido*
Comment t'appelles-tu ? : *¿Cómo te llamas?*
Prénom : *nombre*
Mère : *madre*
Père : *padre*
Fille : *hija*
Fils : *hijo*
Sœur : *hermana*
Frère : *hermano*
Tante : *tía*
Oncle : *tío*

Voyager

Voyager : *viajar*
Avion : *avión*
Aéroport : *aeropuerto*
Bagages : *equipaje*
Billet : *boleto*
Change : *cambio*
Douane : *aduana*
Départ : *salida*
Arrivée : *llegada*
Agence de voyages : *agencia de viaje*

Se repérer

Où est... ? : *¿Dónde se encuentra... ?*
Est-ce près d'ici ? : *¿Está cerca de aquí?*
Est-ce loin d'ici ? : *¿Está lejos de aquí?*
Tout droit : Todo *recto*
À gauche : *a la izquierda*
À droite : *a la derecha*
Combien de temps en voiture ? : *¿Cuánto tiempo en coche?*
Combien de temps à pied ? : *¿Cuánto tiempo caminando?*
Combien de kilomètres ? : *¿Cuántos kilómetros son?*

Se déplacer

Autobus : *camión* (Mex.) ou *camioneta* (Guat.)
Aubobus de luxe : *camión de lujo* ou *pullman*
Première classe : *primera clase*
Seconde classe : *segunda clase*
Gare routière : *terminal* ou *central de autobuses*
Voiture : *coche, carro*
Petite voiture : *cochecito, carro compacto*
Véhicule tout terrain : *cuatro-cuatro* ou

doble tracción
Louer : *alquilar* ou *rentar* (Mex.)
Assurance : *seguro*
Kilométrage illimité : *kilometraje libre*
Permis de conduire : *licencia de conducir*
Station essence : *gasolinera*
Carburant : *gasolina*
Huile : *aceite*
Pneu : *llanta*
Taxi : *taxi*
Taxi collectif : *colectivo*

Se loger

Hôtel : *hotel*
Chambre : *cuarto* ou *habitación*
Pour une personne : *cuarto sencillo*
Pour deux personnes : *cuarto doble* ou *cuarto matrimonial*
Clef : *llave*
Lit : *cama*
Douche : *ducha*
Toilettes : *baños, servicios*
Eau chaude : *agua caliente*
Eau froide : *agua fría*
Savon : *jabón*
Salle de bains : *cuarto de baño*
Serviette de toilette : *toalla*
Où se trouve l'hôtel le plus proche ? : *¿Dónde se encuentra el hotel más cercano ?*
J'ai une chambre : *tengo un cuarto reservado*
Je voudrais une chambre : *quisiera un cuarto*
Montrez-moi la chambre : *quiero ver el cuarto*
Veuillez me réveiller : *¿me puede despertar?*
Camper : *acampar*

Au restaurant

Restaurant : *restaurante*
Table : *mesa*
Assiette : *plato*
Couteau : *cuchillo*
Fourchette : *tenedor*
Cuillère : *cuchara*
Verre : *vaso*
Eau purifiée : *agua purificada*
Vin rouge : *vino tinto*
Vin blanc : *vino blanco*
Bière : *cerveza*
Café (véritable) : *café de cafetera*
Café (soluble) : *Nescafé*
Café au lait : *café con leche*
Thé : *té negro*
Jus de fruit : *jugo*
Jus de fruit à l'eau : *agua de fruta*
Jus de fruit au lait : *licuado con leche*
Petit déjeuner : *desayuno*
Déjeuner : *comida*
Menu du jour : *comida corrida*
Dîner : *cenar*
Carte : *carta*
Piment : *chile*
Surtout sans piment : *sobre todo sín chile*
Soupe : *sopa caldo* ou *sopa de verduras*
Œufs : *huevos*
Œufs brouillés : *huevos revueltos*
Œufs au plat : *huevos estrellados*
Pain grillé : *pan tostado*
Beurre : *mantequilla*
Confiture : *mermelada*
Sandwich (viande, salade, tomate) : *torta*
Haricots rouges : *frijoles*
Galettes de maïs : tortilla
Galette de maïs garnie : *taco*
Viande : *carne*
Viande de bœuf : *carne de res*
Poulet frit avec des frites : *pollo frito con papas*
Poulet frit avec du riz : *pollo frito con arroz*

Filet de porc : *lomo de puerco*
Côte de porc : *chuleta de cerdo*
Steak frites : *bistek con papas*
Poisson : *pescado*
Purée d'avocats : *guacamole*
Sauce tomate verte : *salsa verde*
Légumes : *verduras*
Salade : *ensalada*
Fromage : *queso*
Dessert : *postre*
Gâteau : *pastel*
Glace : *helado*
Glace au lait : *helado de leche*
Fruit : *fruta*
Assiette de fruits : *plato de frutas*
Banane : *plátano* ou *banana*
Orange : *naranja*
Papaye : *papaya*
L'addition s'il vous plaît : *la cuenta por favor*
Pourboire : *propina*
Service compris : *servicio incluido*

Visiter

Visiter : *visitar*
Ouvert : *abierto*
Fermé : *cerrado*
Billet : *boleto*
Ville : *ciudad*
Village : *pueblo*
Quartier : *barrio, zona* ou *colonia*
Rue : *calle*
Avenue : *avenida*
Boulevard du bord de mer : *malecón*
Maison : casa
Jardin : *jardín*
Théâtre : *teatro*
Cinéma : *cinema*
Musée : *museo*
Site archéologique : *ruinas* ou *sitio arqueológico*

La poste

La poste : *oficina de correos*
Téléphoner : *telefonear* ou *hacer una llamada*
PCV : *por cobrar*
Fax : *fax*
Timbre-poste : *estampilla, sello* ou *timbre*
Pour l'Europe : *para Europa*
Télégramme : *telegrama*
Enveloppe : *sobre*
Par avion : *por avión*
Lettre : *carta*
Carte postale : *postal*

La sécurité

Police fédérale : *policía federal*
Police municipale : *policía municipal*
Pompiers : *bomberos*
Hôpital : *hospital*
Pharmacie : *farmacia*
Médecin : *doctor*
Appelez le médecin s'il vous plaît : *llama al doctor por favor*

L'argent, les achats

Banque : *banco*
Carte de crédit : *tarjeta de crédito*
Chèques de voyage : *cheques de viajero*
Comptant : *efectivo*
Le prix : *el precio*
Combien ça coûte ? : *¿Cuánto vale?* ou *¿Qué precio ?*
C'est trop cher : *es demasiado caro*
Reçu : *comprobante*
Paquet de cigarettes : *cajetilla de cigarros*
Journal : *periódico*
À quelle heure le magasin ouvre-t-il ? : *¿A qué hora abre la tienda?*
À quelle heure ferme le magasin ? : *¿A que hora cierra la tienda?*
Où puis-je trouver ? : *¿Dónde se puede encontrar?*

◆ GÉNÉRALITÉS ◆

◆ BRAINERD (G.W.), MORLEY (S.G.), SHARER (R.J.), *The ancient Maya*, Stanford, 1983

◆ BRETON (A.) et ARNAULD (J. et M.C.), *Mayas*, Autrement, 1991.

◆ BRUNHOUSE (R.L.), *In search of the Maya*, Univ. of New Mexico Press, 1973.

◆ BUTOR (M.), *Terre Maya*, Casterman, 1993.

◆ CAMP (A.) et FOUCHET (M.P), *Le Mexique que j'aime*, Paris, 1967.

◆ CHENEVIERE (A.), *Mayas, peuple d'Amérique centrale*, Denoël, 1989.

◆ GENDROP (P.), *Les Mayas*, Que sais-je?, PUF, 1978.

◆ STUART (G.S.) et STUART (G.E.), *Lost Kingdoms of the Maya*, National Geographic Society, 1993.

◆ GILARD (M.), *Sortilège Maya*, La Farandole, 1977.

◆ MORRIS (W.), *Living Mayas*, Harry N. Abrams Inc., 1987.

◆ PISANI (F.), *Huracán, cœur du ciel*, Lattés, 1991.

◆ PRESCOTT (W.H.), *Mexico and the life of the conqueror Hernan Cortés*, P. F.Collier, 1902.

◆ SOUSTELLE (J.), *Les Mayas*, Flammarion, 1987.

◆ STREET-PORTER (T.), *L'art de vivre au Mexique*, Flammarion, 1990.

◆ WAUCHOPE (R.) et WILLEY (G.), *Handbook of Middle American indians*, Vol. 2 et 3. Univ. of Texas Press, 1965.

◆ HISTOIRE ◆

◆ ADAMS (R.E.W.), *The origins of Maya civilization*, Albuquerque, 1977.

◆ BAUDEZ (C.F.) et PICASSO (S.), *Les cités perdues des Mayas*, Gallimard, 1987.

◆ BERNAL (I.), *Mexique précolombien*, Hachette Réalités, 1979.

◆ BERNAL (I.), *A history of Mexican archaeology*, Thames and Hudson, 1980.

◆ CASTILLO (B.D. DE), *Histoire véridique de la conquête de la nouvelle Espagne*, Maspero, 1980.

◆ CHAMBERLAIN (R.S.), *The conquest and colonization of Yucatán*, Carnegie Inst. of Washington, Pub. 582, 1948.

◆ CLENDINNEN (I.), *Ambivalent Conquest. Maya and Spaniards in Yucatan*, Cambridge Univ. Press, 1987.

◆ COE (M.D.), *Les Mayas ; Mille ans de splendeur d'un peuple*, Armand Colin, 1987.

◆ COLLECTIF, *Amérique centrale. Les Indiens, la guerre et la paix*, Survival International, 1986.

◆ DE VOS (J.), *La Paz de Dios y del Rey. La Conquista de la Selva Lacandona*, Gobierno de Chiapas, 1980.

◆ FLANNERY (K.V.), *Maya subsistence*, New York, 1982.

◆ FAVRE (H.), *Changement et continuité chez les Mayas du Mexique*, Anthropos, 1971.

◆ JONES (G.D.), *Anthropology and history in Yucatán*, Univ. of Texas Press, 1977.

◆ RUZ LHUILLIER (A.), *La civilización de los antiguos mayas*, Mexico, 1972.

◆ SALISBURY (S.), *The Mayas ; the sources of their history*, Privately Printed, 1877.

◆ SCHELE (L.) et FREIDEL (D.), *A Forest of Kings. The Untold Story of the Ancient Maya*, Quill-W. Morrow, 1990.

◆ STONE (D.), *Precolumbian man finds Central America*, Cambridge, 1972.

◆ STUART (G.S.) et STUART (G.E.), *The mysterious Maya*, National Geographic Society, 1977.

◆ THOMPSON (J.E.S.), *The Dresden Codex*, American Philosophical Society, 1972.

◆ THOMPSON (J.E.S.), *Grandeur et décadence de la civilisation maya*, Payot, 1958.

◆ THOMPSON (J.E.S.), *Maya History and Religion*, Univ. of Oklahoma Press, 1970.

◆ WEAVER (M.P.), *The Aztecs, Mayas, and their predecessors*, New York, 1981.

◆ ZAVALA (S.), *Histoire du Mexique*, Éd. Amérique Latine, 1968.

◆ RELIGION ET SOCIÉTÉ ◆

◆ AUBRY (A.), éd., *Les Tzotzil par eux-mêmes*, L'Harmattan, 1988.

◆ BOCCARA (M.), *La religion populaire des Mayas*, L'Harmattan, 1990.

◆ BOREMANSE (D.), *Contes et mythologie des indiens Lacandons*, L'Harmattan, 1986.

◆ BOONE (N.), *Ritual Human Sacrifice in Mesoamerica*, Washington, 1983.

◆ BOWDITCH (C.P.), *The numeration, calendar systems and astronomical knowledge of the Mayas*, Cambridge Univ. Press, 1910.

◆ BRICKER (V.R.), *The Indian Christ, the Indian King*, Univ. of Texas Press, 1981.

◆ BUHRER (J.C.) et LEVENSON (C.) *Le Guatemala et ses populations*, Éd. Complexe, 1980.

◆ CARMACK (R.M.), *The Quiché Mayas of Utatlán*, Univ. of Oklahoma Press, 1981.

◆ COE (M.D.), *The Maya scribe and his World*, Grolier Club, New York, 1973.

◆ COGGINS (C.) et SHANE (O.C.), *Cenote of Sacrifice : Maya Treasures from the Sacred Well of Chichén Itzá*, Univ. of Texas Press, 1986.

◆ MONOD (A.), *Feu maya. Le soulèvement du Chiapas*, Survival International, 1994.

◆ NICHOLSON (I.), *Mexican and Central American mythology*, Hamlyn, 1967.

◆ PETTERSEN (C.L.), *Maya de Guatemala. Vida y traje*, Museo Ixchel, 1976.

◆ ROYS (R.L.) et SCHOLES (F.V.), *The Maya chontal indians of Acalan-Tixchel*, Washington, 1948.

◆ ROBICSEK (F.) et HALES (D.), *The Maya Book of the Dead. The Ceramic Codex*, Univ. of Virginia Museum, 1982.

◆ ROBICSEK (F.), *Copán : Home of the Maya gods*, New York, 1972.

◆ ROYS (R.L.), *Ritual of the Bacabs*, Univ. of Oklahoma Press, 1965.

◆ TEEPLE (J.E.), *Maya astronomy*, Carnegie Inst. of Washington, 1930.

◆ THOMPSON (E.H.), *People of the serpent*, Houghton Mifflin, 1932.

◆ TOMPKINS (P.), *Mysteries of Mexican pyramids*, Thames and Hudson, 1987.

◆ VOGT (E.Z.), *Tortillas for the Gods : a Symbolic Analysis of the Zinacanteco rituals*, Harvard Univ. Press, 1976.

◆ WOLF (E.R.), *Peuples et civilisations de l'Amérique centrale, des origines à nos jours*, Payot, 1962.

◆ POLITIQUE ET ÉCONOMIE ◆

◆ AGUIRRE-BELTRÁN (G.), *El gobierno indígena en México y el proceso de aculturación*, México, 1953.

◆ BARRY (T.), *Roots of rebellion. Land and hunger in Central America*, South End Press, 1987.

◆ CARMACK (R.M.), ed., *Harvest of Violence. The Maya Indians and the Guatemalan Crisis*, Univ. of Oklahoma Press, 1988.

◆ CULBERT (T.P.), *The classic Maya collapse*, Albuquerque, 1973.

◆ FARRISS (N.M.), *Maya society under Colonial rule : The collective enterprise of survival*, Princeton Univ. Press, 1984.

◆ FLETCHER (L.), FOLAN (W.J.), KINTZ (E.), *Cobán ; a classic Maya metropolis*, New York, 1983.

◆ LE BOT (Y.), *La guerre en terre maya*, Karthala, 1992.

◆ MANZ (B.), *Refugees of a hidden war. The aftermath of counter-insurgency in Guatemala*, Univ. of New York Press, 1987.

◆ MARCUS (J.), *Emblem and state in the classic Maya lowlands*, Washington, 1976.

◆ SIMON (J.M.), *Guatemala, eternal spring, eternal tyranny*, Norton and Company, 1987.

◆ SULLIVAN (P.), *Unfinished Conversations. Mayas and Foreigners between two wars*, New York, 1989.

ART ET ARCHITECTURE

◆ ANDREWS (G.F.), *Maya cities : Placemaking and urbanization*, Univ. of Oklahoma Press, 1974.
◆ BAUDEZ (C.F.), *Maya sculpture of Copán : The Iconography.* Univ. of Oklahoma Press, 1994.
◆ BAUDEZ (C.F.), *J.-F. Waldeck, peintre. Le premier explorateur des ruines mayas*, Hazan, 1993.
◆ BAUDEZ (C.F.) et BECQUELIN (P.), *Les Mayas*, Gallimard, 1990.
◆ BULLARD (W.J.), *Maya settlement patterns in northeastern Petén, Guatemala*, American Antiquity, Vol. 25, n°3, 1960.
◆ COE (M.D.), *Lords of the underworld. Masterpieces of classic Maya ceramics*, Princeton Univ. Press, 1978.
◆ COE (W.R.), *Tikal ; a handbook of the ancient Maya ruins*, Univ. of Pennsylvania Press, 1967.
◆ COLLECTIF, *Les passeports de l'Art : Yucatán, terre maya*, Éd. Atlas, 1987.
◆ COVARRUBIAS (M.) : *Indian art of Mexico and Central America*, New York, 1957.
◆ FRIEDERICHSTAL (E. DE), *Les monuments de Yucatán*, Eres Nouvelles, 1841.
◆ FETTWEIS-VIÉNOT (M.), *Cobá, Xelhá : une lecture de l'image maya*, Institut d'Ethnologie, 1988.
◆ HANKS (W.) et RICE (D.), eds., *Word and Image in Maya Culture*, Univ. of Utah Press, 1989.
◆ GENDROP (P.), *Los estilos Río Bec, Chenes y Puuc en la arquitectura maya*, Universidad Nacional Autónoma de México, 1983.
◆ GENDROP (P.) et HEYDEN (D.), *Architecture mesoaméricaine*, Berger-Levrault, 1980.
◆ LONGYEAR (J.M.), *Copán ceramics*, Carnegie Inst. of Washington, Pub. 597, 1952.
◆ LOTHROP (S.K.), *Tulum : an archaeological study of the East coast of Yucatán*, Carnegie Inst. of Washington Pub. 335, 1924.
◆ MILLER (A.G.), *On the edge of the sea : Mural painting at Tancah-Tulum*, Washington, 1982.
◆ MILLER (M.E.), *The art of Mesoamerica from Olmec to Aztec*, Thames and Hudson, 1986.
◆ MILLER (M.E.), *The murals of Bonampak*, Princeton, 1986.
◆ PROSKOURIAKOFF (T.), *A study of Classic Maya sculpture*, Pub. 593, Carnegie Inst. of Washington, 1950.
◆ PROSKOURIAKOFF (T.), *An album of Maya architecture*, Carnegie Inst. of Washington, 1950.
◆ SCHELE (L.) et MILLER (M.), *The blood of kings. Dynasty and ritual in Maya art*, George Brazillier Inc., 1986.
◆ SPINDEN (H.), *A study of Maya art, its subject matter and its historical development*, Harvard Univ. Press, 1913.
◆ STIERLIN (H.), *Maya*, Architecture Universelle, 1964
◆ STIERLIN (H.), *L'art Maya*, Seuil, 1982.
◆ SUTTON (A.), *Among the maya ruins*, Rand-McNally, 1967.
◆ THOMPSON (J.E.), *A preliminary study of the ruins of Cobán*, Carnegie Inst. of Washington, Pub. 424, 1932.

LANGUE ET LITTÉRATURE

◆ ARIAS (A.), *Literaturas aborígenas de América, Azteca, Incaica, Maya, Quiché*, Larreta, 1968.
◆ ASTURIAS (M.A.), *Légendes du Guatemala*, Gallimard, 1953.
◆ BARRERA VASQUEZ (A.) et MORLEY (S.G.), *The Maya chronicles*, Carnegie Institution of Washington, 1949.
◆ BRETON (A.), *Rabinal Achi. Un drame dynastique maya du XVe siècle*, Société d'Ethnologie, 1994.
◆ CASTELLANOS (R.), *Le Christ des ténèbres*, Gallimard, 1970.
◆ CHAVEZ (A.I.), *Pop Wuh. Le livre des événements*, Gallimard, 1990.
◆ EDMONSON (M.), *Heaven Born Mérida and Its Destiny : The Book of Chilam Balam of Chumayel*, Univ. of Texas Press, 1986.
◆ EDMONSON (M.), *The Ancient Future of the Itzá : The Book of Chilam Balam of Tizimin*, Univ. of Texas Press, 1982.
◆ EISENBERG (D.), *Semaine Sainte*, in *Petits désordres sans importance*, Le Promeneur, 1994.
◆ GARZA (M. DE LA), ed., *Literatura Maya*, Editorial Galaxis, 1980.
◆ GRAHAM (J.A.), *Studies in ancient Mesoamerica*, Berkeley, 1978.
◆ IVANOFF (P.), *Découvertes chez les Mayas*, Laffont, 1970.
◆ JUSTESON (J.S.), *The foreign impact on Lowland Mayan language and script*, New Orleans, 1985.
◆ KELLEY (D.), *Deciphering the Maya script*, Univ. of Texas Press, 1976.
◆ LE CLÉZIO (J.M.G.), *Le rêve mexicain ou la pensée interrompue*, Gallimard, 1988.
◆ LE CLÉZIO (J.M.G.), *Les prophéties du Chilam Balam*, Gallimard, 1976.
◆ MANZUR SBIR (J.), *Yikal Maya Than*, Mérida, 1926.
◆ MCQUOWN (N.A.), *The classification of the Maya languages*, International Journal of American linguistics, Vol. XXII, 1956.
◆ RECINOS (A.), *Crónicas indígenas de Guatemala*, Guatemala, 1957.
◆ SODI (M.D.), *La poesía Maya*, México, 1963.
◆ TEDLOCK (D.), *Popol Vuh. The Mayan book of the dawn of life*, New York, 1985.
◆ THOMPSON (J.E.S.), *Maya hieroglyphics without tears*, British Museum Publications, 1972.
◆ THOMPSON (J.E.S.), *Maya hieroglyphic writing. An introduction*, Univ. of Oklahoma Press, 1971.

RÉCITS ET TÉMOIGNAGES

◆ BURGOS (E.), éd., *Moi, Rigoberta Menchú*, Gallimard, 1983.
◆ CATHERWOOD (F.), *Un monde perdu et retrouvé : les cités mayas*, Bibliothèque de l'image, 1993.
◆ CHARNAY (D.), *Le Mexique. Souvenirs et impressions de voyage*, Éd. Du Griot, 1987.
◆ GAGE (T.), *Nouvelle relation des Indes occidentales*, Coll. Ressources, 1979.
◆ HUXLEY (A.), *Croisière d'hiver en Amérique centrale*, Plon, 1935.
◆ LANDA (D. DE), *Relation des choses de Yucatán*, Genet, 1928.
◆ LAS CASAS (F. B. DE), *Très brève relation sur la destruction des Indes*, Mouton, 1974.
◆ MAUDSLAY (A.C.), *A glimpse at Guatemala*, Murray, 1899.
◆ MONTERROSO (A.), *L'Éclipse in Obras completas*, México, 1977.
◆ NORMAN (B.M.), *Rambles in Yucatán*, Carey and Hart, 1849.
◆ PARKER (F.D.), *Travels in Central America 1821-1840*, Univ. of Florida Press, 1970.
◆ ROJAS GONZÁLEZ (F.), *El diosero*, Fondo de cultura económica, 1992.
◆ SOUSTELLE (J.), *Mexique, terre indienne*, Grasset, 1936.
◆ SEXTON (J.), *Campesino : The diary of a Guatemalan indian*, Univ. of Arizona Press, 1985.
◆ STEPHENS (J.L.), *Aventures de voyage en pays Maya*, Pygmalion, 1993.

GUIDES

◆ COLLECTIF, *Le Grand Guide du Mexique*, Bibliothèque du voyageur, Gallimard, 1989.
◆ COLLECTIF, *La ruta maya*, Lonely Planet Publications, 1992.
◆ COLLECTIF, *Central America*, Lonely Planet Publications, 1992.
◆ COLLECTIF, *Mexico*, Lonely Planet Publications, 1991
◆ COLLECTIF, *Mexique, Guatemala*, Guide du Routard, Hachette, 1994.
◆ COLLECTIF, *Mexique*, Voyageurs du monde éditeur, 1986.
◆ COURAU (J. P.), *Mexique-Guatemala*, Guides Arthaud, Paris, 1991.

Couverture doc. central : vue de Copán, illustration de Pierre-Marie Valat, d'après Tatiana Proskouriakoff © Peabody Museum, Harvard University
1 *Indiens devant leur maison*, photo début de siècle © INAH.
2-3 *Fouille à Quiriguá*, carte postale début de siècle, coll. part. DR.
4-5 *Scène de repas au Yucatán*, photo début de siècle © INAH.
6-7 *Tour du Palais de Palenque*, photo de Maudslay in *Biologia Centrali-Americana Archeology, 1889-1902*, Paris, Bibliothèque du Musée de l'Homme, cl. Gallimard.
9 *Seigneur sur un trône*, céramique, Mexico, Museo de Antropología © G. Dagli Orti.
16-17 Illustrations de Franck Stefan et Gilbert Houbre. *Cenote* de Chichén Itzá cl. A. Thomas/ Explorer. Paysage de Rabinal cl. Alain Breton. Salva Negra, Chiapas, cl. Gallimard. Cobá, Quintana Roo, cl. Mireille Vautier. Volcan, Sololá, Guatemala, cl. Wilfried Louvet. Totonicapán, Guatemala, cl. J.P. Courau/Explorer. Paysage du Quiché, Guatemala, cl. Gérard Sioen/Rapho.
22-23 Plantation de maïs au Guatemala, cl. Wilfried Louvet.
29 *Vase polychrome*, céramique, Mexico, Museo de Antropología.
30 *Stèle de El Baúl*, © Pierre-Yves Mercier/Gallimard. *Stèle de Kaminaljuyú*, Guatemala-Ciudad, Museo Nacional de Arqueología y Etnología © Gallimard, G. Dagli Orti.
31 *Olmèques érigeant un monument*, ilustr. de Philippe Heinrich © Gallimard/ Découvertes Junior. *Tête Olmèque de La Venta* © Mireille Vautier.
32 *Paysage d'Uxmal*, gravure de F. Catherwood in *Views of ancient monuments of Central America*, 1841, Mexico, Bibliothèque Nationale © G. Dagli Orti. *Panneau du temple de la croix à Palenque*, Mexico, Museo Nacional de Antropología © G. Dagli Orti. *Tête d'homme de Comalcalco*, Mexico, Museo Naconal de Antropología © G. Dagli Orti.
33 *Temple 1 de Tikal*, © Wilfried Louvet. *Xpuhil* © M. Vautier. *Figurine de Jaina*, Paris, Musée de l'Homme © Photothèque du Musée de l'Homme, cl. J. Oster.
34 *Le Caracol à Chichén Itzá*, gravure de F. Catherwood, coll. Antochiw, DR. *Reconstitution d'une fresque de Chichén Itzá* © G. Dagli Orti.
35 *Lamanaï* © Joëlle Cuvilliez. *Mixco Labaj*, encensoir en céramique, Paris, Musée de l'Homme © Photothèque du Musée de l'Homme, cl. D. Destable. *Chichén Itzá* © M. Vautier. *Chacmool de Chichén Itzá*, gravure de Désiré Charnay, 1885, coll. Antochiw, DR.
36 *Pedro de Alvarado*, gravure anonyme, coll. Antochiw, DR. *Francisco Fernandez de Córdoba*, gravure anonyme © Gallimard Jeunesse. *Hernán Cortés*, peinture anonyme, Mexico, Museo Municipal © G. Dagli Orti.
37 *Carte des provinces de Tabasco, Chiapas, Verapaz, Guatemala, Honduras et Yucatán*, XVIIe siècle, Paris, Bibliothèque Nationale © BN. *Tecun Uman*, détail de billet de 0,5 quetzals, DR. *Vaisseaux de Cortés échoués par ses ordres*, gravure anonyme, Paris, Bibliothèque Nationale © BN. *Guerrier de la période classique*, détail d'un vase peint, Villahermosa, Museo regional © G. Dagli Orti.
38 *Charles II d'Espagne*, peinture anonyme, XVIIIe siècle, Florence, Musée des Offices © G. Dagli Orti. *Brève relation de la destruction des Indes de Fray Bartolome de las Casas*, Bibliothèque de l'Institut Culturel Préhispanique © AISA. *Combat naval entre navires espagnols et anglais*, peinture anonyme, 1747, Madrid, Museo naval © AISA.
39 *Autodafé célébré en l'église de San Bartolome de Solotepec le 23 février 1716*, peinture anonyme, Mexico, Museo Nacional de Arte © G. Dagli Orti. *Constitution politique de la monarchie espagnole*, Cadix, Bibliothèque Remas Gaditanos © AISA.
40 *Porfirio Díaz*, peinture anonyme. *Zapatistes à l'assaut*, Berlin, Ullstein Bilderdienst, cl. Gallimard Découvertes. *Zapatistes dans la jungle lacandonne*, 1994, © Wesley BOCXE/JB Picture/Rapho.
41 *La délégation mexicaine en 1863 offre à Maximilien la couronne impériale du Mexique*, Cesare dell'Acqua, Trieste, Chateau de Miramare, © G. Dagli Orti. *Rebelle guatemaltèque en 1954*, ©UPI/Bettman. *Plage du Belize*, © J. Cuvilliez.
42 *Codex Peresianus*, © Gallimard. *Codex de Madrid*, © Charles Lenars/Explorer Archives.
43 *Codex*, Paris, Bibliothèque Nationale,© Gallimard. *Codex Troano*, coll. Antochiw, © Mireille Vautier. *Fac similé du Codex de Dresde, in* Antiquités of Mexico, vol III, Paris, Société de géographie, © Gallimard., *id.*, © *id.* *Fac similé du manuscrit de Diego de Landa pour son ouvrage* Relation des choses du Yucatán, Paris, Bibliothèque du Musée de l'Homme © Photothèque du Musée de l'Homme.
44 *Fac similé du manuscrit de Diego de Landa pour son ouvrage* Relation des choses du Yucatán, Paris, Bibliothèque du Musée de l'Homme © Bibliothèque du Musée de l'Homme. *Yaxchilán, Linteau 48*, bas relief en pierre, Mexico, Museo Nacional de Antropología © Gallimard, G. Dagli-Orti.
45 *Quiriguá, stèle E*, pierre © Gallimard, G. Dagli-Orti.
46 *Temple des aigles à Chichén Itzá*, bas-relief, Mexico, Museo Nacional de Antropología © G Dagli Orti. *Le* Tzompantli *à Chichén Itzá* © M. Vautier. *Linteau 24 de Yaxchilan*, Londres Museum of Mankind, British Museum © Eilen Tweedy/Gallimard
47 *Chambre n°2 de Bonampak*, peinture murale, © Peabody Museum, Harvard University, in *La ciudad de los muros pintados*, cl. M. Vautier. *Disque venant du cenote des Sacrifices à Chichén Itzá* © Peabody Museum, Harvard University.
48 *Encensoir*, Tikal, Musée local © Gallimard, G. Dagli-Orti. *Figurine sifflet*, Paris, Musée de l'Homme, coll. Barbachano-Ponce © Musée de l'Homme, cl. J. Oster. *Encensoir de Teapa*, Villahermosa, Museo Regional de Tabasco © Gallimard, G. Dagli-Orti. *Figurine Jaina, joueur de pelote*, Mexico, Museo Nacional de Antropología © G. Dagli-Orti.
49 *Encensoir de Palenque*, Mexico, Museo Nacional de Antropología © Gallimard, G. Dagli-Orti. *Encensoir de Tikal*, Tikal, Museo local © id. *Encensoir de Uaxactún*, Guatemala, Museo Nacional de Arqueología y Etnología © id.
50 *Intérieur d'un bol de Uaxactún*, Guatemala, Museo Nacional de Arqueología y Etnología © Gallimard, G. Dagli-Orti.
50-51 *Dossier de trône provenant de l'Usumascinta*, Mexico, coll. Saenz

W. Louvet. *Le Río Dulce à Livingston* © S. Gutierrez/Explorer. *Livingston* © W. Louvet.
311 *Livingston* © T. Hœpker/Magnum. *Plaque gravée provenant de Tikal*, jade, Leyde, Musée National d'Ethnologie © G. Dagli Orti.
312 *Lamantin et son petit*, gravure anonyme, XVIIe © L. de Selva/Tapabor. *Réserve du Quetzal* © T. Hœpker/Magnum. *L'entrée du Río Dulce*, gravure anonyme, Paris, Bibliothèque Nationale © BN.
313 *Port d'Izabal*, gravure anonyme, Paris, Bibliothèque Nationale © BN. *Fort San Felipe* © S. Gutierrez/Explorer. *Golfe d'Izabal* © S. Gutierrez/Explorer.
314 *Place de la liberté* © G. Sicen/Rapho. *Rue de San Salvador* © J. de Vergara/Marco Polo. *Pêche à la crevette* © M. Vautier. *Place de la liberté* © G. Sicen/Rapho. *Rue de Santa Ana* © J. de Vergara/Marco Polo. *Église de San Salvador* © J. de Vergara/Marco Polo.
315 *Statue à San Salvador* © J. de Vergara/Marco Polo.
316 *Fuines de San Andrés* © ISTU. *La paix au Salvador, janvier 1992* © Cindy Rapp/Black Star/Rapho.
317 *Masque provenant de Tikal*, Guatemala, Museo Nacional de Arqueología y Etnología © Gallimard, G. Dagli Orti.
318 *Papillon* © Swed.
319 *Revue Mundo Maya* DR.
320 *Vase polychrome*, Guatemala-Ciudad, Museo Popol Vuh © G. Dagli Orti. *Plaque de rue de Flores* © P.Y. Mercier. *Flores*, gravure de Désiré Charnay, 1887, coll. Antochiw © M. Vautier. *Flores* © G. Sicen/Rapho.
321 *Flores* © Marie Noëlle Fustec/ Gallimard. *Grafitti à Flores* © N. Saint-Martin/Gallimard. *Hacienda dans le Petén* © G. Sicen/ Rapho.
322 *Place centrale de Tikal* © C. et J. Lenars. *Tikal* © W. Louvet. *Tikal*, gravure de D. Charnay in op. cit., coll. Antochiw © M. Vautier.
323 *Masque provenant de Tikal*, pierre verte et coquille, Tikal, musée local © Gallimard, G. Dagli Orti.
324 *Masque en jade de Tikal*, Musée national d'archéologie de Guatemela-Ciudad © Gallimard, Dagli-Orti. *Stèle 22*, cl. Lenars.
325 *Crête faitière* et *pyramide* cl. Lenars. *Pyramide dans la jungle deTikal* © W. Louvet. *Acropole Nord de Tikal* © P.Y. Mercier/Gallimard. Stèle 22 © Gallimard, G. Dagli Orti.
326 *Détail stèle 4* © Gallimard, G. Dagli Orti.
326-327 Illustrations de J.M. Guillou.
328 *Peinture murale de Uaxactún*, Guatemala Ciudad, Museo Nacional de Arqueología y Etnología © M. Vautier.
329 *Lac Petén Itza* © M. Vautier. *Vase provenant de Uaxactún*, Guatemala Ciudad, Museo Nacional de Arqueología y Etnología © G. Dagli Orti. *Id* © id.
330 *Ceibal* © P.Y. Mercier/Gallimard.
331 *Vase tétrapode*, céramique polychrome, Guatemala-Ciudad, Museo Popol Vuh © Gallimard, G. Dagli Orti. *Intérieur d'un vase*, céramique polychrome, Guatemala Ciudad, Museo Popol Vuh © Gallimard, G. Dagli Orti.
332 *Stèle 6 de Piedras negras*, Guatemala Ciudad, Museo Popol Vuh © G. Dagli Orti. *Ocelot dans le Petén* © T. Hœpker/Magnum. *Stèle 40 de Piedras negras*, Guatemala-Ciudad, Museo Popol Vuh © G. Dagli Orti.
333 *L'Usumacinta près de Yaxchilan*, gravure de Langlois fin XIXe, coll. Antochiw © M. Vautier. *Ruines d'Aguateca* © T. Hœpker/Magnum. *Stèle de Piedras Negras* © G. Dagli Orti.
334 *Maïs* © J.P. Courau/Gallimard. *Yaxhá* © P. Y. Mercier/Gallimard. *Id* © id. *Le Petexbatún* © P. Y. Mercier/ Gallimard. *Stèle de Yaxhá* © P.Y. Mercier/Gallimard.
335 *Carte du Belize*, coll. Antochiw © M. Vautier.
336 *Drapeau du Belize*, DR.
337 *Timbre du Belize*, DR. *Enfant du Belize* © J. Cuvilliez.
338 *Mennonittes* © J. Cuvilliez. *Garifuna* © J. Cuvilliez. *Belize City* © P. Merchez/Explorer. *Vue du port de Belize City*, gravure de Barclay, fin XIXe, coll. Antochiw © M. Vautier.
339 *Barrière de corail* © Yves Gladu/Explorer. *Barque de pêcheurs* © F. Gohier/Explorer. *Pêcheur* © J. Cuvilliez. *Belize City* © J. Cuvilliez. *Id* © id.
340 *Toutes photos de Lamanaï* © J. Cuvilliez.
341 *Xunantunich* © J. Cuvilliez. *Id* © Id. *Altun Há* © J. Cuvilliez.
342 *Cahal Pech* © J. Cuvilliez.
343 *Garifunas de Dangriga* © A. Breton. *Id* © id. *Id*, © id. *Id* © id. *Femme du Belize* © J. Cuvilliez.
344 *Forêt tropicale près de Lamanaï* © J. Cuvilliez. *Timbres*, DR.
350 Logo et avion Aeromexico, DR.
351 *Panneau* © S. Cruse/Gallimard.
352 *Island Air* © S. Cruse/Gallimard. *Bus à Guatemala-Ciudad* © PY Mercier/Gallimard.
354 Photos © S. Cruse/ Gallimard.
355 *Bus à Antigua* © PY Mercier/ Gallimard. *Tricycle* © S. Cruse/Gallimard.
357 Photos © S. Cruse/Gallimard. Tickets divers, DR.
358 *Diverses monnaies locales*, cl. Gallimard, DR.
360 *Plaque de rue* © S.Cruse/Gallimard. *Timbres du Honduras, Mexique, Guatemala et Belize*, DR. *Cabines téléphoniques* © S. Cruse et PY Mercier/Gallimard.
361 *Plaques de rue* © S. Cruse/Gallimard. *Presse locale*, cl. Gallimard.
362 *Scène de marché au Guatemala*, © S. Cruse/Gallimard. *Id* © Id. *Boulangerie ambulante* © Id.
363 *Etiquettes de bières*, cl. Gallimard. *Scènes de restauration* © S. Cruse/Gallimard. *Bouteilles d'eau minérale*, cl. Gallimard.
364 *Église d'Antigua*, © S. Cruse/Gallimard. *Pyramide de Chichén Itzá* © Id.
365 *Plage de Tulum* © S. Cruse/Gallimard.
366 *Lac Atitlán* © S. Cruse/Gallimard. *Panneau indicatif* © Id.
368 *Vues sous-marines* © VISA.
370 *Timbre guatémaltèque*, DR.
371 *Nature* © S. Cruse/Gallimard. *Vue du Río Dulce* © S. Cruse/Gallimard.
374 *Scènes de marché* © S. Cruse/ Gallimard.
375 *Scène de marché* © S. Cruse/Gallimard. *Objets d'artisanat*, coll. part. © Gallimard.
376 *Tickets d'entrée de musée* © Gallimard.
377 *Entrée du musée* © S. Cruse/Gallimard. *Cour du musée* © S. Cruse/Gallimard.
380 *Bungalows au Mexique* © S. Cruse/ Gallimard. *Maison de Belize City* © Id.

Illustrateurs :
16-17 : Franck Stefan, Gilbert Houbre
18-19 : B. Hugueville, Pascal Robin
20-21 : B. Hugueville, François Desbordes
22-23 : François Place, Gismonde Curiace, Jean Chevallier.
24-25, 26-27, 28, 344 : François Desbordes
28 : Gismonde Curiace, Claire Felloni
64-65, 66-67, 69, 72, 74, 78, 80, 82-83, 236, 237, 272, 277, 280, 285, 286, 292, 294, 330-331 : Philippe Munch.
106-107, 112-113, 180-181 : Claude Quiec.
108-109 : Olivier Verdy
144 : Flo Villacèque
110-111, 210-211, 324, 326-327 : J.-M. Guillou.
114-117 : Ch. Rivière
118-121 : J.-B. Héron
122-123, 126 : A. Soro
124: Jean-Sylvain Roveri
124-125 : Pierre Hugo
304-305 : Anne Dowd, couleur par Anne Bodin.
212, 227, 241, 340-341 : Anne Bodin.
341 : Gismonde Curiace.
Infographie : Paul Coulbois, Kristof Chemineau, Latitude (cartographie du Carnet de voyage et pages de garde).
Cartographie : Stéphane Girel, Isabelle-Anne Chatelard (mise en couleur).

INDEX

◆ D ◆

◆ E ◆

◆ F ◆

◆ G ◆

◆ T ◆

◆ U ◆

YUCATÁN
PARC NATUREL DE SAN FELIPE
PARC NATUREL DE RIO LAGARTOS
Río Lagartos
La Coloradas (Yulúc)
San Felipe
Yalkubal
Punta Cerritos
Rancho Viejo
San Fernando
Yalsihon
Yoactun
Loché
Dzonot
Panabá
Xcalat
Dzibiac
La Gran Lucha
Buctzotz
Sucila
Kikil
Sucopo
Buenaventura
TIZIMIN
Xlacah
Culuba
Santo Domingo
Xpoha
Tixbacab
Pom
Tahcabo
Tixcancal
Xuenkal
Espita
Calotmul
J. Cenotillo
Tzebtun
Ekbalán
Yokxonot
Xuilub
Kunche
Tunkas
Hunuku
X-Tuut
Quintana Roo
Ichmul de Morley
Dzitas
Temozón
Yalcobá
Can
Tinúm
Popola
San Román
Pisté
Uaymá
VALLADOLID
X-Catz
Chichén Itzá
Balankanché
Ebtun
Dzitnup
Chemax
Ikil
Xcalacoop
Kunkunul
Chichimila
Kaua
Kanxoc
Popola
Ticimul
Tekom
Chankom
Yaxuná
Xcopteil
Tixcacalcupul
Kancabdzonot
X-Hasil
X-Uilib
Ixhil
Xtelhu
Xuxcab
Chibilub
Chamul
Hondzonot
Tixholop
Chikindzonot
Xtobil
San Pedro
Chumpón
295
176
180
Route principale
Route secondaire
Station d'essence
Voie ferrée
Aéroport international
Aéroport local
Liaison maritime
Cours d'eau
Marécage
Parc Naturel
Site archéologique principal
Autres sites archéologiques et centres d'intérêt
Récif
0 10 20 30 km
A B C D E
1 2 3 4 5 6 7 8 9 10